VORWORT VON ALAIN PROST

After 13 years in Formula 1, I retire...
I say good-bye to F1 racing and my fans, on this occasion specially in Austria, Germany and Switzerland. In Switzerland I live, In Germany I did part of my military service and in Austria I not only enjoyed holidays, but first of all racing on the beautiful Österreichring.

So many memories ... Niki Lauda was a nice and honest teammate at Mc Laren, Gerhard Berger a strong competitor, always to watch in the first corner. Now, Michael Schumacher is definitively a man of the future, and Karl Wendlinger on his way up too.

I am not sure yet how much F1 will interest me personally in the future, but Heinz Prullers traditional year book, published since 1971 when I was still racing go karts, will keep you informed about inside Formula 1, the sport that has given me so much for 13 years, but I have given it everything from myself, too.
Happy reading with Grand Prix Story 93!

Adieu mes amis et fans.

Adelaide november 93

VORWORT VON ALAIN PROST

Nach 13 Jahren Formel 1 tritt ich zurück ... Ich sag dem Formel-1-Rennsport und meinen Fans Lebwohl – bei dieser Gelegenheit speziell jenen in Österreich, Deutschland und der Schweiz. In der Schweiz lebe ich, in Deutschland hab ich einen Teil meines Militärdienstes absolviert, und in Österreich haben mir nicht nur die Ferien immer Spaß gemacht, sondern, noch mehr als alles andere, das Rennfahren auf eurem wunderschönen Österreichring.

So viele Erinnerungen ... Niki Lauda war ein netter und aufrichtiger Teamkollege bei McLaren, Gerhard Berger ein starker Konkurrent, auf den man in der ersten Kurve immer aufpassen mußte, Michael Schumacher ist ganz bestimmt ein Mann der Zukunft, und Karl Wendlinger ebenso auf dem Weg nach oben.

Ich bin mir noch nicht sicher, wieweit die Formel 1 mich persönlich auch in Zukunft noch interessiert. Aber Heinz Prüllers traditionelles Jahrbuch, das er seit 1971 herausgibt, als ich noch Go-Karts fuhr, wird Euch auch weiterhin über alles auf dem Laufenden halten, was innerhalb der Formel 1 passiert. Dem Sport, dem ich 13 Jahre lang soviel zu verdanken hab, dem aber auch ich alles von mir gegeben habe.

Viel Freude beim Lesen der GRAND PRIX STORY '93!

Adieu, meine Freunde und Fans

Alain Prost

Adelaide, November '93

HEINZ PRÜLLER

GRAND PRIX STORY 93

Adieu, Alain
Servus, Schumacher

VERLAG ORAC WIEN - MÜNCHEN - ZÜRICH

Bildquellennachweis:

Agence de Presse ARC, J.-B. Sieber, Lausanne (11)
AP Photo, Dennis Paquin (1)
ARC, Lausanne (5)
Manuela Eder (9)
EPA Photo, Joao Relvas (1)
EPA Photo, Staff (1)
Gepa Pressefoto (2)
Thomas Guggenberger, Lienz (1)
Ferdi Kräling, Winterberg (2)
Mercedes-Benz, Stuttgart (1)
E. Müllender, Eupen (16)
Sven Simon, Essen (5)
Sepp Spiegl, Bonn (1)
Sportfotopresse, J. P. Froidevaux, Zürich (12)
Herbert Sündhofer, Wien (1)
Privat (3)

Fotos auf dem Schutzumschlag:
Titelbild: ARC, Lausanne

4. Umschlagseite und Klappe:
ARC, Lausanne (1)
Manuela Eder (4)

Fotos auf dem Schutzumschlag: ARC, Lausanne

ISBN 3-7015-0307-9

Schutzumschlag und Gestaltung der Bildteile: Rudolf Kasparek-Koschatko
Lithos: Reproform, Wien
Satz: Friedrich Brandstetter, Wien
Druck und Bindearbeiten: Wiener Verlag, Himberg bei Wien

Inhaltsverzeichnis

ADIEU, HERR PROFESSOR!

Letztes Duell Prost–Senna in Adelaide und Ende einer Feindschaft

Jedesmal, wenn Alain Prost am Start eines Grand-Prix-Rennens steht, schnappt seine Mutter Rosa im 4. Stock des Appartement-Hauses in Cannes den 15jährigen Pudel „Pi-Pi" und geht mit ihm zwei Stunden lang spazieren. Am 7. November zum 199. und letztenmal, „weil ich es sonst nervlich nicht aushalte. Aus Angst, Alain könnte etwas passieren."

Vater André, pensionierter Möbeltischler, sitzt natürlich ab 4.30 Uhr früh vorm TV-Schirm. Die Buben Nicolas (12) und Sascha (2) zu Hause in der Schweiz haben Formel-1-Fernsehverbot. „Aber wenn ich gewinn, schauen wir uns nachher zusammen das Video an."

Wie – am allerliebsten – Adelaide 1986. „Mein bestes Rennen, mein schönster Sieg!" Unvergessen: die Mansell-Reifenexplosion und das Sprintduell Prost–Piquet zu Sieg und WM-Titel – nachher sprang der kleine Prost neben seinem Auto vor Freude hoch in die Luft: „Wenn ich von meiner ganzen Rennkarriere nur ein einziges Foto zur Erinnerung aufheb – das muß es sein!"

Wenn Prost seinen 199. und letzten Grand Prix gewinnt, „wäre ich glücklicher als je nach einem Rennen".

Aber sein letzter Gegner ist – außer Senna – die Statistik. Erst ein einziger von allen Weltmeistern hat in seinem letzten Grand Prix gesiegt – Jim Clark 1968 in Kyalami. Jochen Rindt gewann 1970, nach sensationeller Aufholjagd vom letzten Startplatz, das Formel-2-Rennen auf dem Salzburgring – unmittelbar vor Monza.

Aber alle anderen Weltmeister beim letzten Auftritt? Ascari 1955 in Monaco ins Meer gestürzt, Farina 3., Fangio 4., Hawthorn 2., Stewart 5., Graham Hill 12., Scheckter 11., Piquet 4. – ansonsten Ausfälle, Motorschäden, Reifenplatzer wie von Rosberg 1986 in Adelaide oder Unfälle von Mansell 1992 in Adelaide von Senna abgeschossen.

Niki Lauda hatte sich 1985 in Adelaide „ein ganz mieses Rennen gewünscht, mit schlechtem Startplatz und baldigem Defekt, damit ich ja ohne Bedauern aufhören kann". Und dann lag er plötzlich in Führung – bis zum Unfall wegen Bremsdefekts!

Und 13 Jahre Formel 1? Unübersehbar, sogar im Zeitraffer. Fast die Hälfte davon: Feindschaft mit Senna.

Große Boxer-Rivalität wie Clay–Liston sind oft Ballyhoo, aber der jahrelange Haß Prost–Senna war echt: Ego-Probleme, Neid und Eifersucht, politisches Powergame um Millionen Dollar, auf der Rennstrecke Karambolagen, lebensgefährliche Senna-Attacken. Und jetzt alles vergessen?
Das seinerzeitige, viel fotografierte Friedensgespräch Prost–Senna in Budapest war von der FISA arrangiert – also keine Frage des Herzens. Noch in Estoril, nach seiner Rücktrittserklärung, hab ich Alain gefragt: Könntest du dir vorstellen, in 20, 30 Jahren mit Senna ein Bier zu trinken? Er lächelte: „Das hieße ja, wir haben ein sehr langes Leben – und das wäre nur gut für uns beide."
In Suzuka werden die beiden öffentlich gefragt: Habt ihr euch zum Abschied noch etwas zu sagen? Prost bietet ihm die Hand, aber Senna bleibt kühl: „Good luck with your family." Darauf Prost: „Dir auch – für dein Racing." Und: „Sehen wir, was in Adelaide passiert."
Als Senna in Adelaide ankommt, ist er schmallippig: „Kein Kommentar, ich respektier ihn. Ein vierfacher Weltmeister, der jetzt zurücktritt. Ich hoff, er hat ein friedliches Leben mit seiner Familie."
Prost prallt zurück, als ihn jemand fragt, ob ihm Senna vergeben hat. „Was, mir soll er verzeihen? Das letzte Mal als von mir ein Shakehands kam, ist er mir ein Monat später mit 260 km/h ins Auto gekracht – absichtlich! Sportler sollten sich während ihrer aktiven Karriere versöhnen – nicht nachher. Sogar in Suzuka wäre noch Zeit gewesen. Jetzt ist es zu spät. Wenn Senna noch kommt, ist es bloß Heuchelei."
Aber solltest du einmal großer Formel-1-Teamchef sein: Könntest du dir dann vorstellen, daß du Senna engagierst?
„Warum nicht?" lächelt Prost. „Ich war schon immer ein pragmatischer Mensch ..."
Prost und Senna nebeneinander in der ersten Startreihe, versuchen ein allerletztes Mal, einander auszutricksen – mit den Reifen: einem Boxenstop weniger als der Gegner. Ayrton hat, wie fast immer, keine genaue Reifenstrategie, will alles über Funk entscheiden. Aber dann mißversteht er einen Funkspruch, glaubt irrtümlich, Prost habe Reifen gewechselt, schießt selber an die Box – und findet sich plötzlich auf Platz 2 – leicht schockiert: „Mein Gott, jetzt muß ich aber Gas geben, um den Rückstand aufzuholen."

Prost fährt „am Anfang und am Ende des Rennens nicht schneller als Senna, nur in der Mitte". Aber hat nicht Senna immer behauptet: „Die echten Champions fahren das ganze Rennen hindurch schnell?"
Senna schlägt Prost um 9 Sekunden.
Auf dem Siegerpodest stehen eigentlich drei Williams-Piloten: Senna, der kommt, Prost, der geht, und Hill, der bleibt.
Gewaltige Emotionen: Prost geht, weil er sich als Opfer gewisser Formel-1-Politik fühlt – für die man ihn oft genug verantwortlich gemacht hat, „weil er im Hintergrund soviel herumwirbelt". 80 Prozent im Formel-1-Zirkus, sagte ihm einmal Benetton-Rennchef Flavio Briatore, mögen dich nicht, warum eigentlich? Ich mag diese Leute auch nicht, hat Prost gelächelt.
Aber heute, an seinem letzten Formel-1-Tag, lieben ihn alle. Sogar Senna – selber emotionsgeschüttelt nach seinem letzten Rennen für McLaren.
Er holt Prost zu sich aufs Siegerpodest. „Keine Show, kein Bluff, nur mein ehrliches Gefühl. Und, ich glaub, in dem Moment auch seines ..."
Beide Erzrivalen, oft Todfeinde, haben feuchte Augen.
„What's love got to do with it?" singt Rock-Oma Tina Turner später am Nachmittag in der Adelaide-Arena. Und mitten in ihrer Glanznummer „Simply the best" bittet sie Senna auf die Bühne. Ayrton turnt hinauf, lächelt scheu, winkt kurz und tritt wieder ab.
Aber die Grand-Prix-Story '93 schreiben nicht nur Prost und Senna, sondern auch Damon Hill, als Aufsteiger des Jahres, und Michael Schumacher und Gerhard Berger. Der Deutsche mit seiner sensationellen Serie: Wann immer er durchkommt, auf dem Podest der ersten drei. Der Österreicher durch seine alarmierende Serie von Unfällen – mit Glück überlebt. Wie der liebe Augustin, der pumperlg'sund aus der Pestgrube steigt.
Right time, right place? Nach dem Qualifying in Suzuka, gegen Abend, fahr ich mit Berger, Schumacher und noch ein paar Piloten vom Fahrerlager zur Honda-Party – raus aus dem Fahrerlager, draußen durchs schlimmste Verkehrsgewühl, Südost-Tangente auf Japanisch, ins „Suzuka Circuit Hotel". Eingezwängt in einen Mini-Bus, draußen Menschenmassen, hysterisches Gekreisch, drinnen leise, vertrauliche Dialoge.
Berger und Schumacher, in der letzten Reihe, werfen mit ein paar

Formel-1-Geheimnissen herum – in Kürzeln und Stichworten. Fast bin ich überzeugt: Soviel geredet wie während der 30 Minuten im japanischen Mini-Bus haben die beiden das ganze Jahr nicht.
Der Regenbogen spannt sich von Südafrika bis Japan. Aber ihre Gesichter sind nicht mehr die jungen, frischen von Kyalami. Berger hat eine Serie von Alptraum-Unfällen mühsam abschütteln müssen. Schumacher spürt bereits, wie ein WM-Titel schmecken würde – gerade hat er in Portugal den abdankenden Champion Alain Prost geschlagen. Adieu, Alain – servus, Schumacher!
Skirennläufer haben mir oft erzählt: Sie sehen am Ende der Weltcupsaison nicht mehr die Tore und Kippstangen, sondern nur noch den langen, weiten Weg, der sie zum Finale hierhergebracht hat. Flugplätze, Autobahnen, Bergstraßen; die Siege, die man verloren, die Punkte, die man nicht gemacht hat.
Auch Michaels und Gerhards Gesichter sind müde, abgespannt durch Jet-lag, aber in ihren Augen wetterleuchtet noch das superspannende Abschlußtraining. Und der Grand Prix von morgen.
„Hast schon volle Tanks probiert?“ tastet sich Berger heran.
Michael nickt eifrig: „Geht sehr gut“, verrät aber keine Tricks der Benetton-Vierradlenkung. Berger bremst: „Ich muß noch eine g'scheite Abstimmung zusammenbringen.“ Warum ist der Ferrari V12 in der Anfangsphase jedes Rennens extrem schwierig zu fahren? „Übergewicht und viel Sprit an Bord.“ 230 Liter, wenn vollgetankt wie in Montreal. Aber Berger mischt wieder vorn mit.
„Voriges Jahr“, erzählt er mir, „hab ich da in Suzuka mit dem McLaren-Honda Alesi überrundet. Uns fehlen bei Ferrari 100 PS! schlag ich in Fiorano, beim ersten technischen Meeting, sofort Alarm. Aber die haben nur gelacht – und mir nicht geglaubt. Jetzt hat Ferrari ein Jahr gearbeitet, ein Jahr gebraucht, um das aufzuholen.“
Schumacher, hellhörig und sehr aufmerksam, registriert alle Details. Wie Berger verrät, daß am Anfang „die Kupplung immer schon nach zehn Runden kaputt war“. Oder der Motor „bei jedem Mal runterschalten um 1000 U/min raufgeschnalzt ist“ – trotz automatischem Getriebe.
„Jetzt müßte die Saison erst beginnen!“ grübelt Berger, worauf Schumacher nickt. „Denn 1994“, fürchtet Berger, „wird der Williams-Renault allein wegen Senna schon wieder um eine Sekunde schneller.“

Senna — trotz Weltmeister Prost weiter Maß aller Dinge. Berger hat eine McLaren-Funkmeldung vom Abschlußtraining aufgefangen: „Draußen stehenbleiben!" hieß der Befehl von der Box. Offiziell — laut McLaren-Kommunique — hätte Senna noch 5 Runden fahren können, aber nur noch für zwei Runden Sprit in den Tanks gehabt.
Bergers Verdacht: Es hätte mit dem Gewichtslimit (505 kg) knapp werden können. Lieber draußen stoppen, nichts riskieren.
„Der McLaren ist ein gutes Auto", applaudierte Berger seinem Ex-Team — Schumacher pflichtet ihm bei: „Ich hab die Runde von Hakkinen im TV gesehen. Fährt die Kurven harmonisch, rutscht im Kurvenausgang gleichmäßig über alle vier Räder hinaus."
„Nur im Sommer", hat Berger bei McLaren ausspioniert, „hatte McLaren ein Tief — wie meist einmal im Jahr. Grund: Der Unterboden." Vielleicht hat es auch mit dem elektronischen Stabi zu tun — gesteuert über die Hydraulik.
Thema Prost. Fährt der „Professor" wirklich so locker und mühelos, daß er nie so schnell ausschaut, wie er wirklich ist? Schumacher widerspricht: „O doch muß er sich anstrengen. Ich hab das Ende seiner Poleposition-Runde geschaut: Da kam auch Prost beim Rausbeschleunigen ein bißl quer aus den Kurven heraus."
Aber diese Rakete von Renault-Motor! „Auf der Gegengeraden von Estoril ist er immer wie der Blitz gekommen, hat jedesmal irrsinnig schnell zu mir aufgeschlossen!" rekapituliert Schumacher und atmet durch, als spürte er immer noch Prost im Nacken. „Der Wind war in Portugal ärger. Dafür in Japan: mehr Sand auf der Strecke — darum die vielen Dreher."
Und so weiter. Die beiden deutschsprachigen Stars reden viel und lang. Bis Schumacher von seinen Ferienplänen in Cairns redet, Sonne tanken und Training — und Berger von den Kayman Islands, wo er Freunde trifft — wie George Harrison, den Ex-Beatle.
„Warum", fragt Gerhard, „fahren wie eigentlich keinen Grand Prix auf Hawaii? Oder warum nicht gleich alle Rennen auf Hawaii?" Niemand muß fürchten: Da verkümmern alle zu menschlichen Computern — mit oder ohne technische Reglement-Revolution 1994.

Gerhard Bergers Ferrari-Comeback beginnt am 19. November 1992, am Tag nach dem Fußballändermatch Deutschland—Österreich in

Nürnberg (0:0). Dem Requiem für Ernst Happel, den Berger sich gern als persönlichen Trainer gewünscht hätte, „damit er mich richtig tritt". Ich mach im ZDF-Studio eine Fernseh-Talkshow mit Berger. Und Ferrari schickt mir, besonders nett, den letzten Original-Siegerwagen, mit dem Alain Prost 1990 in Jerez gewonnen hat. Keine billige Attrappe aus Styropor, meist ohne Motor, wie sie oft in der Duty-free-Arena herumstehen, sondern das Original-Siegerauto. Für Berger „der schönste Formel-1-Ferrari, der je gebaut wurde". Gerhard ist begeistert: „Der echte Formel 1 im Studio – das seh ich zum erstenmal. Normal macht das Ferrari nie!"

Natürlich juckt es ihn, einzusteigen, die Armaturen erklären zu lassen – aber Gerhard ist bis 31. Dezember unter McLaren-Vertrag. Telefongespräche und Faxe schwirren zwischen Mainz, Woking, Lausanne und Fiorano hin und her – aber McLaren sagt no. Es wird trotzdem eine vergnüglich-informative Fernsehstunde.

Auch tags darauf laufen die Telefondrähte heiß: Berger, im startbereiten Flieger, sitzt auf Nadeln – weil Ferrari in Fiorano offiziell sein Fahrerteam präsentieren will: Berger/Alesi – endgültig! Trotz aller Verzweiflungsaktionen, Ayrton Senna noch irgendwo einzuschleusen ...

Niki Lauda: „Da müßten zehn Leute plötzlich einverstanden sein – aber momentan kriegst nicht einmal zwei Unterschriften zusammen."

Endgültig: Die Formel 1 1993 ohne Senna und Mansell? Bernie Ecclestone will Nigel für 5 Millionen Dollar aus seinem US-Vertrag auskaufen, aber Paul Newman und Carl Haas verlangen 15 Millionen – dreimal soviel. Und Ayrton bleibt am Strand in Brasilien – vorläufig.

Den Job schon bereut? frag ich Luca Montezemolo, den ich im Jänner auf einer Skihütte in Cortina treffe. „Nicht nur einmal", seufzt er, „Millionen Mal!"

Und Riccardo Patrese, der von Williams zu Benetton gewechselt ist: „Diese WM ist bereits fertig, bevor sie überhaupt begonnen hat. Prost ist jetzt schon Weltmeister. Warum müssen wir überhaupt noch fahren?"

Ich tippe, was im Winter logisch klingt, Karl Wendlinger (Sauber) wird in der ersten Saisonhälfte mehr punkten als Berger – bis der Ferrari ab Sommer richtig läuft.

Und Michael Schumacher – wie sich die Bilder gleichen. Transfergerüchte am Ende der Saison — wie schon am Anfang. Unser Interview bei Willi Dungl in Gars, Dezember 1992:

Michael, du bist nicht nur der „Aufsteiger des Jahres", sondern auch der „Geisterfahrer" der Formel 1! Soviele Geisterverträge wie du hatte noch keiner: Ende 1991 bereits ins Ferrari-Cockpit des gefeuerten Alain Prost gesetzt, nach deinem Spa-Sieg 1992 schon der Senna- und Berger-Nachfolger bei McLaren, jetzt die große Tauschaktion Schumacher zu Williams, dafür Senna zu Benetton ... atemberaubend und verwirrend? Oder nur Politik?
SCHUMACHER: Zu diesen Geistertransfers kann ich immer wieder nur das gleiche sagen: Ich hab davon auch nur gehört und gelesen. Ich weiß gar nichts. Aber von irgendwoher müssen diese „Transfers" immer herkommen, von wo, weiß ich auch nicht.
Auf alle Fälle warst du bei der Motor-Show in Bologna wieder einmal das heiße Thema?
SCHUMACHER: Ich hab dort den „Casco d'Oro" bekommen, einen speziellen Goldhelm. Aber Flavio Briatore, mein Benetton-Rennchef, hat jetzt in Bologna klipp und klar erklärt: „Es gibt 1993 kein Team Schumacher/Senna oder Senna/Schumacher, und auch kein Team Senna/Patrese." Das heißt, ich bleib bei Benetton, fahr mit Patrese zusammen — und werde dadurch nicht zu Williams gehen.
Bist du mit Williams, der ja auch den Finnen Mika Hakkinen als Nr. 1 auf seiner Wunschliste hatte, in Kontakt?
SCHUMACHER: Ich hab ihm bei Rennen zweimal guten Tag gesagt: In Monza und Japan haben wir uns kurz unterhalten, das war alles. Mich überrascht immer wieder, wo ich, wie ich höre und lese, 1993 fahren soll ...
Wie war das vor einem Jahr mit Ferrari?
SCHUMACHER: Kann schon sein, daß ich durch die Veränderungen bei Ferrari zur Diskussion gestanden bin, daß mein Name auf der Liste war. Aber so groß haben wir nicht verhandelt. Und ich war außerdem der Meinung: Zu Alesi würde ein routinierter Pilot, der schon Rennen gewonnen hat, besser passen.
Bleibt noch McLaren ...
SCHUMACHER: Ja, dort war Interesse vorhanden. Wir haben uns einmal im Flugzeug getroffen. Ron Dennis ist einer der ganz wenigen,

die man gleich direkt ansprechen kann, aber wir redeten nicht über Dinge, die aufs McLaren-Fahren bezogen sind. Auf dem Siegerpodest in Monza z. B. sagte er zu mir: „Die Fans mögen dich, gratuliere" – und solche Wortwechsel halt. Über einen Vertrag haben wir nicht direkt geredet.

Ein aufregendes Gefühl, wenn man der Mittelpunkt der ganzen Formel-1-Politik ist...

SCHUMACHER: Ich halt mich da raus, weil ich mit Benetton sehr zufrieden bin. Ich bleib dort. Das Team steht hinter mir – was für mich sehr wichtig ist.

Jetzt müßte man, aufgrund der letzten aktuellen Testfahrten, fast fragen: Eifersüchtig auf den neuen Sauber-Ilmor, der ja im Grund genommen für dich und Karl Wendlinger gedacht war? Den du vielleicht sogar selber fahren solltest?

SCHUMACHER: Ich bin sehr glücklich darüber, wie gut der Sauber läuft. Aus zwei Gründen. Erstens, weil ich weiß, wie hart Peter Sauber gearbeitet hat und welche Hürden er hat überwinden müssen. Zweitens, weil die Formel 1 solche Teams wie Sauber braucht. Ein Team, das dank solider Arbeit mit den etablierten Teams gleich von Anfang an mitfährt.

Wird Sauber das große Überraschungsteam 1993?

SCHUMACHER: Ja, das würde ich sagen. Ich vergleich Sauber mit dem Jordan-Team 1991. Wenn sie das Auto so hinbringen, daß es auch noch haltbar und zuverlässig ist – dann ist Sauber sicher vorn dabei.

Realistisch, Michael?

SCHUMACHER: Podestplätze sicher, aber das Gewinnen hängt von vielen Umständen ab, auch vom Glück. Ich bin sicher, daß die Williams-Renault auch 1993 die Stärksten sind, auch wir müßten dank unserer Technik vor Sauber sein – also müßten schon vier Autos ausfallen. Dazu zwei McLaren, damit sind's schon sechs – und dann wird's schwierig.

Deine Fans sehen schon die mathematische Linie: Weltmeister Mansell ist weg von der Formel 1, den WM-Zweiten Patrese hast du im Griff – also Weltmeister Schumacher?

SCHUMACHER: Die mathematische Linie seh ich nicht so. Wer sagt, daß ich ihn im Griff hab? Riccardo hatte 1992 bei Williams Probleme

mit seinem Auto, war aber 1991 oft schneller als Mansell – also abwarten.
Wie macht sich dein neuer Stallkollege?
SCHUMACHER: Schwerfällig, hat er mir gesagt – wegen der manuellen Schaltung im Benetton.
Aber noch nicht für ewige Zeiten?
SCHUMACHER: Ab Jänner haben wir das automatische Getriebe, rechtzeitig rennfertig für Kyalami. Gut, daß die Saison zwei Wochen verspätet anfängt. Das aktive System funktioniert ebenfalls sehr gut.
In Deutschland hatte man schon befürchtet: zuwenig High-Tech bei Benetton, deshalb reduzierte WM-Chancen für dich?
SCHUMACHER: Wir sind sogar mit dem ABS schon am Testen, aber wann wir damit Rennen fahren, ist schwer abzuschätzen. Früher kommt die Traktionskontrolle. Mit dem automatischen Getriebe im Jänner, schätz ich.
Du sagst, Williams startet auch 1993 als WM-Favorit?
SCHUMACHER: Ja, aber ich glaub, daß wir den Rückstand 1993 verkleinern. War der Abstand heuer, sagen wir, zwei Sekunden, so ist er 1993, hoff ich, nur noch eine Sekunde. Aber wir wissen natürlich alle nicht, wieviel schneller die Williams noch werden.
Williams-Renault durch die neue Spritregel eingebremst?
SCHUMACHER: Mir hat man im August in Budapest eine sehr plausible Erklärung gegeben, weil auch ich dachte, durch „Tankstellensprit“ verlieren wir bei Benetton am wenigsten. Da der 8-Zylinder eine wesentlich größere Bohrung hat, braucht er einen explosiveren Sprit – also Benzin, das explosiver zündet als bei einem 10- oder 12-Zylinder. Wir haben also, im Gegenteil, am meisten verloren. Mit dem Normalsprit sieht's bei uns für 1993 nicht bestens aus.
Was ist eigentlich mit dem Ford-12-Zylinder, der ja schon längst Rennen hätte fahren sollen?
SCHUMACHER: Der wird weiter getestet, ist aber zurückgestellt. Wir werden ihn auch im Auto testen, aber es gibt keinen Zeitplan. Sobald der V12 schneller ist, werden wir damit rennen, aber ich seh ihn nicht schneller. Unser Problem: der 8-Zylinder ist sehr gut.
Stört es dich, daß McLaren den gleichen Ford-Motor bekommt?
SCHUMACHER: Dann sieht man, wo unser Team steht. Aber ein Punkt, der abzuklären ist: Welche Motoren McLaren kriegt. Wir

müssen sicher sein, daß uns kein Nachteil entsteht. Ich persönlich hab nichts dagegen – aber wie das alles Ford-intern geregelt wird, weiß ich nicht.
Eine WM ohne Mansell, vielleicht sogar ohne Senna, was heißt das für dich?
SCHUMACHER: Mir täte es leid, wenn ich 1993 Rennen gewinnen würde und die beiden nicht dabei sind. Weil es dann sofort heißt: Er hat zwar gewonnen, aber die zwei besten fehlten. Genauso, wie ich in Kanada wegen dem Disqualifikationsgerede um Berger offen sagte: Als Grand-Prix-Sieger will ich ihn schlagen, nicht deshalb gewinnen, weil er aus der Wertung fliegt. So ist es auch 1993: Ich will gegen die besten Fahrer gewinnen – aber nicht gegen zwei weniger fahren! Aber ich seh Senna auch 1993 in der Formel 1, ich weiß nur nicht wo. Nicht verkehrt wäre Senna auf Sauber! Dort müßte er doch total motiviert sein, Geld ist ihm ja nicht so wichtig ...
Weltpräsentation des neuen Benetton-Ford. Blitzlichtgewitter, große Reden. „Mit diesem Auto“, werden die Rennchefs Briatore und Walkinshaw nicht ganz richtig interpretiert, „haben wir Luciano Benetton den WM-Titel versprochen!“
Schumacher, augenzwinkernd: „Dann müssen Flavio und Tom das Auto schon selber fahren ...“

Ayrton Senna beobachtet das alles aus sicherer Distanz: Vier Monate lang am Strand von Brasilien gelegen, hat alles auf sich zukommen lassen – auch den neuen McLaren-Ford. Ein kleines Wunder: Noch im November 1992 hat McLaren keinen Motor. Die Testfahrten: so spät und kurz wie noch nie. Wochenlang spannen Ron Dennis und Senna die Muskeln. „Unser normales Powerplay“, grinst Senna.
Was da alles dahintersteckt? Senna will zuerst die Garantie, daß ihm Dennis 24 Millionen Dollar zahlt, falls er überhaupt wieder fahren will – erst dann geruht er zu testen, nachzudenken und zu entscheiden. McLaren wehrt sich: „Zuerst Vertragsunterschrift, dann erst darfst du testen.“
Gezielte Indiskretionen – wie super die aktive Radaufhängung jetzt funktioniert und überhaupt: was für ein Wunderauto – machen Senna total neugierig. Und die Tests sind wirklich eine Sensation.
WM ’93 also doch mit Ayrton Senna, „weil ich spür: Mit dem neuen

McLaren-Ford kann ich Alain Prost am WM-Titelgewinn hindern."
Es geht nur noch ums Geld. Senna wieder im McLaren – den ganzen Winter eine Fata Morgana. Aber dann: Senna kommt vom Strand aus Brasilien, steigt in Silverstone in den nagelneuen McLaren-Ford und knallt 1:20,27 auf den Asphalt – weder Prost noch Damon Hill (Williams-Renault) unter 1:21 gekommen! Und McLaren-Testpilot Hakkinen meldet: „Ich fahr die erste Kurve, die Copse, sogar im 6. Gang – weil die aktive Radaufhängung so super ist."
Meine Frage an Senna: Wie gefällt dir der neue McLaren? Senna: „Ich bin unheimlich beeindruckt! Wäre ich das nicht, würde ich 1993 ganz sicher nicht fahren!" Und jetzt also doch? Senna: „Ich hab dir immer gesagt: Ein konkurrenzfähiges Auto fahr ich, sonst nicht. Ich will gewinnen. Für einen dritten Platz riskiere ich nicht mein Leben!"
Senna-Gage? Ursprünglich verlangte er 24 Millionen Dollar – in totaler Verkennung der Realität. McLaren und die Sponsoren einigen sich: „Zehn Millionen, die oberste Grenze! Nimm sie – oder vergiß uns." Dazu der höhnische Hinweis von Ron Dennis: „Das ist immer noch zehn Millionen Dollar mehr, als Williams gezahlt hätte. Du hast ja angeboten: Für Williams fährst du sogar umsonst ..."
Berger glaubt: „Es geht um 5,6 Millionen. McLaren hat an der untersten Grenze angefangen – sie werden sich bei zehn, zwölf Millionen einigen."
Für sowenig Geld, beschließt Senna, fährt er allenfalls eine halbe Saison, aber nicht das ganze Jahr. Darum das seltsame Abkommen: Senna entscheidet stets nur von einem Grand Prix zum nächsten. „Ich sag immer erst Sonntag, ob ich übernächsten Sonntag wieder fahre ... und nach drei, vier Rennen entscheid ich mich bis zum Sommer." Gage: jedesmal eine Million Dollar pro Grand Prix!
Im Hinterkopf spukt das Prost-Tribunal: Sperre für Alain, der niemals ganz unmögliche Wechsel in sein Traumteam Williams – aber auch McLaren hat sich durch Mika Hakkinen abgesichert: „Ich hoff, wir dürfen mit drei Autos fahren."
Ron Dennis will den dreifachen Weltmeister mit einem 2-Jahres-Vertrag anketten, aber Senna will nicht. Verlangt stattdessen alle Freiheiten, während der Saison auch andere Autos zu testen – was Dennis aber strikt ablehnt.
Wunderauto McLaren? Was macht ihn so gut – gerade jetzt, wo Ber-

ger weg ist? Die aktive Radaufhängung. Honda hat sein System nach Japan mitgenommen — McLaren sein eigenes perfektioniert. Dazu kommt die hauseigene TAG-Elektronik. Und ein Getriebe, das für den ganzen Grand-Prix (alle 4000 Gangwechsel) vorprogrammiert werden kann! Aber Berger konnte nicht bleiben: Ferrari zahlt ihm laut Spaghetti-Presse „dreimal so viel, wie ihm McLaren offerierte". Dreimal vier — zwölf Millionen? Berger, der höchstbezahlte Pilot 1993?
Niki Lauda gibt zu: „Ich hab Berger dringend geraten, zu Ferrari zu kommen, weil McLaren unmöglich ein neues Auto fertigkriegen kann — ich hab mich geirrt!"
Berger notiert beim letzten 40-Runden-Test in Misano leichte Fortschritte, ist aber immer noch unglücklich mit der Ferrari-Organisation: „Die Probleme sind manche Führungspositionen." Ein Glück für Ferrari, daß der WM-Start um zwei Wochen verlegt wurde? „Für uns müßte man den ersten Grand Prix auf Juli verschieben ... Aber wir machen Fortschritte, engen den Problemkreis ein." Und die Chancen? „Zur Zeit der Estoril-Tests sicher Letzter — jetzt ungefähr auf Rang zwölf."
Karl Wendlinger: „Alle Tests, alle Entwicklungen abgeschlossen. Keine Hektik bei Sauber, keine Aufregung." Seine Hoffnung für Kyalami? „Wenn nix schiefgeht — in die Punkte!" Die Estoril-Testzeiten von Wendlinger (1:14,1) und Lehto (1:14,6) hätten 1992 für den 3. und 5. Startplatz gereicht. Karlis einzige Befürchtung: „Sieben Reifensätze fürs ganze Wochenende sind wenig — speziell wenn's heiß ist."
Dann fliegen alle nach Kyalami. Wo Comeback-Superstar Prost mit Jean Alesi Safari macht — und alles von Senna spricht.

KYALAMI: 1:0 FÜR PROST

Traumstart für die Schweizer Silberpfeile: WM-Punkte zum Debüt

Was ist 1993 alles neu?
TEAMS: Das Schweizer Peter-Sauber-Team mit Karl Wendlinger, J. J. Lehto und 210 Millionen Schilling von Mercedes — der „schwarze Silberpfeil".
FAHRER: Michael Andretti, dessen Vater Mario 1971 (auf Ferrari)

in Kyalami gewonnen hat, und die 20jährigen Rubens Barrichello (Brasilien) und Luca Badoer (Italien).
MOTOREN: McLaren wieder mit Ford-Motoren – wie schon 1968 bis 1983.
TECHNIK: Gesamtbreite von 215 cm auf 200 cm reduziert, Frontflügel von 100 auf 90 cm, maximale Höhe des Heckflügels von 100 auf 95 cm.
REIFEN: Statt 18 Zoll nur noch 15 Zoll breit, pro Auto sieben Reifensätze.
BENZIN: Sprit von der Tankstelle – ohne exotische Zusätze.
REGLEMENT: Kein automatischer Abbruch mehr bei Regen, außer es wird zu gefährlich.
Erster Österreicher-Doppelsieg in der Formel 1 – aber nur auf der Waage: 1. Berger 78 kg mit Helm, 2. Wendlinger 77 kg, ex aequo mit Alboreto, dann erst Warwick, Patrese, Blundell (76 kg) und Senna (73 kg). Als ich mit Berger in Kyalami das Protokoll des jährlichen Wiege-Zeremoniells studier, grinst er ungläubig: „Wieso – seit wann ist nicht mehr Warwick der fetteste Pilot?"
Ganz typisch: Fährt für ein italienisches Team – mit gutem Essen und wenig Testen, lächelt Marc Surer.
Früher pflegte ein französischer Reporter seinen Nimbus: „Am Vorabend eines Grand Prix esse ich immer mit dem Sieger von morgen!" Der Zauber ist längst verflogen, aber der Trick des französischen Formel-1-Stars Jean Behra noch heute legendär: Nach einem schweren Unfall in Dundrod (Irland) trug er ein künstliches Ohr. Und wann immer er in ein vollbesetztes Restaurant kam, legte er sein Plastikohr auf den Tisch – worauf die Gäste meist fluchtartig das Lokal verließen. Behra starb 1959 auf der Avus in Berlin.
Natürlich haben unsere vollaustrainierten Formel-1-Tiroler keine Backhendlfriedhöfe. Sie sind mit 183 und 187 cm halt auch die Größten. Vom Computer ausgerechnet: 10 kg sind auf der Rennstrecke zwei Zehntel. „Die holen wir schon mit dem Gasfuß auf."
Die Spaghetti sind's nicht: Ferrari-Koch Pastigino hat nach vielen Jahren unfreiwillig die Front gewechselt – weil er zuviele Ferrari-Geheimnisse ausgeplaudert hat? Jetzt kocht er für Benetton und Michael Schumacher – bei dem bald die Tomba-Ernährungsspezialisten vom Enavit-Team auftauchen. Sie hatten den Fettanteil bei „La

Bomba" von 22 auf 16 Prozent reduziert – und analysieren jetzt den deutschen WM-Geheimtip.
Endlich Trainingsbeginn. Vormittags ist Senna Schnellster, nachmittags Prost, der frohlockt: „Alles perfekt. Ich hab mich höllisch konzentriert, um ja keinen Fehler zu machen – vor allem in der Abstimmung."
Bei McLaren total neue Aerodynamik: Windabweiser hinter den Vorderrädern. „Das machen uns spätestens Dienstag im Windkanal alle nach." Dagegen Williams: nicht mehr unfehlbar! Prost bricht die hydraulische Benzinpumpe, Damon Hill schlitzt seinen Unterboden auf. Trotzdem die Lauda-Prognose: „Prost gewinnt, aber Senna setzt ihm zu, solang sein McLaren hält. Wäre ja auch eine Frechheit: Wenn Prost ein Jahr pausiert, Golf spielt, zurückkommt, und ohne Konkurrenz gewinnt ..."
Die „totgesagte" Formel 1 lebt! Wegen der schmäleren Reifen und kleineren Flügel zwar viele Ausritte, Sturzflüge, Dreher – aber spannender, ausgeglichener, spektakulärer: Nur 0,928 Sekunden trennen Freitag die ersten vier. Das ewige Duell Prost–Senna, neu entflammt, steht 1:1.
Doch beide Formel-1-Tiroler verlieren ihr Stallduell: Berger bei Ferrari gegen Jean Alesi, Wendlinger im neuen Sauber-Team, „Konzept von Mercedes", gegen J. J. Lehto.
Technische Defekte bremsen beide Österreicher ein – deswegen Ausritt von Berger und Dreher von Wendlinger.
BERGER: Ferrari probiert zwei Systeme von aktiver Radaufhängung – Alesi das sichere, Berger das riskante, schnellere, weniger erprobte. „Deswegen komm ich Vormittag kaum zum Fahren, baue über Mittag um – wieder ein Defekt – den wir aber in der Box nicht beheben konnten: Druckabfall." Gerhard riskiert es trotzdem, noch eine Runde zu fahren – und fliegt prompt raus. „Aber die Alesi-Zeit gibt Mut: Unser Auto ist besser als befürchtet." Niki Lauda ohne Illusionen: „Ferrari fehlen im Moment 50 PS." Noch mehr, schätzt Berger. „Aber abschreiben darf uns noch keiner."
WENDLINGER: Die schwarzlackierten Sauber-Raubkatzen sind als erste auf der Piste. Und Wendlinger hielt die ersten 10 Minuten mit den Allerschnellsten mit – trotz arger Probleme: „Fast überhaupt kein Grip – uns fehlt Bodenhaftung." Darum auch ein Dreher in der Zielkurve, beim Wiederanfahren stirbt der Motor ab – böse Schreck-

sekunde für den Kufsteiner, der wegen defekter Kupplung nicht mehr weiterfahren kann, hilflos im Auto sitzt. „Schade – gerade als die Piste immer schneller wird."

Dinner mit Ecclestone. Ich muß Bernie vorwerfen: Ausgerechnet die Österreicher vom neuen Reglement (Ersatzauto-Verbot) scharf eingebremst. „Schade um eure zwei Boys", bedauert Bernie, „also muß ich das Reglement wohl wieder korrigieren." Die Trainingsdauer auch: „Von 45 Minuten wieder zurück auf 90 bzw. 60 – schon für Interlagos. Wir hatten uns geirrt: zu hastig, zu falsch alles geändert."

Was Berger und Wendlinger nur freut: „Wir brauchen mit dem aktiven Ferrari momentan jede Trainingsrunde", stöhnt Berger. Und Wendlinger: „Wir bei Sauber, als neues Team, genauso – bis sich bei uns alles perfekt eingespielt hat." Ein Berger im Ziel wäre eine Überraschung – in den WM-Punkten eine Sensation. „Wir stehen erst am Beginn einer langen Entwicklungsphase", seufzt auch Lauda. Die Unterschiede im System? „Sehr gering. Der eine fährt mit Gasfeder, der andere ohne. Aber Alesi denkt nicht viel nach, steigt ein und gibt richtig Gas." Die Folge: ein High-Speed-Dreher.

Und Karl Wendlingers Sauber-Team? Das beste neue seit Jordan 1991 – kein Zweifel. „Leider nur: wenig Grip in schnellen Kurven." Wendlinger kann mittels Knopfdruck am Lenkrad ohne Kupplung, ohne Zwischengas die Gänge wechseln. „Nur beim Runterschalten muß ich aufpassen – sonst blockieren mir die Hinterräder. Aber Raufschalten ist einfach: bei 13.000 U/min drück ich den Knopf."

Ein dramatisches Ping-Pong um die Pole-position: Prost einen Hauch schneller als Senna – um 0,088 sec! „Ich hab damit bewiesen: Was Nigel Mansell konnte, das kann ich auch."

Prost und Senna also wieder nebeneinander, das ist explosiv. Senna: „Ich will der erste in der ersten Kurve sein – wenn mein Bordcomputer clever genug ist." Nach Trainingsschluß: Zögerndes Shakehands – Prost geht auf Senna zu, Damoklesschwert über sich: vier Tage später muß sich der „Napoleon" vor der FISA in Paris verantworten: wegen zu scharfer Kritik.

Alain muß wegen „rufschädigender Äußerungen, die die FISA und den Sport in Mißkredit bringen", vors FISA-Tribunal. Der „Flaschengeist, der immer etwas rausläßt und dann behauptet: Hab ich nie gesagt" hat angeblich die Sportbehörden in einem Magazin-Interview

als unfähig beschimpft und für Ecclestone einen Gegenpapst gefordert. „Mich soll er schimpfen, was er will. Ich kann mich schon wehren. Aber den ganzen Sport – das können wir nicht zulassen." Bernie schaut ganz ernst und flüstert: „Ich müßte mich schon sehr, sehr wundern, wenn Prost nicht scharf bestraft und für ein, zwei Rennen gesperrt wird!"
Sein Ersatz: Nigel Mansell? Oder gar schon Senna?
Als Berger vom Briefing zu den Boxen zurückkommt, geht er an Ferrari vorbei – und direkt zu McLaren. Erst dort greift er sich an den Kopf: „Ich hab mich geirrt – das falsche Team!" Mit dem Herzen ist Berger sicher nicht mehr beim McLaren-Chef – höchstens beim McLaren-Service: „So nette Küchenmädchen. Und die muß ich auch mal besuchen ..." Um sich aufzurichten.
Trainingsbilanz: niederschmetternd. Freitag früh 3 Runden, nachmittag keine, Samstag auch fast keine – und das Rennen vor der Tür.

Ich erinnere mich an Rio 1989, den ersten Ferrari-Einsatz mit dem automatischen Getriebe. Auch damals die ärgsten Trainingswickel, nie mehr als zwei, drei zusammenhängende Runden. Cesare Fiorio, der Ferrari-Rennleiter, schlug Berger und Mansell allen Ernstes vor: Wir füllen euch die Tanks nur halbvoll, schaut, daß ihr die zwei, drei Runden ein Brillantfeuerwerk abzieht – damit ihr wenigstens an der Spitze seid, wenn ihr stehenbleibt.
Berger und Mansell rebellierten, zwangen Fiorio, die Tanks vollzufüllen – und was passierte? Zwar kollidierte Berger in der ersten Kurve mit Senna – aber Mansell gewann, total überrascht, den Grand Prix!
Ich weiß nicht, ob Berger daran gedacht hat.
Alle sind dafür, daß er das sichere Auto fährt – nur Berger entscheidet sich als einziger fürs Risiko: „Mittelfeldplätze interessieren uns nicht. Wir müssen weiterkommen. Unter Rennstreß reagieren und entwickeln wir doppelt so schnell wie unter normalen Bedingungen. Ich opfere mich fürs neue System!" Die Chance, durchzufahren, steht 1:100. „Nach der Praxis des Grand-Prix-Sports", kalkuliert sogar Lauda, „kann Gerhard gar nicht ins Ziel kommen." Aber was ist in der Formel 1 schon logisch?
Bergers Ferrari ist anfangs „unfahrbar, aber das wußte ich schon vor-

SO FUHREN SIE 1993

0	Damon Hill (England)	Williams-Renault V10
2	Alain Prost (Frankreich)	Williams-Renault V10
3	Ukyo Katayama (Japan)	Tyrrell-Yamaha V10
4	Andrea de Cesaris (Italien)	Tyrrell-Yamaha V10
5	Michael Schumacher (Deutschland)	Benetton-Ford V8
6	Riccardo Patrese (Italien)	Benetton-Ford V8
7	Michael Andretti (USA)	McLaren-Ford V8
7	Mika Hakkinen (Finnland)	McLaren-Ford V8
8	Ayrton Senna (Brasilien)	McLaren-Ford V8
9	Derek Warwick (England)	Footwork Mugen-Honda V10
10	Aguri Suzuki (Japan)	Footwork Mugen-Honda V10
11	Alessandro Zanardi (Italien)	Lotus-Ford V8
11	Pedro Lamy (Portugal)	Lotus-Ford V8
12	Johnny Herbert (England)	Lotus-Ford V8
14	Rubens Barrichello (Brasilien)	Jordan-Hart V10
15	Ivan Capelli (Italien)	Jordan-Hart V10
15	Thierry Boutsen (Belgien)	Jordan-Hart V10
15	Marco Apicella (Italien)	Jordan-Hart V10
15	Emanuelle Naspetti (Italien)	Jordan-Hart V10
15	Eddie Irvine (Irland)	Jordan-Hart V10
19	Philippe Alliot (Frankreich)	Larrousse-Lamborghini V12
19	Toshio Suzuki (Japan)	Larrousse-Lamborghini V12
20	Erik Comas (Frankreich)	Larrousse-Lamborghini V12
21	Michele Alboreto (Italien)	Lola-Ferrari V12
22	Luca Badoer (Italien)	Lola-Ferrari V12
23	Christian Fittipaldi (Brasilien)	Minardi-Ford V8
23	Jean-Marc Gounon (Frankreich)	Minardi-Ford V8
24	Fabrizio Barbazza (Italien)	Minardi-Ford V8
24	Pierluigi Martini (Italien)	Minardi-Ford V8
25	Martin Brundle (England)	Ligier-Renault V10
26	Mark Blundell (England)	Ligier-Renault V10
27	Jean Alesi (Frankreich)	Ferrari V12
28	Gerhard Berger (Österreich)	Ferrari V12
29	Karl Wendlinger (Österreich)	Sauber-Ilmor V10
30	Jyrki Järvi Lehto (Finnland)	Sauber-Ilmor V10

Fahrerwechsel: Hakkinen ab Estoril statt Andretti bei McLaren;
Lamy ab Monza statt Zanardi bei Lotus;
Capelli in Kyalami und Interlagos bei Jordan, danach Boutsen von Donington bis Spa, Apicella in Monza, Nakpetti in Estoril, Irvine in Suzuka und Adelaide;
Toshio Suzuki in Suzuka und Adelaide statt Alliot bei Larrousse;
Martini ab Silverstone statt Barbazza bei Minardi, Gounon in Suzuka und Adelaide statt Fittipaldi

her: wegen dem Gewicht". Der Ferrari ist schlecht balanciert, schlecht abgestimmt – aber das System hielt sensationell durch.
Kyalami, das Spiegelbild der Saison? Prost verpatzt – wie so oft – den Start. Senna führt die ersten Grand-Prix-Kilometer 1993. Wendlinger hat später, beim Nachtflug, Zeit genug, seinen Start Hunderte Male zu analysieren: „Ein kleines Kupplungsproblem. Angst, daß mir der Motor abstirbt – darum fahr ich ein bißl zu früh los." Dann die 10-Sekunden-Strafe wegen Frühstarts – Hobby-Eishockeyspieler Wendlinger muß auf die Strafbank.
Und die ganz Neuen? Damon Hill, dessen Vater Graham 1962 mit einem Südafrika-Sieg in East London erstmals Weltmeister geworden ist, spürte wohl gewaltigen Druck: drei Ausritte im Training, ein Dreher gleich nach dem Start aus der zweiten Reihe, total ungewohnt – und später von Zanardi abgeschossen. Michael Andretti verpatzte wegen Kupplungsproblemen den Start – später reißt er sich bei der Kollision mit Warwick ein Vorderrad ab.
Vater Mario hat 1971 in Kyalami gewonnen – damals für Ferrari. Wo immer man Formel-1-Querverbindungen knüpft, man stößt immer wieder auf Ferrari. Berger auch.
Senna führte, „bis irgendetwas Mysteriöses passierte und das Auto mit einem Schlag unfahrbar wurde" – die Elektronik spielte plötzlich verrückt. McLaren bekommt nur die Mark-5-Motoren von Ford, zwei Stufen unter Benetton, „aber es gibt gute und schlechte Mark-5-Triebwerke", lächelt Mike Kranefuß.
Senna aber zündelt sofort: „Wenn man will, daß die Formel 1 wieder Show wird, muß man auch uns die gleichen Motoren geben wie Benetton."
Prost muß erst Schumacher, dann Senna niederfighten. An der Spitze: 25 Runden lang Stahlgewitter McLaren-Williams-Benetton, ehe Senna/Schumacher kollidieren. Schuld? Fifty-fifty, glauben beide.
Unheimlich beeindruckend: wie die beiden schwarzen Schweizer „Silberpfeile", Lehto vor Wendlinger, rundenlang auf Rang 4 und 5 durch Südafrika brausen. Dann muß Karli seine 10 Strafsekunden abbüßen, kämpft sich wieder vor – ehe die Elektrik k.o. geht und der Motor plötzlich abstirbt. „Aber ich lag schon knapp hinter Blundell im Ligier – und der wurde Dritter", trauerte Wendlinger einer verpaßten Chance nach.

So holt J. J. Lehto die ersten WM-Punkte für Sauber — Lohn seiner Geduld — nach einem langen Boxenstop: zwei Runden, um die Getriebe-Elektrik zu wechseln.
„Ich bin so zornig, daß ich in der Box mit der Faust gegen den Windabweiser schlug!“ gibt Lehto nachher zu. „Aber nach dem Stop läuft das Auto wieder prächtig, und ich kann hervorragende Rundenzeiten fahren.“ Hinter Sieger Prost sogar die zweitschnellste Runde im Rennen — 0,210 schneller als Schumacher, und fast sechs Zehntel schneller als Senna!
„Plötzlich leuchtet die Öllampe auf, aber die Teamleitung fordert mich auf: Bleib draußen!“ Eine vernünftige, wichtige Entscheidung. „Denn was Lehto in der Endphase des Grand Prix zeigte, das ist Rennsport vom Allerfeinsten!“ strahlt Peter Sauber nachher.
Die letzten Runden sind nervenzerrüttend: In der 68. Runde ist Lehto noch Siebenter, in der 69. hat er Warwick im strömenden Regen eingeholt, zick-zack fahrend kämpfen sich beide Autos dem Zielstrich entgegen — wo Lehto den Sportwagenweltmeister in einem Foto-Finish um eine Hundertstelsekunde niederzwingt. Gleichzeitig stoppte Berger wegen Motorschadens — das sind die zwei WM-Punkte, fast ein Freudenschock.
Die letzten Runden gehen im Blitz und Donner unter: McLaren funkt Senna bereits, Regenreifen abzuholen. Nachher kritisiert Senna den vorzeitigen Abbruch, „aus Sicherheitsgründen zwar okay, aber sportlich nicht — weil du jedem eine Chance lassen mußt“. Aber Sicherheitschef Bruynseraede dementiert: „Es war genau richtig: 72 Runden, mehr war nicht geplant.“
Alle sehen den Regen, nur der Sensationsdritte Blundell nicht: „Am 21. Dezember hab ich als Testpilot bei McLaren aufgehört, Anfang Jänner bei Ligier begonnen. Ich bin also voll im Training.“ Blundell sieht aus wie der junge Gregory Peck, sah auch beim Afrikaflug den „Schnee am Kilimandscharo“, verschüttet aber im Cockpit seine ganze Trinkflüssigkeit: „Ich seh kaum durchs Visier und weiß am Ende nicht: Ist das noch mein Wasser — oder schon der Regen?“
Vierter wird Christian Fittipaldi, stürmisch beglückwünscht von seiner Tante Maria-Helena — Emersons erster Frau, die jetzt in Südafrika lebt, Fünfter Lehto und Sechster Berger: Das kleine Wunder, das sogar Lauda für unmöglich gehalten hat. Im Ziel mit dem defektgeplagten

„aktiven System“, das während des ganzen Trainings nie mehr als eine Runde ohne Defekt geschafft hatte!
Berger fliegt zweimal fast raus, hinter Andretti und auf Alliots Öl, bekommt Zeitungspapier in den Kühler, worauf die Temperaturen hochklettern. In der letzten Runde passiert alles auf einmal: der Regen, der Motorschaden – aber 6. Platz. „Und darauf bin ich stolz, damit hab ich eine Riesenfreud – mehr als mit manchem anderen, viel besseren Resultat.“
Prost 1,19 Minuten vor Senna! „Jeder Affe würde mit dem Williams-Renault gewinnen“, hat Mansell prophezeit. Alain: „Dabei ist Kyalami gar nicht unser bester Kurs.“ Genau zehn Jahre, nachdem er 1983 in Kyalami zum letztenmal aus dem Renault gestiegen ist, pilotiert Prost also den Williams-Renault zum Sieg. „Hat von außen vielleicht mühelos ausgesehen, war aber wesentlich schwieriger: Mir ist der Sitz gebrochen, Krämpfe im linken Oberschenkel, wenn du gewinnst, vergißt du alles. Aber ich mußte mich wahnsinnig konzentrieren, ja keinen Fehler machen – beim Abstimmen und beim Fahren. Aber jetzt hab ich das Gefühl: So lang bin ich ja gar nicht weggewesen ...“
21. Pole-position: seine erste seit Le Castellet 1989. Und 45. Sieg: sein erster seit Jerez 1990 – auch der letzte für Ferrari. Das sind die Rekorde, die Senna wehtun.
Auf dem Siegerpodest applaudieren sie einander zwar wechselweise und zögernd, Prost und Senna, aber umarmt hat Senna nur den Sensationsdritten – Blundell.
Für Prost hat er keinen Blick. Bei seinem ersten Ferrari-Sieg in Rio 1990 hat Alain noch heimlich in der Box vor Freude geweint – jetzt droht dem „Napoleon“ nach dem Austerlitz von Südafrika in Paris das Waterloo – oder vielleicht gar St. Helena? Aber wenn er wirklich gesperrt wird, drohen wohl Millionenklagen vor einem französischen oder europäischen Gericht.
Aber Prost ist zuversichtlich: „Ich glaub nicht, daß mir etwas passieren kann. Ich knall Beweise auf den Tisch: das Tonband meines umstrittenen Interviews. Das sind ganz andere Worte, als nachher in der Zeitung standen ... außerdem hab ich immer positiv über die Formel 1 gesprochen. Und man kann uns Piloten ruhig etwas mehr Mitspracherecht zubilligen!“
Die Vernunft gewinnt. Prost kann weiterfahren.

Ein Schweizer Traumstart ins große Abenteuer Formel 1: „Alle freuen sich mit dir, keiner ist dir neidig", läßt Bernie Ecclestone Peter Sauber ausrichten. Zwei WM-Punkte zum Auftakt: So hat nicht einmal Jordan 1991 angefangen, allenfalls Walter Wolf 1977 in Buenos Aires: 20. Trainingsrang, aber Sieg im Grand Prix.

Peter Saubers „Schritt in die Unvernunft", wie er sein Formel-1-Abenteuer nannte, beginnt ruhig, sachlich, voll Harmonie. „Solche Teams wie Sauber, die reinkommen und sich sofort in den Top-Ten etablieren, braucht die Formel 1", applaudierten alle von Ecclestone bis Berger. Die Sauber-Truppe hat bei ihrem Erstauftreten restlos imponiert. Nicht nur von Leistung und Ergebnis her, sondern auch im Stil freundlich, höflich, ehrlich, sauber — eine Seltenheit im Formel-1-Dschungel.

„Die Frage ist bloß, wie lang wir das durchhalten können", lächelt Peter Sauber. Und falls nicht? „Da geh ich lieber vorher raus ..."

Karl Wendlinger übers erste Sauber-Weekend in der Formel 1: „Organisation, Techniker, Mechaniker — alles mit großem Aufwand, auf sehr hohem Niveau. Für ein neues Team sogar auf unwahrscheinlich hohem Level. Sicher können wir in allen Bereichen noch dazulernen, noch effizienter, noch schneller arbeiten — aber das sind nur Kleinigkeiten, Handgriffe zur perfekten Abstimmung. Auch in der Zusammenarbeit mit den Ingenieuren."

Um Wendlinger kümmert sich Walter Nähr, ein Deutscher. Um Lehto der frühere Prost-Renningenieur bei Ferrari, Marzola, bald gefeuert, „weil er bei Ferrari mit Prost gearbeitet hat und glaubte, so gut zu sein wie Prost!"

Im Frühsommer ist Marzola weg, und Leo Ress übernimmt auch den Part als Lehto-Ingenieur. „Mitten in der Saison findest ja keine guten Leute."

Zwischen Kyalami und Interlagos: eine sehr nette Party in der Sauber-Fabrik. Die Truppe wird dabei noch mehr zusammengeschweißt — sieht man bei jedem Überseeflug. Ecclestone: „Wenn ich mir anschau, welche Leute immer First Class fliegen, muß ich mich fragen: WO ist die Rezession in der Formel 1?"

Er meint: Während sich weitaus weniger erfolgreiche Teamchefs in den Luxusfauteuils räkeln, sitzt Peter Sauber, unverändert, zwischen seinen Mechanikern in der Economy-Class. Chefmechaniker Franz Bucher: „Wenn wir im Zelt schlafen, dann schläft auch unser Chef im Zelt ..."

Die Sauber-Truppe wird im Formel-1-Zirkus immer populärer. Bei einer Piloten-Parade sollen ein paar Fahrer ihre persönlich größten Überraschungen aufzählen. Alboreto sagt: „Sicher Minardi und auch Sauber." Fittipaldi: „Ferrari, weil ich die Italiener schwächer eingeschätzt hatte, und Sauber – aber nach den langen Wintertests mit so tollen Resultaten war das keine so große Sensation mehr." Barrichello: „Sicherlich Sauber – und ein wenig auch McLaren." Und Alliot: „Sauber und Karl Wendlinger – aber den kenn ich ja als Partner von Le Mans."

Michael Schumacher, der „Phantompilot" von Sauber, gibt zu: „Ich bin von Sauber sogar noch mehr überrascht, als ich ursprünglich erwartete. Aber ich hab schon nach Kyalami öffentlich gratuliert: Sauber zeigt, was möglich ist, wenn man neu in die Formel 1 kommt – das muß allen anderen Mut geben."

Und das beste an Sauber, Michael? „Das ganze Paket. Guter Motor, automatisches Getriebe, Traktionskontrolle – und natürlich die Piloten."

Ich bitte Peter Sauber um einen direkten Vergleich Wendlinger–Lehto.

PETER SAUBER: „Die Unterschiede, die sieht man. Das ist nicht nur die Haarfarbe und das strahlende Lachen vom Finnen und das etwas in sich Gekehrte vom Österreicher – sie sind auch so, wie sie aussehen. Der eine impulsiver, der andere etwas ruhiger, das merkt man auch beim Fahren. Der eine ist vielleicht schneller bei einer guten Zeit, der andere braucht ein bißchen länger. Ich find, die beiden ergänzen sich optimal, und ich bin glücklich, daß ich die Fahrerwahl so getroffen hab. Ich würd's wieder tun."

Sie als Fahrer waren ja selbst erfolgreich. Mit wem aus der Formel 1 würden Sie sich am liebsten identifizieren?

PETER SAUBER: „Ich kann das nicht vergleichen. Ich hab ja ganz am Anfang, jetzt über 25 Jahre her, an Autos gebastelt – und man mußte ja dieses Werk ausprobieren. So bin ich dann vier, fünf Jahre Rennen gefahren. Aber ich war nicht ein Rennfahrer aus Überzeugung. Ich MUSSTE nicht Rennen fahren. Also, ich kann das nicht vergleichen mit den Piloten, die hier sind. Ich hatte ganz sicher, auch wenn ich dazumal Erfolg hatte, nicht das Talent, das heute die Fahrer haben."

Es war also eher die Technik und nicht das leidenschaftliche Blut, das Sie zum Rennsport treibt?

PETER SAUBER: „In jedem Fall. Ich hab kein Benzin im Blut. Ich hab sehr viel Freude an der Technik."

Der gleiche Sprit wie Williams, die Reifen ebenso gratis wie Williams, McLaren und Ferrari — auch alles „Konzept von Mercedes", wie auf den schwarzen Boliden aufgemalt? Unübersehbar, wie sehr Mercedes das Sauber-Team unterstützt.

Einem Stockerlplatz ganz nahe? Peter Sauber, still und bescheiden: „Bitte nicht zu bald. Wir wollen ja noch ein paar Jahre in diesem Zirkus bleiben, uns noch steigern können. Und stell dir vor, wir hätten in Kyalami keine Defekte gehabt." Unausgesprochen sein Satz: „Dann hätte Mercedes beim nächsten Mal von uns einen Sieg erwartet ..."

Um so größer die Aufregung über die (falsch interpretierten) Rückzugsmeldungen aus Untertürkheim im Mai.

Herr Sauber, müssen Sie sich Sorgen machen?

SAUBER: „Ich versteh die Aufregung überhaupt nicht. Mercedes hat Ende 1991 beschlossen, nicht in die Formel 1 reinzugehen, kann also jetzt auch nirgends rausgehen — hält sich aber an die Abmachungen, die bis Ende 1993 gehen."

Das ist der 5-Jahres-Vertrag, der 1993 ausläuft?

SAUBER: „Ja, der hätte auch 1992 auslaufen können oder 1994 — das hat mit unserer Formel-1-Sache nichts zu tun. Mercedes hat aber beim Nichteinstieg ganz klar gesagt: Wenn Sauber allein in die Formel 1 will, wird man uns das ermöglichen, uns finanziell, ideell und materiell unterstützen."

Können Sie die 30 Millionen Mark von Mercedes offiziell bestätigen?

SAUBER: „Darf ich gar nicht, aber irgendwo in dieser Größenordnung wird es sich bewegen."

Und Ihr Gesamtbudget?

SAUBER: „Sag ich auch nicht gern, aber man weiß ja, wo diese Budgets liegen. Das geht bei 50 Millionen Mark mal los — und dann weit über 100, je nachdem, was für ein Team."

Sie sind ein bißl ein Zierfisch im Haifischbecken. Sind Sie ein charakterlich zu guter Mensch für die Formel 1?

SAUBER: „Wenn Sie fragen, ob ich ein zu guter Mensch sei, dann heißt das ja mit anderen Worten: Die Formel 1 ist schlecht ..."

Zuwenig schlitzohrig, meine ich ...

SAUBER: Zuwenig schlitzohrig, ja gut, schlitzohrig bin ich vielleicht

zuwenig. Aber ich glaube, die Mitglieder hier in diesem Zirkus, die schätzen das ja auch. Ich glaub, man wird hier so abgestempelt."
Der schwarze Silberpfeil, die Wunderwaffe in der Formel 1?
„Man merkt schon, daß uns die anderen Teamchefs ernst nehmen", freut sich Peter Sauber. „In Donington zum erstenmal gemerkt." Natürlich das übliche Bild: Die absoluten Spitzenteams gratulieren ohne Neid – die Teams hinter Sauber stören die Schweizer Erfolge eher. Das hat Mario Illien auch bemerkt.
Mario Illien – das ganz normale Genie der Formel 1, aber kein versponnener Künstler. Zeichnet zwar, wenn er mit seiner Frau am Strand liegt, gelegentlich Motoren in den Sand, wie andere Väter Sandburgen bauen, sagt aber entwaffnend: „Ich bin Geschäftsmann, kein Sponsor." Schuldet dir March noch Geld? „Ja."
Um so erfreulicher die ersten Tests mit dem neuen Ilmor-Motor: „3 kg leichter als der jetzige, kürzer, niedriger, mehr Leistung und schon jetzt höhere Drehzahlen als unser aktueller Motor – 13.600 U/min", verrät Sauber die geheimen Daten. „Der neue Motor hat also 35 PS mehr und dreht 300 U/min höher als der alte. Unsere Benzintanks fassen 217 Liter, aber vollgetankt haben wir nur in Montreal. Den meisten Sprit brauchen wir in Donington. Unser Motorverschleiß: 20 bis 30 Revisionen, das ganze Jahr über." Soweit alle technischen Geheimnisse.
Und, späteres Geständnis: „Wir haben zu gut angefangen." Vielleicht, weil man das Gewichtslimit im Winter nicht allzu ernst nahm und leicht untergewichtig fuhr – was ja bei Tests nicht verboten ist.
Karl Wendlinger freut sich über vieles: auch über den Abfahrtssieg von Adrien Duvillard jun. bei der Olympia-Generalprobe in Lillehammer. „Wir waren dicke Freunde, als wir noch zur Schule gingen." Grund? Duvillard ist zum Teil (wie Wendlinger) in Kufstein aufgewachsen, weil seine Mutter Tirolerin ist. „Wir haben zusammen auch viel Sport getrieben." Aber weder Motorsport noch Ski – sondern Tennis!
Jedoch bereits Jean-Louis Schlesser, Sportwagenweltmeister und Sauber-Testpilot, hat mir geflüstert: „Wendlinger ist genau so schnell wie Schumacher, wenn nicht noch schneller – aber viel konstanter."
Bei den Messungen fallen immer wieder zwei Tatsachen auf: Erstens ist Wendlinger in den Bremszonen der meisten Kurven einer der Allerschnellsten, meist der absolute Spätestbremser, gemeinsam mit Alesi – aber zweitens der mangelnde Topspeed. Wegen Turbulenzen im Cock-

pit? „Da haben wir uns schon viele Gedanken gemacht. Sicher ist, daß in der Lufthutze bei mir weniger Luftdruck ist als bei Lehto. Kommt daher, daß ich höher sitz, weil ich so groß bin. Diesen Leistungsverlust kann man leicht errechnen. Könnte ein Grund dafür sein, daß ich auf der Geraden nie schneller bin als Lehto, immer etwas langsamer, aber das summiert sich", rechnet Karl nach. „Die Bremspunkte stimmen auch, aber das ist auch eine gewisse Liniensache. Manche fahren etwas spitz in die Kurven rein, bremsen dadurch ein bißl länger – da gehör ich dazu. Manche fahren etwas runder an, bremsen früher und können wieder früher aufs Gas gehen."
Schumacher ist oft einer der langsamsten in der Bremszone?
„Aber trotzdem schnell ..., also kann's nicht so verkehrt sein ..."
Testpiloten braucht Sauber lange keinen, weil Lehto und Wendlinger gebeten haben: „Wir wollen alle Testfahrten selber machen! Wir brauchen keinen Testpiloten, keinen dritten Mann. Das überlassen wir den Teams, die viel Geld zum Rauswerfen haben." Nach Sao Paulo fliegen die Saubermänner wieder in der „Holzklasse".

INTERLAGOS: GOTT LÄSST REGNEN
Alle rutschen aus, Senna bleibt als einziger trocken

Das Ferrari-Pferd lahmt schon lang – jetzt ist auch der Mann auf dem Kutschbock krank. Niki Lauda fliegt nicht nach Interlagos: mit Grippe im Bett. Ferndiagnosen kann der „Piccolo Commendatore" schwer erstellen, wenn quasi in Ayrton Sennas Wohnzimmer das GP-Training beginnt. „Aber es schaut nicht gut aus für Brasilien. Noch schlimmer als in Südafrika – weil Interlagos noch buckliger ist als Kyalami."
Dafür hätte man ja eine aktive Radaufhängung. Die letzten Tests in Mugello waren zwar „in Ordnung, aber unser neues System ist noch immer nicht standfest". Deshalb ändert Ferrari heute in Brasilien seine Politik: nicht vorwärts, sondern zurück in die Zukunft: „Berger und Alesi fahren in Interlagos beide das alte System!"
Überall nur gelb-grüne Rennautos auf den Plakatwänden – kein einziges Senna-Werbefoto in Sao Paulo! Weil der Champion sogar seine Landsleute so lang zum Narren gehalten hat, traut sich niemand, mit Senna für den Brasilien-GP zu werben. Langsam dämmert mir, warum

Senna drauf beharrt, während der Saison andere Autos zu testen: Der Honda-Honda ist fertig und hat sogar schon seinen ersten Crash-Test hinter sich — anders als Bergers Ferrari!
Ein anderer Superstar, der auf Stadion-Parkplätzen mit Ferraris herumteufelt, ist überraschend in Sao Paulo aufgetaucht: Diego Maradona — zufällig im gleichen Hotel wie ich. FC Sevilla auf Brasilien-Tournee. Über das Rapid-Abenteuer seines kleinen Bruders Hugo, über Österreich—Frankreich will Diego nicht reden. Und über die letzten Anschuldigungen? „Viele wollten mich umbringen, haben's aber nicht geschafft. Ich schau nur noch vorwärts, denk an Leute, die mich gern haben — vor allem die Kinder."
1:0 für Frankreich, Papin. Als ich Alain Prost Samstag nacht im Hotel „Transamerica" das Fußballergebnis sag, strahlt der Franzose voreilig: „Ein perfektes Wochenende für mich!" Schon Juan Manuel Fangio, der Größte von allen, hat ihm in den Boxen prophezeit: „Du wirst Weltmeister 1993 — und gewinnst natürlich auch in Interlagos!" Prost peilt den Superrekord an: sein 7. Sieg im Brasilien-GP. Graham Hill hat fünfmal Monte Carlo gewonnen, Jim Clark viermal in Spa. Ob Prost mit einem vierten WM-Titel dem fünffachen Champion Fangio näherrückt, tut dem Maestro nicht weh: „Rekorde werden immer gebrochen."
Nelson Piquet humpelt durch die Boxen von Interlagos. „Das größte Wunder für mich", staunt Philippe Alliot, der den mörderischen Indy-Unfall miterlebt hat, „daß er wieder gehen kann." „Aber irgendetwas", wundert sich Michele Alboreto, „stimmt bei Piquet nicht mehr: Er hat keine Girls bei sich."
Erster Interlagos-Sieger ist Wendlinger-Stallgefährte J. J. Lehto: Der „fliegende Finne" gewinnt 3000 Dollar — beim Mountain-Bike-Rennen auf der Rennstrecke. Das Sauber-Wochenende fängt gut an, hört aber schlecht auf: zwei Motorschäden.
Dabei schreiben die Tiroler die Freitag-Story von Interlagos: Wendlinger im 1. Training Dritter, also bester Nicht-Williams. Und Berger Siebenter mit dem Ferrari von Alesi. Nach einem mörderischen 260-km/h-Unfall mit Totalschaden — weil die Ferrari-Technik plötzlich wild wurde! Berger: „Mich fröstelt — trotz über 30 Grad Hitze..." Ein schlechtes Zeichen.
DER BERGER-CRASH. So schwer wie in Detroit '85 oder Imola '89

„Wer glaubst du, wer du bist – Fangio?" Mit seinem vierten WM-Titel kam Alain Prost dem großen Juan Manuel am nächsten. Dann ging er. Adieu, Alain!

Noch kein Professor und noch kein Napoleon, aber schon die ersten Anzeichen. Aus dem Familienalbum: als Alain versprach, immer brav zu sein.

„20 Jahre Rennsport, davon 13 in der Formel I, sind genug. Ich hab im Leben noch so viel vor."
Nach über 50 Siegerehrungen, vor seinem vierten WM-Titel, die Rücktritts-Erklärung neben Frank Williams in Estoril.

Neuer Williams-Renault-Express Prost (2) und Hill (0): „Verdammt, fährt Damon aber schnell", sagte Alain ins Fernseh-Live-Mikro, wußte aber: „Du gewinnst heuer noch Rennen, und ich helf dir

dabei." Und Damon heute: „Alain war nicht mein Freund, aber wir hatten ein freundschaftliches, professionelles Verhältnis."

Blick zurück ohne Zorn: „Ich hab dem Rennsport auch viel gegeben, nicht nur genommen."
Prost-Crash in Estoril: „Da war ich unkonzentriert."

Die Hill-Familiensaga: Damon mit dem Sturzhelm von Vater Graham, als achtjähriger Bub auf Daddys Knien, im ORF-Studio in Wien und als Sieger: „Graham wäre stolz auf dich gewesen."

Ruhm und Trauer: Nigel Mansell (oben) wurde auch Indy-Car-Champion – der „Löwe" brüllt nur noch in Amerika. James Hunt starb, erst 45 jährig, an Herzschlag.

— aber gottlob kein Feuer. „Unser Problem: Wir hatten die Elektronik-Box ausgewechselt. Plötzlich ist das Auto nicht mehr das gleiche. Ich fahr die 260-km/h-Bergabkurve wie immer — aber plötzlich bricht das Heck aus.“ Mit 260 km/h rückwärts gegen die Mauer: Peitschenschlag, Kopfweh, blaue Flecken. Masseur Joe Leberer bekommt Arbeit — die Mechaniker können das Wrack nicht mehr reparieren. Weil Ersatzautos heuer verboten sind, muß Gerhard ins Auto von Alesi, der im Qualifikationstraining 12 Runden abspulte, ehe Sitz und Pedale auf Berger abgestimmt werden. „Aber das dauert bei uns zu lang. Fast wär sich's nimmer ausgegangen.“
Eine Trainingsunterbrechung (Barrichello abgeschleppt, Herberts Lotus in Flammen) rettet Berger: noch Zeit für eine schnelle Runde — 7. Platz. „Aber das Auto ist nicht gut. Und mir ist kalt.“
DIE WENDLINGER-SENSATION. Vormittags auf 1,4 an Prost und Hill dran — erstaunlicher Dritter! Gut für die Optik, noch besser für die Moral. „Aber die Strecke ist extrem rutschig, da haben alle Probleme. Senna und Schumacher“, warnt der Kufsteiner, „kommen noch nach vorn.“
Samstag kommt Wendlinger still wie immer in die Boxen — Berger, steif, mit Schmerzen an Brust und Rücken. „Beim Atmen sticht's mich. Aber schlafen hab ich können.“ Der 260-km/h-Crash ist im Traum nicht mehr wiedergekommen. „Den hab ich schon in meiner Qualifikationsrunde vergessen — sonst hätte ich nie Siebenter werden können. Ich hab viel mehr über die Auto-Abstimmung nachgedacht — und die Zukunft mit Ferrari.“
Nr. 28 ist ein Totalschaden. Irreparabel, sogar für die besten Mechaniker im Formel-1-Zirkus. „Wir analysieren immer noch, was da schiefgegangen ist“, grübelt Ing. Postlethwaite.
Natürlich hat auch Berger sein Frankreich-Ländermatch. Wie die Fußballer, wie das Davis-Cup-Team. „Aber mein Problem ist nicht Jean Alesi, sondern die sechs Autos vor mir.“ Darunter Wendlinger, Trainingssensation, der wieder fürchtet: „Die Ferrari sind knapp dran an mir.“ Mit wieviel Herz, aber auch Hirn der Kufsteiner fährt, ist toll. „Hier hat keiner Grip, alle rutschen durch die Gegend, die Reifen bauen ab.“
Ferrari überlegt, aus Italien ein Extra-Chassis einzufliegen — zu spät. Ing. Postlethwaite: „Ich mach mir um Gerhard mehr Sorgen als ums

Auto.“ Und dann können sich nur vier Piloten gegenüber Freitag nicht verbessern: Berger, Alesi, Wendlinger, de Cesaris.
Karli ist immer still und kontrolliert – aber Samstag muß er sich ärgern: „Da strampelst dich drei Tage lang ab wie ein Verrückter – und ausgerechnet, wenn's am wichtigsten ist, verlierst Geschwindigkeit.“ Im Abschlußtraining fehlten dem Kufsteiner 18 km/h auf Prost, 6 km/h auf Stallgefährten Lehto, der die Frontpartie gewechselt hatte. „Allen ein Rätsel. Wir haben alle Diagramme von Lehto und mir übereinandergelegt. Bis 200 km/h war alles total gleich – dann fiel ich plötzlich zurück.“
Bis zum sensationellen Warm-up: 4. Platz für Wendlinger. Formel 1, die Welt voller Rätsel.
Und dann der Schock im Fernsehen:
Die Sekunde, in denen Millionen Formel-1-Fans das Herz stillsteht: mörderische Kollision Berger-Andretti jenseits von 250 km/h. „Ich hab einen Superstart“, erzählt Gerhard. „Plötzlich biegt vor mir Andrettis McLaren im 90-Grad-Winkel ab.“
Berger, „zwischen dem McLaren und der Mauer“, hat keine Chance. „Ein solcher Unfall dauert ewig lang. Unglaublich, wieviel Zeit du hast, alles mögliche zu denken – was dir da alles durch den Kopf schießt... Auch mir bleibt das Herz stehen. Ein Riesenunfall, wirklich. Aber daran bin ich in Brasilien schon gewöhnt. Hat nicht nur fürchterlich ausgeschaut: War auch furchtbar. Hoffentlich muß ich sowas nie wieder erleben!“
Nur langsam zerrinnt für Gerhard Berger der Alptraum von Interlagos – die Kollision mit Andretti: Jenseits von 250 km/h, fliegende Trümmer, die McLaren-Räder nur um Zentimeter an Bergers Sturzhelm vorbei. „Ich hab in Brasilien mit einem Unfall angefangen, mit einem Crash aufgehört. Und alle Schutzengel gebraucht!“
Alle Formel-1-Fans diskutieren lang: Wie kam es zu diesem Crash?
Berger (13. Startplatz): „Ich hab rechts alle überholt, da lenkt vor mir plötzlich Andretti im 90-Grad-Winkel nach rechts und kracht mir direkt ins Auto.“
Andretti (5. Startplatz): „Mich hat ein Sauber gestoßen.“ Was sowohl Wendlinger als auch Lehto dementieren: „Nie berührt.“ Worauf Andretti korrigiert: „Also nach rechts gezwungen worden. Berger, hinter mir, hat keinen Platz zum Ausweichen.“ Was der Ami als „Hell of

knock" bezeichnet, ist die Karambolage des Jahres, glauben wir irrtümlich. Weil leider Gottes noch viele folgen.

Das erste, was Berger spürt, wie ihn Andretti an der Schulter rüttelt. „Wach auf, Gerhard, spring raus. Du brennst!" Worauf der Tiroler blitzschnell aus seinem Ferrari draußen ist, „denn nach dem Anprall war ich kurz bewußtlos. Daß Andretti über mich drüberflog, hab ich nicht mitgekriegt!"

Dramatische Fußnote zur Brasilien-Karambolage, die beide zunächst geheimhielten. Erst später, in Donington, redeten sie wieder darüber. Inzwischen hat Gerhard den Crash abgehakt: „Zwei Tage Kopfweh, leichte Gehirnerschütterung. Die Wirbelsäule tut weh", ansonsten gottlob unverletzt — nur mit Kratzern auf seiner Seele. Andretti muß mit Rückenschmerzen mit dem Rettungshubschrauber ins Krankenhaus — von dort holt ihn Papa Mario mit dem Privat-Jet heim nach Nazareth.

Die Schuldfrage? „So etwas kommt bei uns immer vor. Michael hat sich tausendmal bei mir entschuldigt. Aber schuld ist der schlechte Startplatz: Wenn du 13. bist, hast nur zwei Möglichkeiten: Entweder attackieren, riskieren, daß dir in der ersten Kurve ein Frontflügel fehlt oder das Auto kaputt ist — oder du bist 16. Das kannst gleich vergessen." Weggesteckt hat Berger den Unfall sofort, wie so oft: „Wenn's dein Fehler war, denkst mehr nach. Wenn nicht — vergessen."

Zwei böse Crashes in Brasilien — bist du beunruhigt?

„Es gibt immer solche Serien. Dann ist wieder eine Zeitlang Ruhe. Ich hoff, ich hab meine Unfälle fürs ganze Jahr hinter mir!" Aber leider irrt Gerhard.

Das Zuschauen tut ihm in Interlagos weh. „Schade um dieses Rennen! Das wären genau meine Bedingungen gewesen — wie früher in Spa." Darum ärgert Berger der „schreckliche taktische Fehler von Prost. Senna hat am cleversten Reifen gewechselt — der einzige, der alles richtig gemacht hat".

Sieg für seinen Ex-Stallkameraden, Crash mit seinem Nachfolger ...

Aber über diesen wildesten GP seit Jahren wird noch lang debattiert. Erstmals gilt die neue Regenregel: Bei Wolkenbruch kein Abbruch — jeder kann auf Regenreifen wechseln, wann er will. Darum riskieren sie alle. Teils mit voller Absicht. Teils durch Funkmißverständnisse — wie Prost, der glaubt, Hill sei gerade in der Box. Teils als Regenopfer. Wendlinger fightet toll mit Alesis Ferrari: „Wir überholen einander viermal. Als der Regen kommt, will ich Reifen wechseln – aber da steht schon Lehto in der Box: Also noch eine Runde, viel Zeit verloren. Später, wieder auf Slicks, ein Dreher auf einer Wasserlache – und dann verstopfte Kühler. Bis der Motor überhitzt."

Die Hölle von Interlagos! Wasserlacken, Sprühnebel, meterhohe Gischt – nicht einmal die Warnflaggen zu sehen.

Zum ersten Mal seit 20 Jahren – Mosport, Kanada, 1973 – muß ein Schrittmacherfahrzeug auf die Strecke. Um die Autos hinter sich aufzufädeln, während die Wracks eingesammelt werden – solang gilt Überholverbot. Kanada 1973: Damals führte der junge Niki Lauda auf BRM mit Firestone-Regenreifen sensationell schon mit 30 Sekunden, als die Piste auftrocknete. Unglaubliches Wirrwarr in den Rundentabellen: Heute noch glauben vier, fünf Piloten, sie hätten damals gewonnen: Stewart, Fittipaldi, Beltois, Oliver – den Lorbeerkranz bekam Peter Revson, der verunglückte Playboy-Rennfahrer aus der Revlon-Dynastie.

Die Geisterszene von Interlagos: Urplötzlich, während der wildesten Phase, läutet im Pace-Car das Autotelefon ... aber als Charlie Whiting hingreift, verstummt es.

Zuviel ist passiert. Fragen über Fragen: „Wieso kommt das Pace-Car so spät raus?" kritisiert Schumacher, nachdem die Wracks vom Pistenrand eingesammelt sind. „Ein, zwei Runden früher wäre richtig gewesen!" Und Senna: „Ich seh den Rettungshubschrauber flattern, weiß, daß Prost und Andretti rausgeflogen sind, und hab ein ganz blödes Gefühl: Wieso geht das Rennen ohne Hubschrauber plötzlich weiter?"

Die Hölle von Interlagos! Der einsam führende Prost im prasselnden Regen rausgeflogen, kreiselnde Autos, Angst und Panik.

Prost verkriecht sich in der trockenen Box: „Ich wollte schon reinkommen, Regenreifen abholen, da seh ich Hill schon in der Box. Also: noch eine Runde. Und dann flieg ich in der ersten Kurve raus – gegen Fittipaldis Auto!" Deine Schuld? Alain zuckt die Achseln: „Da will ich nichts sagen."

Bleibt ein Duell: Senna–Hill. Der führende Engländer will, als die grüne Flagge herauskommt, „nicht unnötig riskieren. Lieber ein sicherer 2. Platz als ein Crash. Aber vorbeigewunken hab ich Senna nicht."

Ayrton leidet Qualen: 10 Strafsekunden wegen Überholens unter gelber Flagge, genau wie Schumacher und Alesi – am Ende der Boxen-

geraden sieht es zeitweise aus wie auf einer Eishockey-Strafbank! Nachher nimmt Senna den FISA-Sicherheitschef Bruynseraede ins Gebet: „Ich hab bloß einen überrundet, der mich vorgelassen hat – Comas." Und Schumacher: „Ich weiß noch immer nicht, warum man mich bestraft hat."
Schumachers dritter Platz in der „Hölle von Interlagos" ist für den Michael „unter diesen Umständen wie ein Sieg. Nach allem, was im Rennen passiert". Der Benetton-Ford beim Reifenwechsel vom Wagenheber heruntergefallen – ein völlig verpatzter Boxenstop. „Aber wir alle machen Fehler. Wird nächstes Mal nimmer passieren", nimmt Schumacher sein Team in Schutz – wie schon bei der falschen Reifenwechsel-Strategie 1992 in Adelaide, die ihn vielleicht den Sieg gekostet hat. „Wir gewinnen und wir verlieren zusammen." Ein fairer Sportler.
Ayrton Senna gewinnt, von seinen Brasilo-Fans erdrückt vor Begeisterung, vor Damon Hill und Michael Schumacher. Ein Jubiläumssieg: der 100. für McLaren! „Das strategisch beste Rennen", wirft sich Ron Dennis stolz in die Brust, „das wir jemals hatten. Wir timen unsere Boxenstops sehr gut und führen sie perfekt aus – in 6,91 und 7,21 Sekunden. Also daher: Der beste Teamsieg, der uns je gelungen ist."
Und von Senna auch eines seiner besten Rennen – wenn's erlaubt ist, möchte ich ergänzen.
„Nicht mein allerbestes", bremst Ayrton, „1991, der Sieg trotz totalem Getriebe-K.o. war sogar noch besser." Niemand kann streiten wie Senna, wenn er sich ungerecht behandelt fühlt – aber niemand kann Siege feiern wie Brasilianer. „Schau dir die Leute an: Sie wußten zuerst gar nicht, ob ich überhaupt fahre – und jetzt schenk ich ihnen diesen Sieg!"
Die Siegerehrung soll sein brasilianischer Erzfeind Piquet vornehmen, aber als es soweit ist, hat Nelson das „Autodromo Carlos Pace" bereits fluchtartig verlassen. Der Bürgermeister von Sao Paulo springt ein. Und der große Fangio, der für Prost Sieg und WM-Titel prophezeit hat.
Nur langsam weicht die Spannung aus den Gesichtern, aber die Frage an Senna drängt sich auf. Die Antwort auch: „Ich weiß noch immer nicht, ob ich weiterfahren will. Heute mag ich nicht an morgen denken, nur an heute, und genießen!"

„Gott ließ auf Senna regnen", schreiben die Brasilianer. „Senna wurde als einziger nicht naß", staunen die Italiener.
„Nur der liebe Gott", bestätigt Ayrton selig, „hat dieses Wunder möglich gemacht." „Oder der Regen", erwidert ihm Roger Benoit, „hat Prost zur Hölle geschickt."
Gerhard Berger fliegt direkt von Interlagos nach Florida: „Im Wassersportparadies Sachen für mein Schiff einkaufen." Aber wie lang haben die Tifosi Geduld? „Ab Imola", grübelt Sportdirektor Sante Ghedini, „haben wir den Druck der ganzen italienischen Öffentlichkeit. Aber Imola ist zum Glück noch einen Monat weg."
Die Saison 1993 hat für Berger fürchterlich begonnen, so kann sie nicht weitergehen. „Ich hab ein gutes Gefühl. Klingt zwar blöd, aber so ist es. Im Sommer sind wir an McLaren und Benetton dran."
Damon Hill und Johnny Herbert, die nebeneinander im Flieger nach London sitzen, quälen andere Sorgen: Der eine Zweiter, der andere Vierter. „Und wir diskutieren die halbe Nacht: Haben wir die Chance unseres Lebens verpaßt?"
Ein bißl mehr Risiko, grübelt Damon, und ich hätte vielleicht meinen ersten GP gewonnen — wer weiß, ob die Chance je wiederkommt? Für Johnny und den Platz auf dem Stockerl gilt das gleiche.
Aber jetzt riecht's nach Heimaterde: Donington Park, Comeback einer klassischen Rennstrecke.

DONINGTON: 69 BOXENSTOPS

Der alte Mann und sein Traum / Andretti als Austria-Schreck

Lauda wurde hier bei seinem top-geheimen Comeback-Versuch 1981 von Krämpfen geschüttelt. Berger ist hier nie gefahren, aber Wendlinger 1991 im Formel-3000-Rennen (Sieger: Erik Comas) rausgeflogen. Großer Preis von Europa in Donington Park: ein neues Abenteuer in der Formel 1! Und das Sauber-Team — unter dem schützenden Stern von Mercedes — hätte sich für die Europa-Saisonpremiere der Formel 1 am Ostersonntag keine passendere Strecke wünschen können. „Donington Grand Prix" — das war das „Duell der Titanen" vorm zweiten Weltkrieg: Mercedes-Silberpfeile gegen Auto-Union. 1937 gewann der unvergleichliche Bernd Rosemeyer vor Manfred von Brau-

chitsch und Rudolf Caracciola, 1938 das „Ledergesicht" Tazio Nuvolari vor Herrmann Lang und Dick Seaman – alle in deutschen Boliden. Ein einziger der Giganten lebt noch: Manfred von Brauchitsch – zuletzt hoher Funktionär im Olympischen Komitee der DDR gewesen ... Aber die „Silberpfeile" kamen zurück nach Donington und fixierten 1990 – auf dem bereits umgebauten Kurs – mit Schlesser/Baldi vorzeitig ihren WM-Titel in der Gruppe C. Ein gutes Omen?

Karl Wendlinger präsentiert den 4,02-km-Kurs von Donington:
„Grundsätzlich: Sehr viele Kurven, wenig Gerade, fast überhaupt keine Chance zu überholen. Und weil es drei Spitzkehren gibt, in denen man immer wieder in den zweiten, ja sogar ersten Gang zurückschalten muß: Sehr hart für die Bremsen. Einerseits ist Donington anspruchsvoll für den Fahrer, weil wir sehr wenig Zeit zum Ausrasten haben – andererseits aber auch nicht eine Strecke, von der man sagen kann: Die hat wirklich Formel-1-Format. Davon gibt's ja einige im Formel-1-Kalender, wo man mit einem Formel-1-Auto am Limit ist: Enge Auslaufzonen – also die Strecke ist auch ein bißl gefährlich."
Eine Donington-Runde mit Karl Wendlinger:
„Sehr kurze Start-Ziel-Gerade, maximal 270 bis 280 km/h, Redgate-Rechtskurve dritter Gang, rechts den Berg runter, Hollywood- und Craner-Kurve, schnelle Linkskurve, voll im fünften Gang, die alte Haarnadel ist wieder eine schnelle Rechtskurve im dritten, vierten Gang, wenig Auslaufzonen. Dort bin ich mit dem Formel 3000 rausgeflogen. Danach ein schneller Linksbogen unter der Starkey-Brücke, wo man ganz normal durchbeschleunigt, auf 270 km/h, eine enge 3.-Gang-Rechtskurve (McLeans), kurze Gerade, wieder enge 3.-Gang-Kurve (Coppice), die man nicht einsehen kann, wo man blind einlenken muß. Danach die längste Gerade (Starkey) mit ca. 280 km/h, enge Spitzkehre im zweiten Gang, wieder kurze Gerade, wieder enge Spitzkehre 2/70, wieder kurze Gerade und Spitzkehre 2/70 – und wir sind wieder bei Start und Ziel."
Also: Sehr eng, viele Kurven, viel schalten und bremsen und eine relativ geringe Durchschnittsgeschwindigkeit von 170 bis 180 km/h.

Der alte Mann und die Formel 1: Donington Park ist die einzige Grand-Prix-Strecke der Welt, die einem Privatmann gehört. Nicht Bernie Ecclestone, der sich für 80 Millionen Schilling die Frank-Sinatra-Villa in London gekauft hat, sondern Tom Wheatcroft. Er feiert seinen 70. Geburtstag – mit dem „Donington Grand Prix", quasi im eigenen Wohnzimmer.
Oder, wie Prost schimpft: „Es ist so, als würde ich einen Grand Prix in

meinem eigenen Garten veranstalten." Wozu Wendlinger nur lächelt: „Das würde ich mir auch wünschen: einen so großen Garten wie Alain Prost..."

Donington-Grand-Prix: Der Traum eines Mannes, der als Kind die Mercedes und Auto-Union hier fahren gesehen hat und später, als Millionär, diesen Grand Prix wiedererwecken wollte – um jeden Preis. Bekannt wurde Wheatcroft durch sein „Donington Museum", die größte Rennwagensammlung der Welt.

Aber niemand kennt seine bitterste Stunde: Zandvoort 1973, Großer Preis von Holland, als sein Schützling Roger Williamson in einem privaten March in den Dünen verunglückte und hilflos verbrannte – so tapfer auch sein Freund David Purley versuchte, das brennende Wrack umzustoßen. Purley stürzte später als Akrobatik-Flieger an der englischen Küste ab.

Wheatcroft: „Nach Roger ist mir kein Rennfahrer mehr nahegestanden!" Nicht einmal Damon Hill, der neue Star.

Hinter jedem erfolgreichen Mann, sagt Bette Hill zu Damon, steht eine Frau. „Nur du hast vier." Die Mama, die Ehefrau Georgie und seine Schwestern Brigitte, heute PR-Agentin, und Samantha, heute Tauchlehrerin auf den Fidji-Inseln. Sie alle begleiten Damon nach Donington.

Bette Hill, ein Elizabeth-Taylor-Typ, früher „The Queen of Motor Racing" tituliert, mußte Pokale verkaufen, als Sekretärin jobben. „Aber heute hab ich jeden Penny Schulden bezahlt." Heute fährt sie auch wieder Mercedes. Und am Ostersonntag sitzt Damon Hill in Donington Park im blau-gelben Williams-Renault – als sentimentaler Favorit im Grand Prix von Europa!

Um den Hill-Sohn und Mansell-Nachfolger (vielleicht) siegen zu sehen, pilgern über 100.000 Race-Fans nach Donington. „Ich gib alles, was ich hab", schwört Damon Hill. „Ich fühl Stolz – und viel Verantwortung."

Damons Sturzhelm paßte zur Seeschlacht von Donington. Die berühmten Farben: dunkelblau, mit acht weißen Streifen, die acht Ruderblätter symbolisieren – der Oxford Rowing Club, in dem Daddy & Mummy einander kennengelernt hatten. Auch der Talisman ist der gleiche: Überm Herzen hat Damon Grahams geerbte Christophorus-Medaille. „Die zweite, die ich trug", erzählt mir Bette Hill voll

Abscheu, „hat mir vor Jahren ein Londoner Straßenräuber vom Hals gerissen."
Damals, als die Familie eisern zusammenhielt, als Damon in einer Arzneimittelfabrik arbeitete, „wo es nach Ammoniak stank und die Ratten herumliefen", ehe ihm die Mutter einen Rennfahrerkurs in Frankreich zahlte.
Er hungerte, biß und kämpfte sich durch – bis zum Testpiloten-Job bei Williams.
„Umsonst und auf ewig!" hatte ihm Frank Williams gesagt, als Damon schüchtern anfragte: „Wieviel krieg ich und wie lang läuft der Vertrag?" Er kriegt 300.000 Pfund = 6 Millionen S. Reicht für ein kleines Terrassenhaus in London mit Frau und zwei Buben (2 und 4, einer ist nicht ganz gesund).
Heute weiß man: Alain Prost ist bei den Wintertests absolut nicht voll gefahren. Damit Damon besser dasteht und sein Teamkollege bleibt – angenehmer als Senna oder Mansell ...
Eigentlich mußt du den Williams besser kennen als Prost, sag ich zu Damon, aber er widerspricht: „Die Erfahrung von 185 Grand Prix kannst nicht wettmachen." Auch nicht im besten, meistbegehrten Formel-1-Auto der Welt. In Kyalami war Hill noch zu nervös: viele Dreher. In Interlagos überholte er Senna im Regen (!), führte, pfiff sich aber selber zurück: „Lieber sicherer Zweiter als wieder rausfliegen ... aber happy bin ich mit Platz 2 nicht. Erst, wenn ich gewinn. Heute – das wäre wunderbar!"
Ich kenn Damon seit er sieben, acht Jahre alt war. Da durfte er zu jedem englischen Grand Prix mit. Einmal seh ich, wie er im Ziel tapfer die Tränen hinunterschluckt. „Unser Boy hat Graham noch nie siegen gesehen und glaubt daher: er wäre schuld. Nur, weil er zusieht", gestand mir Bette Hill, während sich Damon tröstet. In seinem englischen Heimat-GP war Hills Pech besonders hartnäckig. Deshalb weinte der arme Damon einmal pro Jahr – manchmal öfter. Er braucht auch jetzt Geduld.
Hill II in der Computerwelt der Formel 1. Aber wie früher, kommt Bette Hill mit Stoppuhr und Rundentabelle bewaffnet. „Ich stopp Damons Runden und schreib alles mit, genau wie früher!" Familie Hill in der Zeitmaschine.
Donington 1993 – die Osterpassion der Formel 1. Oder das Morioka

im Grand-Prix-Zirkus? Kalt, windig, verregnet, gefährlich – eine Serie von Drehern und Unfällen.

„Donington macht mir Sorgen: Sicher ist diese Strecke nicht“, kritisiert Prost. Und Andretti, normal einer der Unerschrockensten: „Was redet man da immer, wie unsicher die US-Strecken angeblich sind? Dann kommen wir nach Donington – keine Auslaufzonen.“ Und das Gras beschleunigt die außer Kontrolle geratenen Autos, statt sie abzubremsen – vor allem, wenn es naß ist. Aber was Andretti besonders stört: „Die drei, vier blinden Kurven, die du über Kuppen einlenken mußt – ohne daß du etwas siehst.“ Schon am ersten Tag kracht er gegen die Mauer.

Vormittag streikt Alesi: „Ich will nicht – sinnlos, da etwas zu riskieren.“ Berger bockt: „Wenn's am Nachmittag genauso regnet, fahr ich auch nicht.“ Ostern in England – schon immer ein traditioneller Schlechtwettertermin. Weiß jeder seit dem „Race of Champions“ in Brands Hatch oder der „Daily Express Trophy“ in Silverstone. Aber das wußte man ja auch vor der Ski-WM in Morioka ...

„Petrus hat einfach dort oben den Wasserhahn aufgedreht und ist auf Osterurlaub gegangen. Jetzt regnet's das ganze Wochenende.“ Düstere Wetterprognose von Roland Bruynseraede. Nur der Samstag bleibt trocken.

„Senna sagt: ‚Da sieht man, wer Mut hat.‘“: italienische Zeitungsschlagzeile nach dem Regentraining: 1. Senna, nur 3. Prost.

Worauf Wendlinger Samstag morgen nach vier Runden einen Bremsdefekt („das Pedal klappt leer durch“) wegstecken muß, kaum Abstimmungsdaten fürs Trockene hat, aber das Set-up von Lehto übernimmt und den sensationellen 5. Startplatz herausfährt: den besten für Wendlinger, den bisher besten für Sauber.

Pole-position holt, zum 24. Mal, Alain Prost – 0,3 vor Hill, aber 1,5 vor Senna. Für Sonntag ist wieder Regen angesagt. Niki Lauda: „Dann gibt's ein Chaosrennen! Also, bitte, hol diesmal alle anderen Autos zu Zeitstrafen an die Box – aber laß unsere Ferrari weiterrennen!“ bittet der „Piccolo Commendatore“ Bruynseraede – mit den vielen Boxenstops rechnet er nicht.

Kontrastprogramm für Bernie Ecclestone – lang vorm Rennen: Direkt vom verregneten Donington fliegt er mit seiner Frau Slavijca und den Töchtern Tamara (7) und Petra (2) nach Orlando ins sonnige Florida –

um sich ein paar Tage lang „Disneyworld" anzuschauen. Also Micky Mouse statt Prost, Goofy statt Senna.

Was Bernie versäumt, ist ein Grand Prix fürs Buch der Weltrekorde: 69 Boxenstops in Donington – soviele Reifenwechsel wie nie zuvor in einem Rennen! Zwar wechselten vor 15 Jahren in Le Castellet die Ferrari-Piloten Reutemann und Villeneuve alle fünf Runden ihre Michelin-Pneus, zwar gingen den Pirelli-Fahrern 1985 in Estoril, als erstmals Ayrton Senna gewann, die Reifen aus – aber solche Orgien von Boxenstops wie beim „Grand Prix von Europa" hat der Formel-1-Zirkus noch nie erlebt.

Lehto riskiert Slicks im Regen – im Ersatzauto.

Wendlinger hat einen fabelhaften Start: Dritter hinter Prost und Hill, vor Senna! „Ich bin sehr überrascht, daß mich Ayrton nicht schon am Start überholt, sondern erst später." Als nächster kommt Andretti, „versucht mich aber an einer Stelle zu überholen, wo es unmöglich ist. Er preßt sich nach innen, und als ich einlenk, knallt er mir einfach ins Heck."

Was Andretti schuldbewußt bestätigte: „Wir beide sprinten auf die Kurve zu. Ich zieh nach innen, denk mir aber sofort: Verdammt, das solltest du eigentlich nicht tun. Vielleicht hat dich Karl nicht gesehen. Und schon blockieren meine Vorderbremsen."

Michael Andretti, der Österreicher-Schreck! In Interlagos hat er Berger in der ersten Kurve aus dem Rennen geschossen – in Donington Wendlinger nach drei Kurven. „Tut mir leid", entschuldigt sich der Amerikaner. „Komplett mein Fehler, falsch berechnet." Wendlinger ist sauer: „Nützt mir jetzt auch nix mehr!" Und Berger steigt nach 20 Runden aus einem unfahrbaren Ferrari: „Viel zu gefährlich – alle Hydraulikflüssigkeit ausgeronnen!"

Wendlinger ist schon lang abgeflogen, da hockt Andretti immer noch schuldbewußt zerknirscht im MacLaren-Wohnmobil. „Normal ist an Kollisionen nie einer allein schuld, diesmal schon. Sorry für Karl!" Der jedoch trauert nur der Riesenchance auf WM-Punkte nach: „Die ersten drei Rennen, als die neuen Autos noch nicht so standfest waren, hätten wir besser nützen müssen. Jetzt wird es immer schwieriger."

Nur ein so cleverer Taktiker wie Senna kann diesen GP gewinnen: Der Mann, der um Regen gebetet hat. „Ich wußte, daß ich aufs Maximum losgehen muß, solang die Bedingungen unsicher sind. Denn technisch sind die Williams-Renault überlegen, kein Zweifel. Ich muß einen Vorsprung herausbolzen, aber das ist schwierig: Zu schnell, und du fliegst raus, zu langsam, und sie fressen dich auf."

Senna hat zu viel Reifendruck, Prost kommt ungewollt zweimal in den Leerlauf, als er hochschalten will, und Hill stöhnt: „Es ist so schwierig, das Auto auf Slicks zu spüren."

Prost wechselt am häufigsten von Slicks auf Regenreifen und umgekehrt – siebenmal insgesamt! Einmal stirbt ihm in den Boxen der Motor ab, „weil wir ein Problem zwischen Kupplung und Getriebeautomatik haben. Das ist der schwache Punkt bei Williams." Damon Hill wechselt genau wie der sensationell bis auf Platz 3 vorgestoßene Rubens Barrichello und de Cesaris sechsmal. Senna fünfmal – und meist führte Ayrton, wie gewohnt, aus dem Cockpit heraus Regie. Das funktioniert so:

„Einmal brüll ich über den Funk: REGENREIFEN, REGENREIFEN! als es plötzlich sehr stark regnet, aber im Moment haben wir Verständigungsprobleme am Funk. Und als ich hereinkomm, ist niemand da ... So starte ich gleich durch, wie ein Flugzeug."

Und Sennas Verfolger?

„Egal, was immer wir tun: Wir sind immer zur falschen Zeit auf den falschen Reifen. Ein Alptraum, der dich fürchterlich ärgerlich macht, dem du aber hilflos gegenüberstehst. Du wünschst dir nur, daß er endlich zerreißt, daß die Zielflagge herauskommt – die schreckliche Ungewißheit endlich aufhört. Das schlimmste Rennen, in dem du nur sein konntest. Du siehst die schwarzen Wolken, die aufgespannten Regenschirme – und ein paar Kurven später ist alles trocken. Keine Ahnung, wie ich Zweiter werde, denn die meiste Zeit weiß ich nie, wie ich liege."

Starke Worte von Damon Hill, der in seinem Heimat-Grand-Prix Zweiter wird – fast eine Runde hinter Senna, aber deutlich vor Prost. Alain haßt, zugegeben oder nicht, das Risiko von Regenrennen, und hat erst ein einziges gewonnen – das Abbruchrennen von Monte Carlo 1984, dank Rennleiter Jacky Ickx, vor Senna und Stefan Bellof. „Aber würde ich jetzt anfangen, dir alles zu erzählen, was im Donington-Rennen passiert ist – dann reden wir bis zum Imola-Grand-Prix ..."

Am Ostersonntag in Donington trägt jeder Formel-1-Pilot sein Kreuz. Prost redet sogar von einem „unfahrbaren Williams, weil wir etwas

Flügel wegnehmen – und das war die falsche Entscheidung. Ich hab mir mehr erwartet!"
Worauf Senna höhnisch lachend einfällt: „Vielleicht solltest du mit mir Auto tauschen, Alain ..."
Prost darauf: „Ich hab nichts gegen Regenrennen. Ich war so schnell wie du – vielleicht sogar schneller. Aber wegen unserer Kupplungs-Getriebe-Probleme schauen wir im Regen nicht sehr gut aus. Verdammt schwer, beständig und präzis beim Anbremsen zu fahren."
Wann immer Senna gewinnt, kochen Emotionen über: „In Donington hatte ich vor genau zehn Jahren, 1983, meinen ersten Formel-1-Test, mit Williams. Und jetzt hab ich mit McLaren gewonnen. Ich bin vor lauter Freude und Glück über dem Mond."
Immer wird Senna 1993 keine Regenrennen haben, darum entflammt er schon im April voll den Power-Krieg in der Formel 1: „Spätestens jetzt muß Ford einsehen, daß es vielleicht mit Benetton ein Rennen, aber nie den WM-Titel gewinnen kann – das geht nur mit McLaren. Aber dazu muß uns Ford die gleichen Motoren geben wie Benetton!"
Laut Vertrag bekommt McLaren die V8 mit pneumatischer Ventilsteuerung erst für die zweite Saisonhälfte „oder früher", knurrt Ron Dennis, der unverändert in Vertragsverhandlungen mit Senna verstrickt ist: „Es sieht so aus, als würde Senna wahrscheinlich mehrere Rennen für McLaren bestreiten", ist alles was er sagen kann.
Und Senna sagt nicht einmal das: „Jetzt will ich nur meinen Sieg feiern, genießen und nicht an morgen denken – genau wie vor zwei Wochen in Brasilien." Aber seine Marschroute stimmt: je öfter Senna gewinnt, umso mehr zwingt er Ford und den Zigarettensponsor. Der eine soll stärkere Motoren flottmachen, der andere mehr Geld.
Gleich nach seinem sensationellen Triumph, noch naß vom Regen und Champagnerspritzen, telefoniert Ayrton Senna mit seinem Fitneß-Guru Willi Dungl in Österreich. „Heute hattest du dein ganzes Hirn, deine ganze Intelligenz auf der Wagenschnauze", gratuliert der Fitmacher, worauf ihm Niki Lauda ungeduldig den Hörer aus der Hand reißt: „Ayrton, ich hab noch nie ein solches Rennen gesehen! Was du gemacht hast, war das allerbeste menschlich Mögliche, das du unter diesen Bedingungen nur tun konntest. Dein größtes Rennen! Ich beglückwünsche dich", zieht der „Piccolo Commendatore" vor Senna sein rotes Kappl.

Senna Superstar. Besser als je zuvor. Aber nicht teurer, sondern billiger. Ayrton Senna, immer noch keinen McLaren-Vertrag unterschrieben? Immer noch der teuerste Privatangestellte der Welt ohne Vertrag? frag ich ihn.

SENNA: Stimmt, ich hab immer noch nicht unterschrieben, tu aber unverändert mein Allerbestes für mich und fürs Team. Aber es ist nur eine Frage der Zeit, bis wir alles abgeklärt haben. Man braucht nur Geduld, auch viel Frust, weil man manchmal nicht alles klar sieht, nicht alles auf dem richtigen Platz – aus verschiedenen Gründen. Aber das ist Part of the Game, dieses Powerplay.

Trotzdem gelangen dir heuer schon zwei sensationelle Rennen?

SENNA: Stimmt. Interlagos und Donington geben mir soviel Befriedigung, daß ich mit diesen zwei Supersiegen bis ans Ende meiner Tage leben könnte – ohne weitere Rennen. Solche Siege sind psychologisch die allerwichtigsten: für mich, fürs Team, für die Sponsoren, für Ford ...

Wichtiger Fingerzeig: Was wird mit Ford?

SENNA: Diese Situation ist sehr komplex und schwierig. Ich weiß, daß sich Ford sehr bemüht hat, den Vertrag mit Benetton zu korrigieren, aber Benetton beharrt auf seinem Materialvorteil, und wir kriegen den besten Motor nicht. Details darf ich keine ausplaudern.

IMOLA: GÖTTERDÄMMERUNG AM FERRARI-HIMMEL

„Lauda bittet den Papst um Hilfe", Senna pokert weiter

Als Niki Lauda am Sonntag vor Imola zufällig in Rom ist und am Petersplatz mittagessen gehen will, gerät er in eine Menschenansammlung: Der Papst zeigt sich auf dem Balkon. Tags darauf ein Foto in einer italienischen Zeitung: „Weil bei Ferrari nichts weitergeht, bittet Lauda den Heiligen Vater um Hilfe ..."

Der jahrelange Spruch von Bernie Ecclestone: „Frag irgendwen, den Mann von der Straße, die Frau im Supermarkt, wer Autoweltmeister ist, und 90 Prozent werden dir antworten: Niki Lauda. Und: Er fährt einen Ferrari." Die Traumkombination Lauda-Ferrari wieder vereint – recht billig.

In Italien ist Ferrari fast wichtiger als der Papst. Und was immer rund um die „Maßschneiderei für Rennwagen" und seinen Berater Lauda passiert, wächst im Vergrößerungsglas riesenhaft. Auch die Ferrari-Krise. Das „springende Pferd" vor gelbem Hintergrund, früher das Wappen des italienischen Kriegsfliegerhelden Baracca, lahmt: Seit Alain Prost, der später gefeuerte „Professor", 1990 in Jerez gewann, gab es für die Roten nur Prügel, Demütigung, Frust und Enttäuschung. Die längste Niederlagenserie der Ferrari-Geschichte: Zwischen dem Nürburgringsieg von Alboreto 1985 und dem ersten Ferrari-Sieg von Berger 1987 in Suzuka waren „nur" 37 sieglose Rennen. 1993 bis Saisonende sogar 50. Lauda, sarkastisch: „Damit wir gewinnen, muß schon beide Williams-Piloten der Schlag treffen ..."

Dabei ist alien, die jemals die Ferrari-Fabrik, und vor allem die Ferrari-Teststrecke in Fiorano sahen, unbegreiflich: Wieso gewinnt Ferrari nicht jeden Grand Prix mit Rundenvorsprung? Natürlich, die Strecke mit überall eingebauten Meßzellen, Video-Überwachung und nachgebauten Kurven aller berühmten Pisten wird fleißig genützt. Wenn Ing. Harvey Postlethwaite sagt: „Okay, Schluß", dann bittet Berger hartnäckig: „Nein — ich will morgen weitertesten." Und er fährt, lobt Ferrari-Präsident Luca Montezemolo, „täglich, bis es finster wird". Ganze Grand-Prix-Distanzen ohne Defekt. „Aber kaum komm ich woanders hin zum Training, hab ich schon in der ersten Runde den shit." Lauda: „Wir machen zwei Schritte vor, drei zurück!"

Durchhalteparolen („ab Sommer wird alles besser") helfen nichts. Die Ferrari-Tifosi raufen sich längst die Haare. Auch der junge dynamische Montezemolo auf meine Frage, ob er seinen 5-Jahres-Job schon bereut hat: „Millionen Male!"

Und was war schwieriger: Das perfekte Fußball-WM-Spektakel „Italia 90" zu organisieren oder Ferrari wieder nach oben zu bringen? „Ferrari ist tausendmal schwieriger!"

Weil die Sünden der Vergangenheit zu arg sind? „Ferrari hat über 100 Millionen Dollar Budget und 400 Mitarbeiter in der Rennabteilung. Aber die meisten davon", kritisiert Berger schon im Winter, wofür er prompt scharf gerügt wurde, „haben Ferrari und die Formel 1 nicht im Herzen. Die tun nur ihren Job und lassen bei Dienstschluß alles fallen." Trotzdem fühlt sich Berger bei Ferrari „unverändert wohl. Ich bin Rennfahrer mit Herz. Und für Ferrari gewinnen, ist immer noch das Schönste!"

Mit all der köstlichen Ferrari-Politik, die keinen kalt läßt. Darf ich erzählen? Vor Jahresfrist bat Lauda, als sich sein erstes Mißtrauen gegen den Doppelboden-Ferrari regte, den Aerodynamiker Migeot: „Überprüf alle Daten im Windkanal." Migeot schwor, alles wäre perfekt. Gut, lenkte Niki ein, aber wenn wir einen Fehler finden, ist dein Kopf ab.

Paar Tage später läutete im Wiener Büro der „Lauda Air" das Telefon Sturm. Anrufer: der Ferrari-Präsident, außer sich vor Wut. „Niki, wie kannst du es wagen, ein Genie wie Migeot anzuzweifeln?" Und dann ein Donnerwetter von Vorwürfen, plötzlich unterbrochen durch einen leisen Satz: „Scusi, Niki, aber ich muß so schimpfen — Migeot sitzt nämlich bei mir im Büro." Und dann tobte der Boß gleich weiter. Ferrari, wie es leibt und lebt. In der Ära „John Barnard I" übermittelten eifersüchtige italienische Techniker dem englischen „Zauberer" absichtlich falsche Windkanaldaten in sein englisches Konstruktionsbüro — die Folge waren haarsträubende Materialdefekte.

Barnard wäre für Ferrari zu retten gewesen. Aber Fiorio zog es damals vor, Barnard beim letzten entscheidenden Gipfeltreffen zu versetzen: „Ich hab keine Zeit, ich muß Golfspielen." Montezemolo und Lauda holten Barnard zurück, ebenso den Motorenchef Jean-Jacques His. „Die gleichen Leute, die schon früher da waren, müssen jetzt Ferrari reparieren. Man hätte sie nie gehen lassen dürfen", weiß Lauda. Was würde Enzo Ferrari (1988 gestorben) bei der gegenwärtigen Misere tun? Im Grab rotieren? Alle rauswerfen? „Auch Enzo Ferrari hatte Probleme. Nur hat er ruckzuck Dinge umsetzen können, ohne Rücksicht zu nehmen. Das geht im heutigen Italien nicht mehr. Wegen der Gewerkschaften kannst du keinen Menschen mehr entlassen — nur noch versuchen, ihn woanders unterzubringen." Und daran arbeitet Lauda: „Die richtigen Leute an den wichtigsten Punkten zu plazieren" — um Ferrari aufzurüsten.

Bei der „aktiven Radaufhängung" gibt es pausenlos Probleme zwischen Hard- und Software. Weil mechanische Teile, z. B. Dichtringe kaputtgehen, muß das Computerprogramm dauernd rückfrisiert werden — oder es gibt eben Defekte. „Aber Williams hat dafür acht Jahre gebraucht, wir arbeiten erst seit einem Jahr dran." Der Motor hat zuwenig Drehmoment. Dafür wurde die Drehzahl erhöht — womit wieder die Schwingungen für die Kupplung zu groß werden.

„Ein Teufelskreis", weiß Lauda. „Aber wir müssen durch die Hölle durch." Ab Juli verspricht er: kleinere Kupplung, ein „aktives System", das funktioniert, perfekte Aerodynamik, 4-Ventil-Köpfe, variable Lufteinlaßtrichter à la Honda.
Dann ist freilich schon der Peugeot-Rennstratege Jean Todt der neue, große Ferrari-Rennleiter. „Wenn Todt kommt, brauchen wir Lauda nicht mehr", wurde Montezemolo im Rennmagazin „Rombo" falsch zitiert, rief aber sofort bei Lauda an: „Glaub ja kein Wort, Niki! Hab ich nie gesagt! Montag muß der Schreiber bei mir im Büro antreten. Bitte, bleib bei Ferrari!"
Lauda ist disponibel. „Wenn mich Ferrari weiter brauchen kann, bleib ich gern." Für einen Fiat-Uno — als Prämie für den ersten Sieg? Das Ferrari-Magazin „Topspeed" läßt sich viel einfallen, sogar eine „Geister-WM", indem es alle Rennen streicht, stattdessen zweimal einen „Gran Premio di Fiorano" fahren läßt, und zum 40-Jahr-Jubiläum der „Ecurie Francorchamps" zwei Rennen in Spa mit dem Ferrari 456 GT. „Die Konkurrenz kriegt ein Handicap von 28 Runden!" So werden Berger und Alesi mit je 46 Punkten Weltmeister. Ferrari, amore mio!
Wolfgang Graf Berghe von Trips gewann 1961 für die Roten die Rennen von Zandvoort und Aintree und stand vor dem WM-Titel, als er in Monza nach Kollision mit Jim Clark tödlich verunglückte. Der Düsseldorfer Wolfgang Seidel, Angestellter bei Auto-Becker, fuhr für Ferrari erfolgreich Sportwagenrennen, auch Günther Klass, der leider in Mugello mit einem Leichtgewichts-Dino verunglückte.
Aber das ganz große deutsche Ferrari-Geheimnis: Stefan Bellof war 1985 auf dem Sprung von Tyrrell nach Maranello — wie er mir selbst verraten hat. Es gab Geheimgespräche und bereits Geheimabkommen. Der Unfall von Spa raubte Bellof das Leben und eine gewaltige Chance.
Bleibt Schumacher. Und den wollte Ferrari — wie heimliche Telefongespräche mit Mercedes nach dem Rausschmiß von Prost 1990 beweisen — schon längst. Vielleicht 1995?
Aber wie geht's den kleinen Italiener-Teams?
Wo immer der Formel-1-Zirkus seine Zelte aufschlägt, wird ein Rennfahrersohn besonders enthusiastisch gefeiert: Christian Fittipaldi, der fürs kleine italienische Minardi-Team den größten Erfolg seiner Ge-

schichte herausgefahren hat: Platz vier in Kyalami! Sohn von Wilson, Neffe von Emerson Fittipaldi, dem Weltmeister 1972/74. „Aber für mich war er nie der berühmte Fitti, sondern immer nur: Onkel Emo."
Jahrestag für eine Lebensrettung: Clay Regazzoni — vor genau 20 Jahren von Mike Hailwood aus einem brennenden BRM befreit — ist als Zuschauer in Kyalami. Mit gewöhnlichem VIP-Paß, der Jody Scheckters Bild trägt: „Ich unterstütz den letzten Ferrari-Weltmeister." Und im „Chesterfield"-Outfit des neuformierten Lola-Ferrari-Teams mit Alboreto und Badoer, mit dem Clay aber nichts am Hut hat. Nur den gemeinsamen Sponsor, der Regazzoni unterstützt. „Aber diesmal ist die Route für das südamerikanische Straßenrennen noch viel malerischer: 12.000 Kilometer mit einem Ford-39-Coupé — wie es Fangio bei seinen ersten Rennen fuhr", schwärmt der Tessiner.
Auch Alboreto blickt zurück: „Für einen Ferrari-Fahrer", hat er mir einmal gesagt, „ist der WM-Titel fast Pflicht!" 1985, als „Michele Nazionale" der große Prost-Gegenspieler und Vizeweltmeister war, ehe Berger seine Ferrari-Karriere zertrümmerte — wie Senna andere demoliert hat.
Das einzige, das übrig geblieben ist: der Ferrari-Motor im Heck des Lola-Ferrari der Scuderia Italia.
Eine Mißgeburt — wie er mir schon in Brasilien klagt: „Viel zu schwer, aerodynamisch miserabel, schlägt Löcher in den Wind."
Er weiß, wovon er redet: Alboreto hat „technisches Design" studiert, liest viel, treibt fleißig Wassersport — und blickt zurück ohne Zorn: „Meine schönste Erinnerung? Immer noch Detroit 1983 — der letzte Sieg eines Saugmotor-Autos gegen die Turbo-Bomber für lange Zeit."
Weil mit Hakkinen, Barrichello, Lamy alle Opel-Lotus-Champions der letzten Jahre in die Formel 1 durchmarschiert sind, bittet Alboreto treuherzig: „Laßt mich auch eine Saison Opel-Lotus fahren. Vielleicht krieg ich dann auch ein Spitzenauto."
Und wann immer über Grenzbereiche diskutiert wird, spottet Michele: „Speed auf der Geraden spür ich nicht — wir haben keinen." Oder über Kurventempo: „Ein Moped hat mehr Fliehkräfte auszuhalten ..."
Tyrrell, Ferrari, Footwork, Scuderia — aber wohin jetzt? „Ich geh noch lang nicht in Pension. Für 1994 hab ich etwas fast schon fix", überrascht Alboreto. Sein begehrter Teamkollege 1992, bei einer Marlboro-Party zu Ehren Emerson Fittipaldis, schneite er unauffällig

zur Tür herein: Formel-1-Hoffnung von morgen trifft Indy-Car-Champion.
„Was ist", fragte Luca Badoer den Brasilianer, „Ihr Erfolgsgeheimnis?" Darauf Fitti: „Schau, daß der Tuner das bestmögliche aus deinem Auto macht – und glaub an dich!"
Luca Badoer (22) tritt schüchtern und bescheiden auf – so rasch er auch nach oben gekommen ist: Mit 14 Kart-Einstieg, mit 17 italienischer Meister, für ihn immer noch die bisher größte Sternstunde – obwohl er 1992 Formel-3000-Europameister war. Mit dem großen Schock in Spa: Mörderischer Unfall, Angst und Panik, Rettungshubschrauber.
Er kommt aus Montebessuna bei Venedig. Feingeschnittenes, fast aristokratisches Gesicht. Kein Holzhammer-Rennfahrer, eher ein Jockey-Typ mit 55 kg. „Ich hab Architektur studiert." Aber eigentlich ist er von Beruf Polizist.
Badoer hat viele Leidenschaften: Flieger, Boote, Hubschrauber. Und Interessen: Reiten, Tennis, Golf und Ski.
Wenn ihm ein Mädchen gefällt, schickt er seinen Fitmacher Erwin Göllner als Postillon d'amour: Gleich mit Kopie der Straßenkarte bis zum Hotel.
Lola hat eine deutsche Rechtsanwältin, die nach Sponsorgeldern sucht, aber immer nur die deprimierende Antwort kriegt: „Wie heißen die? Wo fahren die?"
Später fusioniert sich die „Scuderia Italia" mit Minardi. Aber wie, ist lang unklar. Ich schätze, das Lola-Ferrari-Team will am liebsten ein paar Sponsoren „verkaufen" – und mit Stil aussteigen.
In Monte Carlo wünscht sich Badoer nichts sehnlicher, als zur Galaparty im Sporting Club von Starmodell Claudia Schiffer begleitet zu werden, ohne daß er sich aber je traute, die berühmte Blondine aus Düsseldorf anzusprechen – außerdem scheint sie ja mit Prinz Albert liiert.
Alboreto, der im Fürstentum lebt und natürlich auch den Grimaldi-Prinzen sehr gut kennt, weiß Rat – und so wird das Lagerfeld-Model als Tischdame bei Luca Badoer placiert. Ein anderer Flirt: Badoer und Benetton – für 1994?
Vom Himmel in die „Hölle von Imola". Hier mußte Berger durchs Feuer, sind auch die Karrieren von Piquet, Patrese, Alboreto durch

mörderische 300-km/h-Unfälle in der gefürchteten Tamburello-Kurve fast zerbrochen.
Die Begeisterung um Senna klingt nach – das Echo des neuerlichen „Doppelnullers" bei Ferrari leider auch: Trainingsbeginn in Imola – und Ferrari mit dem Rücken zur Wand! Eine „Geheimwaffe" wird vorbereitet: Der Vier-Ventilkopf-Motor. „In einem Monat", hofft Berger, „haben wir so viele neue Sachen am Auto, daß wir McLaren und Benetton einholen!"
Wirklich, Gerhard? frag ich ihn. Deine Fans fürchten: Schon wieder zur falschen Zeit im falschen Auto...
BERGER: Beim falschen Team wär ich nur, wenn ich von Williams weggegangen wäre, sonst nicht. Aber dort war ich ja nie.
Tut's dir nicht leid, daß du McLaren verlassen hast? Immerhin – Senna führt ja in der WM?
BERGER: Okay, McLaren hat jetzt zweimal gewonnen. Aber in Donington war's das Fahrgenie Senna. Auch in Interlagos hat er null Fehler gemacht, war zur richtigen Zeit in der Box – sonst hätten drei andere Autos gewinnen können.
Du leider nicht...
BERGER: Schau, ich fahr gern, das Herz spielt auch eine Rolle – und für Ferrari zu fahren, ist immer noch was Wunderschönes.
Im Vergleich zu Honda?
BERGER: Honda war natürlich von der Professionalität, wie sie arbeiten, unschlagbar. Mir tut's wirklich leid, daß Honda nicht die WM gewonnen hat. Aber ich bin überzeugt: Die Japaner tauchen über Nacht wieder auf.
Etwa 1994 mit Senna?
BERGER: Weiß ich nicht...
Du hast einen 2-Jahres-Vertrag mit Ferrari?
BERGER: Ich fühl mich wohl, das ist das Wichtigste.
Und der Unterschied zu deiner ersten Ferrari-Ära 1987–1989?
BERGER: Null Unterschied. Ein italienisches Team, geprägt vom italienischen Temperament, italienischer Mentalität.
Die Italiener behaupten, du verdienst bei Ferrari dreimal soviel wie dir McLaren gezahlt hätte?
BERGER: Blödsinn! Der Unterschied ist vielleicht eine Million Dollar, nicht mehr.

Ganz ehrlich: Waren alle deine Transferschritte immer richtig?
BERGER: Da mußt aufpassen: Man kann es nach dem Geld und nach der Leistung sehen. Vom Geld her war's immer super. Vom Erfolg her wäre eine Entscheidung, 1987 statt zu Ferrari zu McLaren zu gehen, genauso richtig gewesen. 1990 von Ferrari zu McLaren: genauso richtig, weil ich nirgendwo soviel gelernt hätte. Und jetzt von McLaren zu Ferrari: Das stellt sich erst raus – ab Sommer.
Ungefähr solange pokern Ayrton Senna und McLaren.
„Fall Senna" und kein Ende – aber so dramatisch wie in Imola war's noch nie! Zum erstenmal droht der Superstar: „Ich fahr nicht!" Senna votiert noch Mittwoch beim Referendum in Sao Paulo, erpreßt Ford ein bißl und trotzt: „Entweder geben mir Marlboro/McLaren jetzt einen gescheiten Vertrag, wie ich ihn verlang – oder ich flieg gar nicht nach Italien!"
In letzter Sekunde wird wieder ein fauler Kompromiß ausgeschnapst. Senna fliegt mit der Nachtmaschine nach Rom, klettert in den Hubschrauber nach Imola, ist um 9.25 Uhr, 5 Minuten vor Trainingsbeginn, im Fahrerlager, knallt elf Runden hin – und kracht dann in der Tosa-Kurve gegen die Mauer! McLaren-Heck rechts hinten abgerissen, Senna unverletzt.
„Sowas mußte ja kommen", ärgert sich Niki Lauda für Senna, „wenn du als Fahrer dauernd deine Vertragsverhandlungen im Kopf hast – statt dich zwischen den Rennen richtig zu erholen." Und jetzt, Niki? „Bleibt McLaren und dem Sponsor nix anderes übrig, als alles Geld zusammenzukratzen und dem Senna zu zahlen, was er will – und wenn er 20 Millionen Dollar verlangt. Man weiß ja: Kompromiß akzeptiert er keinen. Und er droht: Dann hört er lieber auf! Ich tät's genauso."
Der vertragslose Superchampion – wie lange noch?
Hat er oder hat er nicht? Die BBC meldet in ihren Weltnachrichten: „Ayrton Senna hat für McLaren bis Ende 1993 unterschrieben!" McLaren und Senna dementieren. Die Wahrheit, weiß ich, liegt in der Mitte: Unterschrieben für sechs Rennen – bis Budapest im August.
Darum fliegen die Zigarettenbosse wichtig nach Imola – aber Benetton-Teamchef Tom Walkinshaw fliegt aus dem Ferrari-Autodrom nach London, pikanterweise mit dem McLaren-Firmenjet. Grund: Dringende Konferenz mit den Ford-Chefs. Der Exklusivvertrag für die

„Serie 7"-Ford-Motoren ist nicht mehr aufrechtzuerhalten, seit Senna, ohne den stärkeren Motor, in der WM führt – bis Silverstone will er nicht auf die pneumatische Ventilsteuerung warten müssen.
Walkinshaw: „Okay – aber nur, wenn McLaren und Benetton bis Ende 1994 gemeinsame Motorentwicklung fixieren." Wogegen sich Ron Dennis querlegt: „Was weiß ich, welchen Motor ich 1994 will?"
Auch das Motoren-Theater geht also weiter. Jedenfalls fliegt „Captain Tom" zu den Ford-Bossen nach England, kommt aber mit leeren Händen zurück: „Der Deal ist geplatzt, ich kann nichts dafür. Aber alle glauben, ich lüge."
Auch der prominenteste Boxengast von Imola wechselt die Bühne: Placido Domingo, weltberühmter Opernstar, singt in der Mailänder Scala: „Das ist meine Formel 1 ..."
In Mexiko hat ihn der McLaren-Chef vor ein paar Jahren noch barsch aus der Box verjagt, weil er den rennbegeisterten Superstar nicht erkannte – in Imola lauscht Placido dem „Hohen C der Formel 1" fasziniert in der Ferrari-Box. „Mein Lieblingsfahrer war immer Alain Prost, aber Ferrari muß jeder lieben. Bis jetzt hab ich mir keinen gekauft, weil ich kein rasanter Autofahrer bin. Einen Ferrari langsam zu fahren, wäre eine Sünde. Aber vielleicht gibt mir Niki Lauda eine Trainingsstunde!"
Lauda im Autofahren – Krankl im Fußball. Um mit dem „Goleador" in einer Prominentenmannschaft zu spielen, ist Placido Domingo schon öfter um die halbe Welt geflogen. „Einmal, bei einem Hallenmatch, hab ich sogar sieben Tore geschossen – alle hat mir Krankl aufgelegt." Fußballtricks kann Domingo fast soviele auswendig wie Opernpartien – über 80.
„Wie geht's Krankl? Ist er Tabellenführer?" sprudelt Placido Domingo in den Imola-Boxen. Sagen Sie ihm: Im Juni bin ich wieder in Wien. In der Staatsoper – und im Fußballdreß. „Und für die WM-Qualifikation: auch alles Gute!" Es nützt leider nichts.
3:1 für die GP-Piloten gegen die Formel-1-Reporter endet dafür das traditionelle Imola-Fußballmatch. Hattrick von Gabriele Tarquini – die Tore aufgelegt von Nr. 8, Patrese, und Nr. 10, Schumacher. Bis sich der Deutsche am Oberschenkel verletzt – und in der Kabine von seinem Formel-1-Eigengoal erfährt.
Dritter Trainingsrang gestrichen. „Ein blödes Mißverständnis", ent-

schuldigt Goodyear. „Momentan ist halt alles gegen den Michael“, trotzt sein Manager Willi Weber.
Komisches Reifentheater: Mit der drittbesten Trainingszeit disqualifiziert, weil er „verbotene Evolutionsreifen“ verwendet hat, aber Samstag vormittag wieder re-installiert. „Das erste Mal, daß die FISA eine Entscheidung korrigiert hat!“ freut sich Schumacher. Grund der Verwirrung: Goodyear hatte brieflich freigestellt, aus zwei verschiedenen Reifenmischungen zu wählen. FISA-Techniker Charlie Whiting entdeckte bei Michael den E-Reifen, der zwar markiert war, den die FISA aber gar nicht hätte markieren dürfen. Seltsam nur: mit dem härtesten E-Reifen war Schumacher schneller als mit den weicheren Pneus.
Was für ein abenteuerlicher erster Trainingstag: Senna klettert übermüdet aus dem Flieger und crasht gegen die Mauer, später auch Sturzpilot Andretti, und Senna nochmals in der letzten Trainingsrunde, letzte Kurve. Alain Prost war stocksauer: Zuerst schießt ihn Alesi ab, dann stiehlt ihm Damon Hill die Halbzeit-Pole-position. Sonntag soll's regnen – Senna-Wetter?
BERGER ist durchaus happy mit Platz 5, obwohl 2,3 Sekunden zurück. „Hauptsache, wir sind beständig geworden. Der Speed kommt auch noch. Aber ich hab die ganze Woche gearbeitet wie noch nie, täglich getestet, bis es finster wurde – das hat sich endlich ausgezahlt.“ Gerhard will ruhig, konzentriert weiterarbeiten, „und dann schauen wir, was Sonntag passiert“. Das Stahlgewitter bei McLaren kommentiert er lässig: „Andretti will Senna nachfahren und macht sich selber mörderischen Druck.“
WENDLINGER ist zuerst 4., dann 11., „weil wir das übliche Sauber-Problem haben: vormittags besser, nachmittags, wenn's heißer wird, kein Grip mehr“. Außerdem Pech, „daß ich meine schnellste Runde abbrechen muß – weil Andretti in der Mauer steckt. Immer er!“
„Go Karli, go!“ feuern ihn die Transparente auf der Haupttribüne an – prompt wird Wendlinger Samstag zur Sensation: 5. Startplatz heute im 4. WM-Lauf – nur leider steht „Austria-Schreck“ Andretti schon wieder neben ihm! „Aber diesmal paßt der Ami sicher auf. Er will ja genauso ins Ziel kommen wie ich.“ Berger fällt auf den 8. Platz zurück.
Im Pole-position-Duell ringt Prost Hill um 0,098 nieder. „Ich spür

den Druck, bin aber nicht nervös. Ich MUSS gewinnen!" Die Computer spucken unglaubliche Zahlen aus: Hill am Freitag und Prost am Samstag erzielen mit ihren Renault-Raketen haargenau die gleichen Top-Speeds vor der Tosa-Kurve: 327,07 km/h.
Senna hat seinen dritten Crash. Und Berger Pech: Vormittag Motorschaden. Auch Wendlinger platzt der Motor, „gerade nach meiner schnellsten Runde: Ich hab mich auf dem eigenen Öl gedreht". Peter Sauber strahlt: „In Imola vor beiden Ferrari zu stehen – unglaublich!"
Um so enttäuschter ist der „Piccolo Commendatore": „Mein Ziel war, daß wir auf zwei, drei Zehntel an McLaren und Benetton herankommen – plötzlich sind wir noch weiter weg. Aber wir holen schon noch auf. Technisch hat John Barnard alles unter Kontrolle, reagiert auf jedes Problem richtig. Nur ein bißl Geduld!" bittet Lauda.
Wendlinger im Ferrari-Autodrom vor beiden Ferraris – das hat auch Niki ein bißl wehgetan.
Und das kleine Minardi-Team, 10 km entfernt, in Faenza zu Hause, hat viermal soviel WM-Punkte wie Ferrari – 4:1. Die Ferrari-Tifosi warten seit Alain Prost 1990 in Jerez auf den ersten Sieg! Am ungeduldigsten Ferrari-Präsident Luca Montezemolo.
Was ist schwieriger: Die Fußball-WM 1990 zu organisieren oder aus Ferrari wieder ein Siegerteam zu machen, frag ich ihn.
MONTEZEMOLO: „Keine Frage." Fußball war leicht und schwierig. Aber das Ferrari-Comeback ist zehnmal schwieriger. Ich steh da wie in der Sahara und such Wassertropfen. Kein Problem, wenn du in der Donau schwimmst. Aber schlimm, wenn du in der Wüste bist.
Klingt nicht sehr optimistisch ...
MONTEZEMOLO: Ferrari steht besser da als vor einem Jahr – nicht mehr, nicht weniger. Wir haben eine starke klassische Österreich-Connection. Als Rennleiter hab ich 1975 mitgeholfen, daß Niki die WM gewinnt – hoffentlich kann ich als Ferrari-Präsident mit Gerhard bald Ähnliches.
Realistisch ausgedrückt?
MONTEZEMOLO: Wir haben junge, dynamische Ingenieure und Mechaniker. Und Berger/Alesi sind für mich das derzeit beste Fahrer-Duo in der Formel 1.
1992 sind die beiden in Imola noch kollidiert – diesmal wird's erst in Monza kritisch.

Ich hab einen Job für dich, sagt Ecclestone zum Startenor Placido Domino, Arbeit für dich. What job, Bernie? Mach mir bitte die Siegerehrung.

Alain Prost, der angeblich so wasserscheue Professor, ist diesmal der Fixstern. „Bentornato Professore — sei sempre il migliore. Vai!" feuern ihn Transparente auf der Haupttribüne an. Stallregie bei Williams? Noch lang nicht. „Beide sind vernünftig genug, zu wissen, was sie tun. Und ich weigere mich, einzugreifen", bestätigt Frank Williams Damon Hill vorm Start. „Schaut nur, daß ihr beide euch nicht in die Quere kommt."

Hill, elf Runden lang in Führung, wird Opfer fehlender Routine: „Mit Bremsdefekt von der Piste gerutscht."

Prost hat Damon am Start ziehen lassen, „weil er die bessere Linie hat. Und ich gerade auf der Bremse steh, als Grünlicht kommt — Kupplungsprobleme." Aber sonst: Alles perfekt.

Senna baut drei Unfälle: Für den Exodus im GP kann er aber nichts: „Bei 300 km/h kollabiert das hydraulische System der aktiven Radaufhängung ... Das war knapp!"

Nur sechs überleben die abenteuerliche Regen-Trocken-Schlacht im Ferrari-Autodrom. Unter den Ausgefallenen leider beide Österreicher: Sonst wären sie mit Prost und Schumacher aufs Stockerl geklettert!

BERGER: „Ich mach am Start gleich drei Plätze gut, hätte sogar schneller fahren können als Schumacher vor mir, aber ich plane: Warte, bis es trocken wird, überhol den Deutschen dann beim Boxenstop." Leider kommt Berger beim Wiederanfahren keinen Meter weit: „1. und 2. Gang gebrochen — und ohne Gänge kannst nicht fahren." Ein Defekt, den Niki Lauda befürchtet hatte: „Das ganze Wochenende Kupplungsprobleme." Mit sich selber war Berger zufrieden: „Mit Schumacher gekämpft, zur richtigen Zeit den Boxenstop entschieden, trotz aller Probleme vorn mitgekämpft — für den Defekt kann ich nix."

WENDLINGER: Ein tolles Rennen des Kufsteiners — vielleicht sein bestes in der Formel 1! Nach dem Reifenwechsel Fünfter, nach Hills Ausrutscher Vierter, den „Austria-Schreck" Andretti im Nacken, tolle Duelle, „aber nie unfair. Und wir haben einander auch nie berührt." Nicht einmal, als der Ami ins Gras beißt, in die Wiese fliegt: „Ich spür keine Genugtuung. Du wünscht keinem was Schlechtes." Dann kommt Alesi von hinten, Brundle, dann Lehto, die ihn überholen.

„Schuld ist Suzuki, der Idiot. Hält mich 25 Runden auf. Ich bin knapp hinter Schumacher – aber plötzlich 20 Sekunden zurück."
Am Boxenfunk von Wendlinger – aufregende Momente. „Go to Footwork! Go to Footwork!" brüllt der Kufsteiner immer wieder ins Bordmikro, als ihn Suzuki blockiert. Wirklich läuft ein Sauber-Mann rüber in die Footwork-Box, aber Karl ärgert sich noch spätabends: „In Monte Carlo holt man einen Martini, der alle aufhält, sofort an die Box – 10 Strafsekunden. Aber den Suzuki läßt man 25 Runden lang wüten."
Als er endlich auf die Strafbank geholt wird, ist es für Karl zu spät. Längst kann die Sauber-Box von ihren Computern ablesen: „Karl verliert PS – und Lehto verliert Öl." Als der Finne in der letzten Runde liegenbleibt, weint er fast: „Alles vorbei." Aber sein Renningenieur Luigi Mazola tröstet ihn: „Du bleibst Vierter!" Darauf ein Weitsprung. Peter Sauber freut sich verhalten: „Mir tut leid um Karl." Der im ersten Zorn bekannte: „Am liebsten hätte ich Suzuki in der Tosa-Kurve auf die Tribünen raufgeschossen!" Gerade Karl – der nie jemandem etwas antat. Michael Andretti hatte sich noch lang für Donington entschuldigt: „Ausgerechnet mit dem Karl karamboliert – so ein lieber Kerl ..."
Ab heute testen Wendlinger/Berger in Imola. Und Gerhard schwört: „Ich bleib dabei: Ab Sommer ist Ferrari konkurrenzfähig! Dann können wir alle schlagen – außer Williams." Die Transparente flattern weiter: „Go Karli, go – Karl potente."
Brundle wird überrundet Dritter, Lehto trotz Motorschadens also noch Vierter – die unbelohnten Helden sind die Tiroler: Gerhard reagiert frustriert, Karl echt bös.
Und der Professor schlägt zurück! Ein überglücklicher Alain Prost feiert seinen Imola-Triumph, seinen ersten auf nasser Strecke seit Monte Carlo 1984! Später gab er in Silverstone im Regen kampflos auf, flog im Imola-Regen 1991 schon in der Aufwärmrunde von der Strecke, wurde in den Schlechtwetterrennen von Interlagos und Donington von Senna, aber auch Damon Hill fast gedemütigt – und jetzt das große Sieg-Comeback des Napoleon.
Man spürt seine riesige Genugtuung.
„Aber niemand kann sich vorstellen, was ich gelitten hab. Wie furchtbar die letzten 14 Tage für mich waren. Ich mußte gewinnen, um jeden

Preis. Ich hatte enormen Druck auf den Schultern — aber nervös war ich nie. Und jetzt bin ich erlöst, grenzenlos befreit."

Heute verteilt er nur Lob: „Perfektes Auto, perfektes Rennen. Ich bin jetzt nur schrecklich müde, weil das Wochenende mental so anstrengend war."

Jetzt führt Senna nur noch 26:24, und Prost weiß „keinen Grund, warum ich nicht auch in Barcelona gewinnen kann". Nur noch zwei WM-Punkte Rückstand: Die Aufholjagd beginnt!

BARCELONA: NAPOLEONS GESTÄNDNISSE

Lichtspiele und technische Geheimnisse des Wunderautos

Happy birthday! Dr. Helmut Marko — Le Mans-Rekordsieger 1971, Formel-1-Star bis zur Augenverletzung 1972, heute Hotelbesitzer, Businessman, Talentemanager — wird Ende April 50: Der erste Formel-1-Österreicher, der den Fünfziger feiern kann. „Froh für mich, traurig vor allem für Jochen Rindt: mein Schulfreund war ein Jahr älter als ich", sagt Marko. Für den Ehefrau Irmi eine perfekte Überraschungsparty in Graz organisiert hat: Nichtsahnend kommt Marko nach Hause — und dort warten schon heimlich alle Freunde aus 25 Jahren Rennsport auf ihn.

„Hätte ich nie für möglich gehalten, daß so eine Aktion geheimbleibt. Obwohl mir der Buschauffeur, der mir entgegenkam, verriet: Ich hab grad den Niki Lauda den Berg hinaufchauffiert . . ."

Was für eine Geburtstagsparty! Berger und Wendlinger kommen nicht nur mit Tiroler Schnaps, sondern auch den letzten heißen News. Karl hat in Imola den kompletten Grand Prix simuliert, alle 61 Runden inklusive Reifenwechsel-Boxenstop als Geisterrennen gefahren: 61 Runden in 1,29 Stunden — damit hätte er nicht nur Sonntag, sondern noch jedes Jahr überlegen gewonnen! „Obwohl mir leicht mulmig war: ohne Streckenposten, ohne Feuerwehr, ohne Hubschrauber!" Berger hat der Test-Dauerstress so hergenommen, „das ich momentan zu müd bin, nicht einschlafen kann — und um fünf Uhr munter bin".

Strahlend wie immer: Nina Rindt — nach Jahren wieder einmal in Graz. „Mein neuer Nachbar am Genfer See ist jetzt Fittipaldi." Und Jochens Tochter Natascha (24), nach Killy jetzt für McCormack tätig, bettelt: „Alle Rennfahrerkinder sind heute selber Rennfahrer — ich möchte auch Rennen fahren!" Mama Nina wendet sich ratsuchend an John Watson: „Schick sie zu mir in meine Rennfahrerschule", schlägt „Wattie" vor. Und dann unterhält sich Nina stundenlang mit Niki über Kindererziehung ...

Pankl, Huber, Peter, Lins — alle Marko-Gegner aus Formel-Vau- und Formel-3-Zeiten gratulieren. Berger hält eine witzige Laudatio. Welche Karriere hätte Marko wohl machen können — ohne den aufgewirbelten Stein Ronnie Petersons, der 1972 in Clermont-Ferrand sein Visier durchschlug? „Darüber denk ich nimmer nach. Aber ein paar Grand Prix hätt ich schon gewonnen." Und was wünscht er sich für die nächsten 50 Jahre? „Daß Berger und Wendlinger, meine Schützlinge, einmal Weltmeister werden!" — Wie Lauda.

Spanien-Flug mit Niki Lauda. In Gerona parkt er seinen Jet direkt neben dem 10-Millionen-Dollar-„Challenger" von McLaren. Und hat für Ron Dennis prompt den Ratschlag: „Verkauf doch deinen Flieger. Dann hast du genau das Geld, das du brauchst, um Senna zu bezahlen." Darauf der McLaren-Boß, süß-säuerlich: „Ich hab schon verkauft ... Und lease mein eigenes Flugzeug immer nur fürs Wochenende."

Das spanische Regional-TV stürzt sich auf Lauda. Ob er wirklich aufgehört hat? Wann er wieder fährt? Bernie Ecclestone hat zu recht jahrelang behauptet: „Frag irgendwen, die Frau im Supermarkt, den Mann von der Straße, wer Automobilweltmeister ist. Und alle werden dir sagen: Niki Lauda — und er fährt einen Ferrari!"

Ab Juli, schwört Lauda, ist der Ferrari wieder oben. Und verrät zum erstenmal, warum: „Kleinere Kupplung — weil die erhöhte Drehzahl derzeit die große Kupplung demoliert. Ein aktives System, das funktioniert. Neue Aerodynamik. Vierventil-Köpfe. Und variable Ansaugtrichter" — wie sie schon Honda hatte.

Schließlich kämpft auch der „Piccolo Commendatore" noch um seine Siegesprämie: ein Fiat Uno für den ersten Ferrari-Sieg seit 1990. „Meine Buben Lukas und Mathias", ist Lauda fast empört, „fahren heute schon mit dem Mini auf privaten Straßen." Hat er selber auch getan — mit 15 durch die Schottergruben im VW-Cabrio.

Motorrad-Superstar Kevin Schwantz im Supercup-Porsche von Giovanna Amati — die Sensation im Rahmenprogramm von Barcelona!

Leider mit dem Österreicher König kollidiert, aber unverletzt. Formel-1-Training dagegen wie gehabt: Prost vor Senna und Hill. Wendlinger nur 11., Berger gar nur 16., fast 5 Sekunden zurück: „60 problemlose Runden in Imola, 50 in Fiorano. Aber kaum komm ich nach Barcelona", ärgert sich Berger, „ist wieder alles shit."
Wendlinger freut sich: Seinem besten Freund, Eishockeystar Christian Perthaler, nach schwerer Kopfverletzung, geht's wieder gut. „Wir haben als Buben sehr oft miteinander Tennis gespielt – und viel gerauft." Und die Fußball-WM-Qualifikation? „Österreich gewinnt in Turku 2:0 – damit mein finnischer Teamkollege J. J. Lehto nicht zu goschert wird ..."
„Österreicher-Schreck" Andretti wütet Samstag schon wieder: Im Frühtraining rausgeflogen – vorher fast eine Kollision mit Wendlinger. „Er will an die Box, plötzlich gibt er Gas und fängt mit mir ein Rennen an", mault Andretti. Dazu Karl: „Der Ami spinnt! Ich komm grad aus der Box, noch nicht volles Tempo – und er hat mich überholt." Jeder Andretti-Fehler, verrät Niki Lauda, bringt ihn einen Schritt zurück in die USA – und Mika Hakkinen näher ins McLaren-Cockpit.
Und noch ein Schlüsselrennen – für Riccardo Patrese. Löst ihn Nigel Mansell bei Benetton ab? fragte sogar das BBC-TV. Ein Tausch ist denkbar. Aber nicht Mansell zu McLaren, sondern zu Benetton, wo der neue Schumacher-Partner Patrese bisher enttäuscht hat: „Ich komm mit dem Auto nicht zurecht." Rennchef Briatore hat sich mit Bernie Ecclestone und einem Mansell-Agenten zu einem geheimen Essen in London getroffen: „Ich werde Patrese in Barcelona ganz genau beobachten!"
Fünfte Pole-position für Prost – aber den größten Sprung nach vorn schaffte Wendlinger: um 2,6 Sekunden schneller, 6. Startplatz, zum drittenmal 1993 in der dritten Reihe. „Endlich durchkommen!", hofft Karl, „weil ich jetzt schon alle Defekte hinter mir hab." Gerhard Berger auf Platz 11 – mit einem Motordefekt am Trainingsende: „Langsam reißt mir die Geduld – und der Humor vergeht mir auch."
Der Regenmacher schreckt Prost nur wenig, läßt aber auch Senna nur kurz jubilieren: leichter Regen in Barcelona Sonntag früh. „Ich brauch nicht ein paar Tropfen – sondern viel Wasser!" sagt Senna. Gewitter dafür in den brasilianischen Zeitungen – die neueste Senna-Story

schlägt ein wie Blitz und Donner. Die bildhübsche Marcelo, Fotomodell und TV-Ansagerin in Sao Paulo, sei guter Hoffnung und erklärt öffentlich: „Senna ist der Vater!“ Was Ayrton weniger freut – weil er inzwischen mit Herz und Seele die Box gewechselt hat. Adriane, die neue Flamme im Leben Sennas.

Erinnert mich an Nelson Piquet, der einmal einem Freund offenbarte: „Ich werde im August Vater ... und im Oktober gleich noch einmal.“ Heute hat Nelson mit drei Frauen fünf Kinder. Senna hat also einiges aufzuholen ...

Als Champion nicht. „Ich will unbedingt weiterfahren – die ganze Saison!“ sagt er zum erstenmal. Und, auf seine Stallkollegen Berger und Andretti angesprochen: „Es ist nicht mein Charakter, Menschen zu vergleichen. Ich will niemanden kränken.“ Mika Hakkinen trainiert jedenfalls fleißig für seine McLaren-Karriere. „Noch nicht“, sagte er mir, „aber bald.“

Den anderen „fliegenden Finnen“, J. J. Lehto, hat unser Karl Wendlinger im Training dreimal hintereinander bezwungen. Ein 0:2 in ein 3:2 umgedreht, das freut Karl. Unter den ersten Trainingsniederlagen hat er gelitten, auch wenn er es nicht zugab.

„Das Tiroler Duell steht 5:0 für Wendlinger“, sagt Peter Sauber leise, ohne zu triumphieren, „obwohl Gerhard einen Ferrari fährt.“ Doch der ist leider unfahrbar.

Dennoch ist Berger mutig genug, mit dem Grazer Sauber-Chefmechaniker Franz Bucher um ein Abendessen zu wetten: „Ab Monte Carlo steh ich am Start vor euch!“

Stallregie bei Williams gibt es keine. „Aber wir haben fix vereinbart: In den letzten 10 Runden Position halten!“ verrät Prost. Und dann: ein chaotischer Start.

Statt von Rot auf Grün wechselt die Ampel auf flackerndes Orange – manche, wie Berger und Wendlinger, steigen auf die Bremse, andere geben erst recht Gas. Den falschen Knopf gedrückt? Defekte Elektronik? „Ein Witz“, ärgerte sich Wendlinger. „Jedes Formel-Ford-Rennen wird besser gestartet. Diese Lichtspiele haben die Arbeit des ganzen Wochenendes kaputt gemacht!“

FISA-Sicherheitschef Roland Bruynseraede gerät ins Kreuzfeuer der meisten Piloten. „Der Start war unkorrekt und hätte abgebrochen gehört.“ Ayrton Senna sieht als einziger „ganz normales Grünlicht“.

Die anderen beharren: „Das Rot wechselte nicht auf Grün, sondern die Startampel flackerte plötzlich orange.“
Bruynseraede ist sich heute noch keiner Schuld bewußt: „Ich hab nur rot und grün und während der Aufwärmrunde alles nochmals gecheckt. Aber eins ist klar: Wenn das Ampellicht wechselt, egal zu welcher Farbe – dann sind alle weg. Der normale Rennfahrerinstinkt.“ Nur diesmal steigen viele auf die Bremse.
Hinter Comas eingeklemmt, fährt Wendlinger mit wachsendem Zorn, einmal vorbei, ist er pro Runde 2,5 Sekunden schneller – und bald vom 12. auf den 7. Platz vorgestürmt. „Dann fällt Lehto aus. Ich mußte also nur ankommen – leider geht meine Benzinpumpe k.o.“
Berger hat noch vorm Start zweimal das Auto gewechselt. „Die aktive Radaufhängung funktioniert nicht. Dadurch hab ich enormen Verschleiß der Vorderreifen.“ Der Boxenstop ist super – nur 5,51 Sekunden. „Ich hab meinen Mechanikern über Funk gratuliert: super gemacht!“
Berger hat richtig taktiert: Die Autos im Pulk vor ihm, die nicht Reifen gewechselt haben, können in der Endphase nicht mehr zusetzen. Richtig gepokert.
„Ich warte mit meinem Angriff bis auf die letzten 20 Runden.“ Am Sechsten, Blundell, preßt sich Gerhard in der letzten Runde in der Haarnadel vorbei. „Da ist kein Fingerbreit mehr Platz. Aber ich wußte: Es geht um Rang 6. Ich bin froh über den einen WM-Punkt – aber gleichzeitig frustriert, weil wir so weit weg sind!“
Wendlinger liegt enttäuscht auf der Massagebank im Sauber-Wohnmobil: „Schade – wieder nix! Nur durchfahren, und ich hätte Punkte geholt.“
Alain Prost gewinnt den mörderisch harten Spanien-GP vor Senna und Schumacher, ist wieder WM-Leader – und alle schimpfen auf den Starter Roland Bruynseraede. „Er hätte abbrechen müssen!“
Hätte Damon Hill schon in Spanien gewinnen dürfen? Unter Umständen ja. „Ich bin froh, als Damon Motorschaden hat“, lächelt Sieger Prost erleichtert. „Denn ewig, das ganze Rennen, hätte ich dieses Tempo nicht durchhalten können. Eins meiner anstrengendsten Rennen!“ Es wird langsam ernst bei Williams.
Senna ärgert sich: „Wann immer jemandem der Motor platzt, passiert es ausgerechnet mir.“

Schumacher macht nach Reifenwechsel („Vibrationen, dadurch Getriebeprobleme“) Jagd auf Senna, bleibt aber Dritter.
Auch die Österreicher brauchen viel Geduld und Humor. Ihre Fans wissen das: Der Berger in Barcelona als erster gratuliert, ist einer der vier berühmten „Beatles“ — George Harrison.
Die Beatles singen „Yesterday“. Unsere Formel-1-Tiroler: „Tomorrow.“ Vielleicht schon in Monaco?
Höchste Zeit für ein langes Prost-Interview:
Du bist nach einem Jahr Rennabstinenz in die Formel 1 zurückgekehrt — als der große Comeback-Superstar. Hat das deine Perspektiven zum Thema Angst und Gefahr verändert?
PROST: Das Jahr, in dem ich mich am meisten geschreckt hab, war 1992 — als ich gar nicht selber gefahren bin. Und der Moment, in dem ich die größte Angst hatte: Patreses Überschlag in Estoril. Riccardo und sein Auto in der Luft: Ich hab nie, während meiner ganzen Karriere, etwas so Gefährliches gesehen! Natürlich, du kannst dich oft ein bißl schrecken, spürst mehr Anspannung, denkst nach einem Unfall auch oft nach — aber im Moment, da etwas passiert, hast du keine Angst.
Was ist momentan die größte Gefahr in der Formel 1?
PROST: Das Gefährlichste ist heutzutage, wenn du ein mechanisches — ein technisches Problem hast. Ein Gaspedal, das bei Vollgas klemmt, Bremsdefekt, oder eine Karambolage. Aber im Cockpit selber hast du keine Zeit, dran zu denken.
Und vorm Fernsehschirm?
PROST: Genau, das ist eins der großen TV-Probleme. Ich hab's ja direkt kennengelernt. Ich war 1992 aus der Formel 1 draußen und wußte: Die Autos waren noch schneller geworden als im Jahr davor. Aber nicht einmal ich konnte das vorm TV-Mikro hundertprozentig beurteilen. Von außen kannst du nie sagen, was im Rennauto wirklich los ist — egal, ob Fan oder Fachmann. Manchmal gelingt dir eine phantastische Runde, von außen schaut alles so spielerisch und mühelos aus — in Wirklichkeit kämpfst du mit dem Auto wie ein Verrückter. Und das Gegenteil stimmt: Alles von außen sehr schwer zu beurteilen. Und im TV schauen die Autos auch immer so langsam aus — gemessen danach, was sich im Cockpit wirklich alles abspielt. Das war sogar für mich sehr schwierig zu erkennen.

Was kostet die Welt? „Jahrhunderttalent" Michael Schumacher, die personifizierte Jugend, ist Deutschlands schnellster Rennfahrer aller Zeiten.

Vielfach begabt: Schumacher ist 1. FC-Köln-Fan, schießt in Imola und Monza Tore fürs Formel- 1
Fußballteam, gewinnt Radrennen und Große Preise. Aus „Hot Five" wird 1994 „Mild Seven"

„Mein Heimrennen“: in Hockenheim präsentiert Schumacher die Schikanen, in Estoril den Siegerpokal. Im Abseits ist er, bei allem Risiko, seltener als Patrese (oben).

Zurück zu den Wurzeln: Der „Superstar zum Spartarif" auf Besuch in Kerpen bei Köln – was nie ohne flotte Go-Kart-Runden abgehen kann. Michael mit Bruder Ralf und seinem Vater (oben).

Schumacher mit Benetton-Rennchef Flavio Briatore (oben), der seine Jahresgage wenigstens auf eine Million Dollar anhob, sowie mit Freundin Corinna, dem Autor der „Grand Prix Story" und Manager Willi Weber (unten).

Richtiges Team, falsche Zeit: Mario mit Michael Andretti (oben). Hakkinen telefoniert täglich um seine Chance. Und Senna rennt zu Williams-Renault.

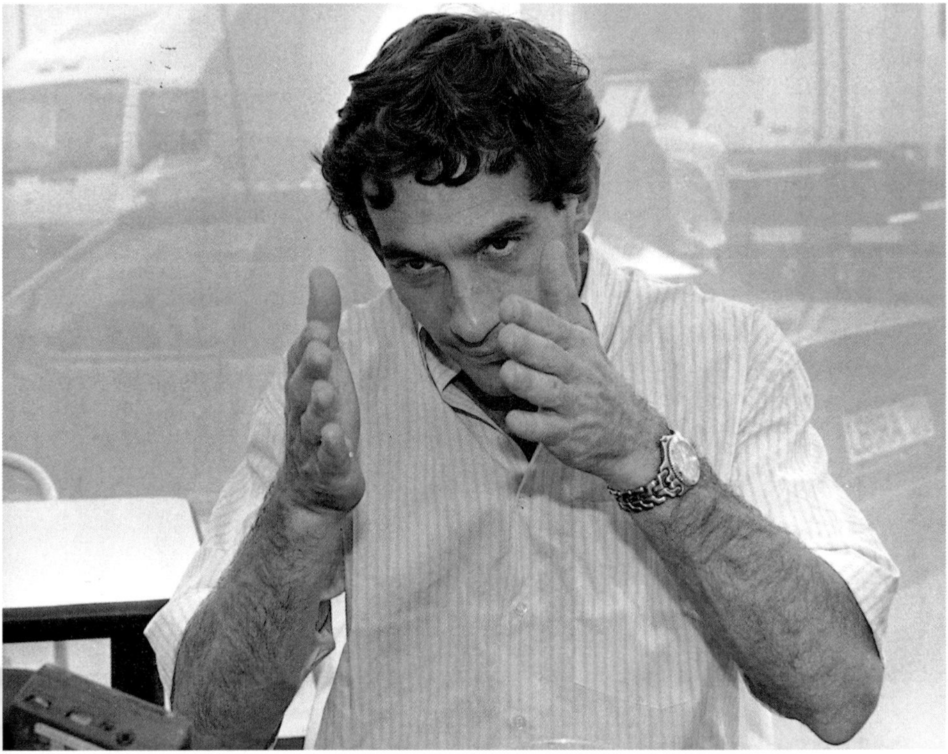

Es frustriert mich, aber ich muß da durch." Ayrton Senna hat bei McLaren Motivationsprobleme: Der Supermann gerät aus der Balance.

Comeback einer Rennstrecke: Donington Park 1937 mit drei Mercedes in Führung. 56 Jahre später gewinnt Senna. Der klassische Hintergrund: Donington Castle.

Damit relativierst du einiges, auch deine zwiespältige Beziehung zu deinen Kritikern?

PROST: Ob ein Fahrer wirklich pusht oder nicht, kannst du von außen nicht erkennen: Oder erst dann, wenn du einen Unfall siehst wie Patrese in Estoril — ganz bös, der ärgste Crash, den ich je gesehen hab. Erst dann begreifst du, ob drinnen oder draußen, welch gefährlichen Sport wir ausüben. Daß wir mehr aufpassen müssen. Der Unfall war nicht Patreses Schuld. Aber manchmal vergißt einer, den Arm zu heben, wenn er an die Box will. Immer so kleine Sachen. Wenn nichts passiert, kein Problem. Erst wenn du ein Problem hast, begreifst du, wie schnell etwas passieren kann — und wie gefährlich unser Sport ist.

Von deiner TV-Kommentatorposition endgültig ins Williams-Cockpit. Verläuft dein Comeback (fünf Rennen) bis jetzt so, wie du es dir vorgestellt hast? Besser oder schlechter? Mehr Arbeit, als erwartet? Mehr Druck?

PROST: Viel schlimmer, als ich gedacht hatte! Der Druck ist viel ärger. Größere Probleme, als ich kalkuliert hatte — dafür weniger Freude. Okay, ich hatte viel Spaß beim ersten Rennen in Kyalami, auch noch beim ersten Training in Brasilien — aber seither nur noch Probleme. Interlagos hat schon viel weniger Spaß gemacht, weil der Druck zuviel wird. Negativer Streß, der unnötige Druck. Nein, nicht von mir. Ich setz mich nicht unter Druck. Ich bin immer der gleiche. Wenn ich schneller sein will, dann fahr ich halt schneller. Wenn ich pushen will, greif ich an. Wenn ich nicht will, dann eben nicht. Nein, das Problem sind die Leute, die mich kritisieren. Sie werden mich dadurch nicht verändern, das steht fest. Aber: Es ist nicht sehr lustig, weil es alles noch schwieriger macht. Auch fürs Team. Williams kriegt unnötigen Druck, Renault kriegt unnötigen Druck — das ist alles nicht so lustig.

Der Superstar wieder auf Kriegsfuß mit den Medien?

PROST: Manchmal hab ich wirklich ein sehr schwieriges Verhältnis zur Presse — eigentlich unverdient, wenn ich an meine Kooperationsbereitschaft denk und die viele Zeit, die ich mit den Medien verbring. Am Barcelona-Samstag etwa zwei Pressekonferenzen, je eine Stunde lang — gleich nach der Pole-position, und nochmals am Nachmittag. Die Williams-Mechaniker mußten bis 17 Uhr auf mich warten, bis wir endlich das Auto fürs Rennen abstimmen konnten — und dann

arbeiteten sie bis zwei Uhr früh. Mich überrascht daher, wie unfair man oft zu mir ist. Manchmal weiß ich wirklich nicht mehr, wie ich arbeiten, was ich tun soll. Wenn ich nicht rede, wirft man mir vor: zuwenig Kommunikation. Wenn ich den Mund aufmach, heißt es: Der Prost redet zuviel. Das ist sehr schwierig für mich.
Schumacher-Manager Willi Weber nennt dich einen „Flaschengeist, der immer etwas rausläßt und nachher behauptet: Das hab ich nie gesagt."
PROST: Es ist ziemlich schwierig für mich, wie gesagt.
Was überrascht dich am meisten an der jetzigen Formel 1?
PROST: Daß wir heute weniger Spaß dran haben. Und, mich ganz besonders: die sehr schwierigen Beziehungen, die ich zur Presse hab.
Seit dem Regenrennen von Donington leidest du offenbar besonders?
PROST: Es ist nicht Kritik an sich, die mich verletzt. Was mir wehtut, ist, wie die Leute kritisieren, über mich denken oder schreiben, ohne die Probleme zu kennen. So wie es aussieht, bin ich nicht der einzige, der Probleme mit seinem Auto hat. Aber, sehr komisch: Wenn sich Senna in Kyalami beklagt, er hatte Probleme mit der Aufhängung, steht keiner auf und sagt: Nicht wahr, er lügt. Wenn ich mich bemüh, aufrichtig und ehrlich zu sein, zu helfen, wenn ich jede Frage beantworte und mehr Infos gib, krieg ich meistens meine Ohrfeigen. Das tut am meisten weh. Speziell in Frankreich kursieren Geschichten, die absolut nicht wahr sind. Da erzählt jemand, er habe einen wichtigen Mann vom Williams-Team getroffen, der ihm sagte: „Ach, hätten wir doch nur Nigel Mansell noch im Team — das wäre super." Absolut nicht wahr, und das tut mir weh.
Und früher war das alles so wesentlich anders?
PROST: Jeder Rennfahrer sagt dir das gleiche: Vor zehn Jahren war alles mehr Spaß, aber gleichzeitig aufrichtiger. Vor zehn Jahren hattest du als Rennfahrer dein Image aufgrund deiner Erfolge auf der Rennstrecke. Die machen aber heute nur noch zehn Prozent des Bildes aus, das die Öffentlichkeit vor dir hat. Zu 90 Prozent machen die Medien dein Image. Und auch wenn es falsch ist und totaler Unsinn: Du bekommst deinen Stempel auf deinen Rücken gedrückt für alle Zeiten. Das ist schlecht, weil es dich sehr stark demotiviert. Du kriegst ein falsches Image, weil es nicht berücksichtigt, wie enorm viel du arbeitest, was du alles auf der Strecke tust und mit jedem anderen im Team. Das ist nicht fair!

Aber ist die ganze Formel 1 nicht viel zu kompliziert geworden?
PROST: Natürlich, auch die technische Seite ist heute ein Problem. So komplex, daß es für die Leute außerhalb absolut unmöglich ist, zu verstehen, was in einem Rennwagen passiert. Es ist sogar für uns Fahrer fast unmöglich. Natürlich müssen wir uns zurückhalten, damit wir keine Infos hergeben, die für andere Teams nützlich sein könnten. Aber meist ist es deshalb unmöglich, alles zu erklären, weil es niemand versteht — und oft genug begreifen nicht einmal unsere Ingenieure, was im Auto passiert. Es ist alles so unheimlich komplex. Wir brauchen viel mehr Zeit, um die Telemetrie usw. zu lesen. Vor zehn Jahren war alles mehr *Feeling:* wie du die Stabis, Federn oder Flügel einstellst. Jetzt, mit der aktiven Aufhängung, ist alles schwieriger geworden — und das kompliziert auch das Verhältnis Presse—Fahrer oder Team—Presse.
Und deine Motivation im Cockpit?
PROST: Ist immer gleich. Ich hab eine natürliche Motivation. Sicher ist es bequemer, wenn du immer 1,5 Sekunden Vorsprung hast, wenn kein anderer da ist — dann magst du dazu tendieren, alles ein bißl leichter zu nehmen. Aber Konkurrenz im Team ist nur gut!
Sag ganz ehrlich: Wieviel Reserve hast du noch, wie weit kannst du wirklich noch ans Limit gehen?
PROST: Ich war im Barcelona-Training schon knapp am Limit. Samstag vormittag war Damon Hill eine Sekunde schneller als ich — obwohl ich am letzten Drücker fuhr. Dann änderten wir das Set-up. Aber Limit, das heißt nichts. Manchmal glaubst du, du bist am Limit — und kannst noch immer zulegen. Hängt auch vom Auto ab: Ob du blindes, absolutes Vertrauen hast, ob du einen guten Tag erwischt oder nicht. Aber was am wichtigsten ist: Vertrauen ins Auto. Dann kannst du sagen: Okay, ich will attackieren, also greif ich voll an — und dann kriegst du deine Zeit. Das ist sehr wichtig. Und ein Supergefühl.
Immerhin könntest du im eigenen Team stärkere Konkurrenz erhalten als dir lieb ist — Damon Hill?
PROST: Ich hab ihn schon immer hoch eingeschätzt. Den ganzen Winter, sogar schon vorige Saison. Die meisten entdeckten ihn erst, seit er mein Teamkollege ist. Aber ich erinnere mich, daß er schon beim Monza-Test 1992 Zeiten fuhr, an die nicht einmal Nigel Mansell herankam! Sehr wichtig, daß Damon schnell war, aber still und ruhig

blieb. Die Williams-Ingenieure boxten ihn ins Team, weil er ein sehr netter Kerl ist, das Auto sehr gut kennt und sehr präzis in seinem Urteil ist. Ich war, ganz ehrlich, überrascht, daß Damon in Kyalami noch nicht sehr schnell war – ich weiß nicht, was da passierte. Aber seither funktioniert er sehr gut, was mich absolut nicht verblüfft. Damon wird besser und besser, hat momentan sehr viel Selbstvertrauen – freilich auch viel weniger Druck als ich. Ein guter Kompromiß also. Wir arbeiten sehr gut zusammen.
Besser als mit deinen früheren Stallgefährten?
PROST: Ich weiß nicht... wir haben jedenfalls nette Fights, aber auf menschliche Art. Als er im Barcelona-Qualifying vorn lag, sagte ein Teil von mir: gut für ihn, laß ihn dort, freu dich für ihn. Aber mein zweites Ich sagte: *shit*, wieso ist er vorn? Ich brauch die Pole-position für mich! Das passiert nicht sehr oft. Ich hab das schon mit Niki Lauda, Keke Rosberg, Stefan Johansson erlebt – ein nettes Gefühl. Sogar mit Jean Alesi. Ich war zwar immer vorn, aber wir waren beide richtig happy, hatten immer unseren Spaß. Jedesmal, wenn Jean vorn lag, zeigte ich ihm meine lange gebrochene Nase – als Indiz, daß er schnell war. Solche Sachen sind auch fürs Team eine gute Motivation, solche netten Teamkämpfe, schließlich ist es ja Sport – und wir reden nur vom Sport.
Von der High-Tech auch. Williams-Renault probierte im Barcelona-Training das elektronische Gaspedal. „Fly-by-wire“, wie es im Racing-Englisch heißt. Was ist der größte Unterschied? Formel-1-Fans wollen alles wissen...
PROST: Wenn du bremst, mußt du nicht mehr aufs Gas steigen, um die Motordrehzahl zu halten. Das geschieht automatisch. Mit diesem System können wir in Zukunft am Motor noch sehr viel machen. Es geht ja, was wichtig ist, auch um den Komfort im Cockpit. Und wenn du bremst, hast du viel beständigeren Pedaldruck – der ja, wenn du den Motor mit Gasstößen oben hältst, variiert. Aber der Hauptvorteil: Es hilft sehr unserem Getriebe, das ja nicht so gut arbeitet. Im Regen ein zusätzlicher Vorteil. Aber ich benütz dieses System im Rennen noch nicht.
Was ist das Problem mit dem automatischen Getriebe – der einzigen Williams-Schwachstelle?
PROST: Es ist nicht allzu präzis. Manchmal hast du etwas Verzöge-

rung. Manchmal brutale Gangwechsel. Aber mit dem elektronischen System wird es sehr präzise, ich hab da große Zuversicht.
Warum stottern soviele Wagen mit semiautomatischem Getriebe aus der Box heraus, warum stirbt ihnen so oft der Motor ab?
PROST: Das ist heute für viele das Problem. Sehr schwierig, immer eine gute Kupplung zu haben, die gleichmäßig arbeitet. Ich hatte heuer zweimal eine gute Kupplung – und damit einen guten Start. Zweimal eine weniger gute Kupplung – wo ich schlechter wegkam. Alles auch eine Frage des Abschätzens. Wir wissen, daß wir nicht so gut sind, wissen aber nicht, wie wir das verbessern können.
Angeblich planst du in Monte Carlo die nächste Revolution – das erste Formel-1-Training mit ABS?
PROST: Hab ich schon getestet. Das Gefühl ist gut, aber ich weiß noch nicht, ob ich ABS in Monte Carlo fahre. Wir brauchen diese Woche noch mehr Tests. Durchs Bremsen am allerletzten Drücker ändert sich nicht viel. Vermutlich erst, wenn du dich an ABS gewöhnt hast. Dann kannst du auf verschiedenen Strecken verschiedentlich experimentieren. Aber im Moment ist das noch zu früh für mich.

MONTE CARLO: SENNA ALS ERBPRINZ

Prosts Frühstart, Schumachers Pech, Bergers Gewaltakt

Alle Formel-1-Fans wissen: Seit neun Jahren, 1984, gewinnen nur noch Alain Prost und Ayrton Senna den GP-Klassiker von Monaco. Gibt's also wieder den großen Zweikampf? fragen wir Alain.
PROST: Speziell Monte Carlo ist immer ein ganz besonderes Rennen. Aber ich bin sicher, daß Senna nur sehr schwer zu schlagen ist. Weil er ein sehr gutes Chassis hat. Ob besser als meines? schwer zu sagen. Ich hab sicher den stärkeren Motor – aber der ist in Monte Carlo nicht so entscheidend. Das wichtigste, damit du Pole-position erzielen und das Rennen gewinnen kannst: ein bequemes, komfortables Auto, das dir alles nötige Selbstvertrauen gibt, zu pushen, zu attackieren, ans Limit zu gehen. Sennas McLaren ist gut über die Bodenwellen, gut beim Anbremsen. Aber was du in Barcelona in einer Runde tun kannst, ist schwierig in Monte Carlo. Ich glaub: wir kämpfen erneut gegeneinander. Ich will heuer unbedingt nochmals Monaco gewinnen.

Aber Senna weiß genau, daß er dort die vielleicht besten Chancen des ganzen Jahres hat zu siegen — darum wird's schwierig.

Monte-Carlo-Flug mit Niki Lauda. Erst bis Nizza, dann Helikopter ins Fürstentum. Stilecht für einen zweifachen Monte-Sieger. „Aber 1975 und 1976 waren gar nicht meine besten Rennen! 1978 hab ich viel härter und schneller fahren müssen — für den zweiten Platz", erzählt mir Niki in der Super-Disco „Jimmy's".

Peter Peter, dessen Sohn Philip in der Formel 3 kämpft, erinnert Niki: „Die einzigen, die Fürstin Gracia Patricia je die Hand küßten, waren wir beide. Du nach dem Grand Prix, ich nach dem Formel-Vau-Rennen. Nur hat mich keiner fotografiert ..."

Dafür blitzen die Sterne: Prominenz wie noch nie in Monte Carlo! Thomas Muster kommt für ein paar Stunden von Roland Garos angeflogen — Thierry Boutsen hat ihm sein Privatflugzeug geschickt. Toms erster Monaco-GP seit 1989. „Damals humpelte ich mit Krücken durch die Box. Jetzt bin ich viel beweglicher — und schau auf der ganzen Strecke. Unglaublich. Am liebsten Formel 1 jeden Tag."

Der Monaco-GP, behaupten die Piloten schon längst, „müßte eigentlich zwei Wochen dauern. Eine Woche für die Parties und Feste, eine Woche fürs Rennfahren." Vom Filmfestival aus Cannes ist Regisseur Francis Ford Coppola herübergeflutet. Arnold Schwarzenegger hat Niki Lauda verraten: „60 Millionen Dollar hab ich in meinen neuen Film gesteckt — 500 Dollar Gewinn werden herausschauen." Gerhard Berger freute sich besonders, den „Conan" und „Terminator" zu treffen.

Erstmals in Monte Carlo: Natascha Rindt, Tochter des legendären Monaco-Siegers 1970, die sich alles über damals erzählen läßt. Natascha (24) schreibt sich jetzt in einen Rennfahrerkurs bei John Watson ein. „In London arbeite ich als McCormack-Agentin, aber für Rugby — und ein wenig für Ski." Da kommt Abfahrtsweltmeister Urs Lehmann, VIP in Monaco, gerade richtig.

Prinz Albert lädt die Bobfahrer — also auch Olympiasieger Ingo Appelt — zum traditionellen Bob-Plausch ins „Café de Paris". Der Thronfolger, der auf allen offiziellen Monaco-Fotos schon neben seinem Vater steht: bescheiden, aber fröhlich wie immer. Mit Gerhard Berger verabredet er eine Bob-Taxi-Fahrt in St. Moritz oder Igls. „Aber der Prinz sitzt vorn."

Die Freitag-Galanacht im Sporting Club ist prominent besucht wie immer – Chris Rea singt quasi sein „Warm up“ für den Sonntagabend, nachdem er auf seinen Start im Supercup-Rennen leider verzichten muß: Schuld ist ein böses Abszeß. Ayrton Senna kommt engumschlungen mit seiner neuen Flamme, einer aufregenden Blonden: „Das ist Adrianne, meine Freundin.“ Rubens Barrichello und sein Vater starren solang ihr attraktives Gegenüber an, bis ihnen dämmert: Das Busenwunder vis-à-vis macht im brasilianischen TV Reklame für Dessous ... nicht unbedingt feuerfeste.

Und Samstag spätabends stapft das halbe Formel-1-Feld zum zuckerlrosafarbenen Grimaldi-Palast hoch. Die Einladung des Fürsten gilt – erstmals – nicht fürs Dinner mit warmem Buffet, sondern für einen Cocktail im Garten des Palastes. Weil es relativ kühl ist, verziehen sich die Stars bald in ihre Monaco-Appartements. Michael Schumacher: „Es ist unbezahlbar, wenn du vorm Grand Prix im eigenen Bett schlafen kannst ...“

In Cap Martin hebt Anneliese Abarth, die Witwe des genialen PS-Zauberers, ihren „Carlo Abarth Clan“ aus der Taufe. Mit Rennfahrerstars von gestern, heute und morgen. Weltweit existieren 12.000 Abarth-Sportautos, viele spätere Stars haben ihre Karriere bei Abarth begonnen.

Der Monaco-Countdown fasziniert immer: Alle Leitplanken, alle Tribünenbänke numeriert – und jedes Jahr werden sie genau gleich zusammengeschraubt. Über die riesige Leinwand nach dem Tunnel flimmern schon längst die letzten Grand-Prix-Rennen – die Berger von seiner Yacht aus mitverfolgen kann. „Auch im Rennen schau ich immer auf die Video-Wand. Da siehst genau, wo du bist – und wie weit der Führende schon voraus ist ...“

Jean Alesi hat unmittelbar vor Monaco Krach geschlagen: „Wenn ich nicht die neuen, variablen Motor-Einlaßtrichter krieg, fahr ich nicht!“ Lauda schlichtet.

Noch größere Aufregung: Senna nach 37 Minuten bös gecrasht, da halten alle den Atem an: St.-Devote-Schikane: erst links angeschlagen, zwei Räder weggerissen, dann rechts gegen die Leitplanken. Gleich darauf weint sogar der Himmel – es regnet. Blaß im Gesicht, mit geprelltem Arm, sagt mir Senna leise in die TV-Kamera: „Samstag bin ich wieder okay.“

Seinen McLaren-Vertrag kann er, ausnahmsweise jetzt aus verständlichen Gründen, nicht unterschreiben: Linkshänder Ayrton trägt den blaugeschwollenen linken Daumen bandagiert. „Der Donnerstag-Crash, mein bisher schwerster. Nicht so sehr von der Verletzung her – aber der Anprall war wesentlich ärger als zum Beispiel in Mexiko 1992. Zum erstenmal, dachte ich mir während des Unfalls: Jetzt kriegst du von der Versicherung etwas zurück. Ayrton – du hast nicht vergeblich seit Jahren hohe Prämien bezahlt. Ich fürchtete wirklich, daß ich diesmal nicht ohne schwere Verletzung davonkomm und hatte Angst um meine Beine. Aber der McLaren ist so stark – und hat mich gerettet."
20 Mechaniker reparieren den McLaren, Joe Leberer kümmert sich um den Piloten – aber die Narben auf Ayrtons Seele bleiben. „Der Unterschied, ob du in Monaco voll fährst oder nur zu 90 Prozent, ist entscheidend. Ich fürchtete, ich hab meinen Biß verloren ..."
Der Monaco-Samstag beginnt sensationell: Wendlinger hält nach einer Stunde Bestzeit, erstmals ein Sauber ganz vorn, dann überholt ihn Berger, am Ende auch Prost. 10 Minuten lang der Allerschnellste! Karli triumphiert nicht lautstark, freut sich mehr nach innen: „Große Freude kommt nicht auf: weilst konzentriert weiterarbeiten mußt. Aber es schaut ganz gut aus – ein gutes Gefühl."
Alain Prost hat Wort gehalten: „Ob Regen oder Sonne – ich hol Poleposition in Monaco!" Wendlinger macht einen Riesensprung vom 17. auf den 8. Startplatz, Berger fällt auf den 7. Rang zurück. Ein ganz blöder Zufall. „Ein wichtiger Schalter war verstellt – entweder weil ich in einer Kurve anschlug, oder von den Mechanikern beim Umbauen."
Bestzeit für Prost – dritter Unfall von Senna: Daumen bandagiert seit Donnerstag, Samstag früh in St. Devote wieder gestolpert, nachmittags auf einem Buckel ausgerutscht – auf verbissener Jagd nach Schumacher: „Der McLaren ist halt sehr kritisch über Bodenwellen."
Zwei Wochen nach dem Startchaos von Barcelona funktioniert die Startampel – aber Prost katapultiert sich haarscharf an der Grenze zum Frühstart ins Rennen. „Einer meiner allerbesten Starts und hat nur nach Frühstart ausgeschaut, weil Schumacher schlechter wegkam. 10 Sekunden, in Monte Carlo eine zu harte Strafe! Ich bin ungerecht behandelt. Ich war nicht unkorrekt. Die Herren, die mich bestrafen,

sollen nachdenken, was sie mir damit antun", ärgert sich Prost noch sehr lang.

Der Rest ist für Senna Taktik und Strategie: „Ich weiß, daß ich nicht in Führung gehen kann, muß aber halbwegs das Tempo von Prost und Schumacher halten, weniger Reifen verbrauchen und hoffen, daß sie alle an die Box müssen — egal aus welchem Grund."

Zum Beispiel 10-Sekunden-Strafe? „Daß Prost so verzweifelt schnell als erster in die erste Kurve wollte, war die Folge des Drucks, den ich auf ihn machte — sogar hinter ihm. Monaco war für mich halt immer speziell", lächelt Senna giftig.

Weil der Renault-Motor beim Wiederanfahren zweimal abstirbt, weitet sich der Prost-Penalty auf mehr als eine Minute aus: zurückgefallen auf den 22. Platz, hoffnungslos in Monaco. Aber dann: eine Lektion des Professors.

Die Prost-Aufholjagd hat viele Vorbilder: etwa Jim Clark und Jackie Stewart, beide Male in Monza. Jimmy kämpfte sich 1967 nach einem Reifenwechsel durchs ganze Feld nach vorn und übernahm wieder die Spitze, bis ihm der Sprit ausging — er wurde noch Dritter. Jackie wiederholte 1973 das Bravourstück: durch Reifenwechsel weit zurückgefallen, aber dann noch Vierter — wie Prost in Monte Carlo.

Alains Verfolgungsrennen, von der Rundentabelle dokumentiert: In der 13. Runde überholt er de Cesaris (=21.); in der 17. Katayama und Boutsen (=19.); in der 18. Alboreto (=18.); in der 26. Suzuki und Zanardi (=15.); in der 27. Alliot (=14.); in der 32. Fittipaldi (=12.); in der 33. Herbert (=10.); in der 35. Barrichello (=9.); in der 36. Warwick und Brundle (=7.) — und ist bei Halbzeit schon wieder in den WM-Punkten, dank der Ausfälle von Comas (37.); Patrese (40.) und, als letztem, Berger (71.).

In Führung aber — als erster Deutscher in Monte Carlo seit Rudolf Caracciola 1939 — Michael Schumacher!

Und Michael hätte — trotz Senna — auch gewonnen:

Die meisten Piloten hassen den engen, mörderischen Kurs von Monte Carlo, ob sie es zugeben oder nicht. Michael aber liebt die Herausforderung. „Da kannst als Fahrer noch etwas machen! Von mir aus könnten ruhig mehr solcher Rennen im Kalender sein." Im Training sensationeller Zweiter, und sein Plan: „Geh hinter Prost, vor Senna, in die erste Kurve. Bleib dort und wart ab, was passiert", geht voll auf.

Im klassischen Auto-Roulette führt Schumacher als erster Deutscher seit Rudolf Caracciola und Manfred von Brauchitsch, den Siegern von 1937 und 1938. Mit unglaublichen 20 Sekunden Vorsprung auf Senna, der später zugibt: „Ich hätte Schumacher nicht halten können, darum schon eine Strategie ausgearbeitet: Wenn der Deutsche Reifen wechseln muß, kann ich nonstop durchfahren?"
Nach 33 Runden platzt der Traum: Hydraulikdefekt, der Wagen fängt Feuer, ausgerechnet vorm Loews-Casino rollt Schumachers Kugel auf zero.
Deine größte Enttäuschung? „Ja, weil ich das Tempo von Prost halten kann, nach dessen 10-Sekunden-Strafe in Führung lieg – und dann geht der berühmte 2,50-Mark-Teil kaputt: ein Ohrring der aktiven Radaufhängung. Aber technische Defekte können passieren. Ich wär viel mehr sauer gewesen, hätte ich selber das Auto rausgeschmissen ..."
Heute rechnet Michael Monaco gar nicht als sein bestes Rennen: „Da war ich zu überlegen ... für mich zählt mehr, wenn ich beißen, kratzen, kämpfen und dauernd überholen muß – wie in Brasilien und Kanada."
20 Sekunden als größter Vorsprung auf Senna, bis seine aktive Radaufhängung k.o. geht – das System kollabierte wie schon am Donnerstag bei Senna! Bei Ayrton: böser Unfall. Bei Michael: kein Öldruck, keine Gangwechsel – und alle seine Hoffnungen lösen sich in einer riesigen Rauchwolke auf.
Höchste Zeit, daß „High Tech" in der Formel 1 verboten wird: Die Computerspiele der Ingenieure werden immer gefährlicher, undurchsichtiger – und nehmen zuviel weg vom Fahrer. Niki Lauda hat bei Bernie Ecclestone die Parole ausgegeben: „Die Formel 1 muß wieder werden wie der Motorradsport: Rennfahren pur!"
Auch die Österreicher haben kein Glück: Zweimal zero – ausgerechnet in der gleichen Haarnadelkurve vorm Loews-Casino schießen sich Wendlinger und Berger aus dem Rennen. Zuerst Karl – schuldlos. Danach Gerhard – zu ungeduldig.
Wendlinger: „Lehto kommt von hinten, zwängt sich in der Loews-Kurve nach innen, ich kann mich ja nicht in Luft auflösen!" Lehto durch Stallkollision out, Wendlinger in den Seitenkasten geprallt, dadurch hat Karl später Fehlzündungen, muß lang an die Box, die Zündbox wechseln – alles wegen Lehto.
Bei Sauber, hört man später, wäre Lehto wegen Wendlinger sauer –

wieso nicht umgekehrt? „Ich hab den Lehto noch nicht gesehen", bleibt der Kufsteiner cool, sachlich wie immer, „aber ich sag ihm schon noch meine Meinung: Daß er nächstes Mal aufpassen muß."

Marc Surer, der Schweizer TV-Kommentator, wartet gespannt vorm Wohnmobil: „Das gibt heute noch einen Ringkampf!" Er wartet vergeblich.

Peter Sauber will die heiße Kollision erst überschlafen, das Video studieren, „aber auf Fotos, von oben aus dem Hotel geschossen, sieht man viel deutlicher, was in der Loews-Haarnadel passiert ist. Grundsätzlich braucht man ja immer zwei für so einen Blödsinn. Aber die Verantwortung liegt beim Hintermann, denn der bestimmt ja, wann er überholen will. Karl hat etwas Platz gelassen, weil er nie mit diesem Angriff gerechnet hat — aber dann hätte ihm sogar bremsen nichts mehr geholfen."

Damit wäre die Schuldfrage geklärt — aber wie geht's weiter? „Ich muß beiden klarmachen, daß das Team auf die Fahrer genauso angewiesen ist wie umgekehrt. Also dürft ihr nicht an die persönlichen Erfolge denken, sondern müßt euch klar darüber sein, wie wichtig das Team jetzt Ergebnisse und Punkte braucht. Ab jetzt kommen ganz klare Anweisungen!"

Senna also vor Hill — dessen Vater Graham fünfmal in Monaco gewonnen hat — und Berger. Aber plötzlich werden die Karten am teuersten Spieltisch der Formel 1 neu gemischt: Senna wechselt sicherheitshalber Reifen, bleibt zwar immer noch vorn — aber hinter ihm wittern Hill und Berger die Riesensensation: den Monaco-Triumph.

Für Berger ist bis zur 71. Runde alles so super gelaufen: Strategisch richtiger Reifenwechsel — „ich wunderte mich, warum die anderen draußen blieben". Aber sensationelles Eingeständnis: „Ich wußte nicht, daß der führende Senna an der Box war! Ferrari hat mir nichts gefunkt. Aber als ich auf Hill auflief, seh ich drei, vier Wagenlängen vor ihm Senna. Ich denk: Der muß ein Problem haben. Daß er Reifen gewechselt hat, weiß ich ja nicht. Wegen Hill allein hätte ich bis zwei, drei Runden vor Schluß warten können. Aber Senna darf mir nicht entwischen. Das Rennen denk ich, kannst eventuell gewinnen — so eine Chance darfst nicht auslassen!"

Nur Hill ist im Weg. „Der ist schon müde, angeschlagen — hat aber 80 PS mehr. Also kann ich nach dem Tunnel nie überholen — nur in der Loews-Haarnadel. Dort hab ich Alesi niedergekämpft, zehn andere überrundet. Ich weiß: Es geht nur mit touchieren – aber es geht. Wenn ich Glück hab. Hill läßt mir eine Lücke offen, aber ich glaub gar nicht, daß er mich gesehen hat. Um ihn ging's nicht. Nur um Senna – und den Sieg. Hopp oder tropp ..."

Heute braucht Berger kein Video mehr: „Ich hab die Situation, wie sie war, genau im Kopf. Immer noch!"

Hast du nicht die zwei McLaren verwechselt? frag ich Berger. Den überrundeten Andretti vor dir gesehen und geglaubt, es wäre Senna? Nein, dementiert er heftig, muß aber später zugeben: Ja, er hat doch. Kollision also in der Loews-Haarnadel, Berger mit verbogener Radaufhängung out, Hill kann weiterfahren, aufs Podest!

Was für ein verrücktes Auto-Roulette von Monte Carlo! Karambolage zwischen Berger und Hill, sogar zwischen den Sauber-Kollegen Wendlinger und Lehto, ein 10-Sekunden-Penalty für Prost – und der sechste Sieg von Senna im Fürstentum! „Etwas, das ich nach meinem bösen Donnerstag-Crash wirklich nicht erwarten durfte", ist Ayrton dankbar. Sieg nach Unfall: selten genug in der Formel 1.

Im Duell der Monaco-Prinzen führt Senna gegen Prost jetzt 6:4, an Saisonsiegen steht es 3:3.

„I'm happy it's you – ich freu mich, daß Sie es sind!" Fürst Rainier III. gratuliert Senna mit den gleichen Worten, mit denen er seit vielen Jahren jeden Monte-Carlo-Sieger beglückwünscht. Danach lädt er Ayrton ein, beim Galadinner im „Sporting Club" am Fürstentisch Platz zu nehmen. Tolle Stimmung, künstlicher Sternenhimmel, und dazu singt Popstar Chris Rea noch nicht „Diving home for Christmas", sondern seine berühmte „Road to Hell". Passender Titel zum Höhepunkt und Abschluß der großen Formel-1-Galawoche.

Mit einem Williams, sagen viele, wäre Senna in Monte Carlo bereits Weltmeister geworden. Mit McLaren bleibt es sein letzter Sieg bis Japan.

Er kehrt mit Corinna ins 80-Quadratmeter-Appartement zurück, das die Freundin „ganz toll eingerichtet hat. Fast schöner als zu Hause in Deutschland. Wir fühlen uns da sehr wohl."

Monte Carlo nachher. Tausende Rennfans fluten gegen die Wohnmobile im Fahrerlager – aber wo sind die Piloten? „Der Gerhard versteckt sich im kleinsten Loch im Loews-Hotel", meint Vater Berger, die Mama seufzt, und Schwester Claudia und Schwager Eberhard glauben: „Da war plötzlich eine Lücke, die Hill geöffnet hatte – und der Gerhard wollte durch." Wie seinerzeit bei Alain Prost in der Mirabeau-Kurve. Damals Abbruch und neuer Start, diesmal den 3. Platz weggeschmissen. Neffe Markus hatte trotzdem sein Erfolgserlebnis: Er hatte vorm Start im Berger-Cockpit Platz nehmen dürfen ...

Der Katzenjammer am Tag danach: Frühstück mit Gerhard an Bord seiner Yacht „Pia". Berger hat kaum geschlafen, „gut zehnmal in der Nacht die Situation vor mir gesehen: wie ich das Traumrennen von Monaco gewinnen kann! Dritter war ich sicher – Erster wollte ich werden. Jetzt hab ich nix, und manche sagen: der Depp. Aber es war kein Kurzschluß, sondern ein geplantes Manöver – ich würde es heute, bei einem zweiten Rennen, wieder genauso machen!"

Die halbe Formel-1-Saison ist bald vorbei: Zehntausende Liter Sprit verfeuert, Tausende Reifen abgefahren, bereits 150 WM-Punkte vergeben – Zeit für eine aktuelle Zwischenbilanz. Und wer könnte das besser als der „Piccolo Commendatore"? Hier exklusiv Niki Lauda – und seine ganz persönlichen „Top Ten" 1993, die er mir im Juni zusammenstellt.

1. AYRTON SENNA: Für mich immer noch vorn, nicht erst seit Monte Carlo, sondern vor allem wegen Donington. Dort hat er unter unglaublichen Bedingungen ein sensationelles Rennen gewonnen, und ich hab ihm auch damals gratuliert: „Der beste Grand Prix, den ich von dir je gesehen hab."

2. MICHAEL SCHUMACHER: Ich weiß, daß solche Wertungen bis zu einem gewissen Grad immer ungerecht sind – aber ich setz den Deutschen vor Prost. Weil Schumacher immer tolle Leistungen bringt. Und jetzt mit seinem besseren Auto – mit Traktionskontrolle – fuhr er in Monte Carlo, im Training und Rennen, allen um die Ohren.

3. ALAIN PROST: Wie gesagt: ungerecht, weil Prost leidet ja unter seinem tollen Auto. Wenn man davon ausgeht, wie toll der Williams-Renault ist, dann schneidet Alain schlecht ab. Wobei auch in ein tolles Auto immer noch ein toller Fahrer gehört. Also, Prost wird nie objektiv beurteilt. In Monte Carlo ein Fehler – der Frühstart war für mich eindeutig. In Interlagos rausgeflogen...

4. DAMON HILL: Hat fast keine Grand-Prix-Erfahrung, zeigt aber immer wieder, daß er Trainingsschnellster sein kann – wie in Monaco im Regen. Was ihm fehlt, ist Rennroutine, aber die kriegt er noch. Mir gefällt, wie er seinen Weg macht.
5a. KARL WENDLINGER: Für mich an der Spitze eines Triumvirats, zu dem auch meine beiden Ferrari-Piloten gehören. Karl zuerst, weil er als Junger mit einem unbekannten Auto, dem Sauber, Superleistungen bringt und seinen Teamgefährten Lehto niedermurkst. Einen 0:2-Rückstand im Training hat er in ein 4:2 umgewandelt.
5b. GERHARD BERGER: Wie gesagt: im gleichen Atemzug mit Wendlinger und Alesi, wobei die Ferrari-Fahrer mit technischen Problemen kämpfen. Gerhard ist der analytische Arbeiter, der ein Auto weiterentwickeln kann, der Geschwindigkeit und Leistung bringt – aber Monte Carlo war für mich ein gravierender Fehler. Du kannst nicht auf Hill auflaufen und gleich erwarten, daß er Platz macht. Er hätte 5, 6 Runden abwarten müssen – und erst 2 Runden vor Schluß den Kraftakt riskieren.
5c. JEAN ALESI: Als Kämpfer bekannt. Und daß er mit jeder Gurke wie ein Verrückter fährt – und immer voll ans Limit geht.
8. RUBENS BARRICHELLO: Für sein Alter (erst 21) und seine Unerfahrenheit ist er für mich der nächste. Vor allem im Regen, unter den schwierigsten Bedingungen, irrsinnig gut.
9. MARK BLUNDELL: Heuer schon 3. und 5., der Ligier-Renault eindeutig wieder auf dem Weg nach oben. Aber sein Teamkollege Brundle steht ihm kaum nach.
10. CHRISTIAN FITTIPALDI: Der 10. Platz liegt zwischen dem jungen Brasilianer und den Lotus-Piloten, die mir alle durch ihre erfrischende Fahrweise auffallen. Ich entscheid mit für „Fitti“, den Neffen von Emerson.
Soweit Niki Laudas „Top Ten“, die wie eine Bombe einschlagen, als ich sie veröffentliche. Bei Ferrari – heikler Ort – ist der eine oder andere gekränkt, und manche fragen: Was hat Lauda gegen Berger? Gar nix. Aber später korrigiert Niki die Position von Prost: „Eigentlich gebührt dem Weltmeister die Nummer 1. Denn daß er sich das beste Auto organisiert und für sich ideal herrichtet, gehört ja auch dazu.“
Und Senna bestätigt mir im August in Spa: „Das Fahren ist heute für

uns nur noch der geringste Teil unseres Jobs." Ich werde ihn 1994 dran erinnern ...
Im September in Monza verrät mir der legendäre Clay Regazzoni – mit Riesenherz für junge Piloten – seine „Top Ten".
Mit zwei großen Aufsteigern: Badoer und Barrichello.
Er sieht aus wie Pasteten-Hink, das Gesicht auf der Haut. Sein größter Erfolg: Opel-Lotus-Europameister vor drei Jahren – in Hockenheim. Das verhilft ihm zu sehr viel Streckenkenntnis, „denn außer den ersten zwei und letzten zwei kenne ich schon alle Formel-1-Pisten."
„Er ist genauso ehrgeizig, zielbewußt und talentiert wie der andere Brasilianer – Ayrton Senna", lobt und preist Ian Philips vom Jordan-Team den GP-Neuling. Rubens Barrichello ist – davon ist nicht nur das ganze Jordan-Team überzeugt – ein kommender Weltmeister. Für Niki Lauda die Entdeckung des Jahres, auch Jackie Stewart lobt ihn: „Barrichello ist reingekommen und hat in vielen Rennen wirklich beeindruckt. Das ist fast mehr, als du von einem jungen Fahrer im ersten Jahr verlangen darfst, denn junge Fahrer haben Berge und Täler, aber keine Plateaus. Die sind für die älteren Fahrer ... Christian Fittipaldi hat sich dieses Jahr auch sehr gut zurechtgefunden, er ist ganz sicher ein ordentliches Versprechen."
Lieblingsspeise: „Pasta" – wegen seiner italienischen Vorfahren, aber natürlich sind auch die Barrichellos längst waschechte Brasilianer. „Mein Lebenstraum? Formel-1-Weltmeister zu werden!" Möglichst direkt, ohne Umwege. „Seit ich neun Jahre war, fuhr ich Kart-Rennen. Fünfmal war ich brasilianischer Meister."
Mit 17 in der Formel Ford, mit 18 Champion in der Opel-Lotus-Serie – wie geht sich das aus?
Ganz einfach: Indem er sich den Führerschein seines Vaters für die ersten Rennen ausborgt. „Zum Glück schauen wir einander sehr ähnlich." Und wenn sie heute im Fahrerlager nebeneinander stehen, hält man sie für 30- bis 40jährige Brüder.
Seinen 21. Geburtstag wird er sich ewig merken: ausgerechnet in Monte Carlo, und Chris Rea singt über den Streckenlautsprecher für Zehntausende Ohren: „Happy birthday, dear Rubens!"
Immer schon ein Siegertyp: Mit 19 gewinnt er die heißumkämpfte britische Formel-3-Meisterschaft, „worauf ich heute noch am meisten stolz bin", mit 20 wird er Dritter der Formel-3000-EM, mit noch nicht

21 sitzt er im Jordan-Hart — als jüngster aller Formel-1-Piloten? Nicht ganz: Chris Amon und Mike Thackwell, die Neuseeländer, waren bei ihrem Debüt erst 19.

Rubens macht härtestes Lauftraining und wildestes Jet-Skiing auf dem Wasser.

Überraschend, wie sicher er den routinierten Thierry Boutsen in Schach hält, aber das hat Gründe.

„Wäre ich Nigel Mansell gewesen — ich hätte mich nach halber Distanz mit dem Helikopter ins Krankenhaus fliegen lassen!“ klagt der belgische Formel-1-Heimkehrer oft über die schlechte Sitzposition im Jordan: „Alle meine Muskeln sind absolut steif. Ich kann nur 50 Prozent Leistung bringen“, entschuldigt Boutsen. „Ich sitz schlecht, kann nicht lenken, nicht schalten, weil ich mit den Ellbogen anschlag — und mit dem Lenkrad auf den Beinen. Außerdem krieg ich, weil mein Helm so hoch ist, um 25 Prozent weniger Luft auf meinen Motor.“

Von 15 Punkten hat Boutsen sein Jordan-Engagement abhängig gemacht — einer davon: ein neues Chassis.

Nur darum ist Boutsen bereit, sein Indy-Projekt vorläufig einzubremsen: „Es wäre schon sehr weit gediehen, und die Serie gefällt mir sehr. Gute Autos, gute Fahrer, gute Show — und zehn können jederzeit gewinnen. In der Formel 1 eineinhalb . . .“

Worunter die Glaubwürdigkeit des Jordan-Teams etwas leidet: im Jordan Nr. 15 sitzen insgesamt fünf Piloten: Ivan Capelli — nach Unfall in Kyalami und Nichtqualifikation in Interlagos gefeuert. Boutsen bis Spa. Dann Apicella mit Adriano-Celentano-Stimme, Naspetti, schließlich Eddie Irvine — und der macht mehr Schlagzeilen als alle anderen.

Heimlich, still und leise testet noch einer den Jordan: Martin Donnelly, der Ex-Lotus-Pilot, der in Jerez 1990 einen mörderischen 260-km/h-Unfall überlebt hat, wochenlang im Koma, jetzt längst geheilt. Die Ärzte haben ihm das Leben neu geschenkt — 1993 wird er sogar Vater. Ein kurzes Formel-1-Comeback hat der Ire, wie versprochen, auch schon erlebt: „Zwei Runden mit dem Jordan in Donington. Ich war sehr aufgeregt — aber mehr wegen der vielen Fotografen und Kameraleute als wegen des Fahrens. Es war traumhaft — bis nach zwei Runden der Motor eine Ölschraube verlor.“ Noch eine Operation im Sommer — dann hat Donnelly alles hinter sich.

MAGIC MANSELL – DIE ZWEITE KARRIERE
Die Welt der Indy-Piloten und ein „Tiroler Tag" in Montreal

Die Formel 1 macht zwei Wochen Pause, bis Kanada – dazwischen blicken alle Rennfans nach Indianapolis. Mit einer Mischung aus Heldenverehrung, Neugier und Angst. Das 500-Meilen-Rennen im Nudeltopf von Indy, Oval für Bleifußpiloten, ist das schnellste, traditionsreichste und höchstdotierte Autorennen der Welt: 380 km/h Rundenschnitt, mehr als 70 Millionen S Preisgeld! Der Sieger trinkt seinen traditionellen Schluck Milch – statt Champagnergespritze – und dann wird sein Gesicht in den riesigen Pokal eingraviert.

„Würdest du gern einmal in Indy fahren?" Die Frage an Michael Schumacher brennt auf der Zunge, zumal heuer das halbe Indy-Starterfeld aus Ex-Grand-Prix-Piloten besteht – an der Spitze Nigel Mansell, der Weltmeister.

„Ich wollte schon sagen: Natürlich, ich tausch sofort mit Nigel", lächelt Schumacher, bremste sich aber sofort ein. „Das war natürlich nur ein Spaß. Aber Indy interessiert mich. Doch wie man sieht, kann man dort auch noch fahren, wenn man über 50 ist ..." Wie Mario Andretti, wie A. J. Foyt usw.

Seit 1923, erinnert sich Christian Danner, war kein Deutscher mehr in Indianapolis gestartet – abgesehen von Jochen Rindt, der einen deutschen Paß, aber eine österreichische Lizenz hatte: geboren in Mainz, die Eltern bei einem Bombenangriff auf Hamburg ums Leben gekommen, mit 15 Monaten Vollwaise, bei den Großeltern in Graz aufgewachsen. Auf dem Gelände der „Gewürzmühle Klein & Rindt", die Jochen erbte, aber verkaufte, steht heute eine Schuhpastafabrik. Oft war Jochen nicht dort ...

1967 begleitete ich Rindt in die „Hölle von Indy". Zum Rennen fuhren wir zu viert im Mietauto – mit Jackie Stewart und Denis Hulme. Die Stimmung war eigenartig bedrückt. „In Indianapolis", faßte Rindt in Worte, was alle dachten, „fühlst du dich als Europäer immer wie auf dem Weg zum eigenen Begräbnis." Im Training hatte Rindt einen 300-km/h-Feuerunfall überlebt. Sein Wagen zerschellte an der Mauer, Rindt lenkte im Stehen weiter und sprang heraus.

Vorm Start fragte er: „Welcher Tag ist das eigentlich, der berühmte Memorial Day?" Eine Art amerikanisches Allerseelen sagte ich, aber

mehr ein Soldatengedenktag. Rindts Stimme war leise, fast zynisch: „Günstiger Tag heute ..."
Der legendäre Rudolf Caracciola hatte sich schon kurz nach dem Krieg in Indy versucht. Gewohnt, mit Staubkappe wie in Europa zu fahren, war er vom Helmzwang überrascht. Man verpaßte ihm einen schweren Stahlhelm. „Caratsch" stürzte im Training schwer — das eigentliche Ende seiner grandiosen Rennfahrerkarriere.
Aber wie magnetisch zog es die Europäer immer wieder in die „Hölle von Indy". Alberto Ascari gastierte dort mit dem Ferrari. 1965 eroberte Jim Clark auf Lotus als Sieger der 500 Meilen auch die neue Welt — im Jahr darauf triumphierte Graham Hill, immer noch der einzige, der den „Grand Slam" der Autorennfahrer, Monte Carlo, Le Mans und Indy, gewonnen hat.
Aber die Frauen von Ronnie Peterson und Emerson Fittipaldi drohten bei einem Kurzbesuch in Indy ihren Ehemännern: „Wenn ihr dort fährt, lassen wir uns scheiden!" Emerson ließ sich nicht abhalten. Bald hatte er beides: Die Scheidung — aber auch einen Sieg in Indianapolis.
Kalter Krieg Europa gegen Amerika, Formel 1 gegen Indy-Car-Serie, der Kampf um die totale Vorherrschaft im Autorennsport. Die Fronten sind diplomatisch verhärtet, personell aber längst aufgeweicht: Michael Andretti wechselt von den US-Nudeltöpfen der Bleifußpiloten auf die europäischen Grand-Prix-Strecken zu McLaren, Weltmeister Nigel Mansell von der Formel 1 in die US-Serie.
25 Jahre später können Europäer und Amerikaner aber nicht mehr miteinander, sondern nur noch gegeneinander. Zu weit klaffen die Gegensätze zwischen Formel 1 und Formel Indy auseinander.
DIE STRUKTUR. Hier Bernie Ecclestones „Formula One Constructor's Association" (Foca), eine straff, aber nicht diktatorisch geführte Vereinigung, in der ein Mann, der smarte Bernie, die kommerziellen Interessen aller Teams vertritt — dort das „Championship of Auto Racing Teams" (Cart), ein bewährtes Franchisesystem wie bei der National Hockey League (NHL), der NFL (National Football League) oder NBA (National Basketball League). Die Lizenznehmer sind jene 24 Teams, die an der Indy-Car-Serie teilnehmen.
Hier der große Zampano Bernie Ecclestone, Ex-Rennfahrer, Ex-Rennstallbesitzer, Immobilienhändler und immer schon wendiger Businessman — dort der rund 15 Jahre jüngere Bill Stokkan, der aus einer ganz

anderen Ecke in die Arena stieg: Er hat jahrelang das „Playboy"-Imperium in New York und Detroit geleitet.
DIE SPIELREGELN. Während in der Formel 1 das technische Reglement durch das „Concorde Agreement" auf Jahre hinaus festgeschrieben, aber damit auch eingefroren ist und jede Änderung mühsam macht, sind die Cart-Leute viel beweglicher. Das System garantiert, daß der fünfköpfige „Board of Directors" mit u. a. Rennstallbesitzer Roger Penske und dem Ex-Formel-1-Mechaniker Derek Walker auf neue Situationen blitzartig reagieren kann. Ein „Fall Williams" könnte in den USA nie passieren: Das Theater vor Saisonbeginn, weil sich Williams um fünf Stunden zu spät für die WM eingeschrieben hat, wäre in der Cart-Serie undenkbar — die totale, fast peinliche Überlegenheit des Williams-Renault-Teams aber auch nicht. Penske und Co. hätten sofort ein neues Reglement herbeigezaubert, damit die Show spannend bleibt.
Beispiel Porsche: Als die Schwaben vor zehn Jahren anfingen, einen Indy-Motor zu bauen, kam postwendend der Befehl aus den USA: „Okay, Boys, aber ihr müßt acht Autos ausrüsten." Porsche: „Wir wollen aber nur eines." Die Amerikaner blieben hart: „Entweder acht Autos, oder wir nehmen eurem Turbomotor 0,2 bar Ladedruck weg. Wenn ihr dann immer noch kommen wollt — herzlich willkommen."
1992 wurde auch dem Wiedereinsteiger Ford zusätzlich zum Andretti-Team noch ein dritter Pilot (Eddie Cheever) aufgezwungen. Faustregel: Im ersten Jahr muß jeder neue Motorenhersteller ein Auto zusätzlich ausrüsten — im Jahr darauf sogar drei Teams. Das bekam jetzt auch Einsteiger Honda zu spüren: Exklusivmotoren für Bobby Rahal — strikt verboten; für mehrere Autos — gern. Im Indy-Sport steckt die Sheriff-Mentalität des brutalen Durchgreifens. Wenn etwa ein Rennwagen zu schnell oder zu langsam kreist: „We want you out — so you are out."
DIE FERNSEHRECHTE. In den USA sind die Franchising-Besitzer, also die 24 Teams, direkt an der Gewinnausschüttung beteiligt — 1:24. Wer will, darf natürlich auch ohne Franchising-Rechte mitrennen, zahlt dann jedoch 50.000 Dollar Startgeld. Der Unterschied: In den FOCA-Fernsehverträgen steht der Passus: „Alle Zahlen sind strikt vertraulich." In den USA ist alles bigger and better, und alle Zahlen sind transparent.

Hinter den Kulissen tobt jedoch längst der Kampf um die Weltvorherrschaft. Die Formel 1 hat auch 1993 keinen WM-Lauf in den USA, bloß einen in Kanada — und die Indy-Haudegen kommen noch nicht nach Europa. Bill Stokkan: „Wir wollen eine friedliche Koexistenz mit der Formel 1 und ohnehin alle nur das gleiche: guten Motorsport betreiben." Nach dem Motto: Ich tu euch nix, und ihr tut uns nix.

Fisa-Präsident Max Mosley hat im Motorsport-Weltverband eine demokratische Entscheidung durchgesetzt: „Die Amerikaner dürfen in der ganzen Welt fahren, aber nur auf Ovalkursen, nie auf normalen Straßenpisten." Damit ist ihr Angriff nach Europa schon verhindert, denn Europa hat keine Ovale außer der völlig veralteten Steilwand von Monza. Und die wird gewiß nicht aktiviert. Also geht die Eroberung nur über das Fernsehen.

Rennsport-Freaks sehen ab Kyalami sieben Wochen lang an jedem Weekend ein großes Rennen am Bildschirm, Formel 1 oder Cart. Aber nie im gleichen Kanal. Denn Ecclestone hat in allen TV-Verträgen Exklusivrechte gefordert: entweder Formel 1 oder Indy.

DER FAHRSTIL. „Du fühlst dich wie ein Hemd in der Waschmaschine: alle zwanzig Sekunden an der gleichen Stelle", stöhnte Eddie Cheever, als er von der Formel 1 ins Oval umstieg. Und der Deutsche Christian Danner, 1992 achtmal in den USA im Einsatz: „Nach 200 Runden stieg ich aus, happy, angekommen zu sein, und bin plötzlich nach links umgekippt."

DIE SHOW. „Wenn's zum großen Krach kommt", prophezeit Danner, „dann haben die Indy-Cars die besseren Karten. Unsere Rennen sind spannender. Wo gibt's das in der Formel 1: zwei, drei Autos nebeneinander: In der Formel 1 herrscht nahezu Überholverbot. Und wenn's einer dennoch riskiert, dann kracht's meistens. Bei uns schiebt jede Gelbphase das Feld wieder dicht zusammen. Aber bei 300 km/h, bei 20 Sekunden Rundenzeit, mit 26 Autos auf der Strecke, kann man nur mit Gelb reagieren."

Der wesentliche Unterschied? „In Europa will die FISA, daß rausgeflogene oder liegengebliebene Autos nicht weiterfahren. Bei uns ist es genau umgekehrt: Wir wollen alle ins Ziel. In Elkhart Lake ging Cheever der Sprit aus. Gelblicht, ein Lkw hat ihn reingezogen, und nach dem Auftanken fuhr er munter weiter."

DIE MOTOREN. In der Formel 1 3,5 Liter, acht bis zwölf Zylinder;

in den USA 2,75 Liter, maximal acht Zylinder, weil der „Big Vee-Eight" genau der amerikanischen Vorstellung entspricht. Dazu der Einheits-Turbolader von Garret mit 0,5 bis 0,6 bar Ladedruck. Trotzdem bis zu 750 PS, dank dem Treibstoff Methanol, der im Gegensatz zu Benzin ohne sichtbare Flamme brennt – ein sehr explosionsfähiger Treibstoff, Verbrauch: höher als in der Formel 1, die mit rund 220 Liter für 300 km auskommt, Nachtanken verboten. Indy-Cars verfeuern 40 US-Gallonen – 170 Liter – auf 30 Runden, müssen also zweimal zum Nachtanken und Reifenwechsel an die Box. Höchstgeschwindigkeit: 400 km/h, also über dem Spitzenwert der Formel 1 (Nelson Piquet, 352 km/h in Monza).

„Von der Rundenzeit her", vergleicht Danner, „sind die Indy-Autos langsamer, aber wesentlich angenehmer zu fahren als Formel-1-Wagen, weil sie viel mehr verzeihen." Dagegen behaupten andere Ex-Formel-1-Piloten: „Technisch sind die Cart-Autos auf dem Stand der Formel 1 vor zehn Jahren. Und punkto Sicherheit ebenfalls."

DIE BUDGETS. In Europa verpulverte McLaren, noch mit Honda, bis zum Vorjahr rund 1,6 Milliarden Schilling pro Saison, Ferrari dank Fiat ebensoviel. Das Budget von Williams lag deutlich über 700 Millionen, das von Benetton knapp darunter, und Mercedes unterstützt das Schweizer Sauber-Team mit 210 Millionen Schilling. In den USA ist, weil das technische Reglement jede High-Tech-Revolution abwürgt, der Aufwand berechenbar. Außerdem muß nicht jeder, wie es die FOCA strikt verlangt, sein eigenes Auto bauen. Das tun in den USA bloß Penske, Truesport und Galmer. Das „Rolling Chassis" von Lola in Huntington kostet ganz normal 450.000 Dollar, inbegriffen die anderen Radaufhängungen und asymmetrischen Halbachsen für Ovalrennen. Aktive Radaufhängung, Niveauregulierung, Traktionskontrolle (die Penske 1992 entwickelt hatte), automatisches Getriebe und Titanteile in den Motoren – alles strikt verboten. Und das spart Geld. „Den meisten Teams", rechnet mir Danner vor, „genügen 4 bis 5 Millionen Dollar pro Jahr, um Rennen zu gewinnen." Mit dem Chevy-A-, Chevy-C- oder Buick-Motor und acht bis zehn Testtagen, denn mehr sind verboten. Roger Penske kommt dank Marlboro-Millionen ans McLaren-Budget heran. Carl Haas verdient zusätzlich als Lola-Importeur.

DIE ATMOSPHÄRE. Herzlicher, kameradschaftlicher als in der For-

mel 1. Zwar hat auch Roger Penske den schnieken McLaren-Touch, aber die lächerlichen Ego-Kriege der Formel-1-Bonzen ums größere Mobilhome, den teuersten Privatjet, den neuesten Hubschrauber spielt die Indy-Car-Serie nicht.

PERSONAL. Etwa die Hälfte der Formel 1. Die eingefrorene Technik erspart viele Ingenieure, wogegen in der Formel 1 schon bald für jede Zündkerze ein eigener Spezialist mitfliegen muß.

ZUSCHAUER UND GELD. In der Formel 1 steigende TV-Einschaltquoten, aber weniger Live-Publikum — in den USA zwischen 62.000 und 530.000 Zuschauer (in Indianapolis). Die Indy-Piloten verdienen grundsätzlich weniger als die Superstars der Formel 1. An Ayrton Sennas 23 Millionen Dollar kommt keiner heran, aber das Einkommen der Indy-Fahrer ist extrem preisgeldbezogen: Der Indy-Sieger kassiert zwei Millionen Dollar. Spitzengehälter: 4 bis 4,5 Millionen Dollar, für manche eine gepolsterte Pension, denn ein guter Teil der hartgesottenen Bleifußhelden von Indy ist längst jenseits der 50: Anthony Joseph Foyt aus Texas, für den 1992 Gregor Foitek zwei Rennen fuhr, ist mit 56 der Älteste, Mario Andretti zählt auch schon 53 Lenze. Wogegen die Formel 1 immer jünger wird: Christian Fittipaldi und Barrichello sind 20, Schumacher und Wendlinger 24.

Juan Manuel Fangio kam dereinst als 38jähriger nach Europa und hörte mit 46 auf. Der fünffache Weltmeister wäre der Idealtyp für Indy gewesen. Aber jetzt zaubert Magic Mansell jenseits von 400 km/h. „Ins Williams-Cockpit könnte man auch eine Puppe setzen“, hatte er gespottet, „und die würde gewinnen.“ In Indy nicht.

DIE UNFÄLLE. Nelson Piquet überlebte 1987 in Imola einen 300-km/h-Anprall in der gefürchteten Tamburello-Kurve im Formel-1-Boliden mit Kopfweh und Schlafstörungen, die ihn ein ganzes Jahr plagten. Aber nach seinem Indy-Crash 1992 blieb er monatelang rekonvaleszent. „Jetzt werde ich wohl nie mehr Ballett tanzen können“, scherzte er wehmütig, als er nach der ersten von neun Operationen aufwachte. Am gleichen Tag war Joey Marcelo, ein Hawaiianer, in Indy tödlich verunglückt.

Die Formel 1 scheint wesentlich sicherer: Seit dem Testunglück von Elio de Angelis 1986 in Le Castellet säumen Ecclestones Grand-Prix-Zirkus keine Grabkreuze mehr.

„The Honeymoon is over", sagen die Engländer dazu: Nicht mehr alles nur schön und rosig — jetzt kommen die harten Zeiten. Nigel Mansell und die amerikanische Indy-Car-Serie: Liebesheirat oder Zwangsehe? „Ich bin so happy, daß ich jetzt drüben bin, fahr sicher noch vier, fünf Jahre in Amerika und denk gar nicht daran, je in die Formel 1 zurückzukehren", lächelt „Magic Mansell", denn: „Die sollen sich ihren Mist allein ausmachen. Mich geht er nichts mehr an!"

Nigel Mansell — der Mann zweier Welten. Formel-1-Weltmeister und Indy-Car-Champion. Er führt in der Serie, die Fans lieben ihn, seinen herzerfrischenden Fahrstil, seinen englischen Akzent — aber sonst gilt fast schon das gleiche wie früher im Formel-1-Zirkus: „Das Publikum vergöttert ihn. Aber im Fahrerlager in den Boxen findest du kaum mehr einen, der ihn mag", sagen die hartgesottenen Indy-Bleifußpiloten.

Flashback. Erstes Rennen: Surfers Paradise. Mansell überholt seinen Stallgefährten Mario Andretti mit blockierten Rädern in der Schikane und gewinnt — in der Auslaufrunde geht ihm der Sprit aus. In Phönix das erste Ovalrennen, „wo du dich fühlst wie ein Hemd in der Waschmaschine: alle 12 Sekunden am gleichen Fleck". Mansell lernt rasch, aber schmerzhaft, kracht mit 280 km/h rückwärts gegen die Mauer. Spital und Startverbot. Bitter für ihn, weil ausgerechnet Mario Andretti gewinnt — Rekord mit 53!

ANDRETTI: „Das Problem auf Ovalkursen: Es ist dort sehr, sehr leicht zu fahren. Aber du darfst nie vergessen: Der minimalste Fehler — und schon mußt du schwer dafür bezahlen! Wenn du dich drehst, hast du keine Wiesen oder Auslaufzonen, sondern knallst unweigerlich in die Mauer. Und die Mauern dort sind sehr hart — und du kannst dich bös verletzen."

Wie funktioniert eure Zusammenarbeit?

ANDRETTI: „Wir reden nicht soviel miteinander. Wir sind zwar Teamkameraden, arbeiten jedoch eher wie in zwei verschiedenen Teams. Mansell fragt mich nicht soviel, aber wenn, dann antworte ich ihm natürlich jedesmal. Nur: Oft kommt er nicht."

Rivalität flammt auf. Im Long-Beach-Training kollidiert Mansell mit Al Unser junior, der gegen die Mauer fliegt. „Mansell hat mich blockiert!" tobt der Ami, außer sich vor Zorn. Sieger: Paul Tracy, an den sich Schumacher genau erinnert: „Gegen den bin ich in Kerpen noch Kart gefahren! Und konnte gar nicht glauben, daß er das ist — aber toll, daß dort ein Junger die alten Hasen so aufzwirbelt."

Und am Pfingstsonntag: Nigel Mansell? „Auf Abwarten fahren", hat sich der Engländer geschworen, „und schauen, was passiert. Ich hab noch kein so langes Rennen erlebt — 200 Runden. Und die will ich überleben!"

Das Zeremoniell in Indy ist immer gleich: 500.000 Zuschauer im weiten Oval beten für die Gesundheit der 33 Fahrer, ein Country-Sänger schmettert: „Back home again in Indiana", gefolgt von der amerikanischen Hymne — und dann das legendäre Startkommando über Lautsprecher: „Gentlemen, start your engines!" Weil sich aber vor zehn Jahren die New Yorker Atomphysikerin Janet Guthrie sensationell qualifizieren konnte, wurde das Macho-Kommando korrigiert: „Ladies and Gentlemen ...", heißt es seitdem.

In Indy wiederholt Mansell um ein Haar die Heldentaten seiner britischen Landsleute Jim Clark (1965) und Graham Hill (1966): Zwar überschießt er einmal, zu hektisch, beim Reifenwechsel die Box, was die mit ihm verfeindeten Fleet-Street-Reporter im Press-Center höhnisch applaudieren läßt. Aber er führt oft, vor allem kurz vor Schluß, bis ihn Emerson Fittipaldi und Arie Luyendijk nach einer (neutralen) Gelbphase austricksen. „Die zwei sind aufs Gaspedal gestiegen, bevor noch Grünlicht war", lamentiert Mansell und läßt durchblicken: Mir hat man da einen Trick verheimlicht.

Dafür gewinnt er in Milwaukee sein erstes Ovalrennen und widmet den Sieg, emotionell wie immer, „meinem großen Idol Jim Clark, der hier schon 1963 gewonnen hat". Ohne so anzuecken wie Mansell, den in Detroit fast alle Fahrerkollegen heftigst kritisieren: „Er blockiert, fährt zick zack, steigt direkt vor uns auf die Bremse" — worauf Stefan Johanson gegen die Mauer fliegt. Mansell selber später genauso, komischerweise, als er einen Abschleppwagen auf der Strecke überholt — auch noch nie dagewesen. Sauer wie noch nie, zieht sich Mansell um, schnappt Frau Rosanne, die drei Kinder, und haut wutschnaubend ab, ohne mit dem Team oder den Sponsoren auch nur ein Wort zu reden. Das schätzen die Amis nicht so sehr.

Nigels Punkte- und Dollarkonto wächst, die Kritik an ihm auch. „Aber ich versteh nicht, warum sich andere Piloten aufregen", beteuert Mansell unschuldig. Teamkollege Mario Andretti, offiziell: „Es ist gut, daß wir ihn haben." Inoffiziell freilich braucht jeder sein eigenes Motorhome. Nigel kratzt das alles nicht. Von seiner USA-Basis in Clearwater (Florida) aus macht er seine Geschäfte, kassiert 1993 bei Paul Newman und Carl Haas fünf Millionen Dollar: „1994 will ich acht Millionen – aber vielleicht mach ich auch ein eigenes Team auf!"

Man hat ihm prophezeit: „Du brauchst vier Jahre, um dich an die Ovalrennen zu gewöhnen" – und dann gewinnt er gleich auf Anhieb vier von sechs „Nudeltopfrennen". Nigel: „Die Rennen sind aufregend, erschreckend, berauschend und befriedigend – alles zusammen." Nach Milwaukee gewinnt er Michigan, New Hampshire und Nazareth – in der Heimatstadt der Andrettis. Nach einem 2. Platz in Portland stolpert er im Media-Center, fällt die Treppe runter und verstaucht sich bös den Knöchel. Typisch Mansell, der nach der Ehrenrunde in Imola schon einmal bewußtlos war, weil er mit dem Kopf eine Eisentraverse rammte – und fast das gleiche passierte ihm einmal in Zeltweg.

Er ist und bleibt der Mann mit den komischesten Unfällen, aber dem größten Kampfgeist: „Ich seh mich als einen der Besten der Welt. Aber ob wirklich der Beste von allen – das müssen andere entscheiden."

Nicht der erste Formel-1-Weltmeister, der auch Indy-Car-Champion wird – das schafften schon Mario Andretti und Emerson Fittipaldi. Aber der erste, der als amtierender Formel-1-Weltmeister auch das Indy-Car-Championat gewinnt. Congratulation, Nigel.

Die Formel 1 – kein Thema mehr. Auch ohne Mansell rast der Williams-Renault-Expreß von Sieg zu Sieg. Aber die angebliche Aussage eines Williams-Ingenieurs („hätten wir doch nur Nigel!") entlarvt Alain Prost als Lüge.

Die Narben von Monte Carlo verheilen: Berger wird in Montreal hofiert, herumgereicht. Pressekonferenzen, Präsentationen nonstop. „Endlich bin ich wieder bei einem Rennen, das ich beim letzten Mal gewonnen hab ... endlich wieder ein bißl Siegergefühl." 1992 sogar der große Tiroler-Tag: Berger Sieger – Karl Wendlinger mit dem uralten March Vierter. 1993 fast ein Replay der „Formel Tirol".

Berger kennt den buckligen, extrem schwierigen Stop-and-Go-Kurs von Montreal – Bremsen und Spritverbrauch sind am wichtigsten – schon seit Jahren. Für Wendlingers Sauber-Team: wieder absolutes

Neuland. „Aber unsere erste Formel-1-Saison zeigt bis jetzt: Auf Strecken, die wir absolut nicht kennen, die uns total fremd sind, schneiden wir auch nicht schlechter ab als auf Pisten, auf denen wir schon getestet haben – oder mit dem Sportwagen gefahren sind", weiß Peter Sauber.

Seine Hoffnung? „Wie immer: Im Training unter die Top Ten. Aus dieser Position müßten WM-Punkte drin sein – ohne Kollisionen ..."

Kopfwäsche, Donnerwetter oder Friedensgespräch? In einem Montreal-Hotel vergatterte Peter Sauber seine beiden Piloten – 17 Tage nach der vieldiskutierten Karambolage. „Damit es nicht wieder raucht und kracht, kommen von mir ganz klare Anweisungen!" Und wer war schuld? „Viel mehr J. J. Lehto als Karl Wendlinger!"

Nicht um in offenen Wunden zu rühren, sondern um Stallrivalität zu ersticken, bevor sie gefährlich werden kann, das Acht-Augen-Gespräch – weil die charmante Sauber-Teammanagerin Carmen Ziegler auch dabei ist. Und warum erst jetzt? Weil Lehto von Monaco fluchtartig nach Finnland auf Ferien geflogen ist und Wendlinger in Imola den neuen Ilmor-Motor getestet hat.

„Zu zeigen, daß wir gut sind, geht nur über die Ergebnisse. Das muß ich J. J. und Karl ganz deutlich klarmachen. Und ich sag ihnen genau, was ich von ihnen ab dem Kanada-GP erwarte!"

Hockey night in Canada – noch vorm Grand Prix. Berger und Wendlinger, begeisterte Eishockeyspieler, erlebten den Stanley-Cup-Triumph der „Montreal Canadians" über die „Los Angeles Kings" live mit. Schwärmen noch lang davon und haben sich für den Winter sicher viel abgeschaut. „Obwohl ich ziemlich weit weg war", erzählt Wendlinger, „hab ich sicher ein bißl was gelernt." Nicht nur Bodychecks – falls sein Teamkollege J. J. Lehto wieder frech wird.

Karl hat „außer dreimal gut Lobster-Essen" in Montreal auch fleißig eingekauft: „Schuhe und vor allem Eishockey-Unterwäsche." Berger kommt sogar mit einem echten Eishockey-Souvenir heim nach Söll: „Ich hab im Vogue-Hotel, wo außer Ferrari zufällig auch die Kings abgestiegen waren, den berühmten Wayne Gretzky getroffen. Er hat vielleicht an dem Tag nicht so super wie immer gespielt, mich aber tief beeindruckt. Wir haben lang miteinander geratscht." Dann schenkt ihm Gretzky seinen Dreß mit der berühmten Nummer 99 – worauf Gerhard den Mega-Star zum Grand Prix einlädt.

„Ayrton Senna zu Ferrari!“ In den Montreal-Boxen schießen die Gerüchte wie Ungeziefer aus dem Boden. Für Berger keine Gefahr: Er hat einen Vertrag bis 1994. Aber für Jean Alesi? Er will seinen neuen 2-Jahres-Kontrakt erst unterschreiben, bis am 1. Juli, von Niki Lauda vorgeschlagen, Jean Todt als der große Rennmanager kommt. Entweder will mit dem „Senna-Transfer“ jemand dem „Sizilianer“ Beine machen – oder Senna selber setzt McLaren und Ford unter ärgsten Zugzwang.

„Jeder weiß: Am Saisonbeginn waren drei, vier Autos schneller als wir. Jetzt sind es schon zwölf oder 13“, jammert der Supermann.

Damon Hill, Christian Fittipaldi, Michael Andretti ... und Jacques Villeneuve, der Sohn des unvergessenen Gilles, gewinnt auf dem Circuit, das nach seinem Vater getauft wurde, im GP-Rahmenprogramm ein mitreißendes Formel-Atlantic-Rennen. Die „second generation“ marschiert. Und schon klopft der nächste Rennfahrersohn an die Tür zur Formel 1: Paul Stewart, Jackies Sohn, verhandelt in Montreal mit Minardi!

„Noch ist nichts offiziell und ein bißl früh“, bremst Stewart junior. „Aber natürlich will ich in die Formel 1. Niemand geht in die Formel 3000, um Formel-3000-Fahrer zu bleiben.“

Und sein Vater? „Ich bin heute 45. Aber ich hab schon Alters-Legasthenie ...“, blödelt Jackie Stewart, dreifacher Weltmeister, der in Montreal seinen 54. Geburtstag feiert.

Niki Lauda hat in Kanada nie gewonnen und ist dort 1979, mitten im ersten Training, zurückgetreten – woran ihn Ferrari-Sportdirektor Sante Ghedini jetzt wieder erinnert. „Dein Rücktritt war für mich der schwerste Schlag!“ Niki heute: „Oder wäre dir lieber gewesen, ich hätte mich für Ferrari aufgehängt?“ „Si, si“, stammelt Ghedini unter Tränen. Danach baute Ghedini einen eigenen „Lauda-Altar“ in seinem Haus in Rom: Mit Nikis Overall, Helm, sogar den Handschuhen.

Montreal begann wie jedes Jahr. Freitag früh Regen, langsam auftrocknende Strecke. „Schon wieder ein Wetter für mich zum Zurücktreten ...“, sagt Lauda sarkastisch. Der „Piccolo Commendatore“ spürt: „Dem Gerhard tut Monte Carlo noch immer weh. Darum lad ich ihn zum Abendessen ein. Wir reden über alles, auch über seine harte, unermüdliche Arbeit für Ferrari. Vielleicht kann ich ihn ein bißl aufbauen.“

Berger steht unter Strom: Messerscharf konzentriert, total einsatzfreudig, zerspragelt sich das Hirn über Computer-Ausdrucken.
Dreimal rote Flagge – dreimal muß das erste Training abgebrochen werden. Nach 45 Minuten bleibt Senna draußen liegen – Defekt in der Elektronik. Nach 68 Minuten Berger mit Getriebeschaden, nach 128 Minuten Barbazza – der Minardi halb abgebrannt. Senna ist auf die Bremse gestiegen, damit sein McLaren in einer gefährlichen Passage steckenbleibt. Trainingsstop, Auto abgeschleppt, in der Box blitzschnell repariert.
Worauf alle Teams stürmisch gegen McLaren protestieren: „Senna hat das absichtlich gemacht." Spontan entscheidet die FISA: Wenn wieder ein Auto liegenbleibt, wird es nur weggeschoben. Während des Trainings darf es nicht mehr in die Box.
Wen trifft's als ersten? Natürlich Berger, der stocksauer ist. „Immer das Reglement. 1990 krieg ich hier eine Strafminute, 46 Sekunden hol ich auf und werde Vierter. Mit Strafsekunden wie jetzt, hätte ich gewonnen. Und jetzt das ..."
Montreal, Samstag: glühende Hitze, heiße Reifen, PS-Verlust – fast durchwegs schwächere Rundenzeiten als Freitag. Einer von wenigen, die sich verbessern: Wendlinger kämpft sich bis auf ein Zehntel an Senna heran. Fast wie ein Sieg? „Nicht unbedingt, weil auch Senna da Probleme hat. Aber wir haben das Auto umgebaut, mehr Grip beim Bremsen, mehr Stabilität."
Dafür schlägt Berger beide McLaren, also erstmals auch Senna! „Endlich merken auch die anderen, daß bei Ferrari etwas weitergeht, daß meine fleißige Testarbeit seit Monte Carlo Früchte trägt. Ron Dennis sagt zu mir: Es geht besser bei Ferrari. Benetton schaut ganz komisch ums Eck ... Ich sag immer noch: In der zweiten Saisonhälfte fahren wir vorn mit." Trotz Motorhandicaps – laut Niki Lauda fehlen Ferrari derzeit 50 PS. „Aber wegen der aktiven Radaufhängung hab ich mir wochenlang Tag und Nacht den Kopf zerspragelt. Die Ingenieure konnten alles umsetzen."
Bergers Plan: In der ersten Hälfte reifenschonend fahren – dann attackieren. Schauen, daß ich meinen verlorenen Stockerlplatz von Monaco nachholen kann.
Wendlinger hat sich in seiner letzten Qualifying-Runde über den Randstein gedreht, dabei die Öl- und Wasseranschlüsse aufgerissen – heißes

Öl und Wasser im Cockpit. „Zügig aussteigen!" funkt ihm die Sauber-Box. „Ein kleines Feuerchen im Heck . . ."
Alain Prost hat Pole-position. Seine siebente en suite — das ist Weltrekord. Dafür startet Senna so schlecht wie nie seit Zeltweg 1985: Damals 14., in Kanada Platz acht. Ayrton will „defensiv fahren, meine einzige Chance".
Dafür wieder ein Österreicher-Tag in Kanada.
Zum dritten Mal nach Monza 1984 und Montreal 1992 ein „Ski-Ergebnis" in der Formel 1: Vierter Berger, Sechster Wendlinger. Überstrahlt von der einsamen Siegesfahrt von „Professor" Prost und dem heißen Duell Senna—Schumacher.
Die alte Weisheit: Wann immer Alain Prost 1993 als Führender in die erste Kurve sticht — gewinnt er nie — sondern immer nur dann, wenn ihn jemand am Start austrickst: fast immer Damon Hill.
Berger erfaßt sofort, daß Schumacher schlecht wegkommt, und ist sofort Dritter hinter den beiden Williams — fällt aber dann zurück.
An der Spitze läuft alles nach Plan. Hill läßt in der sechsten Runde Prost vorbei, der legt mit einigen Rekordrunden einen Respektabstand zwischen sich und den Rest des Feldes. Erst die Boxenstops bei Halbzeit wirbeln die Reihung durcheinander: Verpatzter Reifenwechsel bei Hill — damit ist das Williams-Führungsduo gesprengt. Doch auch ohne Geleitschutz und nach eigenem Boxenstop hält Prost seinen Vorsprung auf Senna und Schumacher souverän, läßt seine Verfolger nie näher heran als auf zehn Sekunden — und bekommt im Kampf um die WM sogar noch unverhofft Schützenhilfe: Neun Runden vor Schluß wird der zweitplazierte Senna plötzlich langsamer — Schumacher schießt vorbei, streift den in die Straßenmitte schwenkenden Brasilianer leicht. Lichtmaschine k.o., Ayrton hat die WM-Führung verloren.
Berger und Wendlinger schildern, wie mühsam sie die Defektteufel besiegen — Bremsen, Getriebe, fast der Sprit ausgegangen. Und was der vierte und sechste Platz für sie bedeutet.
Berger: „Ein Superstart, aber schon nach fünf Runden Bremsprobleme. Ein langes Pedal, beim Bremsen nimm ich immer das Gaspedal mit — dreimal fast rausgeflogen! Darum laß ich Senna, Schumacher und Alesi in der Haarnadelkurve innen vorbei. Nicht geplant ist, daß ich einen Platz beim Reifenwechsel verlier. Aber ich mach auf Patrese soviel Druck, bis er rausfliegt. Dann ist nur noch Brundle gefährlich —

aber da hab ich schon Spritprobleme. Ich fürchte, daß ich ohne Benzin liegenbleib, weil Montreal das härteste Spritrennen ist – und wir immer knapp kalkulieren."

Bergers Trick: „Immer eine schnelle Runde, dazwischen zwei, drei langsame, daß Brundle ja nicht Verdacht schöpft und glauben muß, ich spiel nur mit ihm."

Wendlinger: Freut sich still und leise über seinen ersten WM-Punkt für Sauber. „Sicher nicht mein letzter! Endlich kann ich zeigen, daß ich nicht nur im Training, sondern auch im Rennen schnell sein kann – jetzt ist der Bann gebrochen!" Trotzdem hätte ihn die Defekthexe fast noch erwischt. Der Alptraum sieben Runden vor Schluß – Getriebedefekt! „Der 4., 5. und 6. Gang springen andauernd heraus. Vom Testen her weiß ich: das geht vielleicht noch ein, zwei Runden, aber nie länger." Stallrivale Lehto kommt immer näher. „Da hilft dir kein Feingefühl mehr, da mußt nur noch irgendwie die Gänge reinmurksen, mit Kupplung und Zwischengas. Aber ich fürcht, ich schaff es nimmer bis ins Ziel." Als die Flagge kommt, atmet Karl auf: „Das Getriebe hätte keine Runde mehr gehalten!"

Gleich darauf fliegt Berger nach Ibiza, Wendlinger nach Tirol: „Ich kann nach einem Rennen nie schlafen – also schlaf ich lieber gleich im Flugzeug schlecht . . ."

Paul Newman, Hollywoodstar und Mansell-Teamchef, hat den Kanada-GP aus der Ferrari-Box verfolgt – dann fliegt er im Privat-Jet nach Detroit zum nächsten Indy-Car-Rennen. Über der kanadischen GP-Strecke schweben fünf Millionen Dollar: Superangebot von Roger Penske für die „big challenge": Formel 1 gegen Indy-Cars, wo auch immer auf der Welt – acht Indy-Cars gegen je vier Williams und McLaren! Penske zu Ecclestone: „Die Entscheidung liegt bei dir."

Ein Ballyhoo wie vor großen Boxkämpfen – oder bleibt die „sensationelle Herausforderung" ein Geisterrennen, das nie stattfindet? Prost und Senna wieder gegen Nigel Mansell; Michael Andretti gegen seine Landsleute – ein Hit! Ecclestone hat den Amis schon längst vorgeschlagen: „Ein Vergleichsrennen in Adelaide – am Vorabend des Formel-1-Finales!" Die Amis lehnten ab. Bernie: „Ich kann's ihnen nicht übelnehmen – oder?"

Die Formeln sind zu verschieden. Formel 1: 3,5-Liter-Saugmotoren, bis 12 Zylinder, 505 kg, Sprit unbegrenzt. Formel Indy: 2,5-Liter-

Turbomotoren, maximal 8 Zylinder, Spritlimit. Welche Raketen sind wirklich die schnellsten – Williams und McLaren oder Penske und Newman/Haas? Und wer sind die echten „Speed Kings"? Bernie: „Ich sage weder, daß die Formel 1 besser ist als die Indy-Serie, noch umgekehrt. Ein Unterschied wie zwischen Boxen und Catchen ..."
Als ein geheimes Abendessen zwischen Ecclestone, Benetton-Chef Flavio Briatore und Mansell-Manager Sheridian Thynne in einem Londoner Restaurant auffliegt, weil ein Reporter zufällig aus dem Fenster schaute, gibt Thynne zu: „Ich hätte statt Briatore eher jemand anderen erwartet!"
Etwa Multimillionär Roger Penske, von dem jetzt das Sensations-Angebot kommt? „Acht gegen acht – zuerst auf einem normalen Straßenkurs, tags darauf, am besten in Detroit, auf einem Ovalkurs! Jetzt liegt der Ball bei Ecclestone!" Und der sagt: „Ich hab Adelaide nur ausgeheckt als Antwort auf die Amis, die behaupten: Wir betreiben den schnellsten Rennsport der Welt! Ein 100-Meilen-Rennen auf einem Straßenkurs akzeptier ich gern. Ein Ovalrennen aber nur, wenn die Strecke von der FISA homologiert ist – sonst wäre mir das zu gefährlich. Und das größte Problem: Uns auf Reglement und Modus zu einigen – es müßte unbedingt ein sauberer Wettkampf sein!"
Formel 1 gegen Indy, der Millionenkampf zweier Welten: zuletzt vor 35 Jahren abgehalten, 1958 in Monza – auf dem kombinierten Oval- und Straßenkurs, Troy Ruttmann (USA) gewann, bester Grand-Prix-Pilot war der Italiener Luigi Musso auf Ferrari. Mit ausgeschlagenen Zahnplomben, Blut spuckend und mit Nierenschmerzen – so brutal hatten ihm die Bodenwellen zugesetzt.
Und jetzt wieder? „Die Formel 1 muß sich anpassen. Die Indy-Car-Fans lieben die vielen Boxenstops", sagt Niki Lauda. Und Jackie Stewart: „Ich fürchte, aus dem tollen Duell Formel 1 gegen Indy wird nichts." Boxen gegen Catchen: Aber hat nicht Muhammad Ali einmal gegen Inoki, einen japanischen Ringer gekämpft?
„Stört mich überhaupt nicht, daß Alain Prost wieder WM-Leader ist – weil er die Führung sowieso automatisch wieder verliert: Wenn auffliegt, daß er beim Sieg in Barcelona illegalen Sprit verwendet hat – und deswegen disqualifiziert wird", vergiftet Ayrton Senna die Atmosphäre im Formel-1-Zirkus vorm nächsten WM-Lauf in Magny-Cours. Schreckschuß oder ein echter Skandal?

Die unglaublichste Summe, die ich 1993 in der Formel 1 höre: die 15 Millionen Dollar, die Footwork an McLaren für die aktive Radaufhängung zahlt! Wenn sie stimmt, ermöglicht sie Rückschlüsse auf a) den Wert von High-Tech, b) Reichtum von Teams und Sponsoren und c) die Preisgelder, die sogar mit Platzfahrten zu verdienen sind – denn gewonnen hat Footwork-Arrows seit 1978 noch nichts. Und ist weit davon entfernt.

McLaren stellt, quasi zur Einschulung, Hakkinen als Testpilot bei. Plötzlich läuft es.

Aber Warwick braucht „eine Zeitlang, um wirklich alles ganz zu verstehen". Erstaunlich viel Gefühl hat Suzuki, schnellster aller japanischen Piloten: immer mit Team-, aber nie mit Motorenvertrag. Er kann mit dem Mugen-Honda mitgehen, muß aber nicht. Ab Spa tänzeln die reizenden japanischen Footwork-Models bereits in die Lotus-Box.

Ab Kanada wird der Footwork richtig schnell – Suzuki aber auch. Weil Schumacher so viel mit ihm redet? Gemeinsame Motorbootjagden im Mittelmeer arrangiert, sich mit ihm angefreundet hat? „Natürlich tauschen wir die eine oder andere Info im Fitneßstudio aus. Für ihn vielleicht hilfreich – aber daß er deswegen schneller wird, glaub ich nicht. Er trainiert von allein viel, den braucht man nicht extra zu treten. Aber vielleicht hilft ihm einfach die Freundschaft zu einem anderen Fahrer, überhaupt jemand anderen – mental. Wenn ich für Aguri etwas tun konnte, freut's mich für ihn."

„Als ich in die Formel 1 kam", erinnert sich Suzuki, „besorgte ich mir zuerst ein Autogramm von Senna – für meinen Sohn."

Derek Warwick, nach zwei Jahren in die Formel 1 zurückgekehrt, ist ebenfalls Familienmensch, aber mit ganz anderen Problemen: Von Estoril muß er eiligst heimfliegen, weil für seine Tochter Kerry (12) eine lebensrettende Entscheidung zu treffen ist – Operation oder nicht? Die ältere Tochter Marie (15) entwickelt sich zur Supersportlerin: vor allem im Springreiten und Volleyball. „Ein sicherer Tip für Olympia 2000 in Sydney", lächelt der stolze Papa – der schon die schwersten Unfälle weggesteckt, trotz Grippe Rennen gefahren hat. „Ein altes Schlachtroß, das viel aushält", sagt sein Boß.

„Team-Principal" Jacky Oliver strampelt 1993 mit einem Budget von 25 Millionen Pfund. „Aber Herr Ohashi, unser Besitzer, sagt mir

„Austria-Mafia" in Maranello und Fiorano: Niki Lauda und Gerhard Berger arbeiten fürs Ferrari-omeback aufopfernd wie noch nie. McLaren wollte beide zurückholen, am liebsten im Doppel-ack.

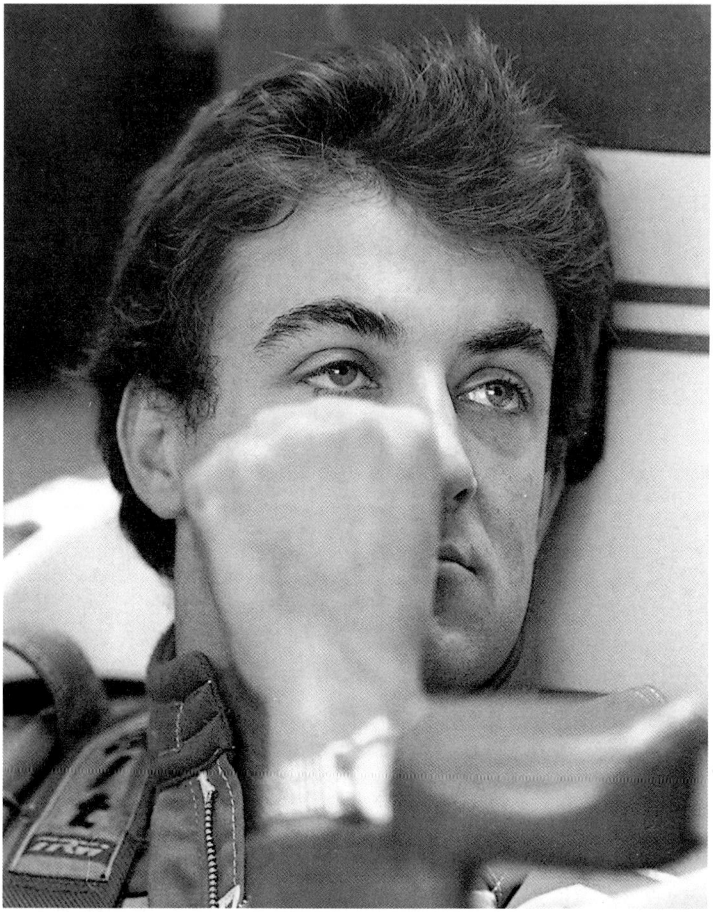

Rechte Seite: Großer Kämpfer Berger: Wie so oft, ist Gerhard auc in Donington eingezwickt und muß sich erst durchboxen. Vorr Prost, Wendlinger, Hil Unten: Lauda und Jea Todt, das Spiel der Mächtigen.

Großer Kämpfer Alesi: Der Franzose überrur det Alboreto. „Alesi ha viel Herz, aber Prost ha den Williams", verglei-chen seine Fans.

SEGA
SEGA
Agip
Canon
McLaren
29
Canon

parmalat
JT
Marlbor

„Jeder Unfall ist wie ein Scheck, den du aus deinem Heft reißt. Nur weißt du nie, wieviele Scheck
noch drin sind." Bergers alarmierende Crash-Serie 1993. Aber in Interlagos ist eindeutig Michae

Andretti schuld. „Er hat sich auch mehrmals bei mir entschuldigt." In Hockenheim, Monza, Estoril krachte es noch böser. Meist wegen der aktiven Radaufhängung – Attentate vom Computer.

Manchmal sind sie einander doch recht nahe: Prost und Senna in Hockenheim. Alain bekam später 10 Strafsekunden aufgebrummt – und gewann nach Hills Reifenplatzer.

Rechte Seite: Neue Gesichter, frischer Wind: Badoer und der Zauber der Montur, Barrichello als die große Saisonentdeckung (oben), Andretti mit Jet-Lag und der Portugiese Lamy (unten).

BARCLAY

Marlboro
BOSS
Michael
OMP

LOCTITE
KOMATSU

Die Schutzengel sind das ganze Jahr mitgeflogen: Zanardi überlebte seinen mörderischen Spa-Unfall. „Vor zehn Jahren wäre jeder dreimal tot gewesen."

schon im Sommer: Wennst einen gescheiten Sponsor findest, okay, dann zahl ich weniger. Und wenn nicht – auch okay."

Die Footwork-Arrows: nur Mitläufer, Platzfahrer. Dabei hat Jacky Oliver schon öfter gedacht: Das ist der Durchbruch. Zuerst mit BMW, dann aber, vor allem mit Porsche. „Ich hab mir damals im Spiegel gratuliert: Oliver, guter Mann, jetzt hast du's geschafft – Hut ab vor soviel Cleverness! Du hast dein Team an Mr. Ohashi verkauft, den Porsche-Deal gedrechselt – 15 Millionen Dollar pro Jahr, fünf Jahre – und wir wären jetzt im dritten", schaudert Oliver. „Ich glaubte: Der beste Deal meines Lebens. Es war mein schlechtester. Weil mich Porsche-Chef Bonz reingelegt, behauptet hatte: Der Motor ist fast fertig. Ich unterschrieb, ohne ihn zu sehen."

Dabei gab es um den Porsche-Motor fast einen Krimi. Plötzlicher Anruf von Ohashi bei Oliver in England: „Was machst du Donnerstag? Treffen wir uns zum Dinner im besten Chinese Restaurant von London." Und dort die Frage: „Willst du die letzten Neuigkeiten vor oder nach dem Essen hören?" Bitte sofort. „Also gut: Max Welti und Herr Bon waren bei mir. Sie wollen mein Geld und den Motor direkt zu Jordan mitnehmen ... ruf sie an."

Herr Bon von Porsche ist total überrascht, als sich Oliver meldet. 007 in Zuffenhausen und Weißach.

DIE LETZTEN ABENTEURER

Lorbeer von gestern: Trauer um James Hunt und Innes Ireland

Schock im Formel-1-Zirkus nach dem Herztod von Exweltmeister James Hunt (45), Rätsel über Rätsel um das plötzliche Ableben dieses kraftstrotzenden Athleten. Selbstmord? Von vornherein auszuschließen, dafür war Playboy-Typ Hunt viel zu lebenshungrig, abenteuerlustig und optimistisch. Seine Gesundheit? Ein 45jähriger, der täglich mindestens 50 Liegestütz problemlos schafft, stirbt normal nicht an Herzattacke. Zwar hat Hunt früher extrem geraucht, bis 60 am Tag, auch getrunken, aber längst damit aufgehört und sein Leben geändert. Bis er am Dienstag nach Montreal in der Früh aufsteht, sagt: „Mir ist schlecht", noch ans Telefon geht – und dann zusammensackt. Herz-

infarkt. So schildert Hunts Familie das tragische Ende des Weltmeisters von 1976.
„Es ist völlig irr", sagt Niki Lauda, Hunts größter Konkurrent, betroffen. „Lebt seit vier Jahren gesund und absolut normal — und dann bricht er so zusammen." Daß Hunt tot war, konnte anfangs keiner glauben. Sein erster Formel-1-Teamchef, der dicke, verweichlichte Lord Hesketh: „Wenn ich mich in den Spiegel schau und dann James betrachte — das darf doch alles nicht wahr sein!"
Sex and Drugs and Rock'n'Roll — welche flotten Sprüche hat man James nicht alle nachgesagt, schon zum Frühstück: „Sex, breakfast for Champions." Welche Alkoholmengen er vertrug, war unglaublich. Ich erinnere mich an einen langen Abend in Salzburg. Nach 25 Bier war Hunt schlecht geworden, aber er beugte sich nur kurz aus dem Fenster und bestellte sofort: „Another beer, please!" Tags darauf testeten er und Lauda, todmüde, in Le Castellet. Niki war clever genug, einen Ferrari-Motorschaden zu provozieren — und ging während des Motorwechsels ins Hotel schlafen.
Hunt fuhr los — und kam nie wieder. Rettung und Feuerwehr rückten aus und fanden den McLaren friedlich auf der Mistral-Geraden geparkt. Mit James im Cockpit, sanft entschlummert.
Unvergeßlich der Heimflug vom WM-Finale in Fuji, 1976. Hunt mit Pokal, Unmengen Dosen Bier — aber barfuß im Flieger. „Wie die Pakistani in London. Die tragen ihre Schuhe auch nur abwechselnd."
Hunt brüstet sich gern: „Ich war der erste Autorennfahrer, der mehr als eine Million Dollar pro Jahr verdient hat." Aber Marlboro-Man John Hogan korrigiert: „Nein, das war schon Niki Lauda."
1992 fragt er mich, ob ich mit ihm eine internationale Formel-1-Kolumne schreiben will. Hart, kritisch, aber teuer — für eine Zeitung pro Land. Ich hätte nie gedacht, daß er das Geld so dringend nötig hat. Richtig ist, daß Hunt viel sensibler war, als man glauben wollte. Und daß er finanzielle Probleme hatte. Zwei Scheidungen kosteten Geld und wohl auch Substanz. Zuerst von Suzy, „die mit meinem schnellen Lebensstil nicht mitkam. Ich mußte immer über die Schulter schauen: ist sie noch da?" — und die später den Filmstar Richard Burton heiratete. Dann von Sarah, mit der er zwei Buben hatte: Freddie (5) und Tom (7). Deswegen klagte Hunt zuletzt sogar seinen Scheidungsanwalt: „Er hat mich falsch beraten."

Für Hunt, den Superstar, schloß sich der Kreis. Der Mann, der vor seiner Rennkarriere Krankenwärter, Buschauffeur usw. war, fuhr zuletzt wieder im uralten Lieferwagen durch London, leistete sich keine Taxis, kam zur Gedenkmesse für den im vorigen Herbst 1992 während des Bathurst-Rennens an Herzschlag gestorbenen Exweltmeisters Denny Hulme mit dem Fahrrad. Sicherte es mit einer Kette am Kirchenzaun, holte aus dem Rucksack den schwarzen Anzug — und zog sich auf dem Gehsteig um.

Auch das war James Hunt: wohlerzogen, gebildet, hochintelligent — und gleichzeitig konnte er leben wie ein Clochard. Er verkaufte, um Geld zu machen, schweren Herzens seine 400 Singvögel, die er mit soviel Liebe gezüchtet hatte, für ein paar tausend Pfund, hatte aber — nach Rückkehr aus seinem Steuerexil Spanien — immer noch seine exklusive Villa in London.

Wovon er lebte? Für 2000 Pfund Honorar übertrug er die Grand-Prix-Rennen für die BBC, für 1000 Pfund schrieb er eine Zeitungskolumne im „Daily Telegraph": Offen, aggressiv, direkt und schonungslos — wie er als Rennfahrer war.

Er riet Alain Prost, wenn es regnete, zu sofortiger Frühpension, kritisierte Nigel Mansell, seinen späteren Nachfolger als britischer Weltmeister: „Er braucht gar nicht gut zu sein, der Williams fährt für ihn", und hatte es vor allem auf Riccardo Patrese abgesehen.

Zehn Siege, Weltmeister 1976 im dramatischen Fuji-Duell mit Niki Lauda, der damals nach 2 Runden im Regen aufgab. Hunt genügte darauf der 3. Platz zum Titel, aber kurz vor Schluß war er nur Fünfter. Dann überholte er Clay Regazzoni und Alain Jones, wußte aber bis zuletzt nicht, daß er Weltmeister war.

Seine Jahresgage damals: 40.000 Pfund, 1977 erhöht auf 200.000 Pfund, ehe Hunt 1979, vom Austro-Kanadier Wolf engagiert, mitten in der Saison ausstieg: „Ich mag nimmer." Den wahren Grund wußten nur ganz wenige: Hunt fühlte sich innerlich schuldig am tödlichen Unfall von Ronnie Peterson 1978 in Monza, als alle die Schuld an der Karambolage Patrese zuschoben. „Danach wurde ich von Alpträumen geplagt, bekam Angst — darum hab ich aufgehört."

„Er war", sagt ihm Niki Lauda nach, „ein Supertyp, ein bunter Vogel, eine echte Persönlichkeit — und einer der ganz wenigen Charismatiker. Manchmal dachte ich: der einzige Gescheite im Sinn, wie er seine

Karriere aufgebaut und beendet hat.“ Und als Fahrer? „Super, denn er gewann 1976 mit dem unterlegenen Auto. Der Ferrari war besser“, zollt ihm Lauda einen letzten, noblen Tribut.

Hunt war nie unumstritten, zwiespältig, aber liebenswürdig, und man mußte ihn gern haben. In der Formel 1 ist ein Licht ausgegangen. Good-bye, James.

Beisetzung im allerengsten Familienkreis — erst vier Monate später kann sich auch die Formel 1 von James Hunt verabschieden: 29. September, „Memorial Service“ in der St. James Church, London-Piccadilly. „A celebration of his life“, aber mehr Theaternachmittag als traurige Seelenmesse. Persönliche Einladungen, numerierte Sitze. Regnerisches Wetter wie 1975 in Zandvoort, als James seinen ersten GP gewann. Oder wie Fuji in Japan — wo er so dramatisch Weltmeister wurde, daß er den damaligen McLaren-Boß Teddy Mayer anbrüllte: „Wieso hast du mir nicht signalisiert, daß ich nur Dritter bin?“

Teddy blieb cool: „Was regst dich auf? Du bist gerade Weltmeister geworden ...“

Ich seh sie alle wieder: den dicklichen Lord Hesketh, sein erster Teamchef, der später in die Politik ging. Dessen Mutter — mit der schwarzen Augenbinde. Zehnkampfstar Daley Thompson im adidas-Leibchen — weil er von James Bruder Peter gemanagt wird.

„Die Hymne hätte James gefallen“, sagt Peter in seiner Begrüßungsrede, „die gleiche, die bei seinen zwei Hochzeiten gespielt wurde.“ Die zwei Hunt-Buben, die er durch Scheidung verloren hat, sitzen in der zweiten Bank, hinter Helen, seiner letzten Freundin. Sein College-Direktor Davison erzählt ein paar Hunt-Schulstreiche. Stirling Moss und Innes Ireland treten ans Mikrophon, erzählen, rezitieren. Murray Walker, der BBC-TV-Kommentator, erinnert sich an seine ersten Reportagen mit James: „Er lag kopfschüttelnd auf dem Boden unserer TV-Kabine, Sprechgarnitur aufgesetzt, und sagte immer nur: What a lot of rubbish ...“ Was für ein Stumpfsinn. Aber wieviele bildhübsche junge Damen, manche verdeckt unter großen, schwarzen Hüten. Eine neben mir, die sagt: „What a wonderful service.“ Es hätte auch James gefallen.

James Hunt, der einzige tote Formel-1-Weltmeister der letzten 25 Jahre — seit Jochen Rindt.

Aber keiner von uns ahnt, daß wir an diesem Tag einen Giganten der

Formel 1 zum letzten Mal gesehen haben – Innes Ireland. Geboren in Schottland, erzogen in England, wohnhaft in Wales. War Fallschirmjäger im Suez-Krieg, gewann den ersten Grand Prix für Team Lotus (Watkins Glen 1961) – und wurde auf dem Heimflug von Colin Chapman gefeuert. „Bei Innes wußtest du in der letzten Runde nie, ob er gewinnt – oder ob du ihn überhaupt nochmals siehst ...“
Innes Ireland – wie Hunt auch er immer larger than life, Kettenraucher und absolut trinkfest. In Monte Carlo kam er direkt aus der „Chatham Bar“ zum Morgentraining – im Rennen schob er sein defektes Auto am Casino den Berg hinauf (!), bis es zu den Boxen runterrollen konnte – und wurde disqualifiziert. Auf der Stuttgarter Solitude bezwang er die Porsche von Bonnier und Gurney – und alarmierte die Polizei mit einer Knallfroschparty auf dem Hoteldach. In Zeltweg ließen er und Jim Clark raten, ob echte Schotten unter dem Kilt etwas tragen oder nicht, wurde prompt von Graham Hill in einen Kaktus gestoßen und konnte „14 Tage lang nicht sitzen“. So war sie früher, die Formel 1.
Ireland war 1961 in Zeltweg der erste, der ein Formel-1-Rennen in Österreich gewann. Nach der abendlichen Siegerehrung kletterte er den ganzen Glockenturm der Judenburger Kirche hoch, außen natürlich – und wiederholte die Klettermaxe-Performance 1987, beim letzten Grand Prix in Zeltweg – da war er schon 57 und längst Journalist.
In seinen späten Jahren heiratete Ireland nochmals: Jean, die seinerzeitige Verlobte von Mike Hawthorn, der 1958 als Weltmeister abtrat und tödlich verunglückte. Stifters „Nachsommer“ in der Formel 1.
Sein einziger Sohn Jamie erschoß sich 1992 mit einem von Innes Gewehren. „Als leidenschaftlicher Naturschützer und Tierliebhaber kann ich in einer Welt, die Walfischfang wieder zuläßt, nicht mehr leben“, stand im Abschiedsbrief. „Sorry, Daddy.“ Danach erkrankte Innes Ireland an Krebs, lebte monatelang nur noch von Schmerztabletten. Nach der Hunt-Gedenkmesse mußte er in den Rollstuhl, am Suzuka-Wochenende kommt die traurige Nachricht aus England.
Innes Ireland tot: Mit ihm stirbt wieder ein Stück mehr von Zeltweg.

MAGNY-COURS: „WER BIST DU – FANGIO?“

Prosts großer Heimtriumph und Jean Todts Anfang bei Ferrari

Vor ein paar Jahren, als er schon Grand-Prix-Sieger war, aber noch nicht der ganz große Champion, fuhr Alain Prost allzu flott durch Südfrankreich. „Nicht so schnell!“ bremste ihn seine Ehefrau Anne-Marie, eine Lehrerin, vom Nebensitz. „Oder wer glaubst du, wer du bist – Fangio?“

Jetzt ist der kleine „Professor“ und Formel-1-Napoleon mit der krummen Nase von allen Rennfahrern dem fünffachen Weltmeister Juan Manuel am nächsten. Aber überholen wird er ihn nie.

Prost hat nach 13 Jahren langsam genug – sein gutes Recht. „Ich hab lange Jahre gebraucht, bis ich überall den Respekt bekam, den ich verdiene“, blickt er in den Rückspiegel. Jene Jahre, in denen ihn Defekte den WM-Titel kosteten, viele jedoch kritisierten ihn fälschlich, er wäre „unter dem nervlichen Druck zusammengebrochen“.

Er brauchte viel Anwalt-Cleverness, um sich 1980 von McLaren nach zwei Unfällen zu Renault abzusprengen, hatte Glück, Ende 1983 zu McLaren-Porsche zurückzukehren, nur, weil John Watson seinen Vertrag als Lauda-Partner noch nicht unterschrieben hatte, wechselte als dreifacher Weltmeister zu Ferrari, gewann viel, ging im Streit – und machte ein Jahr Pause, ehe er wiederkam. Er wird den WM-Titel abholen – und wieder absalutieren.

Das kurze Comeback wundert später viele. „Prost hat abkassiert, uns ausgenützt, und jetzt geht er wieder“, keift ihm Bernie Ecclestone später nach. Gut für Prost, aber auch gut für den Sport, knurrt sein langjähriger Zigarettensponsor. Vorwürfe, die Alain mehr treffen, als er zugibt: „Okay, ich hab viel von der Formel 1 profitiert. Aber ich hab dem Sport auch sehr viel gegeben.“

Der französische Modelltischlersohn, der als 13jähriger Bub mit einem 700-Franc-Go-Kart an der Côte d'Azur seine Weltkarriere gestartet hat, litt immer etwas unter seinem falschen Image. „In der Formel 1 kriegst du deinen Stempel aufgedrückt, der dir bleibt, ob richtig oder falsch. Daß ich mit Williams gewinn, ist für alle Welt normal. Aber wehe, ich verlier. Dem Senna glauben alle bedingungslos, wenn er von einem unfahrbaren Auto spricht – nur bei mir heißt es immer: Der Prost sucht Ausreden.“

Irgendwann 1993 bietet Mansell seinem Williams-Nachfolger Prost eine Wette an: „Wir fahren mit dem gleichen Auto um die Wette, wann und wo immer du willst — eine Million Dollar für den Sieger!" Klingt wie fernes Donnergrollen aus den USA, aber zum direkten Duell Prost—Mansell kommt's nie.
Ich hab Alain vor Jahren gefragt, ob er glücklich sei. Seine Antwort: „Solang ich Autorennen fahr, kann ich nicht restlos glücksich sein! Zuviel Unsicherheiten, zuviel Gefahr. Also hör ich sicher auf, bevor ich vierzig bin, weil ich noch soviel im Leben zu tun hab."
Seine Mutter ist 65, sein Vater 68, die Oma 88 — und pumperlgsund. Im Appartement in Cannes wie Reliquien aufbewahrt: sein erster Formel-1-Helm und die roten Schuhe von 1980. Im Wohnzimmerschrank: lauter Pokale, dazwischen ein Foto der Oma. Im Eßzimmer später ein besonderer Pokal: Magny-Cours 1993, sein 49. Sieg — seinen Eltern gewidmet.
Auf dem Fernsehapparat: das 1:18-Holzmodell eines Ferrari, geschnitzt von seinem Freund André, der ihm die Holzarbeiten fürs Ferienhaus in Biarritz gemacht hat.
Sein Ex-Rennleiter bei Renault, Gerard Larrousse, hat längst sein eigenes Team.
March ist endgültig weg von der Formel 1, hat zusperren müssen — kommt aber wieder: Verrückte Welt der Formel 1. Robin Herd, einer der vier Firmengründer, zuletzt Alleinbesitzer, hat den Namen March schon öfter verkauft, aber immer nur unter der Bedingung: „Wenn die Firma bankrott geht, geht der Name wieder an Robin Herd zurück." Was seinerzeit mit John McDonald passierte, wiederholt sich mit Akagi.
Robin Herd selber baut ja die Autos von Larrousse — wo man sich über einen gewaltigen Zuschuß von 30 Millionen Franc vom Minister für Jugend und Sport freut: „Als Wiedergutmachung für die Gelder, die uns durchs Tabak-Werbeverbot entgehen."
Erik Comas fährt mit Sonnenbrillen, Philippe Alliot ist jetzt 39 — nach den Rücktritten 1993/94 der älteste Formel-1-Pilot. Seit 1975, als er in der „Nogaro Racing School" begonnen hat, pausenlos Wechselbäder in seiner Karriere. Formel 3: „Beim Klassiker in Monte Carlo führte ich total 48 von 50 Runden, unglaublich, aber gewonnen hab ich nie."

Formel 1: Anfangs immer im Schlepptau von Prost/Laffite, Motto etwa: Ich auch Franzose, ich auch Superstar, aber bald abgeschüttelt, mörderischer Unfall in der Zielkurve von Mexiko City, hie und da ein WM-Punkt, aber offenbar viel Teamgeist: „Das Schönste für mich: mein erster WM-Punkt für Larrousse 1987 in Hockenheim."
Dafür in der Gruppe C: strahlend-happy, mit geballten Fäusten dreimal für Peugeot auf dem Siegerpodest, Vizeweltmeister, mit viel Selbstvertrauen zurück in die Formel 1.
„Wenn jemand mit viel Geld daherkommt, brauch ich deinen Platz", hat ihn Gerard Larrousse vorgewarnt. „Dafür kannst du auch 1994 für mich fahren."
Alliot, verheiratet mit Dominique, hat eine Tochter — Philippine. Und alle Lebenslust der Franzosen? „Mein Hobby? Das Leben überhaupt." Daran will er alle teilhaben lassen: Bruder, Sponsor usw. „Aber leider kriegen wir Piloten immer nur drei persönliche Boxentickest — viel zu wenig. Immerhin machen wir ja die Show!"

„Ich bin gespannt, ob Ayrton Senna fahren wird!" rätselt Lauda auf dem Flug nach Magny-Cours. „McLaren hat ihm ein Ultimatum gestellt: Unterschreib für zwei Jahre — oder du mußt zuschauen!" Senna läßt Ron Dennis bis zehn Minuten vor Trainingsbeginn zappeln.
„Jedesmal, wenn ich Senna zum McLaren-Motorhome gehen seh, schwenkt er seinen leeren Aktenkoffer. Aber wenn er rauskommt, hat er immer schwer zu schleppen — weil ihm Team und Sponsor soviele Geldbündel und Goldbarren reinstecken!" Bergers Senna-Spaßworte werden in Magny-Cours Wirklichkeit: Der Superstar unterschreibt endlich, endgültig-unwiderruflich, bis Saisonende 1993 für McLaren, startet also in sein Jubiläumsrennen — 150. Grand Prix — mit klarem Kopf, ohne jede Belastung. „Damit ist klar: Mika Hakkinen wird heuer nicht für McLaren fahren", setzt Ron Dennis den Schlußpunkt — irrt jedoch.
Mag Prost/Renault noch eine Liebesheirat sein, so ist die Kombination Senna/McLaren eher als Zwangsehe zu verstehen. Was bleibt Senna schon übrig? Die Situation hat sich zugespitzt, weil Alesi, wie vereinbart, gleichzeitig mit der Amtsübernahme des neuen Rennleiters Jean Todt seinen Ferrari-Vertrag um zwei Jahre verlängert hat. Todt: „Ich hab Alesis Kontrakt schon zwei Monate vorher studiert." Damit

ist für Senna die Ferrari-Tür – wieder einmal – zugefallen. „Besser, wenn Alesi bleibt", atmet Berger auf, „nicht, daß wir vom Speed her vor Senna Angst haben müßten. Aber er spricht perfekt italienisch, ist politisch irrsinnig stark." Und reißt bald das ganze Team an sich.
„Aber der Kanal zu Ferrari bleibt immer offen. Ich fahr nicht ewig, aber ich möchte einmal ein rotes Siegerauto!" hält Senna auf alle Fälle die Tifosi in Stimmung – und weiter in Atem. Aber McLaren hat ihm die Daumenschrauben angesetzt.
Das Ultimatum wirkt. Schon vor Trainingsbeginn führen die Brasilo-Reporter im Fahrerlager wahre Freudentänze auf: „Er fährt!" In Wirklichkeit einigen sich Senna und Dennis erst Freitag früh, 8.30 Uhr, denn erst um 9.20 Uhr geht sich Senna umziehen und Dennis wieselt von einem Motorhome zum anderen, das kostbare Papier in der Hand – um es zu faxen und seinen Bankmanager anzurufen.
Wer hat gewonnen, wer verloren? Wer triumphiert, wer muß klein beigeben? Wie immer bei Senna und McLaren fühlen sich beide als Sieger. Senna, „weil ich endlich Ruhe hab, die Belastung von Rennen zu Rennen wegfällt. Der Vertrag war der Wunsch des Teams, meiner Sponsoren – und von mir selbst." Wie schon 1992 in Spa kann McLaren seinen dringenden Befehl, Senna müsse auf zwei Jahre unterschreiben, nicht durchsetzen – aber eine Niederlage würde Dennis, der Mann mit dem starken Ego, nie zugeben.
Bisher ist Senna pro Rennen für eine Million Dollar gefahren. Jetzt ist das Budget aufgebraucht, die Senna-Gage für die zweite Saison ein totales Geheimnis. Doch Ayrton erzählt in Magny-Cours erstmals öffentlich die Story, die er mir schon vor Jahren verraten hat: „Ron Dennis und ich bestimmten meine erste Gage durch Münzenaufwurf. Spannend, weil das Geldstück vom Tisch kullerte und hinter den Vorhang fiel. Dann hatte ich 500.000 Dollar verloren – oder zwei Millionen Dollar auf drei Jahre!"
Jetzt tut Dennis bereits alles, um Senna für 1994 zu ködern. „Wir müssen dran denken, den Motor zu wechseln." Und darum: stundenlange, hartnäckige Verhandlungen mit Sponsor Marlboro, der aber rasch abwinkt, als er die Dennis-Vorschläge hört: „Solche Summen vergiß sofort."
Viele Frontlinien im Zigarettenkrieg an der Formel-1-Front werden neu gezogen. Die „rasenden Zigarettenschachteln" purzeln durchein-

ander wie schon lang nicht mehr: Camel steigt Ende 1993 aus. Zuerst hieß es: „Wir sponsern 1994 nur noch ein Team", worauf Frank Williams blitzartig einen 2-Jahres-Vertrag mit Rothmans abschloß, das ist jetzt auch sein Titelsponsor. Worüber wieder die Canon-Leute entsetzt sind und Europa-Präsident Tanaka bei der Gartenparty in Magny-Cours offen sagt: „Ihr erwartet alle, daß wir unseren Vertrag mit Williams verlängern. Aber durch die Williams-Aktion sehen wir uns gezwungen, alle unsere Formel-1-Sponsortätigkeiten mit Saisonende 1993 einzustellen." Nach neun Jahren fällt auch hier der Vorhang.
Dann verabschiedet sich Camel auch von Benetton — und damit von der Formel 1. „Aber wegen unserer geänderten Marktstrategie, die nichts mit den Diskussionen übers technische Reglement zu tun haben."
Schumacher ist sichtlich enttäuscht — aber Flavio Briatore geht sofort auf Sponsorjagd.
Das hofft auch Schumacher, „damit wir kein Sparprogramm machen müssen. Denn bei den Fahrergagen", lächelt der deutsche Superstar zum Spartarif, „kann Benetton wohl nicht mehr viel einsparen ..."
Gartenparty mit Alain Prost, außerhalb von Magny-Cours. „Ich müßte dauernd zu irgendwelchen Sponsorauftritten", klagt der WM-Leader, „aber einmal am Tag genügt. Ich muß mich ja konzentrieren."
Benetton auch.
„Sie verhandeln mit unseren Freunden", telefoniert ein aufgeregter McLaren-Mann nach England, „mehr kann ich im Moment nicht reden."
Prost schon: „Daß ich gewinn, ist für die ganze Welt normal. Aber bin ich einmal nicht der Schnellste, bin ich sofort der Depp!" Etwas frustriert geht Alain ins Training für seinen 13. Frankreich-GP, den ominösen. „Aber zu Hause hol ich mir immer noch ein bißl Extra-Motivation." Und dann schon in der 4. Runde der große Frust: „Ein Problem zwischen der Computer-Software und dem Williams-ABS." Sofort blockieren die Bremsen, in einer Rauchwolke dreht sich Alain von der Strecke, der Motor stirbt ab — für den Rest des Vormittagstrainings muß er zuschauen.
Bei Ferrari: Premierentag für den neuen Rennleiter — den kleingewachsenen „Napoleon" Jean Todt. „Kein Problem", bestätigt Lauda über die Zusammenarbeit. Todt debütiert in einem Blitzlichtgewitter, aber noch ohne Trommelwirbel: „Ferrari ist eine Legende... das

Potential ist da ... man muß nur die richtigen Leute zusammenspannen!" ist seine Antrittsrede — aber so hat noch jeder neue Ferrari-Rennleiter gesagt.

In diese Atmosphäre platzt der Neue: Die Indizien verdichten sich täglich: Jean Todt, der Peugeot-Motorsportgeneral, wird Rennchef von Ferrari! „Weil wir im Moment niemanden haben, der diese Funktion wirklich ausfüllt", bestätigen die Italiener. „Sante Ghedini ist zwar Sportchef, John Barnard technischer Direktor, Niki Lauda Berater — aber echten Rennleiter haben wir keinen."

Todt ist erst nach dem 24-Stunden-Rennen von Le Mans für Ferrari frei, denn ihre Formel-1-Pläne haben die „Löwen" mangels ausreichender Sponsorgelder („wir hätten nur 600 Millionen Franc — die Hälfte Budget von Ferrari und McLaren") verschoben.

Dazu Michael Schumacher: „Diese Peugeot-Entscheidung hat mich sehr, sehr überrascht." So sehr wie 1991 Mercedes?

Sauber sieht, mit oder ohne Mercedes, in eine rosige Zukunft. Ferrari in eine französische: Am 1. Juli fängt Jean Todt an — kein Wunder, daß Jean Alesi um zwei Jahre verlängert. Und genau wie früher Alesi eine „Austria-Mafia" Lauda-Berger gefürchtet hat, so kalkuliert Berger jetzt: „Ferrari mit Todt könnte wegen Alesi kritisch sein — die französische Allianz."

Berger hat mit Todt zweimal gesprochen: „Einmal in Italien, einmal am Telefon. Scheint mir ein gradliniger, ehrlicher Arbeiter zu sein. Wichtig für Ferrari: Je mehr gute Leute kommen, um so besser."

Alles ist gespannt, „ob er neuen Schwung reinbringt". Der Franzose fängt am 1. Juli offiziell an, ist aber schon vor Monte Carlo in Fiorano. Weder als Politiker noch als Intrigant. „Denn er hat mich gleich angerufen", verrät Niki Lauda, „und mir erzählt, wie er die Ferrari-Situation sieht. Wir gingen alle Leute durch — unsere Ansichten deckten sich." Lauda-Revanche: „Nach dem Abschlußtraining ruf ich Todt an und sag ihm alles, was ich sehe ..."

Der kleine Todt ist ausgefuchst, schlau wie ein Indianer, kennt alle Schleichpfade des Motorsports — wie er schon 1973 bei der „Alpenrallye", Österreichs letztem WM-Lauf, bewiesen hat: Todt, der Beifahrer, war es, der Achim Warmbold (BMW) damals über einen mysteriösen Umweg (oder Abschneider) zur Zeitkontrolle gelockt hat — um eine aussichtslos verlorene Rallye noch zu gewinnen. Urteil:

Disqualifiziert. Vier Monate später, Prozeßurteil: doch die Sieger.
Frage an Jean Todt: Ist der Ferrari-Job leichter oder schwerer als vorgestellt? „Weder noch. Sondern genau wie erwartet." Und warum tun Sie sich das an – weil auch jeder Rennleiter einmal Ferrari im Herzen haben muß? „Ich sehe das nicht so. Ich hatte meinen F 40 schon lang vorher in Paris ..."
Typisch für Todt: Die Namensschilder, die sich alle Ingenieure und Mechaniker auf ihre weißen bzw. gelben Hemden nähen müssen. „Das hat er schon bei Peugeot befohlen."
Zentimeterweise kämpft sich Ferrari also wieder nach oben. Mit Maulkorberlaß! Jean Todt schreibt, nachdem im italienischen „Quattroroute" geheime Zeichnungen vom (richtigen) neuen Getriebe und vom (falschen) neuen Motor erschienen sind, allen Ferrari-Mitarbeitern einen freundlichen Brief: „Wir müssen uns schützen! Ab sofort darf bei Ferrari keiner mehr den Mund aufmachen – außer mir und dem Pressechef."
Jean Todt – letztes Glied in einer langen Kette von teils kuriosen Ferrari-Rennleitern, die mir schon der große Graf-Trips-Gegner Phil Hill einmal so charakterisierte: „Dragoni war ein Kobold, Franco Lini ein cleverer Teufel, nur Tavoni hätte gern ein Herz gehabt – aber er durfte keins zeigen." Später kamen der genial-chaotische Mauro Forghieri, auf den Enzo Ferrari plötzlich eifersüchtig wurde, weil er eine Renaissance-Villa erbte, der ehemalige Priesterschüler Marco Piccinini, dessen Vater in seiner Monte-Carlo-Bank das Geld des Commendatore verwaltete, und Cesare Fiorio, auch ein Mann von der Rallye-Szene.
Solche Stories schreibt nur Ferrari.
Leider funktioniert die neue aktive Radaufhängung, von John Barnard ausgeheckt, noch nicht – Alesi zwar 5., aber Berger nur 18. mit 2,7 sec Rückstand. Lauda: „Armer Gerhard – sein neues Monocoque verwindet sich in sich."
Auch Samstag kein Sprung vorwärts: Wendlinger (11.) und Berger (14.) sind im Mittelfeld eingequetscht – auf einem engen Kurs ohne viel Überholchancen. Karli: „Ich ärger mich: zum erstenmal 1993 nicht in den Top Ten. Kein Grip, durchdrehende Räder beim Herausbeschleunigen ist unser Hauptproblem. Außerdem leiden wir unter großer Hitze mehr als alle anderen Teams – warum weiß niemand."

Damon Hill behält Pole-position, dank tollem Einsatz. Prost: „Ich bin nicht traurig – das Rennen heute ist viel wichtiger." Sehr stark: die Ligier-Renault auf ihrer Hausstrecke: 3. und 4.

Offiziell hat Cyril de Rouvre das Team von Guy Ligier gekauft. Aber man weiß: Ligier denkt politisch links, de Rouvre rechts. Durchaus möglich daher, daß de Rouvre bloß ein Strohmann ist, durch den sich Ligier absichert, falls die französische Regierung nach rechts rückt: Damit er die staatlichen Sponsorgelder nicht verliert ...

In die Boxen kommt Guy Ligier nicht mehr. Dafür geht er mit der französischen Polit-Prominenz um so fleißiger auf die Jagd – wie andere ihr Business beim Golf oder Tennis abwickeln.

Aber als ein französischer Journalist schreibt, Cyril de Rouvre wäre mit seinen Firmen in finanzielle Probleme geschlittert und müßte daher das Ligier-Team verkaufen, würgt der (offizielle) Ligier-Chef den Schreiber am Hemdkragen. Auch nicht die feine französische Art.

Drei unverhoffte Podestplätze 1993! Aber zwei Engländer bei Ligier, kritisieren die Franzosen schon lang, sind zuviel. Daher für 1994 Quotenregelung: entweder Brundle oder Blundell, dazu Bernard oder Panis. Eine neue „Entente cordial", 50 Jahre nach der Invasion.

Mark Blundell (27) ist very british, traditionsbewußt. Sein Sohn heißt Mark jr., sein Hobby „Classic Cars", sein Lieblingssport Golf, und sein Lieblingsessen Roast Beef. Gelernt hat er Autoverkäufer. Nach vier Jahren Moto-Cross (14 bis 18) markierten Gebrauchtwagen seinen Rennsport-Weg nach oben. Für Nissan fuhr er die Sportwagen-WM 1989/90, für Peugeot gewann er 1992 die 24 Stunden von Le Mans, dem Brabham-Yamaha schenkte er 1991 einen WM-Punkt, für Williams-Renault war er 1990, für McLaren-Honda 1992 Testpilot.

Der unbedankte dritte Mann? Der Fahrer im Schatten? Nur Licht-Double für die Superstars? „Nein, ich hab enorm viel gelernt."

Manche Piloten steigen einander gegenseitig jahrelang auf die Zehen, immer wieder. Berger/Brundle waren schon 1983 in der Formel 3 Rivalen, 1985 kämpften Gerhard (Arrows) und Martin (Tyrrell) oft um den 5. oder 6. Platz. Und jetzt wieder, fast mit Boxhandschuhen.

In Spa kommt Brundle im Fahrerlager auf mich zu: „Sag Gerhard, er soll künftig ein bißl mehr aufpassen. Zu hart, zu viele Kollisionen. Ich fürchte, er wird einmal jemandem arg wehtun. Nicht sich selber – er kommt schon heil davon."

Man merkt: Neid auf Ferrari. Und steigende Spannung zwischen Ferrari und Ligier.
„Die Ligier-Piloten brauchen sich aber nicht beschweren", knurrt Warwick, der auch oft mit den Blau-Weißen rauft. „Sie sind kein Jota besser. In dem Geschäft gibst du und nimmst du."
Aber immer stärker: der neue Hill. „Als er ausstieg, hat er zum erstenmal geschwitzt. Er roch wie früher Nigel Mansell..." Williams-Konstrukteur Patrick Head schwankt zwischen Naserümpfen und Bewunderung. Erste Pole für Damon – ein starkes Warm up für seinen klassischen Heim-GP in Silverstone. „Dort gibt es nichts und niemanden, der mich schlagen kann!" läßt er durchblicken, ohne es so zu formulieren – der Stallkrieg bei Williams-Renault kommt noch früh genug, oder?
„Die Pole-position ist für mich wie eine niedergerissene Schallmauer. Psychologisch wichtig", freut sich Damon, im Gegensatz zu Prost mit ABS im Williams. „Wir haben eine spezielle Art von Rennkameradschaft und Verhältnis zueinander", lächelt Prost. Und Hill erinnert sich: „Voriges Jahr, bei meinem Grand-Prix-Debüt, war ich mit dem Brabham 16. in Silverstone, vier Runden zurück. Ich fuhr die ganze Zeit mit dem Kopf seitlich, Blick auf den Rückspiegel – damit ich ja keinen Williams überseh und irrtümlich abschieß. Hoffentlich schauen Sonntag alle genauso auf mich."
Dann schwitzt Damon auf dem Siegerpodest – für die Nase von Prost – wieder genau wie Mansell.
In Magny-Cours: Eher noch Teamstrategie als Teamorder, auch wenn irgendwann 1993 Frank Williams schon den Befehl ausgegeben hat: „In den letzten zehn Runden dürft ihr euch nicht mehr überholen, sondern müßt eure Position halten." Prost hatte 1982 einen französischen GP verloren, weil René Arnoux, sein damaliger Renault-Stallrivale, alle Boxenbefehle mißachtete – Prost rächte sich später auf seine Art für seine bitterste Niederlage.
Damon Hill seh ich noch Samstag spätabends im Fahrerlager. Sonntag früh kommt Prost als erster – und frühstückt mit Renault-Rennchef Contzen. „Ich muß heute unbedingt gewinnen!" stellt Prost klar. „Es geht um meinen WM-Titel." Sein Team weiß, daß es in Frankreich die Weichen für einen Prost-Sieg stellen muß – aber allen ist klar, daß sich Hill in Silverstone nicht bremsen läßt. Dort war er schon

beim Testen schneller als Prost, dort will er um jeden Preis erzwingen, was sein Vater Graham nie geschafft hat: einen Sieg im GP England. Eine andere Story als Monte Carlo.
Mitentscheidend sind sicher die Boxenstops: Hill wechselt, Pech für ihn, als die Boxenausfahrt durch Andretti und Wendlinger blockiert ist – Prost kommt zwei Runden später. Damon braucht 7,47 sec, Alain 6,94. Der Hill-Boxenstop bringt Prost in Führung – und dort bleibt er.
Berger hält seinen 14. Trainingsplatz im Rennen, drei Reifenwechsel-Boxenstops werfen ihn zurück – vorletzter, nur de Cesaris hinter ihm. Wendlinger scheitert an der Sauber-Schwachstelle, dem Getriebe. „Zuerst fällt der dritte Gang aus, dann auch der vierte." Bei einem langen Boxenstop (2,10 Minuten) wird die Elektrik ausgetauscht, der Wechsel der Vorderreifen frißt viel Zeit, „aber das ist auch schon egal, mein Getriebe war schon komplett k.o."
„Wie oft hast du Reifen gewechselt?" fragt Michael Schumacher nachher Prost. Der Deutsche zweimal – der richtige Trick, weil er Senna noch Platz drei abjagen kann. „Das ist wie ein Sieg – die Williams fahren ja ihr eigenes Rennen." Spannend auch das Duell um Rang 6 – Andretti fängt in der allerletzten Runde Barrichello ab.
Ist das Williams-Stallduell wirklich spannend oder sieht es nur so aus? Echter Fight oder bloß Schattenboxen? In späteren Rennen 1993 entwickeln sich gnadenlose Rundenrekordjagden, wechselt *„the fastest lap"* dauernd hin und her. In Magny-Cours aber fährt Hill mit noch vollen Tanks bereits im zweiten Umlauf die schnellste Runde – und Prost verbessert sie erst in Runde 35!
Einmal ärgert sich Prost – angeblich – über Bordfunk: Sagt denn keiner dem Damon, daß er nicht so stürmisch attackieren soll? Nur 0,342 Sekunden trennen die zwei Williams auf dem Zielstrich. Und gleich nach der Zielflagge meldet sich Prost live aus dem Cockpit für TF 1: „Ich freu mich für mich, für meine Fans, für ganz Frankreich." Und während der Auslaufrunde schwenkt er die Tricolore ...
Vive Alain Prost – Vive la France! Magny-Cours ist verrückt mit seinem Superstar: 1992 kommentierte er den Mansell-Triumph im französischen TV – jetzt gewann Alain seinen Heimat-Grand-Prix – sein 49. Sieg!
Für Jean Todt, den neuen „Napoleon" von Ferrari, ist sein Premieren-

rennen ein Waterloo – für „Professor" Prost „mein süßester Sieg des Jahres! Und ganz ehrlich: Ich glaubte, es würde schwieriger sein, zu gewinnen. Am Ende haben wir ja gar nicht mehr richtig Gas gegeben."
Erster Williams-Doppelsieg 1993 – und der einzige. „Voriges Jahr hatten wir sechs", rechtnet Frank Williams. „Die Konkurrenz holt auf."
Stallregie? Wurde Damon Hill eingebremst? Der Brite: „Unser Auftrag war: Holt das bestmögliche Ergebnis fürs Team – mehr darf ich dir nicht sagen ... Aber das haben wir getan."

SILVERSTONE: SENNA, DER TIGER IM KÄFIG

„Frank, laß ihn gewinnen!" Motorschaden stiehlt Hill den Sieg

Abschuß in die zweite Saisonhälfte: auf dem umgebauten RAF-Flughafen Silverstone. Mit einem heißen sentimentalen Favoriten: Damon Hill.
Williams hält den Graham-Sohn unter Verschluß: keine Show, kein Theater, nicht einmal Pressekonferenzen, wie sie Nigel Mansell vorm Heim-GP immer geliebt hat. „Der Bursche braucht Ruhe, darf nicht nervös werden, muß sich konzentrieren." Auf den ersten Sieg über Prost?
Dahinter das Wettrüsten bei Ford: Senna hat zum erstenmal den gleichen Ford-Motor eingebaut wie Michael Schumacher im Benetton. „Unfair, weil wir jahrelang getestet haben. McLaren ist erst vor einem halben Jahr dazugekommen", klagt der Deutsche.
Und Senna? „Wir haben immer noch 80 PS zu wenig. Je schneller die Strecken jetzt, um so geringere Chancen!" Aber Ford hat ein Geheimrezept: die Zylinderköpfe des (jetzt auf Eis gelegten) 12-Zylinders für den V8. „In Silverstone noch zu riskant", sagt Ford.
Warm up fürs Jahr 2000? Mit den rennverrückten Lauda-Buben Lukas und Mathias dreh ich drei Silverstone-Runden. FISA-Sicherheitschef Roland Bruynseraede hat mir das Pace-Car, Cosworth-Turbo, anvertraut.
„Der eine hat sechs Vierer, der andere zwei Nachprüfungen. Also kann man nicht sagen: Das ist die Belohnung fürs schöne Zeugnis ..." sagt Niki Lauda, der seine Söhne nach Silverstone mitgenommen hat,

väterlich streng. Und diagnostiziert das Ferrari-Leiden: „Das Problem mit unserer neuen aktiven Radaufhängung: daß wir auch das Rollen des Autos kontrollieren müssen. Das heißt: Wenn sich das Auto in der Kurve nach außen lehnt, muß der Computer dagegensteuern — zum Kompensieren. Aber der Potentiometer, wie sich dieser Geber nennt, funktioniert nicht richtig ..."
Letzte Formel-1-Idiotie: Italiener reden von einem Tausch Senna gegen Berger, Ayrton zu Ferrari, Gerhard zurück zu McLaren. Angeblicher Grund: Honda baut den Italienern einen Supermotor mit japanischer Elektronik, Bedingung: Senna, der alte Honda-Freund, muß den Motor fahren. „Lauter Hirngespinste und totaler Blödsinn", dementiert Niki Lauda. „Unsere Fahrer bleiben Berger und Alesi."
Bei Minardi: Heimkehrer Pierluigi Martini statt Barbazza. Die 1,2 Millionen Dollar Sponsorgeld sind most welcome. Im Freitagtraining bricht sich Pierluigi eine Rippe, beißt aber die Zähne zusammen und schweigt eisern, „damit mich Signor Minardi nicht gleich wieder auswechselt".
Im Rennen gibt er bald auf: „Zu lange Rennpause, zu erschöpft, Krämpfe im Oberarm." Eine fromme Notlüge, den Rippenbruch verschweigt er.
Sechs Wochen lang Sonnenschein, große Dürre — und ausgerechnet zum klassischen Grand Prix öffnet Petrus seine Schleusen. Silverstone im Trockenen: Ewig ein Fernduell mit Zeltweg um den Titel „schnellste Rennstrecke der Welt". Wo im Krieg die Lancaster und Spitfire aufstiegen, hämmerte Keke Rosberg als „Raketenmensch" seine historische 256-km/h-Trainingsrunde heraus. Inzwischen bekam Silverstone ein paar Kurven dazu. „27 G innerhalb von sieben Fahrsekunden", rechnet Nigel Mansell im Vorjahr aus, „vier Kurven mit über mehr als dem sechsfachen Körpergewicht unmittelbar hintereinander!"
Aber Silverstone im Regen ist sauschnell und gefährlich. Die Gespenster von Donington im April sind wieder da. „Wenn's in Silverstone regnet", gibt Prost zu, „ist es noch viel schlimmer als in Donington. Das Wasser steht, du hast Aquaplaning." Darum begnügt sich Prost im ersten Training mit einer einzigen Testrunde. Schumacher bleibt sicherheitshalber gleich in der trockenen Box, wartet auf Nachmittag.
Senna jubelt. Aber Prost ist auch nicht wasserscheu. 1988 stieg er in Silverstone im prasselnden Regen aus dem McLaren — genau wie Niki

Lauda 1976 in Fuji aus dem Ferrari. „Mein Auto war unfahrbar!" Niemand glaubte ihm, Ron Dennis drohte sogar wie ein Oberlehrer: „Einmal kann ich das von einem Champion tolerieren — ein zweites Mal nicht."
Prost: „Warum glaubt mir keiner? Wenn Senna über einen Defekt redet, zweifelt keiner dran. Nur bei mir heißt es immer: Der Prost sucht Ausreden." Aber Prost läßt sich „von nichts und niemandem mehr zwingen", seit Hockenheim 1982.
„Damals jagte mich mein Rennleiter Larrousse im Regen hinaus, Bremsen testen. Gischtwolken, Sicht absolut null. Prompt fuhr mir Didier Pironi übers Hinterrad und stieg wie eine Rakete auf."
„Ich muß nicht vom Start weg führen", lächelt Prost. „Fünf Rennen hab ich heuer gewonnen — in keinem war ich in der ersten Kurve Erster." Also Damon Hill? Dem Graham-Sohn gehören alle englischen Schlagzeilen: „Sein Bubentraum wird endlich wahr" — „Triumphier dort, wo dein Vater nie gewonnen hat" — „Endlich heraus aus dem Schatten". Und sogar, in fingerdicken Lettern, die Bitte: „Frank Williams, laß mich für England gewinnen! Ich versteh, ich bin Nr. 2, Prost braucht jeden Punkt für den WM-Titel — aber ich hoff, ich darf dem Publikum eine Show bieten. Und ich werde fighten wie verrückt." Williams aber glaubt: „Damon hat noch nicht die Routine, Prost zu besiegen."
Und er weiß auch: „Wenn Prost von seinem Teamkameraden besiegt wird, dann wird er unangenehm."
Das wissen alle. Aber Hill ist und bleibt der sentimentale Favorit. Bette, seine Mutter: „Hoffen wir, daß sich für Damon der alte Familientraum der Hill-Dynastie erfüllen kann."
Damon Hill — der Mann mit zwei Schatten: Vater Graham und Nigel Mansell, der die letzten Jahre 200.000 Fans in die Silverstone-Arena lockte. „Ich weiß, wie ich als junger Rennfahrer noch für Nigel tobte und brüllte. Ich weiß also, was die Fans heute von mir erwarten." Aber Mansells Schatten verblaßt. „Nigel kommt nicht mehr in die Formel 1 zurück", bestätigt Bernie Ecclestone. „Er verlangt zuviel Geld." Im Team von Paul Newman und Carl Haas übrigens auch: 8 statt 5 Millionen Dollar — hört man.
Aber: Während „King Nigel" immer in der Begeisterung der Massen badete, samt Family sogar auf dem Silverstone-Campingplatz näch-

tigte, flüchtet Damon Hill in ein kleines Landgasthaus und strampelt täglich per Fahrrad auf die Rennstrecke. „Silverstone ist wie mein Kinderzimmer. Ich weiß noch genau, wie ich mit Daddys zweimotorigem Privatflieger immer zu den Rennen kam." Und ich erinnere mich an Grahams berühmte „Grand-Prix-Parties" Sonntag abend in der Londoner Villa ... der kleine Bub von damals, der mit großen Augen die Rennfahrerstars bewunderte, kämpft jetzt um den Sieg.
„Ich weiß, ich hab das richtige Material. Superauto, Supermotor. Aber ich bin immer noch wie der kleine Bub, der mit dem Fußball gegen die Mauer drischt und vom englischen Cupfinale träumt. Mein Wembley-Stadion, das ist heute Silverstone ..." Zehn Jahre hab ich gebraucht, um in die Formel 1 zu kommen. Hoffentlich muß ich nicht noch zehn Jahre auf den WM-Titel warten."
Vater und Sohn Grand-Prix-Sieger! Das hat's in der Geschichte der Autorennen erst einmal gegeben: Antonio Ascari (1925) aus der Ära der Staubkappenfahrer und Heldentode, und sein Sohn Alberto Ascari, der Ferrari-Weltmeister 1952/53, beide im Rennwagen verunglückt. Schreibt in Silverstone Damon Hill Renngeschichte? „Ich spür, ich bin knapp dran. Mein Vater hat soviel gewonnen." Immer noch der einzige Rennfahrer der Welt mit dem klassischen Hatt-Trick: Sieger im Grand Prix von Monaco, der 500 Meilen von Indianapolis und der 24 Stunden von Le Mans." Das einzige, was ihm fehlte: ein Sieg im britischen Grand Prix. „Den gewinn ich heute für ihn!"
Und darum entfesseln die englischen Zeitungen schon die ganze Woche einen Krieg für Damon, gegen Prost. Frank Williams offiziell: „Unsere Teamtaktik ist noch ein Geheimnis." Darauf der Briten Zeitungsbefehl: „Frank, steig heute bei Damon ja nicht auf die Bremse." Und falls ja, dann etwas anderes fürs Buch der Weltrekorde: Der 50. Grand-Prix-Sieg für Alain Prost.
Samstag: Sonne über Silverstone. Nach dem Regen-Alptraum vom Freitag werden alle Karten sowieso neu gemischt.
Ein dramatisches Ping-Pong um die Pole-position, die mehrmals wechselte. Damon Hill reißt jubelnd die Arme hoch, fährt seine Auslaufrunde im Triumph, winkt den 100.000 Fans zu — und genau da schlägt Prost zu.
Prost hat mit „TF 1" einen Exklusivvertrag. Technisch ist heute alles machbar — also hat der französische TV-Sender Alain in Magny-

Cours schon während der Auslaufrunde live auf Sendung gratuliert – und interviewt ihn später sogar während des 7-Runden-Boxenstops in Budapest.

Die BBC frißt der Neid, kopiert TF 1, und ihr Kommentator Murray Walker brüllt im Silverstone-Qualifikationsfinale dem kreisenden Hill direkt in die Kopfhörer: „Gratulations, Damon, you just got pole!" Nur schnappt ihm genau in diesem Moment Prost noch die Bestzeit weg – um 0,138 Sekunden. „Sorry, Damon, you lost pole ..."

Charmantes Rendezvous in den Silverstone-Boxen: Natascha Rindt, Jochens bald 25jährige Tochter. Als ich ihr erzähle, wie Jochen und Graham Hill 1969 in Silverstone einander gegenseitig ins Auto fuhren, wie Jochen im Grand Prix führte, bis ihm der Heckflügel abriß und später noch der Sprit ausging, staunt Natascha: „Hab ich alles nicht gewußt. Hat mir Nina nie verraten ... Aber jetzt komm ich öfter zur Formel 1."

Ihre Tips? Lukas Lauda (mit einem Autogramm von Alain) tippt auf Prost, Mathias auf Hill, Natascha auf Hill: „Hoffentlich gewinnt er." John Watson rät Damon: „Pfeif auf die Stallorder und gewinn. Diskutieren und streiten kannst du nachher immer noch." Und Bette Hill, die Mama: „Hoffentlich liest Damon vorm Rennen nicht zu viele Zeitungen."

Gerhard Berger muß vorm Start ins Ersatzauto, das „absolut unfahrbar" ist. Nach frühem Reifenwechsel bricht das ganze System zusammen. „Ich hab nur noch drei Räder am Boden und muß aufgeben."

Wendlinger hat nach tollem Anfang einen Unfall: „Beim Runterschalten in den vierten Gang bricht das Auto aus."

Aber das Stallduell Prost–Hill elektrisiert alle: Damon sofort in Front, übersteht auch den Reifenwechsel in Führung, sogar die Pace-Car-Phase, als das Feld hinter Hill und Prost aufgefädelt wird. „Hill Radio", lautet der Boxenbefehl, „Funk einschalten!" Dagegen Prost: „Ich hab die ganze Zeit den Boxenfunk abgedreht ... und will bis zuletzt mit meinem Angriff warten. Aber es wäre schwierig geworden." Prost leidet Qualen: „Ich weiß nie, was ich tun soll: Hill attackieren? Abwarten? Ich entscheid mich immer nur halb – aber ich will nicht zuviel riskieren." Und das gefährliche 7-Runden-Duell mit Senna? „Darüber will ich nicht reden."

Hills Motorplatzer erledigt alles. Prost erbt die Führung, und Hill geht auf den Weg zurück zu den Boxen ein Bier trinken – very british. Damon fühlt sich „total zerstört, innerlich total leer und mehr verärgert als enttäuscht. Warum schon wieder ich?" Prost wundert sich: „Hat er überdreht oder muß auch ich aufpassen?" Darum kommt ihm Schumacher nahe. Und Senna fällt vom 3. auf den 5. Platz zurück, weil der Sprit ausgeht.

Ich kann mir lebhaft vorstellen, wie Senna nachher Wirbel macht. Laut Anzeige noch zwei Liter, aber ein leerer Tank. Ich frag Ron Dennis, der erklärt: „Ein Ford-Ingenieur verriet mir, er habe den Computer falsch programmiert, sorry. Das sag ich nicht, um ihn anzuschwärzen, sondern um zu zeigen, wie professionell Ford arbeitet."

Der Herr irrt, klärt mich Ford-Ingenieur Dick Scammell – ein früherer Jim-Clark-Mechaniker – auf: „Wir haben immer einen Korrektur-Faktor für den Unterschied zwischen den elektronischen Berechnungen und den tatsächlichen Verbrauchsmessungen – normal ein Prozent. Aber manche Teams kalkulieren eben riskanter: wie McLaren:" So liest Senna plus 4 Liter, hat aber schon einen leeren Tank.

Unglaublich, aber wahr: Der Unterschied, ob du wirklich hart fährst oder nur deine Position im Rennen halten willst, beträgt 10 Prozent – 20 Liter!

Noch unglaublicher: Hills Pech. „Heute hätte ich Damon den Sieg gegönnt!" meint Alain Prost. „Sorry!" Doch dann badet er im Glücksgefühl: „Der 50. GP-Sieg – das zeigt, was ich in 13 Formel-1-Jahren geleistet hab. Heuer der vierte WM-Titel, 1994 vielleicht der fünfte, dann sehen wir, ob ich Fangio übertreffen kann." Und dann eine Drohung Richtung Paris: „Wenn man mir aber meine Siege wegen der Benzingeschichte streicht, hör ich auf. Dann hätte ich in der Formel 1 nichts mehr verloren! Aber ich glaube nicht, daß es so schlimm wird."

Noch drei Tage, dann wird Bernie Ecclestones Millionen-Puzzle Formel 1 neu zusammengesetzt: In Paris totale Abrüstung beim „World Council of Motor Sports". Ein einziger wehrt sich noch dagegen: Ron Dennis. „Aber ich geh gar nicht nach Paris, es ist sinnlos."

Wie siehst du dich? fragte ich den früheren Lauda- und Berger-Boß bei McLaren: Als Rebell wie James Dean, als moderner Robin Hood in einer High-Tech-Welt, oder als einziger mit Glorienschein in einem unheiligen Business?

„Robin Hood bin ich sicher nicht. Der stiehlt den Reichen und gibt

den Armen. In der Formel 1 gibt es mehrere, die von den Reichen Geld nehmen, es aber selber einstecken." Kevin Costner ist Dennis also nicht. Und seit wann steht er allein gegen die Abrüstung? Wann verlor er Frank Williams als Kampfgenossen? „Ab dem Moment, da Benzin-Analysen plötzlich ein Thema waren ..."
Deutlich genug. Die FOCA kam Williams-Benzintricks auf die Spur und setzt ihn damit unter Druck — wie mir schon Prost verraten hat.
Worauf sich Dennis beruft? „Technische Änderungen müssen zwei, sportliche ein Jahr im voraus beschlossen werden. Aber nicht über Nacht." Und die anderen Teams? „Die hat die FOCA dressiert und abgerichtet wie einen Hund. Plötzlich mit schärferer Stimme geredet als vorher — und sie haben gekuscht."
Niki Lauda wartet auf Berger: Nach dem Rennen fliegen die beiden Ferrari-Austrianer gemeinsam im Privatjet heim. Mit vielen Diskussionen an Bord: Wie geht's weiter mit Ferrari?
Wie hart Berger arbeitet, wissen bei Ferrari alle. „So sehr wie jetzt hab ich mein ganzes Leben noch nie geschuftet. Aber ich weiß: Wenn ich Ferrari wieder nach oben bring, wissen die Italiener, wie groß mein Anteil dran ist."
Aber einer leidet noch mehr als Berger:
Senna ist, keine Frage, der höchstbezahlte Privatangestellte der Welt. Was würde ein Firmenchef tun, wenn ihm sein bester Mann täglich beim Weggehen sagt: „Ich weiß nicht, ob ich morgen wieder ins Büro komm." Die Frage stellt sich nicht, weil Dennis und Senna Schattenboxen betreiben — um so gemeinsam die Sponsorgelder hochzutreiben. Später, im Herbst, sickert das alles durch.
Ron Dennis besteht auf einem 2-Jahres-Vertrag, Senna beharrt auf der Freiheit, „daß ich auch während der Saison andere Autos testen darf" — vor allem den Honda-Honda, der den FISA-Crashtest bereits bestanden hat. Inzwischen wächst der Druck auf Michael Andretti. Mika Hakkinen lauert ante portas. Und Senna leidet.
„Das Verlieren gehört zum Gewinnen", hat Deutschlands neuer Tenniskomet Mark Goellner frühzeitig erkannt. Dagegen Thomas Muster, der erfolgreichste Sandplatzspieler unserer Zeit: „Ich hasse es, zu verlieren. Ich war schon immer ein Siegertyp."
Alle Supersportler sind sensibel — und oft gar nicht so verschieden. „Gott hat mir die Talente gegeben und die Kraft, sie zu vermehren",

sagt der algerische Wunderläufer Nouredinne Morceli. Aber auch: „Wenn du versuchst, etwas Gutes zu zeigen, und wenn dabei deine Maschine streikt, dann würde man am liebsten laut schreien vor innerem Schmerz."

Könnte genausogut von Senna sein.

„Ich bin frustriert, weil ich diese Situation nicht gewohnt bin. Weil mir niemand meine drei WM-Titel geschenkt hat – und die fantastischen Siege von heuer." Dein größter Wunsch? „Daß ich bald durch diese Periode durch bin. Kämpfen kann ich nur mit gleichem Material. Aber so bin ich gefangen wie ein Raubtier im Käfig – und renn immer nur im Kreis."

Leidet deine Motivation? „Ja, es ist schon schwierig geworden, sich zu motivieren, wenn du weißt, daß du nicht gewinnen kannst."

Deine Tiefpunkte 1993? „Zu Saisonhalbzeit, als es extrem schwierig wird unser Auto zu verbessern – und wir weiter an Konkurrenzfähigkeit verlieren. Und dann die vielen Diskussionen und Vertragsverhandlungen für die Zukunft, was viel Zeit frißt und Überlegungen verlangt – wenn du auf der Strecke ohnehin schon so viel zu tun hast, um die bestmögliche Performance aus dem Auto herauszuquetschen."

Seit drei Jahren beklagst du dich über den McLaren – was ist heuer los? Deine Erfahrungen mit der Technik?

„Die Weiterentwicklung, die Einführung von neuen Systemen fürs Chassis und den Motor – alles eine große Herausforderung. Die Elektronik ist bei McLaren sehr raffiniert, vielleicht sogar zu sophisticated. Aber weil wir fundamentale Probleme mit dem Auto haben, können wir die komplizierte Elektronik gar nicht richtig ausnützen."

Die alte Frage: wieviel zählt der Fahrer, wieviel das Auto? Ich bitte Jackie Stewart um einen Vergleich Senna–Prost, und er analysiert:

STEWART: „Meine Meinung: Senna ist derzeit der schnellste Rennfahrer der Welt. Technisch ist er vielleicht nicht ganz so gut wie Alain. Ich glaub, Prost kann immer noch besser an einem Chassis arbeiten als Senna, die Schwachstellen und Unstimmigkeiten ausmerzen – und ich glaub auch, daß er mit den Ingenieuren besser zusammenarbeiten kann als Senna. Mir fällt auf: Senna verbringt mehr Zeit mit seiner Telemetrie, versucht zu verstehen, warum gewisse Dinge passieren – das ist halt sein System. Dagegen hat Prost mehr praktisches Gespür, das ihm vielleicht ein bißl hilft. Aber ich glaub, das Feuer brennt nicht mehr ganz so stark in Prost, die Begierde, sich selbst ans allerletzte Limit zu pushen, hat nachgelassen. Dagegen ist Senna noch immer nicht so reif, zu wissen, wann er aufhören soll. Er hat heuer im Lauf des Jahres verschiedene Statements abgegeben, die anklingen lassen, daß er bald den Punkt erreicht, ab dem er nimmer jenseits seiner eigenen Grenzen fährt. Aber dann kommt plötzlich Regen – und Senna fährt unheimlich schnell. Und das tut er mit großer Meisterschaft. Ich bin ein großer Bewunderer seiner Fahrkünste."

Daß es Senna auch nicht besser geht – ein schwacher Trost für BERGER? „Ich bin der einzige, der an ihm nicht zerbrochen ist. Aber ich hab eigentlich mit meinen Teamkollegen meist getan, was Senna mit seinen getan hat ..."

Der Mann mit den tausend Tricks. Früher adressierte Senna an die Witwe von Soichiro Honda, des Firmenchefs, Weihnachts- und Geburtstagsgrüße an „meine zweite Mutter in Japan". Wem schreibt er jetzt bei Ford? Ayrton macht eine ganze Reihe von Sachen, nicht direkt von hinten – aber er macht immer Politik.

Ich hab ihn schon 1984 so beschrieben: „Es gibt den Donnerstag-bis-Sonntag-Senna, der an Grand-Prix-Wochenenden ungewöhnlich ernst, zielstrebig und professionell in seinem Job total aufgeht – und den Montag-bis-Donnerstag-Senna, der wie ein kleines Kind die fröhlichsten Spielereien und Blödeleien macht."

Fast zehn Jahre später bestätigt Ayrton: „Der kleine Bub bin ich immer noch – aber die Rennen nehm ich mit mir, wenn ich von der Strecke wegflieg, und leb sie noch drei Tage." Der umgekehrte Countdown? „Am Mittwoch denk ich ans Rennen, Donnerstag mental und körperlich, ab Freitag dann total."

Als ihn die „Sports"-Chefs Borchert und Raybanus fragen: „Fühlen Sie sich als Künstler und Artist gleichzeitig, etwa wie ein Maler und Anstreicher?" muß Ayrton passen: „Drauf weiß ich keine Antwort." „Dann denken Sie bitte über ein Kreuzworträtsel nach: Ein Wort, ein Begriff, ein Name mit fünf Buchstaben, den Sie direkt auszusprechen hassen, daher umschreiben müssen – was wäre das?" Fünf Buchstaben? In Senna schlagen alle Alarmsirenen an: P-R-O-S-T. „Da fällt mir nichts ein, ich muß passen ..."

Sein heimlicher Wunschtraum ist fliegen. „Ohne Jet, ohne Paragleiter, ohne Fallschirm! Muß das tollste Gefühl sein – und eines Tages sicher möglich, Hoffentlich auch für mich! Der Mensch kann ja fast alles: gehen, laufen, tauchen – nur noch nicht fliegen."

Tiefseetauchen, sein neuester Thrill. Wie tief, frag ich Ayrton, den Scuba-Driver, warst du schon? „Nur 13 Meter. Tiefer geht's nicht. Dann krieg ich Ohrenweh."

Ein BBC-Kamerateam verfolgt McLaren die ganze Saison. An sechs Freitagen, bis Weihnachten, flimmern Ron & Ayrton & Michael & Mika über die TV-Schirme. Ich fürchte, McLaren hat das falsche Jahr erwischt, sucht aber jetzt ein neues Hauptquartier, mit eigener Teststrecke und sogar eigener Universität: „Dort trainieren wir die College-Absolventen fürs Formel-1-Business."

Nachdem Keke Rosberg und Mercedes die Aktion „Berlin 2000" unterstützten, warb plötzlich, in Silverstone, McLaren für „Olympia 2000" in Manchester. Die 19.-Jahrhundert-City sollte die Brücke ins 21. Jahrhundert schlagen. Das Rennen machte Sydney. Und dorthin fliegt schon längst die „Lauda-Air"...

Dafür zwei Weltrekorde bei McLaren. Zwar ist Aziz Ojjeh, der Bruder des McLaren-Besitzers Mansour Ojjeh, nach einer 177-km/h-Fahrt in La Clusaz als Speed Skier ausgestiegen – dafür wirkt er an einem Fallschirmspringer-Weltrekord mit: „Zusammen mit 199 Leuten in South Carolina, USA, aus 5000 Metern abgesprungen. Es war ein sehr, sehr langer Flug – aber jetzt halten wir den Weltrekord im Formationsspringen. Alte Bestmarke: 150 Leute. Diesen Rekord nimmt uns jetzt lang keiner weg."

Und dann schnappt McLaren Ferrari noch den Weltrekord an Siegen weg – in Adelaide.

Aufsehenerregender Boxenstop im Formel-1-Zirkus: Mario Andretti (53), Formel-1-Weltmeister und Indy-Champion wie Mansell. Seinen wertvollen Siegelring aller Indy-Sieger trägt der Italo-Amerikaner genauso lässig und stolz, wie er Sprüche aus dem Ärmel schüttelt. Als Schutzengel und Ratgeber für Michael, der einen so harten Start in seine Formel-1-Karriere hatte?

ANDRETTI: „Der Anfang war schlimm, stimmt – aber dafür wird das Ende um so besser sein. Da ist ein Schatten, eine dunkle Wolke über Michaels Karriere – die sich verziehen muß."

Was müßte passieren?

ANDRETTI: „Michael ist ein sehr starker Pilot, der nur Selbstver-

trauen braucht. Das kriegt er aber nur, indem er Rennen fertig fährt und nicht vorher rausfliegt. Er ist einer der ganz wenigen, die wirklich ein Rennauto bis ans Limit fahren können. Unglücklicherweise drei Unfälle – und die sind nicht leicht zu vergessen."

Aber, Mario: Nigel Mansell wechselt in die Formel Indy und gewinnt auf Anhieb – Michael kommt neu in die Formel 1 und kann sich nicht durchsetzen?

ANDRETTI: „Das ist kein logischer Vergleich, weil Mansell vorm ersten Indy-Car-Einsatz 2500 Testkilometer mit einem sehr gut präparierten Auto abspulen konnte. Dagegen konnte Michael erst in Kyalami den McLaren richtig fahren – weil es vorher in England Probleme mit der Motorelektronik gab. Erschwerend dazu: die blöde Regel mit dem 12-Runden-Limit, das alle Newcomer natürlich besonders trifft."

Glaubst du, daß der drohende Schatten von Mika Hakkinen bei McLaren Michael besonders irritiert – als zusätzlicher Druck?

ANDRETTI: „Michael hat seinen eigenen Vertrag. Und er hat nicht das beste Indy-Car-Team verlassen, um in der Formel 1 Zuschauer zu spielen. Wenn da ein Problem ist, dann Hakkinen selber."

Wer von euch beiden ist eigentlich – Hand aufs Herz – der bessere Rennfahrer? Vater oder Sohn Andretti?

ANDRETTI: „Ganz ehrlich: Michael hat mich schon vor vielen Jahren überholt . . ."

Als sein Vater Mario so alt war wie Michael heute (31), dichtete man ihm das „Gesicht eines Engels" an, „der wie der Teufel fährt". Der Junior wirkt softer, aber nur privat. Im Renneinsatz ist er für Mario „der härteste Gegner, den ich je hatte".

27 Einzelsiege in der Indy-Car-Serie, 1991 großer Champion, viermal Vizemeister, 1991 schon Testpilot für McLaren-Honda. Aber als Michael wirklich in die Formel 1 kommt, geht alles schief. Mit dem falschen Fuß aufgestanden – für ein ganzes Jahr? Wrong time, wrong place?

Senna dementiert: „Nein, Michael ist schon beim richtigen Team. Nur halt leider zur falschen Zeit."

Michael erzählt: „Als ich im Herbst 1992 für McLaren unterschrieb, schaute alles anders aus: Der Renault-Motor zum Greifen nahe, das Auto angeblich fast fertig, unbegrenztes Testen, um Erfahrung zu sammeln, fremde Rennstrecken kennenzulernen."

Die bittere Wahrheit: statt Renault- nur Ford-Power, der McLaren so knapp fertig, daß gerade ein halber Tag zum Kennenlernen übrigblieb. Testverbot auf allen Grand-Prix-Strecken (außer: für die Engländer in Silverstone, die Franzosen in Magny-Cours, die Italiener in Imola, Sauber in Monza), das Training gewaltig reduziert.

Dazu der verregnete Saisonanfang. In Indianapolis – und bei den anderen Ovalrennen – wird abgebrochen, sobald der ersten Regentropfen fällt. In der Formel 1 muß Andretti durch die nasse Hölle.

Seine liebsten Hobbies: unverändert Motorräder, Snowmobiles, Speedboote – ein echter Andretti.

In der Indy-Car-Serie 27 Rennen gewonnen. „Aber jetzt muß er glauben, die Welt geht unter", fühlt Berger mit seinem McLaren-Vorgänger mit. „Andretti ist heuer um zehn Jahre gealtert ..."

Michael hat starken Österreich-Bezug. Sein erstes Go-Kart kaufte ihm Papa Mario nach dem GP 1978 vom Salzburger Toni Zöserl – damals der große Gegner des aufblühenden Senna. Und seine ersten Monoposto-Runden: in der Penker-Rennfahrerschule – bis ihn Mario stolz in seinen Wohnwagen holt: „Was sagst, Michael hat sein erstes Formel-Ford-Rennen gewonnen!" Und jetzt: der Österreicher-Schreck, Karambolagen.

„Michael ist heuer nicht er selber", gibt Vater Mario zu Saisonmitte zu. „Weder im Cockpit, noch außerhalb."

Michaels Frau Sandra, aus Indy und Umgebung das pausenlose Kamerasurren und Verschlüsseklicken gewohnt, fühlt sich in der Macho-Welt der Formel 1 vereinsamt, unbeachtet.

„Könntest du", fragt mich eine Sponsor-Lady, „mit Andrettis Frau bitte ein TV-Interview machen? Sie fühlt sich so unnötig ..."

Schließlich bleibt Sandra zu Hause in Nazareth, Pennsylvania, und Michael fliegt jede Woche über den „Atlantic River" – auch nicht die cleverste Idee. Und der Zirkus keppelt Sandra nach: „Von allen Rennfahrerfrauen ist sie am geschmacklosesten angezogen. Als käme sie direkt von einem Ausverkauf in einem mexikanischen Ramschladen."

Michael reagiert, kleidet Sandra neu ein – worauf sein „American-Express"-Konto mit rund 100.000 Schilling belastet ist.

Die verrückteste Idee, die du je hattest, Michael?

„Shopping with my wife in Monte Carlo ..."

Das Trommelfeuer auf Andretti wird stärker. „Viele legen ihre Ge-

wehre auf mich an — aber die kennen die Hintergründe nicht.“ Sogar das US-Magazin „Sports Illustrated“, das Hunderte US-Fans nach Europa brachte, kritisiert Andretti: „Er hat uns enttäuscht. Sogar seine Ehe geht in Trümmer.“

Kein Wunder, daß auf dem Hungaroring plötzlich ein Transparent flattert: „Andretti go home!“ — aufgezogen, weil Ron Dennis „die einvernehmliche Vertragslösung“ ankündigt.

Aber Dennis verspricht Hakkinen schon das ganze Jahr: „Du fährst heuer ganz sicher noch ein Rennen! Viele Teams sind am Limit, Suzuka und Adelaide extrem teuer. Also: entweder ein dritter McLaren — oder für ein anderes Team.“

Dennis nennt Hakkinen „den besten Joker in der Formel“. Hakkinen hat einen langjährigen McLaren-Vertrag, Andretti nur bis Ende 1993 — und da stecken auch riesige kommerzielle Interessen dahinter.

Hakkinen läuft ständig mit einem internationalen Telefon durch die Gegend — als erwarte er ständig, daß ihn McLaren anruft: „Andretti geht zurück in die USA, steig ein!“ In Monte Carlo hat der Finne sein tragbares Telefon sogar an Bord seines Motorbootes, mit dem er vom Hafen zur Schikane fährt. „Finanzielle Probleme bringt mir mein Testjob keine — und in Silverstone dreh ich drei Tage die Woche je 70 bis 80 Runden.“ Insgesamt hat Hakkinen seit Saisonbeginn schon „mindestens 50 Grand-Prix-Distanzen“ abgespult — und noch keinen GP gefahren.

Ich weiß nicht, ob eher McLaren Andretti loswerden oder ob eher Michael in die Indy-Car-Serie zurückkehren möchte. Jedenfalls macht ihm das Ganassi-Team ein Angebot. Dennis kann ihm vor Dezember nichts fix garantieren. Michael aber diese günstige Chance nicht sausen lassen. Also: vorzeitige, einvernehmliche Vertragslösung.

Dennis begleitet Andretti sogar zur Pressekonferenz in die USA. Inoffiziell, hört man, will er noch 250.000 Dollar. Offiziell fühlt er sich, schwafelt er, „wie ein Brautvater, der seine Tochter hergeben muß“. Aber: „Wann immer Michael zurück in die Formel 1 will, haben wir erste Wahl. Schließlich schuldet er mir ja noch drei Rennen.“

HOCKENHEIM: DAS SCHUMACHER-FIEBER
„Ihr seid das beste Publikum der Welt" / Wer hat wieviele PS?

Wie früher um Franz Klammer in Kitz oder um Niki Lauda in Zeltweg: So groß ist bereits der Wirbel um Michael Schumacher in Hockenheim. Das Motodrom mit 200.000 Fans längst ausverkauft — ganz Deutschland ist verrückt mit seinem Formel-1-Superstar. „Wenn du ins Motodrom mit seinem brausenden Lärm, den steil aufragenden Fußballtribünen einfährst, die jubelnde Menschenmenge siehst und spürst, und noch dazu aufs Stockerl rast — das Beste, das es gibt!" schwärmt das berühmt gewordene Benetton-Baby, bereits 1992 Dritter im deutschen GP. Schon damals mußte ihn sein Manager Willi Weber noch im Kofferraum ins Motodrom schmuggeln. „Die Fans hätten mir sonst das Auto zerkratzt — wahrscheinlich umgeworfen!"
Später wird er zugeben: „Was ich nach dem Abschlußtraining und nachher, als Zweiter auf dem Podest, alles gespürt hab, als ich die vielen bundesdeutschen Flaggen und die begeisterte Menschenmenge sah — unbeschreiblich."
Viele wollen wissen: „Wieso kannst du dich auf dem Siegespodest jedesmal noch so unglaublich spontan freuen — egal auf welchem Platz?" „Formel 1 ist das Größte, was es im Motorsport gibt, du fährst gegen die 26 Besten der Welt — da mußt du doch über jeden Erfolg glücklich sein!"
1992 — da war für Schumacher „noch jedes Ergebnis, das ich machte, ein Erfolg: Möglichst oft ankommen, Punkte sammeln. Aber ich hatte noch kein Ziel vor Augen." Heuer schon — Vizeweltmeister? „Ich hab heuer oft mehr riskiert, als möglich war. Und 100 Prozent sind auch für mich nur 100 Prozent. Mit 101 fliegst du von der Strecke."
Der Superstar mit Handicap: mindestens 50 PS weniger als Prost und Hill. „Aber ich möchte jetzt noch gar nicht in einem Williams sitzen!" bremst Schumacher. „Zu früh und zuviel Druck." Und der Superstar zum Spartarif: „Ich verdien immer noch weniger als eine Million Mark im Jahr — plus 5000 Dollar pro WM-Punkt. Aber wozu brauch ich mit 24 schon so viel Geld?" Es reicht für ein Monte-Carlo-Appartement, ein Escort-Cabrio, zwei Honda-Motorräder.
Der Weg nach oben. Man spürt, wie es Michael stolz macht, daß er es im Milliarden-Powergame Motorsport geschafft hat, ohne eigenes Geld

in die Formel 1 zu kommen. „Als man von mir einmal 500 Mark für eine Testfahrt verlangte, mußte mein Vater abwinken: Tut mir leid, das Geld haben wir nicht." Und trotzdem die Weltkarriere: „Das gibt sicher vielen Jugendlichen Mut. Ich hab allen vorgezeigt, daß es geht."
Als Vierjähriger durfte Michael erstmals ganz allein mit dem Kart fahren, nicht mehr mit dem Seil als Nabelschnur zum Vater. „Ich dreh mich ganz stolz um, winke fröhlich – und krach gegen eine Laterne. Darauf entscheidet mein Vater: So, ab jetzt nur noch auf eine echte Go-Kart-Bahn."
Noch als Volksschüler schlug er schon die Erwachsenen auf der Kart-Bahn. Mit alten, von den Gegnern weggeschmissenen Reifen, die er heimlich aus der Mülltonne holte. Wunderkind Schumacher, heute Superstar. Wie hart er trainiert, weiß keiner. Das hört man erst jetzt, wenn er über seine Entzündung im Knie spricht. „Ich hab Dauerschmerz und kann oft nachts nicht schlafen. Außerdem hab ich Rückenprobleme." Veranlagung? Übertraining? „Mit Sicherheit zuviele Übungen – und falsche Übungen. Früher, als Judokämpfer mit 12, 13 Jahren, hab ich 360 Rumpfbeugen am Stück gemacht. Fürs Kartfahren bin ich acht Kilometer täglich gelaufen."
Jetzt wehrt sich der Körper. „Vielleicht muß ich im Winter ins Spital. Ich werde alt ... aber ich seh nicht ein, warum ich jetzt schon, mit 24, auf Fußball und Tennis verzichten muß."
Michael ist ein Allround-Sporttalent. Schumacher, aber kein Toni? „Der Toni Schumacher war früher ein bißchen mein Vorbild. Ich hab auch früher im Tor gestanden. Später, als Feldspieler, war ich immer zu nervös, wenn ich den Ball vor die Füße bekam. Und jetzt, bei den Formel-1-Matches, hab ich oft Muskelkater an Stellen, wo ich überhaupt keine Muskeln vermutete."
Nach seinem Superrennen in Mexiko 1992 lernte Schumacher Golf – im Blitztempo. Und beim Benetton-Tennisturnier in Monaco überlebte er zwei Runden.
Von seinem Fitneßstudio in Monaco aus überblickt er die Rennstrecke. „Mein normales Trainingsprogramm oder Radfahren: überhaupt kein Problem." Im Trainingszentrum des österreichischen Fitneß-Guru Willi Dungl fragt Schumacher spontan: „Wieviel macht Senna?" Dann radelt er 30 Minuten mit 300 Watt – und schaut dabei Video-Filme.

Kickboxer ist er auch. „Zwar kein richtiger, ich hab's nur als Training benützt, weil mir diese Schaukämpfe wahnsinnig Spaß machen." Vollkontakt mag Michael keinen. „Weil ich immer zuviel Schiß hatte, eine auf die Nase zu kriegen — oder einem anderen eins auf die Nase zu geben. Ich hab mich auch als Junge nie geprügelt und bin stolz drauf. Aber: Kickboxen gibt mir ein bißl mehr Sicherheit."

Seit 1. August 1992 lebt Schumacher also in Monte Carlo. „Da hab ich meine Ruhe, kann mit Corinna am Strand liegen, ohne daß ich dauernd gestört werde."

Wie lebt er dort? Er rollt im Escort-Cabrio durchs Fürstentum, „weil man dort ein offenes Auto braucht. Nicht so einen dicken 600 SE wie mein japanischer Freund Aguri. Dazu kommen zwei Honda-Motorräder. Die CBA 600 hab ich mir aus Deutschland heruntergeholt und dazu eine 750er-Chopper gekauft, weil ich glaub: In Monte brauchst du einfach eine Chopper."

Ein Motorboot auch. Darum kauft Michael von Jacky Ickx einen Wasserflitzer von Tullio Abbate: 7 Meter, Mercury-Motor, 260 PS. „Mit so einer kleinen Kajüte, da kannst die Wasserski reinlegen." Den Schein hat Schumacher noch nicht. „Erster Termin war der 14. Mai, aber da mußte ich in Leipzig eine elf-Tankstelle einweihen." An Weltumseglung denkt Michael nicht: „Dazu brauch ich noch ein paar Jahre."

Und an ein Privatflugzeug? „Um Gottes willen", schlägt sein väterlicher Managerfreund Willi Weber die Hände zusammen. „Boot hab ich erlaubt, Flieger nicht." Zwar hatte Michael kürzlich mal Interesse, Hubschrauber zu fliegen, „aber das einzige, was mir Spaß macht, ist Starten und Landen. Dazwischen ist es fad: keine echte Herausforderung. Und ich hab noch nicht so viel Geld, daß ich schon sagen kann: Mir egal, was ich fürs Fliegen ausgib." Außerdem, ergänzt Weber, müsse Schumacher sowieso einen Schotten in seiner Ahnenreihe haben.

Der Superstar zum Spartarif. So preiswert wie Schumacher war noch kein Grand-Prix-Star — immer noch. 300.000 Mark fürs erste Formel-1-Jahr plus 5000 Dollar Prämie pro WM-Punkt. „Für einen 23jährigen sehr viel Geld", war Michael absolut zufrieden. Aber Benetton-Rennchef Flavio Briatore prophezeite bereits: „Schumacher wird schuld dran sein, daß Senna 1993 keine 23 Millionen Dollar mehr verlangen kann." Aber natürlich klopfte auch Weber für 1993 um Gehaltserhöhung an. „Wir sind zufrieden — im Moment noch. Aber

für 1994 müssen wir, wie es aussieht, neu verhandeln." Schumacher spricht von einem Jahresgehalt von „unter einer Million Mark. Aber du mußt immer dran denken, wann ich den Vertrag unterschrieben hab — da kann ich immer noch damit glücklich sein. Ich bin 24, hab ein tolles Auto, eine Wohnung in Monaco, kann meine Eltern besuchen und Go-Kart fahren, wann ich will — tolle Situation, schönes Leben, oder nicht?"
Als die ersten Sponsoren anklopften, riet Niki Lauda Weber und Schumacher: „Macht euch rar." Nach DEKRA kam jetzt ein Vertrag mit TAG-Heuer. „Und meinen Sturzhelm mach ich jetzt etwas peppiger, aber die Farben bleiben." Unvergessen die Mercedes-Machofotos von Schumacher mit seinem „Silberpfeil"-Zwilling Karl Wendlinger: schwarze Jacke, viel Haargel. „Unglaublich, wie sich Michael in kürzester Zeit entwickelt hat", staunen alle, die seine Anfänge miterlebten. „Auch in der Mode." Weil er alles mit atembraubender Geschwindigkeit aufnimmt, draus lernt und für sich umsetzt, sagt Weber und stellt viele Weichen.
Jetzt brachte Michael Spatz, Marketing- und Lizenzberater, eine eigenständige Michael-Schumacher-Collection auf den Markt: T-Shirt, Sweat-Shirt, Kappe, Sonnenbrille, Taschen, Geldbeutel, Etuis. „Und auf den Telefonwertkarten ist er auch drauf." Benetton kann nicht eifersüchtig sein: Die „MS-Collection" hat andere Farben.
Michael Schumacher, ein erfrischender neuer Siegertyp in der Formel 1. Nicht erst, seit er 1992 die dramatische Ardennenschlacht von Spa gewonnen hat. Wann gibt's ein zweites Spa? „Sicher werde ich in Spa wieder fahren ..." Sein Triumphgefühl hat er konserviert: „Herzklopfen, Tränen, alles zusammen. Ich weiß gar nicht mehr, was da alles vorgegangen ist — einfach Wahnsinn."
Seither hat Schumacher Mühe genug, 70 Millionen Deutschen zu erklären, daß er nicht die Reinkarnation der Caracciola und Rosemeyer ist, auch nicht der wiedergeborene ritterliche Graf Berghe von Trips, potenziert mit dem unsterblichen Ruhm der Silberpfeile bzw. Auto-Union: „Ich bin der Michael Schumacher aus Kerpen."
Kein Mann für Statistik und Tradition. Er lebt so total im Heute, als die personifizierte Jugend, daß keine Zeit bleibt für einen Blick zurück. In Donington, befragt, ob er sich schon das weltberühmte Museum mit seinen über 150 Rennwagen angesehen habe: „Gibt's hier

n Champion von morgen? Karl Wendlinger in Wartestellung. Der Kufsteiner gehört für alle
xperten längst zu den Top Ten der Formel I.

Öffentlicher Sekundenkampf: Wendlinger beim Reifenwechsel. Heimlicher Boxenbesuch: Berger interessiert sich fürs Sauber-Cockpit – Konzept von Mercedes.

Meistens friedlich, außer in Monte Carlo: Lehto und Wendlinger. Unten Nahkampf in Barcelona, Wendlinger neben Berger. „Wir haben zu gut angefangen."

Michael Andretti als
„Austria-Schreck": Die
Kollision mit Wendlinge
in Donington. Vater Mar
„Über seiner Karriere hä
gen schwarze Wolken."

Frohe Botschaften aus der Sauber-Box: Karl Wendlinger liegt in 6. Position, 33 Sekunden hinter Brundle, aber 3 vor Blundell. Nur noch zwei Runden.

Gespräche über Aerodynamik? Wendlinger mit Busenstar Dolly Buster. Verstehen einander auch ohne Worte: Senna und Freundin Armanda in Budapest.

Turbulenzen: Martin Brundle im plötzlich erstarkten Ligier-Renault (oben). Das Minardi-Duo Fittipaldi und Martini – nach dem Salto von Monza.

Schumacher schläfrig. Magst du Sushi? Warwick mit Footwork-Models, Ron Dennis auf Motorensuche, bis er Peugeot findet – und Senna lacht zuletzt am besten: 1994 beerbt er Prost bei Williams-Renault.

eines? Ich interessiere mich nicht für Oldtimer, nicht für alte Möbel – ich hab da keinerlei Nachholbedarf."

Schumachers Gegenwart ist spannend genug. Seine unmittelbare Zukunft auch.

Schumacher im echten Mercedes-Silberpfeil? Momentan noch Utopie, aber irgendwann sicher möglich. Bis 1995 ist er an Benetton nur „ausgeliehen". Und eine Vertrags-Geheimklausel besagt: „Wenn er – wie 1992 – unter die ersten drei der WM kommt, darf er gar nicht wechseln." Will er momentan auch gar nicht.

Wegen des neuen Benetton-Ford, der „Wunderwaffe" im Techno-Krieg. „Wie 1992 bewies Benetton: Die können ein Auto auf Anhieb konkurrenzfähig und ausgereizt hinstellen!" Dank an Riccardo Patrese: „Seine Erfahrung hat uns mit der aktiven Radaufhängung sehr weitergeholfen." Unterschiede im Fahrstil? „Ich mag weniger Untersteuern", sagt Schumacher. Aber Patrese gibt privat zu: „Ich komm mit diesem Auto nicht zurecht!" Sein Sohn Simone (16), der ihn schon öfter bei Skirennen geschlagen hat, wird kein Rennfahrer: „Er ist viel besser im Tennis und Volleyball", sagt Riccardo.

Und Schumacher, später in der Saison: „Früher brauchte Benetton zum Gewinnen oft einen Glücksfall, jetzt nicht mehr. Seit wir kontinuierlich weiterarbeiten, behauptet sich Benetton gegen die guten Teams. Alain Prost hat uns ja ein Kompliment gemacht!" Hat der Weltmeister noch im Sommer behauptet: „Wir fürchten nicht Benetton, sondern nur diesen unheimlichen Schumacher", so gibt er im Herbst zu: „Das beste Auto ist derzeit der Benetton." Schumacher schließt daraus: „Jetzt hab ich immer noch den gleichen Motor, bin oft Zweiter – also muß das Auto wirklich besser geworden sein. Mein Dank ans Team, das äußerst hart arbeitet."

Zwischendurch freilich Ärger bei Benetton: Dem Schumacher-Team liefen die Mechaniker weg! Der Grund: Tom Walkinshaw hat den Schraubern die Bonusgelder drastisch reduziert. Hatte 1992 noch jedes Teammitglied, egal ob Ingenieur oder Putzfrau in der Fabrik, pro WM-Punkt als Extraprämie 30 Pfund oder 60 Dollar kassiert, total also für die 91 WM-Punkte von Schumacher und Brundle 2730 Pfund, so verfügte der knallharte „Captain Tom" jetzt: „Nur noch 1000 Pfund für den WM-Titel, 750 für den 2. und 500 für den 3. WM-Rang."

Für die Mechaniker ein enormer Verlust. „Dabei hat sich der Chef erst für 8 Millionen Pfund ein neues Flugzeug gekauft", ärgern sich die stillen Helden der Formel 1.
Die Geschenke werden nicht gestrichen. Teamchef Flavio Briatore hat Geburtstag – Walkinshaw schenkt ihm ein Mountain Bike von Rolls Royce. Kosten: fast 20.000 Mark!
Die Männer um Schumacher? Zuallererst natürlich Willi Weber, sein Manager, mit dem 1988 geschlossenen 10-Jahres-Vertrag, über den mir WW schon 1991 sagt: „Jetzt wollen sich alle an der großen Schumacher-Lotterie beteiligen, aber der einzige, der sich damals ein Los gekauft hat, bin ich." Weber (51) stammt aus Regensburg, leitet heute das immer größer werdende Schumacher-Imperium aus Stuttgart.
Eigentlich Chef einer Restaurantkette mit 15 Millionen Umsatz, kassiert Weber heute von allen Schumacher-Gagen 20 Prozent. Auch von den 5000 Dollar Prämien pro WM-Punkt? „Auch davon."
„Willi Wichtig", nennen ihn manche respektvoll, aber Schumacher lächelt: „Manchmal ist er mein Vater, manchmal bin ich sein Vater ..." Willi programmiert Michaels GP-Wochenende minutiös, streicht alle Samstagabend-Sponsortätigkeiten, „weil ein Rennfahrer früh ins Bett gehört", packt in Hockenheim Dutzende Reporter in einen Autobus, den Schumacher um die Strecke kutschiert – damit er jede Kurve erklären kann. „Ich hab 20 Jahre zugeschaut, welche Fehler in der Formel 1 gemacht werden. Bei mir nicht!"
Wichtig ist auch Harald Hawelka aus Wien, schon als „Beichtvater, Koch und Masseur" gleichzeitig hochgelobt: Masseur für body and soul. Totale Betreuung, wie sie Schumacher will.
Auch Ralf, sein Brunder, hat Rennbenzin mit der Muttermilch eingezogen – fährt Go-Kart, seit er vier ist. Und 1993 die zehn Rennen der Formel König, billige Nachwuchsformel.
Michaels 17jähriger Bruder gewinnt unter Marc Surers Anleitung eine Formel-Junior-Testwoche auf dem Österreichring gegen 22 Gegner. Die Autos? 1000-ccm-Motorradmotoren, 100 PS, 370 kg, 230 km/h. Der Sieger? „Sehr schnell, hochtalentiert, hochmotiviert, ein bißl rundlicher als der große Bruder, aber hell im Kopf, ein bißl vorlaut", charakterisiert ihn Surer.
Michael: „Ich hab ihn die ersten zwei Rennen absichtlich in Ruhe gelassen, aber jetzt muß ich ihm unbedingt zuschauen." Schumacher II

ante portas: Hat schon Schlagzeilen gemacht, als er dem großen Bruder um zwei Tausendstel den Kart-Bahnrekord in Kerpen entriß. Michael nickt und lächelt: „Ralf ist wahnsinnig schnell, unheimlich ehrgeizig. Ich würde mich freuen, wenn er in die Formel 1 kommt. Ich hätte damit sicher keine Probleme."

Auch Jan Lammers war ein solcher Wunderknabe: bereits mit zwölf der Star der Rob-Slotemaker-Schleuderschule in Zandvoort — jedes Jahr im Vorprogramm des holländischen GP. Donnerwirbel, vier Dreher, Riesenapplaus — und heraus winkt ein Zirkuskind.

Mir fallen bei Schumacher viele Parallelen auf — bis hin zu Jim Clark. Kein anderer hat sich menschlich, im Auftreten so rasch entwickelt, ist so blitzartig gereift. Daran gemessen, wo er herkommt. Von der weltabgeschiedenen Schaffarm in Edington Mains im schottischen Hochland bzw. von der Go-Kart-Bahn aus Kerpen. Beide prägt auch ein sechster Sinn für die richtige Linie — die ja Schumacher, wie er selber verrät, oft variiert. Das berühmte Streichholz, das in jeder Runde an genau der gleichen Stelle überfahren wird, galt für Fangio.

Er wird kantiger, sein Kinn spitzer: der Ausdruck von brennendem Ehrgeiz, totaler Konzentration. Sicher wäre er auch ein schneidiger Jagdflieger geworden.

Sogar Ayrton Senna staunt neulich: „Ist er so fit — oder ist das seine Jugend?"

Jackie Stewart sagt mir: „Über Schumacher kann ich nicht wirklich urteilen, weil er doch schon zwei Jahre im Geschäft ist — also kannst nimmer sagen: ein neuer Pilot. Auf den ganz großen Erfolg wird er noch etwas warten müssen. Der kommt nicht ganz so schnell, wie die Leute prophezeien — so wird das nicht gespielt, der große Triumph über Nacht. Er ist nicht für Prost passiert, nicht für Senna oder Stewart, Lauda oder Clark — wen immer. Warum sollte jetzt alles auf einmal für Schumacher passieren?"

Moment, Jackie — das klingt ja fast unfreundlich. Wie beurteilst du Schumacher, den Lauda als „Jahrhunderttalent" lobt, wirklich?

STEWART: „Ich schätze ihn sehr hoch. Schumacher hat einen vernünftigen, grundsoliden Kopf zwischen seinen Schultern, viel Naturtalent. Bis zum Frühsommer hatte ich eine Zeitlang das Gefühl: Er fährt ein bißl um die Probleme herum, weicht ihnen aus. Und nur Zeit kann ihn lehren, wie man sich die Technik optimal zunutze macht. Das

ist nichts gegen ihn. Man geht nur einfach nicht vom Kindergarten auf die Universität. Wenn du Matura oder das Doktorat machen willst, brauchst du Zeit. Und wenn du alles überstürzt, ist es wie mit dem rohen Fleisch. Wenn du auf eine Farm kommst, wo sie Rindfleisch künstlich forcieren, wird es nie so gut schmecken wie Beef, das natürlich gereift ist. Für Schumacher gilt das gleiche. Er soll nichts erzwingen. Er soll sich die Zeit nehmen, das Geschäft korrekt zu lernen. Und ja nicht versuchen, Dinge zu riskieren, zu denen er noch nicht fähig oder imstande ist."

Und sein „Mercedes-Zwilling" Karl Wendlinger?

STEWART: „Auch er ist offensichtlich sehr gut. Alles nur eine Frage der Zeit. Wendlinger müssen wir wirklich im Auge behalten. Ich glaub auch, daß das Sauber-Team sehr fähig ist. Wendlinger ist ganz offensichtlich ein Riesentalent und fährt sehr intelligent. Das tut auch Lehto. Oder jemand wie Johnny Herbert."

Aber Schumacher überstrahlt alle.

Was fürchtest du am meisten? frag ich ihn. „Den Boris-Becker-Effekt. Daß man mich hochjubelt, aber dann fallenläßt." Für 70 Millionen Deutsche, die in Hockenheim sein Auto Nr. 5 am liebsten anschieben möchten, ist er sowieso Favorit.

Und voll mit so viel strotzendem Selbstvertrauen, das Weber „richtig Angst macht."

Was muß passieren, daß du in Hockenheim gewinnst? frag ich Michael. „Da mußt du den Prost auf Urlaub schicken — den Senna hab ich im Griff!"

Mit dem gleichen Motor, muß man dazusagen.

Alain Prost — der Held am Tourmalet! Bevor er nach Hockenheim fliegt, kletterte der WM-Favorit über die gefürchteten Pyrenäen-Pässe der Tour de France. „Wenn du Sport wirklich liebst, mußt du die Radstars bewundern. Drei Wochen, 200 km pro Tag — für mich bieten die Velostars die größte Leistung aller Sportler!" Alain weiß, wovon er redet: „Mein Formel-1-Comeback hab ich mit täglichem Velofahren vorbereitet — 90 km pro Tag... Aber jetzt weiß ich den Unterschied zwischen Profis und Amateuren. Ich fuhr so schnell wie ich wollte — und konnte." Und das hieß 25 km/h Schnitt.

Prost belegt unter 1850 Teilnehmern Platz 242 — er ist 7.24:20 Stunden unterwegs. „Hattest du ein aktives Fahrrad?“ fragt ihn Alboreto. Auch Schumacher trainiert vor Hockenheim mit dem Velo: 90 km, bergauf, bergab, an der Côte d'Azur.

Aber der größte Pechvogel ist Lotus-Pilot Zanardi: „Beim Radtraining in Bologna hat mich ein älterer Autofahrer niedergestoßen — und rollte mir beim Reversieren irrtümlich noch über den linken Fuß.“ Mit Gipsverband quält sich Zanardi ins Cockpit.

Oldtimer Jackie Stewart hinkt durchs Fahrerlager — auf eine Glasscherbe gestiegen.

Die Formel 1 leckt ihre Wunden — mehr denn je? „Dank Schumacher“, rechnet mir Bernie Ecclestone vor, „haben wir im Motodrom 40 Prozent mehr Zuschauer als 1992 ... nicht so schlecht in der Rezession!“

Im Fahrerlager erinnern Ing. Hans Mezger („Porsche kommt schon wieder rauf“) und Ing. Ralf Hahn an die deutsche Formel-1-Herrlichkeit von gestern und vom Supercup, nach schmerzhaftem Saisonstart: Rennleiter Max Welti rutscht auf einer Skihütte in den Rocky Mountains, als er ein Eßtablett balanciert, wie ein Eisrevueclown aus — komplizierter Becken-Trümmerbruch, den Willi Dungl heilt. Dann macht Max den Porsche-Supercup zur friedlichen Super-Serie.

Der Motorenkrieg Benetton—McLaren verschärft sich. In Hockenheim schlägt Schumacher Alarm: „Ich wundere mich, wieso McLaren die Serie-8-Motoren schon am Freitag verwenden konnte, Benetton aber erst am Samstag.“ Dazu Ford: „Beide Teams hatten rechtzeitig die neuen Triebwerke — und können selber entscheiden.“ Unterschied? „Ein paar PS mehr bei höchster Drehzahl — aber auch höherer Spritverbrauch.“

Wieder gewaltig: die Topspeeds. Prost hämmert mit 342 km/h über die Hockenheim-Geraden. Wendlinger mit 332. „Ich spür nichts — so langsam wie ich auf der Geraden bin“, sagt Karli sarkastisch. Prost spürt ab 340 km/h „jeden Kilometer“, Schumacher „nur die Beschleunigung ohne Flügel“.

Wieviel PS hat die Formel 1 wirklich? Alle Motordaten werden ängstlich geheimgehalten, streng gehütet — für viele ist schon allein die Frage nach PS, Drehzahl oder Tankinhalt glatte Industriespionage. Ich vermag dennoch aufzuklären. Aus vertraulichen Infos, echten Aussagen, Beobachtungen und den Computer-Berechnungen des bereits legendären italienischen Ingenieur-Reporters Enrico Benzing filtern unglaubliche Tatsachen. Daß z. B. Renault im Lauf der Saison sogar Leistung zurückgenommen hat, daß der Ferrari-Motor unglaubliche 15.400 U/min drehen kann, aber auch den meisten Sprit verfeuert: bis zu 230 Liter!

Hier das „Powerplay" 1993, nach Teams aufgeschlüsselt:

RENAULT: Begann die Saison mit 756 PS im Qualifikationstraining und 744 PS im Rennen, steigerte in Magny-Cours und Silverstone auf satte 770 PS, reduzierte in Hockenheim, wo Benetton-Ford näher kam, auf 754 PS im Training und 748 PS im Rennen. Dieser freiwillige PS-Verlust konnte nur mit dem Sprit zu tun haben. Jetzt: sicher 760 PS.

FORD: Anfangs 1993 war der Unterschied zwischen den Benetton- und McLaren-Motoren groß: 692 PS für Schumacher, aber nur 668 PS für Senna. Damals hatte McLaren noch ein gutes Chassis, Ayrton konnte den Deutschen fordern, unter außergewöhnlichen Umständen (Regen in Interlagos und Donington, Prost-Frühstart in Monaco) sogar dreimal gewinnen. Aber während McLaren stagnierte, machte Benetton Riesensprünge. Drei Evolutionen: aus dem B192 wurde der B193 (ab Donington), dann der Typ B193B (ab Magny-Cours). Seit Silverstone hat auch McLaren die Serie-8-Triebwerke: nur minimaler Unterschied zur Serie 7, die perfekt ausgereift, voll entwickelt ist. Benzing rechnet: „712 PS für die Serie 8, 707 PS für die Serie 7." Kein Zufall, daß Senna und Schumacher in Hockenheim und Budapest haargenau den gleichen Topspeed fuhren – nachdem McLaren die Schnauze aerodynamisch modifiziert hatte. Drehzahl: 13.500, aber für 1994 erhöht Ford um tausend Umdrehungen! Die Serie-5-Triebwerke von Lotus und Minardi haben im Qualifikationstraining immerhin 680 PS – das erklärt vieles.

FERRARI: Rund 750 PS, verliert aber durch seine Chassis-Probleme gut 50 PS. Im Imola-Qualifikationstraining stolze 743 PS – im Rennen wegen des Spritkonsums und der vielen Runden auf 728 PS reduziert. Der neue 4-Ventiler müßte etwas mehr PS leisten, über eine Qualifikationsrunde besser sein – noch nicht aber über eine Renndistanz. Ferraris Ziel für heuer war: 80 PS dazugewinnen! Die Parameter sagen ja: Die jetzige Drehzahl von 14.500 kann auf 16.000 U/min erhöht werden, aber der Preis ist ein zu hoher Spritverbrauch. Bereits in Kanada verfeuerte der vollgetankte Ferrari 230 Liter. Nor-

mal sind 220 Liter – und Berger hatte in Spa, obwohl er zwei Runden weniger fuhr, Spritprobleme.
SAUBER: „Tankinhalt 217 Liter, alles andere ist top-geheim", lächelt Motorenmann Lorenz Heer. Der Ilmor hat mit 685 PS begonnen, jetzt schon beachtliche 710 PS, etwa wie der Lamborghini V12, dreht aber mit 13.500 deutlich höher. Unser neuer Motor bringt im oberen Bereich 30–35 PS mehr, und die brauchen wir speziell in Monza!" freut sich Karl Wendlinger schon auf das Premierenrennen des neuen Ilmor.
MUGEN: Die Japaner haben neuerdings Honda-Material und ihre Saison-Anfangsleistung (700 PS im Qualifikationstraining, 680 PS im Rennen) noch etwas verbessert.

DIE GEHEIME TABELLE

Motor	PS	Drehzahl	Spritverbrauch (Tankinhalt)
Renault V10	760	14.500	200
Ford V8 (Serie 8)	712	13.500	185–195
Ferrari V12	750	15.400	220–230
Sauber V10	710	13.500	217
Lamborghini V12	720	13.000	200–220
Hart V10	675–692	13.400	
Mugen-Honda V10	680–700	13.200	200
Ford V8 (Serie 5)			
Lotus, Minardi	680	13.200	

Flache Flügel für die langen Geraden, viel Anpreßdruck im Motodrom und den Schikanen: In Hockenheim wäre eine Art umklappbarer Heckflügel ideal. Ferrari hat so ein Seilzug-System 1968 in Monza probiert. Bis das Kabel riß – und der arme Pilot Chris Amon bis in die Bäume hinaufflog. Chris hat's überlebt – und wird am Hockenheim-Wochenende 50. Natürlich rufen wir ihn in Neuseeland an.
Die echten Dramen: Berger kommt als Autostopper im Rennleiterfahrzeug zurück – kapitaler Motorschaden draußen auf der Strecke. Wendlinger wird an die Box zurückgeschleppt – zwei Dreher, „weil Hockenheim so rutschig ist". Super – Schumacher sprengt das Williams Duo Prost/Hill – der mit Alboreto kollidiert. Senna dreht sich, Prost schließt in der Schikane gradaus.
Vorne Prost vor Hill, die „Untouchables" von Williams – aber Schumacher rüttelt sie kräftig durcheinander. Samstag: Angriff von Hill, dann von Senna, Schumacher zurückgefallen, aber in der letzten Trai-

ningsrunde doch vor Senna – Dritter! 100.000 im Motodrom trampeln Beifall. Schumacher muß wie an allen Trainingstagen, im Kofferraum seines Managers versteckt ins Motodrom – als der große Geheimtip? Denn die Williams haben leichte Probleme, Kupplung und Getriebe – und auch der „Professor“ ist nicht unfehlbar.

Aber der Herzschlag stockt plötzlich beim Berger-Unfall. „Unser Ferrari ist extrem schwierig zu fahren – bei den letzten 5 Prozent Risiko besonders. Und bei unserer Gratwanderung fahren wir momentan mit 110 Prozent“, gibt Berger zu. „Alesi hat sich vormittags gedreht und mich gewarnt: Paß auf!“

Gerhard riskiert in der 3. Schikane zu viel: „Ich bin über die Kerbe, Auto ausgehoben, ich korrigier – und schon bin ich abgeflogen.“

Das hat weh getan! Mit 220 km/h, im 5. Gang, Heck voran, voll gegen den Reifenschutzwall! „Mir ist schlecht und schwindlig, aber ich hab das öfter – vor allem in Hockenheim. Und der Fuß tut mir weh. Von der Radaufhängung, die ins Cockpit reingestoßen ist!“ Angst vorm Rennen? „Da fahren wir ja nicht 110 Prozent ...“

Wendlinger steigerte sich um 0,3, bleibt aber 14.

Jochen Rindts Foto auf den Hockenheim-Tickets, Bergers Crash im Fernsehen, Wendlingers Konterfei auf allen offiziellen Plakaten, Posters und Programmheften – fast ein Austria-Grand-Prix in Hokkenheim? „Aber leider fehlt deinen Österreichern momentan das richtige Material“, sagt mir Bernie Ecclestone. „Mit einem Williams wären Berger und Wendlinger jetzt in der WM in Führung!“

Danke, Bernie – aber die Gegenwart ist hart. „Mein Aufwand, mein Einsatz beim Testen“, rechnet Gerhard traurig, „spiegelt sich im Moment überhaupt nicht in Ergebnissen wider – wie in anderen Sportarten.“

Motorsport und Tennis, das neue „Love Game“. Weil Steffi Grafs Bruder Michael bereits Formel 3 fährt, konzentriert sich die „Tennisgräfin“ in Hockenheim ganz auf ihren Herzbuben, Michael Bartels. Verliebt, verlobt, befreundet? „Befreundet“, lächelt Bartels, „lassen wir das einmal so stehen. Wir können Rennen und Tennis gut miteinander verbinden. Und wenn Steffi ihre Verletzung kuriert hat, komm ich auch wieder zu Turnieren. Mir selber hält sie sowieso immer die Daumen.“

Die Situation im Damentennis findet Bartels nach dem Seles-Attentat

„in Deutschland sehr ärgerlich. Ich glaub nicht, daß sich Steffi große Sorgen macht, aber ich hab nicht soviel Einblick. Das wichtigste für mich: das Formel-3000-Rennen zu gewinnen, alles andere ist zweitrangig." Und dann erlebt Steffi Graf – hinter zugezogenen Vorhängen des Pacific-Wohnmobils – vorm Fernseher, wie ihr Herzbub einen Massenunfall mit sechs Autos auslöst. Michael: „Ich bin nach meinem Unfall vielleicht zu früh aus meinem Auto rausgesprungen. Riesenglück gehabt – das hätte schlimm ausgehen können."

„Kennen Sie Hockenheim?" fragte mich einmal Jim Clarks Vater, als ich ihn auf seiner schottischen Farm Edington Mains besuchte. „Eine so einsame Gerade ... und ein so schrecklicher Wald!" Dort war vor genau einem Vierteljahrhundert (1968) der „fliegende Schotte", für viele heute noch der schnellste und beste Rennfahrer aller Zeiten, tödlich verunglückt: in einem unwichtigen, verregneten Formel-2-Rennen. Wegen des gefürchteten „schleichenden Patschen"? Einer gerissenen Lotus-Aufhängung? Eines blockierenden Motors? Oder weil er ein paar Kindern ausweichen wollte, die über die Strecke rannten – wie ein geheimnisvoller US-Offizier später verriet?
Colin Chapman hat das Wrack vernichtet, „um alle Evidenz auszulöschen". Clark starb, gegen einen Baum geprallt, an Genickbruch. Ein Opfertod – denn erst nach Hockenheim begann man auf allen Rennstrecken Leitschienen zu montieren, um entgleiste Rennwagen aufzufangen. Jochen Rindt und Jackie Stewart kommandierten die Safety-Kampagne gegen Hohn und Spott: „Ein 100-Meter-Läufer braucht auch keinen Feuerlöscher."
Nach Clarks Tod, dem großen Schock, begann das Umdenken: „Wenn nicht einmal Jim Clark sicher war", sagte mir Jochen damals schaudernd, „wer dann?" Und Niki Lauda erinnert sich: „An jenem Tag 1968 sollte ich in Aspern mein erstes Autorennen fahren. Mit einem Mini-Cooper, den ich Fritz Baumgartner abgekauft hatte – die 40.000 Schilling borgte mir die Oma. Im Vertrag stand aber: Erster Einsatz auf der Rundstrecke verboten – zuerst Bergrennen, in Mühllacken, eine Woche später. Als Zuschauer ging ich zum Asperner Tourenwagenrennen. Und sah, wie jemand dem Sieger Frank Gardner bei der Preisverteilung etwas ins Ohr flüsterte. Der nahm sofort den Lorbeerkranz vom Kopf runter – und ging weinend weg."

Heute gibt es im Rennsport längst keine Lorbeerkränze mehr, nur Schecks und Pokale. Aber ich erinnere mich, wie Jochen Rindt 1970 in Hockenheim seinen sechsten und letzten Grand Prix gewann. Den Kranz legte er nachher an Clarks Unglücksstelle nieder: für Jimmy den letzten Lorbeer — als letzten Gruß.
Und 1977 gewann Niki Lauda in Hockenheim: ein Jahr, nachdem er auf dem Nürburgring dem Tod von der Schaufel gesprungen war. „So lang ist das her?"
25 Jahre nach Clark. Firestone gibt erstmals zu: Es war ein Reifenplatzer rechts hinten, kein schleichender Patschen. Seither halten Sicherheitsbolzen die Reifen auf der Felge, bis die Pneus total zerfetzt sind — was Damon Hill passieren wird.
Wohin die Clark-Millionen verschwunden sind, ist nicht nur für Jackie Stewart „total mysteriös: Keine Erben, keine Kinder, Jimmys Eltern längst tot — und seine Schwestern sind einfache Bäuerinnen geblieben".
Sonntag früh regnet's, aber Prost lächelt wie die Sonne, als er durchs Fahrerlager geht — mit John Barnard. Wenn sich ein Champion mit seinem Ex-Konstrukteur liiert, kann das nur drei Gründe haben. a) gemeinsame Zukunftspläne, b) er will ihn beim WM-Triumph bei sich haben, c) er denkt, ohne alte Stories aufzuwärmen, an Rücktritt.
Plötzlich sind sie wieder da — die Gespenster von Hockenheim. Wie im Formel-2-Rennen 1980, als Derek Warwick ein Rad verlor — das Österreichs damals größte Rennfahrerhoffnung Markus Höttinger am Kopf traf. Der Zukunftsstar, damals schon erster Testpilot des späteren WM-Turbo-Motors von BMW, starb ohne seine Schuld — ohne Kratzer an seinem Auto.
Oder: Formel-1-Training 1982. Strömender Regen, Alain Prost von seinem Renault-Rennleiter Larrousse hinausgejagt, um Bremsen zu testen. Widerwillig stieg Prost auf der Geraden auf die Bremse, meterhohe Wasserfontänen, Gischt und Spray. Derek Daly (jetzt ESPN-Kommentator) konnte gerade noch verreißen, aber Didier Pironi prallte gegen Prosts Hinterräder, stieg meterhoch auf. „Ich hab die Bäume von oben gesehen ..." Monatelang Spital, Dutzende Operationen — später starb Pironi bei einem Motorbootunglück.
Und 1993, im verregneten Warm up, die totale Schrecksekunde. Auf allen TV-Schirmen plötzlich: ein umgekippter rot-weißer Footwork, der kopfüber im Sand steckt — der flache Unterboden nach oben ge-

kehrt, Feuergefahr. Mutige, kräftige Streckenposten kippen das Auto um – und da liegt Derek Warwick, der Unglücksmann von 1980, schon im Kiesbett – selber herausgekrochen, dann sofort untersucht, ärztlich betreut. Berger und Alesi sind die ersten Fahrer, die sofort stehenbleiben – Warwick den Helm abnehmen – und statt Gesicht nur Sand erblicken. Gerhard: „Wenn du einen solchen Unfall siehst, wird dir immer schlecht . . ."
Prost zieht die dramatischen Parallelen: „Der gleiche Regen, alles haargenau wie 1982 mit Pironi. Vorn Luca Badoer mit dem Lola, dahinter ich, dann Warwick. Ich seh den Lola im letzten Moment, kann ausweichen – aber Derek nicht mehr." Warwick reißt am Lola beide rechten Räder ab, fährt mit 300 km/h weiter, über die dritte Schikane, in der Berger so bös gecrasht ist. Die Kerben wirken als Sprungschanze, der Wagen steigt auf, überschlägt sich seitlich.
„Ich denk nur: Raus, so schnell wie möglich!" Wie schon in Mexiko aus dem Arrows, wie schon in Monza aus dem Lotus, kriecht Warwick aus dem umgekippten Auto. Sein Bruder Paul ist 1991 in Oulton Park tödlich verunglückt – darum atmen gestern alle auf, als sich Derek bewegt. Die Schutzengel verjagen die Gespenster. Warwick: „Ich möcht am Nachmittag fahren!" Tut er wirklich – trotz rasender Kopfschmerzen.
„Your are the toughest", sag ich zum alten Haudegen Warwick, der Härteste und Mutigste. *„Or the most stupid"*, grinst er. „Oder der Dümmste."
Beim Piloten-Briefing mahnt Bruynseraede: „Soviele Abschneider wie 1992 werden nimmer toleriert. Wer heute die Schikane abkürzt, kriegt Strafsekunden!" Drei wird es treffen, darunter Prost.
Alain springt kurz vorm Start aus dem Auto, flankt über die Boxenmauer und findet sich plötzlich verwirrt in der Minardi-Box: „Wo ist hier das Klo?"
Wieder schießt Damon Hill in Front, wieder verpatzt Prost den Start, kollidiert später mit Senna, kürzt eine Schikane ab, um dem kreiselnden Brundle auszuweichen – und wird zu 10 Strafsekunden verdonnert. Da gelingt Hill die Soloflucht – bei 20 Sekunden Differenz darf die Williams-Box keine Stallregie mehr befehlen.
Vorletzte Runde: immer noch 12 Sekunden – da platzt Hill der linke Hinterreifen.

„Warum immer ich? Wieviel Pech muß ich noch haben? Das ist eine Million Mal schlimmer als Silverstone! Dort waren ja noch 18 Runden zu fahren, harte Arbeit, wäre sicher interessant geworden – aber in Hockenheim war alles schon vorbei, der Job getan, meine Arbeit erledigt. Das war ganz eindeutig mein Rennen. Ich hatte es im Sack – ein solches Ende hab ich mir wirklich nicht verdient!"

Damon Hill, der unbelohnte Held des GP von Deutschland atmet tief durch – dann kommt seine Analyse, ohne anzuklagen: „Ein scharfer Wrackteil, über den ich gefahren sein muß – unmöglich, daß ich meine Pneus so verschlissen hatte. Passierte ohne jede Vorwarnung als ich aus der Ostkurve rauskam."

Goodyear hat allen Teams garantiert: „Vom Reifenverschleiß her – kein Problem." Die Benetton-Taktik lautet: zwei Boxenstops wie in Magny-Cours. Schumacher wird nach dem ersten Reifenwechsel prompt noch schneller. Der zweite Stop: nur aus Sicherheit.

Senna dagegen schleudert's so wild hin und her, „daß ich annehmen muß: Reifenschaden. Dabei ist das nur der heftige Wind."

Wer hat entschieden, daß Hill kein zweites Mal Reifen wechselt? frag ich Patrick Head. „Das Team, der Fahrer und Goodyear."

Aber viele Unfälle, das heißt auch immer: viele Wrackteile auf der Strecke. Schon 1990 eine Serie von Reifenschäden – schuld waren damals die eckigen Bordsteine in der Ostkurve.

Seit dem Clark-Unfall haben alle Formel-1-Reifen Sicherheitsbolzen, um die Gummifetzen auf der Felge zu halten. Auch Hills explodierter Hinterreifen – der später unauffindbar ist: von einem Fan kassiert. Oder Industriespion?

Berger hat Angst, „daß mir das gleiche passiert". Er fightet mit dem „immer noch unfahrbaren Ferrari" mit enormem Einsatz und viel Herz. Übersteht anfangs eine Kollision mit Andretti, „der mir hinten ins Auto knallt" und duelliert sich später rundenlang mit Senna, dann Blundell, der sich später aufregt: „Wir sprechen uns noch!" Gerhard ist happy: „Platz sechs ist das Maximum – meine Taktik war richtig."

Karl Wendlinger ist mit einem Superstart nach vorn gekommen, kämpft im Finish Fittipaldi und Herbert nieder. „Ein gutes Rennen ohne Fehler – leider fallen vorn zu wenig aus..."

Prost hat Vibrationen „von den Reifen her" – gewinnt aber 16 Sekunden vor Schumacher. „1992 Dritter, heuer Zweiter – also dann

1994!“ Der beste Deutsche in einem deutschen GP seit 1961 – damals war Graf Trips Zweiter.

Ein Sieger im Glück – Alain Prost. Ein Zweiter, über dem der Jubel von 200.000 zusammenbrach: Michael Schumacher, der seinen Fans übers Mikrofon zujubelt: „Ihr seid das beste Publikum der Welt! Ich muß euch ein Riesenkompliment machen!“ Worauf Prost den Deutschen angrinst: „Und zu mir sagst du gar nichts?“

Der große Animator, fast schon eine tragische Figur, bleibt aber Damon Hill. Nur noch 8 km, der erste Triumph zum Greifen nahe, und etwas Neues für die Geschichtsbücher: Der erste „Familiensieg“ (Vater und Sohn) der Grand-Prix-Geschichte. Das Familienpech geerbt? Seinem Vater, Rennlegende Graham Hill, platzten jahrelang Reifen, knickten Aufhängungen, zersplitterten Halbachsen – bis er endlich Weltmeister wurde. 1960 beim GP England am Start den Motor abgewürgt, sensationelle Aufholjagd durchs ganze Feld – in Führung durch einen Dreher den Sieg weggeworfen – wegen abgewetzter Reifen. Und 1964 verlor Hill den WM-Titel, weil ihn Lorenzo Bandini (Ferrari) beim Finale in Mexiko City von der Strecke boxte. Bandini entschuldigte sich zerknirscht. Hill schickte ihm zu Weihnachten ein Buch: „Wie lerne ich Autofahren?“

Jetzt, 30 Jahre später, braucht auch der Junior viel Humor. „Zuletzt zwei Rennen geführt, zweimal nicht im Ziel – das ist bitter.“ Hat es Auswirkungen? „Ich war schon immer verdammt ehrgeizig – und bin es jetzt zehnmal mehr für den Ungarn-GP!“

Für den sich Alain Prost freilich „Starttraining die ganze Woche“ verordnet hat – „denn sonst kann ich in Budapest nicht gewinnen!“ Aber dort hat Alain noch nie gesiegt – und der Fluch bleibt.

McLaren protestiert noch gegen Benetton wegen Schumachers Öltank ... abgeblitzt.

BUDAPEST: DIE HILL-FAMILIENSAGA
Erster Sieg für Damon / Schmerz, laß nach für Berger

Berger fliegt morgen, unmittelbar nach der Hockenheim-Zielflagge, nach Budapest: Stargast im ungarischen TV, Promotion für den GP in Budapest. Testen, Rennfahren, Strand, Büro – und überallhin begleitet ihn drei Tage lang ein Kamerateam von „Telemontecarlo".
Budapest-Pressekonferenz: Da hat Niki Lauda vor Jahren das ihm lästige Holzmodell seines Rennautos einem Taxichauffeur geschenkt – der Sponsor schickte ihm später die Rechnung ...
Zwei Tage vor Trainingsbeginn hat Berger den linken Arm in Gips – Schleimbeuteloperation! „Ich kann mir nicht vorstellen, wie ich fahren kann – aber ich versuch alles!"
Gerhard schildert: „Ein Wimmerl am linken Ellbogen, das sich entzündet hat und angeschwollen ist – bis die Schmerzen so stark waren, daß ich nicht einmal mehr den Arm heben konnte." Darauf schickt ihn Ferrari in die Innsbrucker Klinik, befiehlt aber gleichzeitig strengstes Stillschweigen: „Keine Panik, bis wir genau wissen, was los ist."
„Operation unter Narkose – davon ist mir jetzt noch schwindlig." Verzweifelt fliegt Berger nach Maranello: „Schauen, ob es irgendwie geht, daß ich mit Gips fahren kann."
20 Minuten vor Grünlicht sitzt Gerhard im Auto. Mit Ellbogenschützer – für den aber im Ferrari nicht richtig Platz ist. Ab 1995 müssen alle Cockpits für 1,90 m große Piloten gebaut sein. „Mein Verdienst", verrät Berger, „weil ich im Juli extra deswegen bei FISA-Präsident Max Mosley in London war. Aber wenn die Entwicklung so weitergeht, fahren wir 1995 sowieso mit Autopiloten ..."
Er flüstert mir noch zu: „Viel lieber wär ich jetzt in Hockenheim – mit seinen langen Geraden statt dieser Kurven-Orgie." Große Überwindung? „Nach zwei, drei Runden wird mir jedesmal schwindlig – dann muß ich zurückstecken." Die Folgen der Vollnarkose und Antibiotika. Aber er fährt vormittags sein Rundenmaximum – 23. Und schlägt nachmittags sogar seinen Stallkollegen Alesi – 8. Platz. Einen Dreher steckt er weg, das Rattern über die Kerben sowieso.
„Kreislaufmäßig bin ich am Limit." Blaß, abgekämpft steigt Berger aus dem Ferrari. „Es geht besser als erwartet – aber es tut weh." Eishockey-Ellbogenschützer: die Berger-Ellbogentechnik. Aber der

Sonntag wird die Hölle: 38 Grad vorausgesagt! Direkt vom Ferrari-Briefing geht er zur Ambulanz: „Die Wunde auswaschen. Es brennt, sobald ich aussteig. Denn beim Fahren spür ich vor lauter Konzentration nix."

Schumacher sprengt das Williams-Superduo – zwischen Prost und Hill, und Gerhard geht's von Tag zu Tag besser: „Anfangs, als hätte ich Schlaftabletten geschluckt. Nach zwei, drei Runden schlecht und schwindlig." Aber er hat auf dem Hungaro-Ring schon alles erlebt: Plätze auf dem Stockerl, gebrochene Benzinleitung, im Sprit gesessen, Kollision, Dreher, Reifendrama. Gutes Omen: „Immer, wenn ich schlecht beisammen bin, fahr ich hier meine besten Rennen!"

Prost manchmal auch, aber unbelohnt. Napoleon vor der Hitzeschlacht: Wenn Alain in Budapest gewinnt, kann er zwei Wochen später in Spa Weltmeister sein – wenn er zweimal siegt und Ayrton Senna seine üblich gewordenen 3. und 4. Plätze nicht übertrifft. Aber Prost kämpft gegen den Fluch, in Ungarn nie zu gewinnen. Budapest ist und bleibt der halbe Österreich-GP.

Mit Roland Bruynseraede fahr ich einmal um den Kurs. Die 220.000 Zuschauer von 1986 – die Hügel schwarz vor Menschen – sind es nicht. Aber doppelt soviel wie 1992 – und viele deutsche Flaggen auf den Tribünen: Schumacher, allgegenwärtig.

Die Ostöffnung beschert ungeahnte Erlebnisse. Manche „Ossis", die 1986 auf dem Hungaro-Ring noch mit Tränen der Rührung vor ihren Formel-1-Göttern niedergekniet sind, kommen als wohlbestallte „Wessis" wieder. Und das deutsch-amerikanische Ehepaar Karassik aus Florida buddelt sogar Hans Stucks legendären Auto-Union von 1938 aus: Zuerst in einem Bergwerk bei Zwickau, danach in Moskau versteckt.

Berger fährt gemeinsam mit Senna zum Hungaro-Ring. Trotz Mörderhitze, Nervenanspannung wird geblödelt. Gerhard: „Wirst sehen, Ayrton, heute fahr ich ein starkes Rennen. Ich spür's."

Senna baut sich ähnlich auf: „Mein Wunsch? Daß ich aus diesem Schlamassel rauskomme. Solche Resultate wie zuletzt bin ich nicht gewohnt!"

Absprachen für die erste Kurve erübrigen sich. „Weil Ayrton genau weiß, daß ich dort immer überholen will ..."

Und was für ein abenteuerlicher Grand Prix! Alain Prost kommt nicht

einmal in die Aufwärmrunde, muß sich hinten anstellen, verliert 7 Runden in der Box — loser Heckflügel. Schumacher fliegt zweimal von der Strecke, Sennas Motor geht k.o.
Niki Lauda fiebert neben mir am TV-Mikro mit. Feuert Berger an, wünscht Schumacher einen langen Boxenstop. Die Österreicher sind hellauf begeistert, die Deutschen weniger. „Da ist der Ferrari-Fan mit mir durchgegangen“, entschuldigt sich Lauda fast bei Schumacher. Mir hat man einmal vorgeworfen: Wenn Berger einen Motor ruiniert, dann sei für mich immer der Motor schuld, und wenn er rausfliegt, dann ist ihm eine Leitplanke vors Auto gehüpft...
Aber diesmal braucht er enorm viel Hirn und Strategie: „Gewußt, wann ich überholen soll, wann nicht — und wann ich Reifen wechseln muß.“
Seine Zweikämpfe sind knallhart: „Mit Martini, mit Brundle, den ich wegboxen muß — keine andere Wahl.“ Und Warwick? „Den ärger ich mit seinen abgewetzten Reifen so lang, bis er resigniert und sich sagt: Lieber Vierter als Dritter!“ Aber Gerhard liebäugelt sogar mit Platz 2: „Ich merk, daß Patrese Schwierigkeiten hat“ — sein 3. Gang ist k.o. gegangen. „Darum runde ich mich gegen Hill zurück — damit ich noch eine Chance hab, Patrese abzufangen!“
Wendlinger hat den Berger-Kampfgeist, aber auch das Berger-Malheur: Trinkschlauch verloren, trockener Mund schon ab der 20. Runde. Einzige Schrecksekunde: „Als vor mir Martini rausfliegt — das war knapp.“ Und die Boxenstops? „Ich will nur einmal Reifen wechseln, aber die Box entschied: zweimal.“ Am Ende schlägt Karli Mark Blundell um 0,3 Sekunden!
Und schließlich ein Siegerbild, mit dem keiner gerechnet hatte: Damon Hill endlich Sieger, Patrese Zweiter, Berger Dritter, in der Auslaufrunde beinahe kollabiert. „Meine Trinkflasche hat nicht funktioniert. Ich hatte einen ganz trockenen Mund. Darum ist mir nach der Zielflagge schlecht und schwindlig geworden!“
Bravo, Gerhard, bravo, Karli! Der heißeste Grand Prix des Jahres — mit beiden Österreichern in den Punkten: Berger Dritter, erstmals seit seinem Ferrari-Comeback: „Dort hätte ich schon in Monaco hingehört.“ Wendlinger Sechster: „Ein Rennen ohne Fehler!“ Die Formel 1 ist in Budapest rot-weiß-rot: Flaggen, Transparente, Jubelstürme. Berger: „Ihr wißt gar nicht, wie happy das einen Rennfahrer macht!“

Aber keiner ist so glücklich wie Damon Hill – und gleichzeitig so verwirrt: „Ich steig aus und weiß nicht, was ich tun, wohin ich gehen soll – bis mich ein Funktionär holt. Vergiß nicht: Ich bin das Gewinnen ja nicht gewohnt. Mein letzter Sieg: 1988 das Formel-3-Rennen in Silverstone, im Rahmenprogramm zum britischen Grand Prix…"
Jetzt macht er endlich die großen Schlagzeilen. Bette, seine Mutter, hört die Triumphmeldung auf dem Golfplatz. Und tags darauf stürmen die englischen Fotoreporter das Hill-Reihenhaus in London zwecks großer Farb-Familienfotos.
Die Hill-Familiensaga ist vollendet – und Papa Graham wäre stolz gewesen. „Ich widme meinen Budapest-Sieg allen Mitgliedern der Hill-Familie, gestern, heute, morgen", sagt Damon. Vater und Sohn Sieger – das hat's seit Antonio (1925) und Alberto Ascari (Weltmeister 1952/53) nicht gegeben!
Nun gehen die Vergleiche los. Beide kamen spät in die Formel 1: Graham mit 29, ehe er mit 33 erstmals gewann – Damon ist schon 32. Beide hatten mit Motorrädern begonnen – und ohne Geld. Als Damon seinen Handschlag-Vertrag bei Williams bekam, fragte er schüchtern: „Für wieviel Geld und wie lang?" Frank knurrte: „Für nichts und auf ewig", zahlte aber doch sechs Millionen Schilling.
Nie würde sich Damon trauen zu sagen, was Graham nach vielen Unfällen nuschelte: „Wann immer mich mein eigenes Rad überholt, weiß ich, daß ich in einem Lotus sitze."
Damon wird immer treu zu seinem Team halten: „Nur fehlt mir leider das Rednertalent meines Vaters – der so schöne Sprüche klopfte."
Nach dem Jubel von Budapest – Schock für Berger: Er muß, wie befürchtet, in Innsbruck nochmals operiert werden. „Beim ersten Mal bemühten sich die Ärzte, mit einem kleinen Schnitt am linken Ellbogen durchzukommen – daß ich möglichst große Chancen hatte, in Budapest zu starten. Jetzt ist ein bißl mehr Zeit. Alles unter Vollnarkose aufgeschnitten, und ich hab schon wieder den Arm in Gips."
Berger leidet. Wie schon nach einer Kieferoperation vor zwei Jahren – damals wochenlang. Was ihn trotzdem bei Laune hält: die Hoffnung auf Spa. „Meine Lieblingsrennstrecke!"
„Berger hat nur Fotos von Girls drin", grinst Ayrton Senna auf die Frage: Was haben Formel-1-Piloten eigentlich in ihren Aktenkoffern? „Wir kriegen also pro Wochenende sieben Reifensätze, sagt Goodyear.

Aber wenn ich im Jahr 365 Mal Gummi brauche, kann ich nur sagen: It was a very good year . . .", rechnet ein lebenslustiger Formel-1-Pilot die Rennpneus und Verhüterlis zusammen.
Formel-1-Piloten und Sex – ein heißes Thema bei der traditionellen Talkshow in Spa. Müssen auch Rennfahrer so abstinent leben wie andere Profisportler im Trainingslager? Gerhard Berger: „Ich versteh die Frage nicht." Aber dann, unter Gelächter: „Für mich ist Sex sowieso das beste Fitneßtraining." Andrea de Cesaris: „Einmal pro Tag gehört zu meinem Programm." Und der junge Luca Badoer: „Du mußt nur rechtzeitig bis zum Rennen fertig sein." Darauf de Cesaris: „Und wenn nicht: darum also deine vielen Boxenstops im Rennen?"
Es gibt einen Fahrer im Formel-1-Zirkus, den die Girls „The walking penis" nennen – soviel Sex strahlt er offensichtlich aus – vor allem auf Japanerinnen. „Jedes Jahr in Suzuka das gleiche: Sie schenken mir immer Plastiksackeln – mit ihrer Unterwäsche drin . . ."
„Gegen das Glücksgefühl, ein Rennen zu gewinnen, ist der schönste Orgasmus gar nix", vergleicht Dieter Quester. Entweder hat er nicht genug gewonnen – oder sonst etwas falsch gemacht. Der erste, der einem Rennauto erotische Reize andichtete, ja sogar das Rennfahren als Liebesakt beschrieb, war Jackie Stewart – was heute Senna heftig dementiert. Stewarts Rezept: „Die letzten drei, vier Tage vor einem Grand Prix lebte ich immer abstinent – damit ich total scharf ins Rennen gehen konnte."
Prost, kein Kind von Traurigkeit, wurde einmal gefragt, mit wem er seinen Job am liebsten tauschen würde: „Mit dem Hollywoodstar Richard Gere. Weil ich dann immer dessen Frau Judy Crawford an meiner Seite hätte . . ."
Was in keinem Formel-1-Pressekommunique steht: Wie Giovanna Amati vor Jahren einen früheren Freund ausgetrickst hat – noch dazu einen der ärgsten Formel-1-Machos. Die Love-Story war vorbei, dramatisch-tränenreich zerbrochen wie auf einer italienischen Opernbühne. Da kehrte die Amati nochmals heimlich ins Appartement zurück und zündete dem Kerl den Reisepaß an, weil sie genau wußte: Morgen muß er zum Grand Prix abfliegen. Amati, das Mädchen mit den Schwefelhölzchen.
Oder die top-geheime Story der Amateur-Rennfahrerin, die am Morgen nach einem Monaco-GP mit drei GP-Piloten auf einer Yacht ins

Mittelmeer abdampft. Mit wem? Einer lebt nicht mehr, einer fährt nicht mehr Formel 1, und den dritten verrat ich nicht.
Ein früherer Formel-1-Pilot, jetzt noch anerkannt schneller Profi, erzählt mir von seiner eifersüchtigen Ehefrau: „Wann immer ich von einem Grand-Prix-Wochenende nach Hause kam, mußte ich mein bestes Stück ins Wasser halten." Ging es unter, war die Ehefrau beruhigt – aber wehe, es schwamm, offenbar erleichtert, im Wasser. „Dann gab's jedesmal Ohrfeigen."
Frauentausch und Boxenwechsel, relativ häufig bei den Springreitern, passiert auch im Autorennsport. Die Schweizerin Baby Hoffmann, mit Louis Chiron liiert, heiratet später Rudolf Caracciola. Juan-Manuel Fangio verriet mir einmal über die schwarzhaarige Donna Andrea, die jahrelang rassig-romantisch in seiner Box saß: „Ich war mit ihr nie verheiratet!" Aber alle nannten sie „Senora Fangio".
1992/1993 erlaubt sich die bildhübsche Yolanda Surer – früher Playboy-Modell, Schauspielerin, Rennfahrerin – einen Seitensprung-Marathon mit Hans-Joachim Stuck. Man sieht die beiden sogar händchenhaltend durch Zürich spazieren. Surer findet Liebesbriefe – und erschrickt doppelt, weil er als BMW-Motorsportchef gerade gegen den Audi-Fahrer Stuck einen Protest laufen hat: „O weh – jetzt werden die Leute auch noch sagen: nur deswegen", stöhnt Marc.
Daß Yolanda weint, bereut und plötzlich wieder „mit Marc gemeinsam alt werden möchte", hilft nichts mehr. „Zu spät", bleibt Surer hart. Einvernehmliche Scheidung. „Ich könnte sie sogar noch auf Sponsorgelder-Provision verklagen."
Und als einmal ein Weltmeister zum Testen nach Rio mußte, klingelte an der Tür von dessen Freundin unerwartet ein anderer Formel-1-Pilot – nicht einmal ein Teamkollege.
„Aber richtig verheiratet", hat sogar Enzo Ferrari einmal gestanden, „war ich immer nur mit meinen Rennautos."

SPA: ZUR HÖLLE UND ZURÜCK
„Du weißt nie, ob du lebend oder tot aus dieser Kurve kommst"

Ehe er nach Spa fährt, ist Berger bei Ferrari-Tests in Mugello. „Alesi rausgeflogen — Totalschaden! Darum bin ich gar nicht so böse, daß ich nicht zum Fahren komm..." Spa ist Bergers Lieblingskurs — aber die Schicksalsstrecke Schumachers: Hier hat der Deutsche 1991 debütiert, 1992 erstmals gewonnen — nun setzt Massensturm aus Deutschland ein!

Auf allen Spa-Tickets: ein Nostalgiefoto von Ronnie Peterson, 1978 in Monza zu Tode operiert; seine Frau Barbro beging später Selbstmord. Die arme Nina-Louise, ihre Tochter, wird jetzt 18, geht in Schweden noch ein Jahr zur Schule. John Watson: „Ich seh sie jede Weihnachten und telefonier alle zwei Wochen mit ihr."

Aber was ist aus Belgiens Champion geworden — dem großen Stewart-Gegner und zweifachen Vizeweltmeister Jacky Ickx (48)? Ich seh ihn erst wieder in Japan, als Mazda-Sportchef. „Die Formel 1", staunt er, „ist sehr beeindruckend geworden." Aber vieles ist leider verschwunden, Jacky: Die Boxengirls mit den Stoppuhren an der Boxenmauer, die totale Kommunikation Fahrer—Mechaniker — hat alles der Computer übernommen. „Stimmt leider."

Ickx aber findet, wie immer, das richtige Maß zwischen Job und Life-Style, macht mit seinen schon fast erwachsenen Töchtern Ferien in der Wüste, Skiabenteuer am Mont Blanc. Hat nochmals geheiratet, eine ganz junge Belgierin, und schon wieder zwei kleine Buben. „Der zweite Anlauf", lächelt Jackys Langstreckenpartner Jochen Mass, selber von seiner südafrikanischen Frau Estee geschieden — und schon bald wieder Vater.

Langstreckenrennen halten jung. Die Indy-Car-Serie auch.

Aber zuviele Kreuze stehen schon in Spa — die Erde in den Ardennen ist blutgetränkt. Vis-à-vis von den gemauerten alten Boxen: Das Denkmal für Freddy Charlier, „der 1928 sein Leben für den Rennsport hingegeben hat". Die Ära der Staubkappenfahrer und Heldentode. 1938 starb der englische Mercedes-Pilot Dick Seaman — gegen einen Baum, Feuer. 1960 gleich vier böse Unfälle, drei in Lotus-Wagen, zwei Tote: Alan Stacey, dem ein Vogel gegen den Helm prallte, und

Chris Bristow. Stirling Moss, dem ein Rad wegflog, und Michael Taylor im Krankenhaus.
Oder das Drama 1966, als das Feld auf Slicks in eine plötzliche Regenwand raste: 15 Autos rausgeflogen, Jackie Stewarts BRM wie eine Banane um einen Baum gewickelt: „Der Tank platzte auf, das Benzin stieg im Cockpit. Ich hatte Angst, daß ich jede Sekunde mit dem Zeug explodier.“ Unglaublich, was damals passierte: Graham Hill, gleichfalls gecrasht, rannte zum Zuschauer-Parkplatz, borgte sich einen Schraubenschlüssel, montierte das Lenkrad ab — und zog Stewart aus dem Auto ... Auch Jochen Rindt drehte sich damals achtmal (!), dann führte er bis vier Runden vor Schluß — zum erstenmal.
Die Horror-Szenen von 1966 sah man später im „Grand Prix“-Film von John Frankenheimer. Gedreht hat sie ein Exweltmeister als Geisterfahrer — Phil Hill. „Ich bin damals mit dem Kameraauto außer Konkurrenz aus der letzten Reihe losgefahren und hab alles miterlebt“, sagt mir Phil Hill — als Zuschauer in Spa. Die 251-km/h-Trainingsrunde von Pedro Rodriguez 1970 ist immer noch Weltrekord — aber seit 1983 ist die Ardennenpiste verkürzt.
Niki Laudas Erinnerungen? „1985 den Arm gebrochen — gleich neben der Ambulanzstation. Bin gleich zu Fuß hingegangen.“ Den nächsten GP mußte Niki auslassen.
Gewonnen hat in Spa noch kein Österreicher, Berger jedoch den 24-Stunden-Klassiker. Und Lauda? „Kann mich nimmer erinnern — das ist schon 20 Jahre her.“
Geburtstagsparty mit Gerhard Berger. Leider ohne seine Tochter Christina (13), gerade als Austauschstudentin aus England zurück. Sein Geburtstagswunsch? „Erstens g'sund bleiben. Zweitens die Schleimbeutelentzündung so rasch wie möglich wegbringen.“ Fitmacher Willi Dungl, extra nach Spa geflogen, hilft ihm: Plastikschiene für den linken Ellbogen — und der Sitz wird ausgeschnitten. „Jetzt werden die österreichischen Frauen sagen: Mit dem ist auch nichts mehr los“, blödelt Formel-1-Playboy Berger.
Bei den österreichischen Lehrlingen war Ernst Happel (laut Umfrage) populärer als Arnold Schwarzenegger — 1993 gelingt auch Berger ein Überraschungssieg über den „Conan“ und „Terminator“. Das Ferrari-Magazin „Topspeed“ vergleicht Charme, Sex-appeal, Muskeln usw., gibt dem Tiroler für den Brustkasten Note 8, Schwarzenegger, „weil

er übermenschlich ist", dagegen null — und schanzt so Berger einen hauchdünnen Punktesieg zu.
In Nr. 2 von „Topspeed" das Duell Luca Montezemolo — Kevin Kostner: Der Ferrari-Präsident schlägt den Hollywood-Star 52:45 — wegen dessen ungeputzten Schuhen . . .
Gerhard Berger ist auf seiner Yacht in Monte Carlo. Traumhaftes Spätsommerwetter, High Life — was immer er will. Kein österreichischer Sportler hat je mehr verdient als er — auch ohne WM-Titel. Acht Grand-Prix-Siege immerhin, um stolz zurückzublicken — aber der Ehrgeiz war stärker als alles andere.
Als ich Berger vorrechne, daß Eishockey-Superstar Wayne Gretzky für einen neuen 3-Jahres-Vertrag bei den „Los Angeles Kings" rund dreihundert Millionen Schilling kassiert, lächelt er spitzbübisch: „Da erwischt er mich net ganz . . ." Auch nicht der Baseball-Star Barry Bond von den „San Francisco Giants" mit seinen 500 Millionen für sechs Jahre.
Kritik an dir — der Berger, sagen die Leute, ist immer der Weltmeister vom nächsten Jahr?
BERGER: „Mein Ziel ist nach wie vor, Rennen zu fahren. Ich freu mich immer schon die ganze Woche drauf. Weil ich gern hinfahr, weil's a Gaudi gibt, weil's mir im Herzen Spaß macht. Alles andere interessiert mich net."
Geld auch nicht? Immerhin bist du der bestverdienende Sportler Österreichs aller Zeiten.
BERGER: „Natürlich freut mich das, wenn außer Senna keiner mehr verdient als ich — bei Prost bin ich mir net ganz sicher. Aber erstens bestätigt das Geld in der Formel 1 deinen Marktwert. Zweitens: daß ich immer die richtigen Schritte gesetzt hab. Und die Verhandlungen mit Ecclestone, mit Enzo Ferrari, mit Dennis waren ja nie einfach. Das sind Leute, an denen alle scheitern."
Weil du mehr kämpfst, auch im Rennwagen?
BERGER: „Jetzt, bei Ferrari, spür ich: Meine Aggressivität, die ich bei McLaren eine Zeitlang verloren hatte, kommt wieder."
Viele sagen: Der Berger muß heuer zum erstenmal in seinem Leben richtig arbeiten . . .
BERGER: „Da müssen wir durch, aggressiv sein — und das geht dir so ins Blut, daß die Mehrarbeit keine Rolle mehr spielt. Seit vier Wochen

sitz ich täglich im Ferrari. Ich kann schon nimmer g'scheit schlafen vor lauter Müdigkeit. Krieg am Abend kein Aug zu – und bin in der Früh viel zu zeitig munter. Aber es muß sein. Ich muß da durch!"

Ein siegloses Jahr, und keine Aussicht auf Erfolge?

BERGER: „Generell bin ich mit 1993 nicht unzufrieden, weil mir das Jahr viel gebracht hat: Team gewechselt, mitgeholfen, das Team wieder raufzubringen. Ich bin der, der mit den Ingenieuren die Richtung der Technik bestimmt – das ist für mich sehr viel wert. Ich hab Vertrauen ins Team – und umgekehrt. Natürlich, Formel 1 ist immer Konkurrenzkampf. Verlassen darfst dich nie, auf nix. Das Team braucht dich – das ist Extra-Motivation."

Wahrscheinlich denken auch viele: Der Berger muß heuer zum erstenmal in seinem Leben wirklich um etwas kämpfen?

BERGER: „Stimmt nicht. Ich hab schon bei McLaren gegen Senna sehr viel kämpfen müssen. Bis jetzt sind alle Stallkollegen neben Senna verzweifelt, an ihm zerbrochen – die brauchten nachher alle einen Psychiater. Schau sie dir nur an: Cecotto, de Angelis, Prost – der plötzlich Aussagen machte, zu denen er sich sonst nie hinreißen hätte lassen. Und jetzt Andretti. Das macht Ayrton nicht nur durchs exzellente Fahren, auch durch Druck und Politik. Aber ich bin mit Senna fertiggeworden, als einziger! Natürlich, Prost hatte größere Erfolge, war zwar im Training meist 1,5 bis 2 Sekunden hinten, wurde im Rennen Zweiter. Oder, wenn Senna ausfiel, Erster. Dafür biß er sich die Fingernägel bis zu den Ellbogen ab, den ganzen Tag. Aber ich war imstande, Senna in der WM zu fordern, 1992 fehlte mir auf Senna nur ein WM-Punkt, ich hab ihn ständig unter Druck gesetzt, sehr viel gelernt, aber auch meine Zeit gebraucht. Glaub ja nicht, das ist spurlos an mir vorbeigegangen!"

Blick zurück auf den Eisschrank McLaren?

BERGER: „McLaren ist das absolute Senna-Team, das zeigt sich immer wieder. Weil alle in seinem Umfeld leiden, egal ob der Teamkollege oder Ron Dennis, der leidet auch, weil es meistens heißt: Senna hat gewonnen, nicht der McLaren."

Und nervt ihn während jeder Übertrittszeit?

BERGER: „Der Senna muß immer seine Politik machen ..."

Leidest du unter den jetzigen Niederlagen?

BERGER: „Ja, sehr. Sieben Jahre war ich immer in den ersten zwei Startreihen, schlimmstenfalls in der dritten. Jetzt bin ich hinten ein-

gequetscht. Das widert mich an, weil ich nimmer beweisen kann, was ich kann. In Monte Carlo kämpfte ich um den zweiten Platz, gegen den Williams, auf einer Fahrerstrecke. Wenn alles paßt, fahr ich absolut gut. Aber das jetzige Bild ist schlimm für mich.“

Wie motivierst du dich, weiterzuarbeiten? Mit Geld?

BERGER: „Irrsinnig schwierig. Das wichtigste: Daß die Fans zu mir halten. Die, die umfallen, sind immer die Schwachen. Aber das sind lustigerweise auch die ersten, die sofort wieder hinter dir stehen, wenn's wieder gut geht.“

Hoffst du wirklich noch?

BERGER: „Gerade bei der aktiven Radaufhängung kann's passieren, daß über Nacht der Knoten platzt. Momentan taucht, sobald wir ein Problem eingekreist haben, leider sofort ein anderes auf.“

Und trotzdem?

BERGER: „Trotzdem sag ich: Es gibt nix Schöneres, als für Ferrari zu fahren ..., immer noch.“

Erst am 19. September, bei der Oldtimer-Rallye, sitzt er endlich wieder in einem Ferrari-Siegerauto: seinem eigenen von Estoril 1989 – gleichzeitig auch das Unfallauto von Imola. „Den Crash hab ich mir erst jetzt wieder angeschaut. Auf der gleichen Kassette: Formel 3, Zeltweg 1983. Ich kämpf gegen Brundle, schieß Alan Berg ab, dräng Dudler überall ab – sehr hetzig, wenn man heute die Kommentare von damals hört.“

Aber Marko, damals neben mir am TV-Mikro, vergleicht Berger schon 1983 mit anderen Österreichern: „Bei ihm ist die Aggressivität ein bißl mehr ausgeprägt ...“

Seine Rennen 1993 reiht mir Berger so: „1. Budapest, 2. Monte Carlo – trotz der Kollision mit Hill, 3. Hockenheim, 4. Montreal.“

Dein Ziel für heuer? „Die Ligier abfangen, was eh schon ein Wahnsinnserfolg wäre, wenn man mit dem starken Renault-Motor vergleicht. Wir sind, weil McLaren praktisch mit nur einem Auto antritt, auf Platz 7 und 8 bei den Fahrern, und Ligier ist auf Platz 4 bei der Konstrukteur-WM. Ich hoff, wir können die Blau-Weißen im Endspurt noch abfangen – mehr ist heuer leider nicht drin ...“

Und noch ein Stockerlplatz wie in Budapest? „Normal nicht. Nur unter gewissen Umständen.“

Soweit Berger, der wie Don Quichotte gegen die Tücken der Ferrari-Technik ankämpft. Ferrari, backstage. „Von den Unfällen abgesehen:

Jeder Olympia-Sportler mit meiner Ellbogenentzündung hätte die Saison pausiert. Ich hab mich durchgebissen. Nur, jetzt bin ich ausgelaugt, leer – darum war meine Leistung in einigen Rennen nicht optimal."
Ein routinierter Pilot sagt mir über Berger: „Du weißt, wir mögen ihn alle gern – mehr als die anderen. Darum machen wir ihm Platz, wenn er heranfliegt. Aber er verliert ein bißl den Respekt vor dem Gegner."
Vor seinem Teamkollegen nicht.
„Niki Lauda? Ein bißl Lehrer, ein bißl großer Bruder. Vor allem aber my good friend", hat Jean Alesi lang behauptet.
Fast unfaßbar: Alesi, vielleicht der größte Fighter von allen, war in der WM nur zweimal Siebenter, zweimal Neunter – und wartet immer noch auf seinen ersten GP-Sieg! „Aber ich weiß, was man fühlt, wenn man auf Platz 1 liegt. Phönix 1990, die lange Führung vor Senna, der kurze Kampf, mein Zurücküberholen – das bisher Schönste, was ich als Rennfahrer erlebt hab."
Der Franzose mit den sizilianischen Wurzeln ist eine Sportkanone. Ski, Golf, Tennis, Wasserski – und alles nahezu perfekt. Wie das Formel-1-Fahren.
„Ist Alesi der neue Villeneuve?" fragt „Autosprint". Und Tausende Tifosi brüllen im Chor: ja! Jean mag den Vergleich weniger: „Klar, jeder sieht den roten Ferrari, die berühmte Nr. 27 und Villeneuve, wie er immer am Limit fährt – und oft drüber. Ich bleib lieber Alesi und bin happy damit."
Die typische Alesi-Studie: Kopf schief – und er fightet like hell, wie die Engländer sagen.
Was Ferrari nicht sagt: Jean Alesi war 1993 so frustriert, daß er Ferrari angeblich bereits um Vertragslösung bat – aber nach einer langen Aussprache mit dem Präsidenten entschloß er sich, weiterzumachen.
Stallprobleme bei Ferrari? Wären 1993 die geringsten Sorgen.
Anfangs hat Alesi eine „Austria-Mafia" Lauda/Berger befürchtet. Dreht sich der Spieß um? Todt sieht sich ein bißl als Alesi-Manager. Ferrari Nr. 27 ist auch immer einsatzbereit, während an Nr. 28 oft lang herumgedoktert wird – und dazu spielt Harvey Postlethwaite am Computer Flipper – bis er zu Tyrrell zurückgeht.
Gründe der Ferrari-Renaissance? Ab Monza sicher der Motor: „Vierventilkopf statt dem Fünfventiler, mehr PS bei Höchstdrehzahl, bißl mehr Topspeed, bißl mehr Drehmoment", zählt Alesi auf. Und – ich

hoff, ich verrat kein Geheimnis — ein Hauch von Honda-Elektronik!
„Weiß ich nicht“, läuft Alesi Slalom, „ich bin nur der Fahrer, für den Motor sind andere zuständig.“
Gerhard freut sich, als zu seiner Geburtstagsparty auch Ayrton Senna ins Ferrari-Mobilhome kommt. „Hier kommt unser neuer Testpilot!“ Senna hebt sein Glas: „Prost — so sagt ihr doch in Österreich?“ Alle lachen — darauf Champagnergespritze und Tortenschlacht.
Formel-1-Pilot mit 34? „Früher hörten die meisten mit 30 auf — dankbar, daß sie überlebt hatten. Heute, mit soviel mehr Sicherheit, fahren alle bis 40. Wie Prost, wie Mansell. Ich auch!“
Derek Warwick wird am gleichen Tag 39. Aber der hatte schon beim Hockenheim-Crash Geburtstag — wie in Spa Alessandro Zanardi.
Lotus schätzt Zanardi als Testpilot, aber weniger im Renneinsatz: zuviele Unfälle, nicht schnell genug. Angeblich versucht man seit Juli, ihn loszuwerden ... und das medizinische Gutachten liefert später den Grund.
Gegner von Sauber im Kampf um Platz 6 der Konstrukteur-WM ist Lotus. Ein Team sehr von gestern, ein bißl von heute — und noch mehr von morgen?
Dreimal Vierter, also die „lederne Medaille“ für Johnny Herbert 1993 — aber Vierter war Herbert schon bei seinem allerersten GP 1990 in Rio. Trotzdem nicht sein tollstes Erlebnis: „Das war schon 1987, als ich zum erstenmal den Benetton-BMW-Turbo probieren durfte. Die riesengroßen Bremsen, die Turbo-Verzögerung, das Pfeifen und dann der gewaltige Schub von hinten — mein größter Thrill!“
Heute plagt er sich mit der aktiven Radaufhängung. „Fuktioniert bei Lotus nur in drei oder vier von 16 Rennen — was nicht viel ist. Kaum glauben wir beim Testen in Silverstone: Jetzt endlich haben wir alles im Griff, geht's schon wieder bergab.“
Johnny Herbert ist ein lustiger, eher hausbackener Typ. Von Glanz und Glamour der Formel-1-Stars hält er nichts. Von seinen zwei kleinen Kindern zu Hause um so mehr: „Nichts bringt dich nach einem Grand Prix so rasch auf den Boden zurück, als wenn du Windeln wechseln mußt ...“
Als Johnny Herbert gerügt wird, weil er in geblumten Unterhosen zur Pressekonferenz kommt, spottet Warwick: „Der hat doch sowieso fast nichts, das er verstecken muß ...“

„Aber niemand weiß, wie gut der Lotus wirklich ist“, grübelt Jackie Stewart. „Zanardi und Herbert riskieren zu viel, um sich im Auto wirklich wohlzufühlen, entspannt fahren zu können. Das Auto muß ein Plateau erreichen – und kann ganz einfach nicht schneller gefahren werden. Ich hab viele Autos bewegt, die so waren. Plötzlich kommen einander die Teamkollegen – mit verschiedenem Talent-Level – ganz nahe. Das ist nicht immer ganz so einfach zu lesen.“

Aber die Anspannung in der meistgefürchteten Kurve von Spa ist immer die gleiche.

„Jedesmal, wenn ich durch die Senke von Eau Rouge rase und nachher den Berg hinaufflieg, frag ich mich: Komm ich da gut und gesund durch – oder bin ich tot?“ verrät Ayrton Senna, als wir Samstag abend zwei Stunden lang zusammensitzen. Mich fröstelt, aber Berger bestätigt: „Du weißt: Wennst dort rausfliegst, ist das immer ein schlimmer Unfall.“ Aber: „Die Herausforderung, schwierigste Kurven optimal zu fahren, ist nirgendwo so gewaltig wie in Spa – und deine Freude nachher nirgends so groß!“

Eau Rouge ist 1993 schnell wie nie zuvor. „Um 20 bis 25 km/h schneller beim Einlenken, um 5 bis 10 km/h in der Kurve“, rechnet Schumacher aus. Ursachen? „Bessere Aerodynamik, schmälere Pneus, neuer Belag.“ Ist Eau Rouge 1992 schon am ersten Trainingstag problemlos voll gegangen, so müssen diesmal alle Tempo wegnehmen, lupfen oder bremsen. Sogar Schumacher: „Ich fahr dort nur noch 95 Prozent Vollgas.“

Für Lokalmatador Thierry Boutsen bleibt die gefürchtete Senke „die schönste Kurve der Welt“, für Greenhorn Luca Badoer „die schlechteste“. Gerhard Berger warnt: „Die Kurve ist zu gefährlich geworden! Unbedingt korrigieren, bevor einer von uns stirbt – denn das passiert unweigerlich!“

Wogegen de Cesaris stürmisch protestiert: „Ändert meinetwegen den Auslauf, aber laßt die Kurve wie sie ist! Sonst wird Spa auch nur ein Stop-and-Go-Kurs wie Monza und Hockenheim mit ihren Schikanen.“

Spa – da fährt immer die Angst mit. Tempojagd zwischen den Wäldern, irrsinnige Fliehkräfte. Plötzlich bricht der Zanardi-Lotus auf der Geraden nach Eau Rouge aus. Lotus-Ingenieur Peter Wright: „In der Telemetrie sehen wir genau, warum: Auf einer Bodenwelle ausgehoben. Alex korrigiert sofort, leider zu viel.“ Ein fast tödliches

Leitplanken-Billard: Links, rechts, links schlägt der Lotus ein wie eine Bombe. Armer Zanardi: im Cockpit durchgeschüttelt wie eine leblose Puppe.

Sofort rast Rennarzt Prof. Watkins los. „Den Berg hinauf – da rollt mir ein Lotus-Rad entgegen ..."

Acht Ärzte bei Zanardi, Infusionen im Cockpit. Was sonst vom Lotus übrigbleibt, wird mit der Schaufel zusammengekehrt. Rettungswagen und Angst bei allen um Zanardi, der mit Tüchern verhüllt wird – wie zuletzt Gilles Villeneuve 1982 in Zolder ...

Nach einer Stunde Bangen endlich die Nachricht aus der Klinik in Lüttich: Der Italiener fast unverletzt – er klagt nur über Rückenschmerzen, fragt sogar: „Kann ich morgen fahren?"

„Morgen hast du ein steifes Genick", mahnt Johnny Herbert seinen verunglückten Stallgefährten – die Untertreibung des Jahres. Aber Watkins schaut ernst: „Wir röntgen bei dieser Gelegenheit auch gleich seinen Kopf, um zu schauen, ob er etwas drin hat ..."

„Wennst den Zanardi-Unfall gesehen hast, brauchst keine Angst mehr haben", sagt mir Niki Lauda. „Total verrückt, was da passiert. Ich wäre früher bei so einem Crash dreimal tot gewesen. Aber die Autos sind heute so sicher wie noch nie!" Mögen noch so viele Räder und Flügel durch die Luft wirbeln – die Carbonfiber-Chassis halten einem Frontalaufprall bis 400 km/h stand. Frage, ob der Mensch im Cockpit einen solchen Flugzeugabsturz überlebt. Zanardi hat bloß Prellungen, Schock – und einen ausgeschlagenen Backenzahn, „als mir der Helm verrutscht ist. Langsam dämmert mir, was da passiert ist ..."

Zanardi – aus einer anderen Welt zurückgekommen. Ich bin bei ihm, als er zum erstenmal das Crash-Video sieht: „Seltsam, daß ich auf die falsche Seite rausflieg. Rechtskurve, aber der Lotus dreht sich nach links." Heißt das: Materialdefekt? „Schau – ich hab's überlebt, bin happy, wieder unter Menschen zu sein – ich will gar nicht mehr drüber nachdenken."

Ein paar stille Tage für Zanardi. Verdunkeltes Zimmer, kein Lärm. Zwei Wochen später, Treffpunkt Monza. Zanardi hat immer noch rote Augen. „Langsam löst sich der Blutstau auf, aber ein Nerv und Muskel im Arm sind immer noch gequetscht. Muß ausheilen, bevor ich wieder einsteig – damit nichts reißt."

Die Williams dominieren das erste Training: Hill vor Prost, Berger

Zehnter, springt in den Boxen aus einem brennenden Ferrari. Von rechts und links unten schlagen die Flammen: Benzinfeuer – eine Spritleitung schlecht abgedichtet.
Um mit den Williams-Raketen halbwegs mitzuhalten, müssen Benetton und Ferrari wesentlich weniger Flügel fahren. Dann paßt der Topspeed halbwegs, weil auf langen Geraden jedes Auto auf Geschwindigkeit kommt – aber in den Kurven fehlt der Anpreßdruck. Schumacher: „Muß ich halt am Lenkrad zaubern – sieht man das im Fernsehen?"
Prost hat andere Sorgen. „Im Traum mach ich seit Budapest nur noch gute Starts", verrät er über seine geheimen Startübungen. Dazu Berger: „Davon zu träumen, hilft nix." Und Hill: „Mich wundert, daß Alain keine Alpträume hat..."
Bei Schumacher wird Bremsflüssigkeit nachgefüllt. Was ist da passiert? fragt ein TV-Mann entsetzt. „Das B vom ABS ist kaputt", blödelt Michaels Fitmacher Harry Hawelka – und alle lachen. Dann leider: der verpatzte Start mit der Knopfdruck-Automatik. Später sagt er: „Dieser 2. Platz war für mich wie ein Sieg!" Gefahren sei er auch, ergänzt Weber, wie ein junger Gott – nach den Problemen am Start.
Solang sein Auto perfekt ist, hat Prost an der Spitze leichtes Spiel. „Ein normaler Start, und alles mühelos kontrolliert. Dann kommen die kleinen Probleme mit dem Auto, die ganz großen beim Überrunden – und auch gewisse Verwirrung, wann ich zum Reifenwechsel hereinkommen soll."
Spa hat die kürzeste, schnellste Boxenzufahrt von allen Strecken; beim Herausbeschleunigen nimmt man sogar einen Abschneider – falls man sich nicht in der Boxenausfahrt dreht wie Patrese.
Hill (als 2.) und Schumacher (als 4.) wechseln erstmals in der 12. Runde, Prost (als 1.) und Senna (als 2.) in der 13. Runde – danach Schumacher (als 3.) nochmals in der 27., Hill (als 2.) in der 29. und Prost (als 1.) in der 30. Runde.
Hill überholt Prost, den Jockey-Typ, in diesem Sprintrennen bei dessen zweitem verpatzten Reifenwechsel (9,11 sec): „Als ich aus der Haarnadelkurve von La Source den Berg runterjag und im Rückspiege seh, wie Prost erst aus der Box kommt, bin ich schon sehr happy."
Prost erwähnt „kleine Probleme mit dem Auto", ohne sie zu präzisieren. Wahrscheinlich, weil, wie er immer behauptet, „mir ja doch

keiner glaubt. Meine Defekte werden immer nur als Ausreden gewertet, anderen Piloten glaubt man alles". Die aktive Radaufhängung? Probleme mit dem Spritverbrauch – die in Spa auch andere hatten?
Der große Animator also: Michael Schumacher: Start verpatzt, dann toller Zweiter. Den großen Frust haben die Tiroler; Boxendrama, Kollisionen, kein Punkt!
Fitmacher Willi Dungl hat gehofft: „Wenn der Ferrari nur so gesund wär wie Gerhards Ellbogen ..."
Wendlinger ist im Startgewühl gegen Brundle gestoßen, Schnauze kaputt, Windabweiser zerbrochen, Karl im Cockpit hin und her geschleudert. „Wir haben den Teil nicht in der Box, müssen ihn erst aus dem Transporter holen", gibt Ing. Nähr zu. Der minutenlange Stop wirft Wendlinger hoffnungslos zurück.
Berger will als einziger mit einem Reifenwechsel durchkommen – alle anderen müssen zweimal stoppen. Schon auf Rang 6 vorgespült, fällt Berger wieder zurück, fightet gegen die englischen Ligier-Piloten mit der Brechstange.
Warum prallen die Ferrari und Ligier dauernd aufeinander: Buchstäblich? In Hockenheim beschwert sich Mark Blundell: „Berger hat mich aufgehalten, sonst hätte ich noch Senna eingeholt." In Budapest boxt Berger Martin Brundle mit dem Hinterrad weg. „Sorry – das war's. Mehr haben wir nicht geredet." Und jetzt, in Spa: Berger im Duell mit Brundle in den Sand geflogen, in der letzten Runde von Blundell gerammt: beide out, Blundell in den Leitplanken. „Und erstaunt, als Berger zu mir sagt: Dieser Fight um Platz 10 war ja nur ein Spiel ..." Da haben sich die zwei wohl mißverstanden.
Brundle: „Für die Budapester Kollision war Gerhard sorry. Aber jetzt muß er aufpassen, damit er nicht einem anderen einmal wehtut." Berger zu diesem Vorwurf: „Das ist doch lächerlich! Blundell wollte überholen."
Jubeltag für Williams in Spa: 50. Renault-Sieg, 70. Williams-Sieg, wie in Budapest schon wieder für Damon Hill, der endgültig aus dem Schatten seines berühmten Vaters tritt. Prost hinter Schumacher Dritter – wie gern hätte er bei der Ardennenschlacht den Renault-Chefs den 50. Sieg geschenkt. Hill–Schumacher–Prost: Die drei auf dem Siegerfoto bleiben gleich, nur die Choreographie ändert sich plötzlich – aber das hat Prost ja schon lang angekündigt: „Ich hilf Damon not-

falls, seinen ersten GP zu gewinnen, aber nicht so plump wie Senna, der Berger in Suzuka 1991 in der letzten Kurve vorbeigewinkt hat.“ Jetzt wird Grahams Sohn immer selbstbewußter, findet Pole-positions plötzlich auch als „eine Frage des Stolzes“ und vergleicht seine zwei aufeinanderfolgenden Siege so: „In Budapest fürchtete ich, das hört nie auf. Ein endloses Rennen. Aber Spa war so schnell, vom Speed her, daß ich das Gefühl bekam: Nach fünf, sechs Runden war schon alles vorbei.“

Die WM noch nicht ganz. Prost: „Meine Situation ist einerseits sehr leicht — wegen des riesigen Vorsprungs. Aber gleichzeitig auch schwierig — wegen dem gewaltigen Druck, den ich spür.“ Der große Politiker tappt auf leisen Sohlen.

„Nächste Woche in Monza MUSS ich schon Weltmeister sein — das ist mein allerwichtigstes Ziel! Zuerst schau ich, daß ich das Rennen gewinnen kann. Falls nicht möglich, wie in Spa, tritt Plan zwei in Kraft: Taktisch auf meinen vierten WM-Titel fahren!“ Alain Prosts WM-Triumph, nur noch eine Frage der Zeit, nicht des Rechenschiebers: „Deux petit points“, zwei winzige Punkte, trennen den „Napoleon“ noch vom Triumph.

Die „Hölle von Monza“: Dort hat Prost 1989, als er für Ferrari unterschrieb, seinen auf McLaren gewonnenen Pokal den begeisterten Tifosi geschenkt — was Ron Dennis grenzenlos verärgerte. Jetzt braucht er nur noch einen 5. Platz, falls Senna nicht punktet und Hill nicht gewinnt.

Was für ein Gegensatz zu Alains früheren Titelgewinnen: 1985 mit einem 4. Platz im Septemberrennen in Brands Hatch, 1986 nach der Mansell-Reifenexplosion beim Superfinale in Adelaide, vier Sekunden von Piquet, und 1989 durch die Senna-Disqualifikation in Suzuka, von der Bernie Ecclestone heute zugibt: „Es war Jean-Marie Balestres Fehler, Senna zu disqualifizieren — und er hat ihn nie korrigiert.“

MONZA: SCHUTZENGEL ALS COPILOTEN
Bergers Mißverständnis mit Alesi / Fittipaldi als Flieger

Als Graham Hill mit Pokerface, Erroll-Flynn-Schnurrbart und englischem Humor vor 25 Jahren in Wien war, hockte er vergnügt beim Heurigen. „Wenn du das gesehen hast", sagte ihm Jochen Rindt, „kennst du ganz Vienna." Auf Daddys Spuren kommt Damon im Spätsommer auf zwei Tage nach Wien: Simulator-Rennfahren, Autogrammstunden, Technisches Museum, Fiakerfahren usw.

Und direkt vom Flugplatz zu mir ins ORF-Studio. Die Funkstreifenjagd durch Wien gefällt ihm. Damon hat sein erstes Geld als Motorradbote in London verdient — und sich seine Williams-Chance mit jahrelangen, aufopfernden Testfahrten erkämpft. Ehrlich, korrekt, kein Politiker wie Senna oder Prost. Aber bleibt ihm das Auto 1994? „Ich hör, Alesi wird freigekauft, damit Senna bei Ferrari Platz hat ... aber Frank sagt mir in Estoril Bescheid."

Seit seinem Formel-3-Sieg in Silverstone 1988 („vor Gary Brabham und J. J. Lehto") hat Damon Hill nichts gewonnen — aber jetzt zwei GP-Triumphe hintereinander! Langsam gewöhnt sich der stille, eher scheue Londoner an den Starrummel. „Mein Leben? Hat sich natürlich verändert — aber schon das ganze Jahr." Sein Bankkonto auch.

Damon Hill — der Mann mit zwei Schatten: Vater Graham und Teamkollege Alain Prost. Aber immer stärker tritt er heraus.

„Stimmt nicht, daß wir den Williams-Renault nur zu 80 Prozent ausfahren müssen", korrigiert er Niki Lauda. „Unsere Stallduelle sind ziemlich am Limit." Und der berühmte Papa? „Totaler Respekt. Aber manchmal kann's schon ein bißl ermüdend sein, wenn du dauernd an ihn erinnert wirst."

Mama Bette, die frühere Ruder-Europameisterin von Amsterdam 1953 und jahrelange „Queen of Motor Racing", ist meist auf dem Golfplatz, wenn Damon Rennen fährt.

25 Jahre zurück ... Ich erinnere mich, wie ich Graham Hill vorm Formel-2-Rennen in Langenlebarn vom Flugplatz abholte — nach einem Test-Crash mit steifem Genick. Damals lief die große Werbeaktion „Unser Mann vom Express", aber auch Gerd Bachers Krawatten-Erlaß: „TV-Interviews ab sofort nur noch mit Krawatte!" Doch im Garten der Rolf-Markl-Villa in Hietzing, wo wir unsere Kameras

aufgebaut hatten; köpfelte Graham sofort in den Swimmingpool – es wurde notgedrungen ein Badehosen-Interview.
Oder Monza 1968: Lotus-Party für Grahams 100. Grand Prix, eine Riesentorte. Doch Graham nuschelt: „Mir wäre lieber, Colin Chapman würde mir zum 100. GP stärkere Halbachsen und Radaufhängungen schenken. Damit ich eine Chance hab, auch noch meinen 200. Grand Prix zu erleben ..."
Colin hüstelt, und prompt verliert Hill auch in Monza ein Rad.

„Laß dich von den Emotionen nicht mitreißen! Die Ferrari sind um nix besser – nur weil wir grad zufällig in Monza sind." Niki Lauda bremst die jährliche Monza-Euphorie. „Und ich fürcht, wir werden auch da nix gewinnen."
Monza – amore mio. Das Autodrom, in dem siegreiche Ferrari-Piloten schon vergöttert, sieglose Ferrari-Autos aber gesteinigt wurden. Ferraris letzter Monza-Sieger: Berger 1988, weil Senna beim Überrunden in der ersten Schikane mit Schlesser kollidierte – bis zur Ziellinie gejagt von seinem Stallrivalen Alboreto. Das Autodrom tobte. „Drei Wochen nach Enzo Ferraris Tod – das war alles unglaublich." Aber der „Drachen" hatte, las man damals, „seine Piloten ja vom Himmel aus gelenkt".
Monza, Triumph und Tragik. 10. September, ein historischer Tag. Grausam, wie sich die Geschichte wiederholt. 1960 das tödliche Ferrari-Stallduell: Graf Trips tot – Phil Hill Weltmeister. 1978 das gleiche bei Lotus: Ronnie Peterson tot – Mario Andretti World Champion, aber mit Strafminute. Sieger damals Niki Lauda, Ferraris erfolgreichster Rennfahrer aller Zeiten – aber auf Brabham! Nie werde ich vergessen, wie Niki 1977, mitten während der Ferrari-Testfahrten in Monza, zum Mittagessen mit Bernie Ecclestone abhaute – um geheim seinen Brabham-Vertrag zu unterschreiben ...
Für Enzo Ferrari war ein Monza-Sieg immer „sogar wichtiger als der WM-Titel". Am liebsten: beides. Wie 1975: Regazzoni Sieger – Lauda Weltmeister. Oder 1979, Jody Scheckter, abgeschirmt von Villeneuve. Seither immer das gleiche: Ferrari kommt nach Monza oder Imola jedesmal mit so viel emotioneller Kraft, als könnte man damit alle technischen Handicaps wettmachen.
Und jetzt das Schreckgespenst: 50 sieglose Ferrari-Rennen! „Leider

realistisch", seufzen Lauda und Berger. Und sicher auch Luca Montezemolo, der heute nach Monza kommt. Ob er seinen Ferrari-Job schon bereut hat? „Ja – eine Million Mal!"

1993, das Rennen der Söhne. Graham Hill hat den Monza-Klassiker 1962, im Jahr seines ersten WM-Titels, gewonnen, 1965 aber auf der Ziellinie, entgegen aller BRM-Stallorder verloren – weil ihn Jackie Stewart in der Parabolica austrickste: Außen einen Angriff vorgetäuscht, aber innen durchgeschlüpft, Hill überrumpelt. „Meine Rückkehr zu den Boxen war ungemütlich...", erinnert sich Jackie. Was hat Damon Hill wohl jetzt gegen Prost vor?

Mario Andretti ist 1978 in Monza Weltmeister geworden, Emerson Fittipaldi 1972 mit einem Sieg. Für Alain heißt's: „Bitte warten."

Die Lesmo-Kurven sind neu asphaltiert – alle Fahrer beschweren sich. Schumacher: „Mit dem Privat-Pkw sieht's unheimlich toll aus. Du denkst: So sollten alle Kurven sein. Aber mit dem Rennauto muß ich die ganze Zeit mit der Kurve kämpfen, find keine Linie, die Kurve ist rutschig, gefährlich – ein paar Mal hab ich Glück, da rauszukommen."

Dafür fährt Schumacher die Parabolica total anders: sehr früh, ganz draußen – beschleunigt sehr früh, ganz außen – eine völlig andere Linie. „Ich weiß nicht, ob ich mehr am Limit fahr als die anderen. Ich fahr nur die Linie, die für mein Auto am besten paßt."

Prominenz wie noch nie in Monza! Monica Seles, von Senna eingeladen, liest im Motorhome hinter dicken Fensterscheiben ein Buch – Formel 1 findet sie nur halb so spannend. Begeistert dafür die Skistars Kjetil-Andre Aamodt, der Supermann von Morioka, und Paul Accola: „Am meisten von der präzisen Arbeit in den Boxen." Aber wann kommt Alberto Tomba?

Daniele Massaro, der alle Milan-Chancen im Münchner Europacup-Finale vernebelt hat, trifft die Formel-1-Stars schon Freitag abend: auf dem Fußballplatz von Vedano, beim jährlichen Match GP-Piloten gegen Reporter, Endstand 4:4, nach Elfmeterschießen 8:7 – aber da haben sich die Fronten schon längst verschoben.

Drei Tore schießt Michael Schumacher, genau wie auf der Gegenseite Ivan Capelli – ins Netz treffen auch de Cesaris (2), Patrese und Barrichello. Damon Hill, weniger talentiert, trabte nach 10 Minuten vom

Feld. „Er hat den Fußball überlebt", atmet Frank Williams auf — worauf Damon im Strafraum mit dem Clio-Williams eine Ehrenrunde drehte.
Schumachers Lieblingsklub? „Natürlich der 1. FC Köln." Also mit Toni Polster. „Was, der spielt jetzt bei uns? Hab ich ja noch gar nicht mitgekriegt." Schumacher hat sechs Wochen Zeit, weil Toni ja gesperrt ist — aber wie lange können die Ferrari-Fans noch warten?

„Der Ärger geht vorbei, die Seele bleibt. Aber wann werdet ihr endlich gewinnen?"
„Ferrari — nur der Himmel ist größer als du!"
„Alesi, der Drachen liebt dich!"
„Smile, Gerhard, always smile."
„Schreibt sich Alesi und liest sich: ein Wunder."
Monza-Transparente, vis-à-vis von der Ferrari-Box, für die seit Jerez 1990 sieglosen roten Renner. Monza, amore mio.
Der Berger-Sturzhelm, als riesiger Ballon aufgeblasen, am Kreisverkehr von Monza, Niki Laudas Foto auf allen Tickets. Der Pfarrer von Monza, heiser vor Aufregung, betete vor der TV-Kamera um einen Ferrari-Sieg, Bergers Tochter Christina (13), die „Rechtsanwältin oder Psychiaterin" werden will, stellte fest: „Ferrari ist viel lässiger als McLaren." Aber Gerhard verlor wegen defekter Radaufhängung einen unheimlichen Rekord: sieben Monza-Rennen ohne Pause immer in den WM-Punkten!
Aber wann endlich das große Ferrari-Comeback? Zwar sagt Clay Regazzoni: „Niki Lauda kann nicht in einem Jahr aufholen, was Ferrari zehn Jahre lang versäumt hat" — aber die roten Renner stehen besser da als erwartet. Jean Alesis 3. Rang im Training — sensationell. „Normal fehlen uns auf die Williams-Renault 1,5 Sekunden. Plötzlich bloß 0,46", freut sich Lauda. „Kein schmutziger Trick, kein Bluff, alles korrekt."
Logischer Grund: „Ferrari hatte in Monza getestet — und eine gute Autoabstimmung erarbeitet. Das schafften jetzt die anderen nicht, weil es in der Früh regnete — Freitag wie Samstag. Und da haben wir zugeschlagen!" Zum erstenmal wirft Ferrari den 4-Ventiler in die Schlacht: mehr Topspeed-PS und 200 U/min mehr — 15.000!
Aber auch: Eine Stunde Angst um Gerhard Berger. Mörderisches Miß-

verständnis — 6. Gang, 330 km/h — mit Alesi, acht endlose Dreher durch die Curva Grande, schwerer Anprall, bewußtlos, Krankenwagen — und dann endlich die erlösende Nachricht: „Kopfweh und schwindlig — aber ich bin unverletzt!" Niki Lauda stockt der Atem, als er den Unfall auf dem TV-Monitor sieht: „Das starke Chassis hat Berger gerettet."
Ohne zu dramatisieren: Es war wieder der Samstag von Monza — wie vor 23 Jahren bei Jochen Rindt. Die Situation: Alesi Dritter, Berger Vierter, erstmals 1993 beide Ferrari in der zweiten Startreihe — die beiden Fahrer reden noch in der Box miteinander. Dann wird Berger von Senna und Schumacher überholt — also 6. Platz. „Darauf will ich unbedingt meinen 4. Platz zurückholen — und hab viel riskiert."
Zwei Mißverständnisse, die Berger das Leben hätten kosten können:
1. Berger hat seine 12 Runden (maximal) fertig, die Zielflagge ist schon heraußen. „Aber ich les auf meinem Bordcomputer: noch eine Runde. Die Flagge hab ich nicht gesehen."
2. Alesi rollt winkend und jubelnd in seiner Auslaufrunde — ganz rechts. „Ich mit 330, er vielleicht mit 100 km/h." Alesi sieht Berger im Rückspiegel, weicht links aus. „Ich seh eine kleine Lücke, will durch — mehr weiß ich nimmer — weil ich kurz bewußtlos war." Das nächste, das Berger weiß: „Wie ich im Krankenwagen aufwach. Ich weiß nicht einmal, wie ich aus dem Auto rausgekommen bin."

Wenn du fast fatale Mißverständnisse und Karambolagen auf dem TV-Monitor siehst — denkst du dann noch an deine verhängnisvolle Kollision mit Gilles Villeneuve in Zolder 1982? Die Frage an Jochen Mass liegt nahe, und er nickt ernst: „Ja, immer." Die große Ironie: Vier Jahre davor, Zolder 1978, gleiche Kurve. Mass (auf ATS) läuft auf Bruno Giacomelli (Alfa) auf. Der Italiener will Platz machen, typisches Mißverständnis, Mass verreißt und kracht links voll gegen die Leitplanken.
„Bruno, du Idiot! Kannst nicht aufpassen?" Giacomelli stammelt von Ausweichen-Wollen. Und dann der Satz, den Jochen nie vergessen wird: „Ich hoff nur für dich, daß dir nie, nie, nie das gleiche passiert!" Vier Jahre später. Zolder 1982, gleiche Kurve. Mass sieht im Rückspiegel den roten Ferrari anfliegen; aufschlagend, funkensprühend, viel zu schnell ...

„Bis zum Unfall hatte ich mit Gilles Familie immer herzlichen Kontakt — nachher nimmer. Einmal seh ich seine Kinder in größerer Gesellschaft. Wie sie mich anschauten — das hat weh getan. Und darum“, gesteht mir Mass zum erstenmal, „hab ich aufgehört. Nicht wegen meinem eigenen Unfall — mit Baldi in Le Castellet.“ Jochen ist jetzt TV-Starkommentator bei RTL.
Außergewöhnlicher Schlußpunkt aber erst jetzt, Jahre später. Ein kanadisches Mädchen — glühender Villeneuve-Fan — gesteht Mass: „Ich wollte mich damals mit Tricks an Sie heranmachen und beim Essen erschießen.“ Die Ehre der Prizzis, Version Formel 1.

„Wir alle fragen uns Sonntag früh, ob wir am Abend nach dem Rennen in unsere Hotelzimmer zurückkehren“, vertraute mir Jacky Ickx einmal während einer Formel-1-Todesserie an. Diese Zeiten sind längst vorbei. Dank der Carbonfiber-Chassis — und weil die Piloten sowieso Sonntag abend so rasch wie möglich im Lear-Jet abdüsen.
Die Carbonfiber-Chassis sind die Sicherheitsbindungen der Formel 1. Ein berühmter Downhiller sagt mir: „Die heutigen Skirennfahrer vertrauen bei ihren Stürzen Gott und der Sicherheitsbindung. Wir hatten früher den lieben Gott allein ...“
„Es ist, wie wenn ich dich aus Bergnot rette“, denkt Österreichs Ski-Philosoph Franz Hoppichler. „Danach bist du für mich nie mehr wieder der gleiche.“ Arturo Merzario, der Lauda-Lebensretter vom Nürburgring, schon: Die beiden haben einander vorher nie mögen — und nachher auch nicht.
Rennfahrer-Restaurant „Fossati“, Samstag abend. Alesi sitzt still und blaß in einer Ecke. Mehr schockiert als Berger, der im Zimmer ißt — und miserabel schläft. „Ich bin steif, überall, ganz normal, daß alles rebelliert. Dem Körper gefällt das nicht, was passiert ist.“ Und dem Geist? „Damit hab ich normal kein Problem. Ich kann wegstecken und abschalten. Ich werde Vierter, Fünfter oder Sechster!“
Besonders mutig und tapfer? „Nach solchen Unfällen“, sagt mir Derek Warwick, „wäre es mutiger, NICHT zu fahren.“ Warwick in Hockenheim, Zanardi in Spa, Berger in Monza: eine alarmierende Serie schwerster Unfälle, bei denen „vor zehn Jahren jeder dreimal tot gewesen wäre!“ sagt mir Niki Lauda.
„Die heutigen Formel-1-Piloten sind übermütig geworden, riskieren

zu viel, weil sie wissen: Die Autos sind so sicher geworden, daß auch bei den schrecklichsten Unfällen nichts passiert. Aber das gilt nur, wenn die Autos am Boden bleiben. Hätte Gerhard Berger den Reifen von Alesi berührt – er wäre mit 328 km/h aufgestiegen wie eine Rakete. Und dann Gnade Gott ...“ Lauda schaudert, als er den Unfall des Jahres analysiert. „Also werden die Fahrer weiter zu viel riskieren. Das geht solang gut, bis einmal wirklich etwas passiert. Wir hatten früher bei solchen Unfällen einen Toten pro Jahr!“

Ich frag Gerhard Berger: Riskierst du zu viel?

BERGER: Für mich gibt's immer nur eines: meine Position zu verbessern, darum kämpf ich immer hart. Darum bin ich Rennfahrer, darum fahr ich auch immer für Top-Teams.

Versuchst du mit Gewalt, das Ferrari-Handicap wettzumachen?

BERGER: Überhaupt nicht. Ich fahr wie immer. Wenn ich unterwegs bin, denk ich nie dran, welches Auto ich hab.

Wenn man weiß, daß die heutigen Autos Unfälle bis 400 km/h aushalten – macht das nicht übermütig?

BERGER: Daran denkst als Fahrer nicht. Wenn die Sicherheit der Autos anders wäre – ich würde es ähnlich machen. Weil in diesen Momenten keiner an die Sicherheit der Autos denkt.

Unglaublich, was die Autos aushalten ...

BERGER: Unglaublich, wenn du den Zanardi-Unfall hernimmst. Oder meinen von Monza: Das Unfallauto war mein Ersatzauto.

Gerhard, deine Fans machen sich Sorgen: 1992 die Kollision mit Patrese in Estoril, als der Williams aufstieg, heuer mit Andretti in Interlagos, Hill in Monte Carlo, Brundle in Budapest, Blundell in Spa ...

BERGER: Andretti hat immer zugegeben: sein Fehler. Und die Ligier-Piloten beschweren sich immer, weil sie frustriert an die Box zurückkommen: Stärkerer Motor – und der Berger überholt sie immer in den Kurven.

Und mit Alesi?

BERGER: Wir haben eine Regel in der Formel 1: außer im Kampf mit gleicher Geschwindigkeit – nie die Spur wechseln! Da hab ich wirklich nichts mehr machen können: Links ausweichen – in dem Moment zieht Alesi nach links. Solche Mißverständnisse sind wahnsinnig gefährlich – wie 1982 in Zolder mit Villeneuve und Mass.

Ist das Alesi-Heck im Halbschlaf wieder vor dir gewesen?
BERGER:Auf alle Fälle! Ich durfte ihn auf gar keinen Fall berühren – das wäre bei 328 km/h fürchterlich gewesen. Wenn wir uns Rad an Rad berühren, steig ich auf, flieg endlos ... und komm nimmer zurück. Es hätte ganz bös ausgehen können.
Beunruhigt dich die Serie?
BERGER: Normal passieren jedes Jahr ein paar solche Unfälle. Man muß nur schauen, daß man nicht zu oft dabei ist ...
Die Sportkommissäre haben dich zur Rennleitung zitiert und dir einen scharfen Verweis erteilt?
BERGER: Sie haben mich gefragt, warum ich nach der Zielflagge nicht Tempo weggenommen hab. Aber das tun wir doch alle so: Bis zur letzten Kurve Vollgas, damit man mit dem richtigen Reifendruck, den richtigen Temperaturen usw. an die Box kommt – und die Ingenieure keine falschen Daten bekommen. Aber ich geb zu: Diesmal wär's nicht notwendig gewesen.
Beinahe wieder Triumph und Tragik, wie schon so oft im Autodrom. Monza 1993 wird keiner vergessen, nicht nur Ferrari. „Ich hab euch den Sieg versprochen!" jubelt Jean Alesi nachher den Tifosi zu. „Tut mir leid – ich hab mich um einen Platz geirrt!" Für Ferrari ist Monza immer wie eine Olympiade ...
150.000 Tifosi im Autodrom, Millionen an den TV-Schirmen wollen Prost schon zum vierten WM-Titel gratulieren, Niki Lauda tut es sogar bereits vorm Start, „weil ich der Erste sein will". Aber dann müssen die Prost-Fans noch bis Estoril warten.
Andere Fragen, die das Rennen aufwirft: Hätte Hill auch gegen Prost gewinnen dürfen? Eher nicht, „weil wir vereinbart hatten: Die letzten Runden kämpfen wir nicht gegeneinander" (Prost). Und warum läuft Senna Amok? „Die Kollisionen mit Hill und Brundle sind mein Fehler – aber ich hab auch blockierende Hinterradbremsen."
Als Hill – nach der Karambolage mit Senna in der ersten Schikane auf Platz 9 zurückgefallen – immer stürmischer nach vorn drängt, ab der 22. Runde (Schumacher out) zu Prost aufschließt und ihn von der 31. bis 45. Runde mit einer Serie von insgesamt acht schnellsten Runden (!) unter Druck zu setzen beginnt, funkt die Williams-Box etwas von „steigenden Temperaturen. Aufpassen. Damon, schon den Motor!"

Kurz darauf platzt er – aber im Wagen von Prost! Als auf dem TV-Schirm in der Box die riesige Rauchfahne auftaucht, sind sogar die Renault-Ingenieure überrascht: „Auf der Telemetrie war überhaupt nichts zu sehen!" wundert sich Bernard Dudot. „So daß wir uns bereits fragten: Ist das überhaupt ein Motorschaden? Aber das hat uns Alain bald bestätigt. Jetzt müssen wir in der Fabrik nachprüfen, was es genau war."

Für Prost jedenfalls „das erste mechanische Problem des ganzen Jahres und leider genau zum falschen Moment". Die alte Weisheit: Wenn Prost als Erster in die erste Kurve sticht, gewinnt er nie... „Diesmal hab ich einen guten Start, alles arbeitet perfekt, ich mach überhaupt keinen Druck, fahr ganz normale Geschwindigkeit, um meinen ersten Platz sicherzustellen, und hab das Rennen wirklich kontrolliert. Plötzlich der Motorschaden!"

Der Alain wie eine Ohrfeige trifft. Damon Hill aber wie eine plötzliche Nebelwand. „Ich kann vor lauter Öl auf dem Visier überhaupt nichts mehr sehen. Daß Alain out ist, kann ich zuerst gar nicht glauben." Längst braucht Hill nicht mehr zu fragen: „Warum immer nur ich? Warum nie der andere?"

Im Sommer kann er machen was er will – „Lady Luck" lächelt ihm immer zu, sogar wenn Senna in der ersten Schikane attackiert. „Ich muß über die Kerben – und dann krachen wir zusammen. Zum Glück ist alles okay, aber bei einem solchen Schlag machst du dir immer Sorgen."

Die WM-Situation hat Hill „gar nicht im Kopf. An den WM-Titel zu denken, käme mir nie in den Sinn, aber im Rennsport weißt du nie." Der Titel Vizeweltmeister winkt, „und 1994 sehen wir dann weiter". Bei Williams-Renault? „Frank Williams sagt mir in Estoril Bescheid. Ich hoffe jedenfalls..."

Der gleiche Williams hat Hill in Budapest gesagt: „Und jetzt gewinnst du drei Rennen hintereinander! Ich konnte es nicht glauben." Budapest war für Damon „eine endlose Plage und Schinderei", Spa dagegen ein Sprintrennen, so schnell vorbei. Ich konnte mir nicht vorstellen, je glücklicher zu sein als ich in Spa war – aber in Monza bin ich es. Ein so berühmter Platz mit so toller Atmosphäre. Ein Traum ist für mich wahr geworden!"

Alle fühlen mit ihm mit, freuen sich für ihn.

Hat Hill in Spa Prost praktisch in den Boxen überholt, so sind die Reifenwechsel diesmal gleich: 8,72 für Prost, der in der 26. Runde mit 18 Sekunden Vorsprung hereinkam, 8,52 eine Runde später für Hill.
Berger, lange Vierter, scheiterte wieder einmal an der aktiven Radaufhängung – in Monza noch ungefährlich.
Endlich wieder zurück in den WM-Punkten dafür Karl Wendlinger: doppelt schön nach seinem Testunfall in Monza – vom wegfliegenden Vorderrad am Helm gestreift, steifes Genick, Kopfweh. Aber jetzt: 4. Platz – und dafür von Peter Sauber herzlich beglückwünscht, vom Chefmechaniker Franz Bucher stürmisch umarmt.
Tolle Weltpremiere des neuen V10-Ilmor, der 300 U/min höher dreht und 35 PS mehr leistet – nach Beschleunigungsproblemen im Training. Mario Illien: „Vierter Platz wie mit Lehto in Imola – schließlich ist Monza ja unser Heim-Grand-Prix . . ."
Auf diesen 4. Platz darf Karl stolz sein! Wie eine Rakete gestartet, taktisch clever früh Reifen gewechselt, je nach Rennsituation aggressiv oder auf Abwarten – und toll im Duell mit Andretti und Patrese. Ein Sauber, der gegen McLaren und Benetton fightet – super. „Sogar wenn wir bis Jahresende keinen WM-Punkt mehr machen sollten – ich bin mit unserer Bilanz '93 schon zufrieden", strahlte Peter Sauber. „Und vergiß nicht: das Tiroler Trainingsduell hat Karli auch gewonnen . . . und Berger sitzt im Ferrari!"
Die Sauber-Box wartet gerade jubelnd auf Wendlinger, als die Trümmer fliegen – nach Fittipaldis „Todessalto" in der Monza-Arena.
Die Situation: Die Minardi-Piloten hintereinander auf der Zielgeraden, Martini vor Fittipaldi, Platz 7 und 8. Unmittelbar vor der Ziellinie taucht Christian aus dem Windschatten, will rechts überholen – aber da zieht auch Pierluigi plötzlich einen Meter nach rechts. Der Verdacht: Martini habe Gas weggenommen, um Fittipaldi zu bremsen, wird von der Telemetrie widerlegt. Aber der Auffahrunfall ist unvermeidbar. Der Salto auch – weil Christians Frontspoiler abgebrochen ist.
Spektakulärer Überschlag – wie 1984 bei der Karambolage Gachot–Ratzenberger in Zandvoort, wie seinerzeit von Manfred Winkelhock in der Formel 2, wie von Patrese 1992 in Estoril, nur mit Höhenrekord. Fittipaldis Auto steigt mit 300 km/h auf wie ein Drachen, überschlägt sich in der Luft, fliegt 120 Meter weit und landet mit immer noch

150 km/h durch ein Wunder richtig – nur ein herrenloses Rad kollert über die Monza-Zielgerade...

Millionen halten den Atem an. Was fühlst du? frag ich nachher Fittipaldi, und Christian erzählt: „Ich hab bis zum letzten Moment die Augen offengehalten. Aus Angst: wenn sie zu sind, bring ich sie nimmer auf." Und seine Mutter Suzy, die Zürcherin: „Mir blieb das Herz stehen – vor allem, weil ich nicht gleich sehen konnte, wie Christian ausstieg."

Wie am Samstag bei Berger und Alesi: nach der Zielflagge. Und wieder zwischen zwei Teamkollegen, wie bei Ferrari.

Ein Siegerfoto, mit dem keiner rechnen konnte. Auf dem Podest: die Stellvertreter und die Söhne: Damon Hill als Hattrick-Sieger, Jean Alesi für seinen zweiten Platz im Ferrari wie ein Sieger gefeiert, und Michael Andretti in seinem letzten McLaren-Rennen Dritter. Damon und Michael aus dem Windschatten ihrer Väter getaucht: Graham Hill hat 1962 Monza gewonnen, Mario Andretti wurde hier 1978 Weltmeister, Emerson Fittipaldi 1972 – diesmal hat sein Neffe Christian uns alle erschreckt.

ESTORIL: SCHUMACHER SCHLÄGT DEN WELTMEISTER

Mordanschlag der Technik: Horror-Unfall von Berger

Estoril, am Rand Europas: Ein Comeback, das alle freut: Mika Hakkinen.

„Wenn du bedenkst, daß Mika im Oktober 1992 einen Williams-Vertrag in der Tasche hatte", sagt mir Keke Rosberg, „und jetzt sitzt er in einem McLaren..." Damals mußte der Hakkinen-Williams-Vertrag, wie jeder Formel-1-Kontrakt, bei einer von Bernie Ecclestone geschaffenen Institution in Genf hinterlegt und geprüft und bestätigt werden. „Aber so etwas geht nie ohne Konflikte. Frank bekam Angst, wurde weich und gab nach – was Ron nie passieren würde..."
Dafür bedankt sich Hakkinen bei Lauda: „Danke, daß du immer für mich geredet hast."

Der „Wunderpilot" ist entzaubert: Andretti-Ersatz Mika Hakkinen im Estoril-Training schneller als Senna – und dicke Luft bei McLaren! Funkstille zwischen Senna und Ron Dennis, der Brasilianer auf dem

Sprung zu Williams-Renault, wo ihn alle wollen: Frank, Renault und der neue Sponsor Rothmans.

Weil Dennis bei einem privaten Dinner mit englischen Reportern gesagt hat: „Senna ist in Monza vor lauter Frust Brundle ins Heck geknallt", läßt Senna eine Welt-Pressekonferenz im Estoril-Casino platzen: „Ich red nur, wenn Dennis mitkommt und sich öffentlich bei mir entschuldigt." Wovon der Herr Chef nichts wissen will: „Ich laß mich doch von meinem Fahrer nicht zwingen ..."

Folglich Eiszeit bei McLaren. Spannung bei Williams. Alle wollen ein Superteam Senna–Prost! Aber was macht dann Alain? „Zwei Gründe für seinen Rücktritt: Erstens, weil Senna kommt. Zweitens nicht mehr motiviert", schreiben die Prost-Freunde in „L'Equipe" – worauf dort auch Prost die Türen zuschmeißt: „Mit denen red ich nichts mehr!"

Niki Lauda: „Es gibt zwei Arten, Rennen zu fahren. Die erste: Ich stell mich jedem Gegner, jedem Kampf. Die zweite Art, die Prost kreiert hat: sich vertraglich abzusichern, daß dieser oder jener nicht mit dir im Team fahren kann. Wenn diese Verträge geändert werden und der Kampf Mann gegen Mann nicht mehr gegeben ist, bleibt nur noch eins übrig – sich zurückzuziehen!"

Für Prost ist immer alles in Estoril passiert: 1984 das dramatische, verlorene WM-Finale gegen Lauda: Sieg auf der Straße, aber die WM verloren um einen Punkt. 1985 der Unfall im Regen, als erstmals Senna gewann und die Story vom Regengenie Senna und vom wasserscheuen Prost aufkam. Später der 28. Sieg, mit dem er Jackie Stewarts Rekord übertraf, aber dann der Ausbruch der Todfeindschaft mit Senna, der ihn mit 300 km/h auf der Zielgeraden gegen die Boxenmauer drückte. Prost, von Senna zwischen die Räder genommen, warnte seinen damaligen McLaren-Stallrivalen: „Ab jetzt weiß ich, daß du bereit bist, für einen WM-Titel dein Leben wegzuschmeißen. Ich nicht. Du kannst den Titel haben, wenn du so unbedingt willst ..."

Jetzt also wieder Estoril, aber davor ist einiges passiert. Senna drängt zu Williams-Renault, immer heftiger: der Grund, warum Prost schon vor einem Monat zu Frank Williams und Renault sagt: Ich hör auf. Weil man dort die Vertragsklauseln geändert hat? Ein Superteam Senna/Prost zusammenbraut? Senna spielt seine Karten, wie immer, geschickt aus. Er pokert zum Schein mit Ferrari, „damit er einen Gegenpol zu Williams hat", wie Berger auffiel.

Jean Todt, der „Napoleon", hätte an sich Senna gern zu Ferrari geholt, aber Lauda war klar: „Wir haben unsere beiden Fahrer unter Vertrag — Alesi und Berger sind sicher die besten beiden Piloten, die Ferrari im Moment am besten brauchen kann." Also mußte Senna nur warten, bis Prost reagiert — sich mit McLaren zerstreitet. Das passiert zwischen Monza und Estoril.
Was Dennis erzählt, dringt heimlich zu Senna durch. Ein Sorry kam nie. Dafür Freitag mittag in Estoril die Senna-Erklärung: „Ich fahr 1994 nicht mehr für McLaren!" Eine halbe Stunde später erklärt Prost seinen Rücktritt. Zusammenhänge sind nicht zufällig ...
Aufhören ... die wichtigste Entscheidung im Leben jedes Rennfahrers. Jochen Rindt wollte immer abtreten, „bevor ich 30 und ausgebrannt bin — weil ich noch so viel tun will". Er starb mit 28. Jackie Stewarts Rücktrittspläne 1973 waren ein totales Geheimnis, das er seine ganze letzte Saison mit nur zwei Menschen teilte — Ken Tyrrell und Walter Hayes von Ford. Chris Amon (50), der Berühmteste, der nie einen GP gewann: „Alle sagen mir heute: Du hast zu früh aufgehört. Aber dafür hab ich ein zweites Leben."
Vertrauliches Vier-Augen-Gespräch. Lauda zu Prost: „Ich an deiner Stelle hätte gewartet, bis ich Weltmeister bin, und dann meinen Rücktritt erklärt — wenn ich eine so erfolgreiche Karriere wie du hinter mir hab und mich im Kopf entschieden hätte, daß ich nimmer fahren will." Prost nickt: „Das hätte ich in Monza auch vorgehabt. Aber dann wollte und konnte ich nimmer warten — zuviel ist passiert."
Servus, Alain! Superstar Alain Prost nimmt seinen Helm ab. „Ich will auf dem Höhepunkt abtreten, nicht ein Jahr zu lang fahren. Und gehen, solang ich glücklich bin." Trotz aller Dementis: Was Prost zum Rücktritt treibt, ist der Transfer von Senna zu Williams!
Die Prost-Erklärung schlägt ein wie eine Bombe — hat sie auch sein Team überrascht? „Ich wußte zirka seit einem Monat, daß Alain aufhören will", gibt Frank Williams zu. Prost selbst: „Zirka ein Monat, das stimmt. Aber es gab so viel Auf und Ab. Ich wollte zum Beispiel schon nach dem Donington-Rennen im Frühjahr abtreten" — ein sensationelles Geständnis. Und warum? „Ich war mir nicht ganz sicher, ob ich 1994 noch richtig motiviert sein würde." Über Prost wäre jedenfalls ein mörderischer Stallkrieg hereingebrochen: 1993 konnte er mittels Vertragsklausel noch Senna bei Williams aussperren — 1994 nicht

mehr. Frank Williams, Renault, Sponsor Rothmans – sie alle wollten das Superteam Senna/Prost, nur Alain selber nicht.

„Im Team war alles bestens. Ich freute mich auch ehrlich über die Siege von Damon Hill. Aber ich wollte nicht riskieren, daß ich den Spaß und die Freude am Rennfahren verlier." Jetzt will Prost noch seinen WM-Titel fixieren, die Saison fertigfahren – und dann räumt er das Williams-Cockpit für Senna: als Weltmeister.

Im TV-Studio, in dem ich 1984 Lauda und Prost nach ihrem Finale vor der Live-Kamera hatte, mach ich mit Alain das Rücktrittsinterview.

Kannst du deinen Fans erklären: Wieso Rücktritt, und wieso jetzt?

PROST: Rein persönlich ist es für mich die beste Zeit, um aufzuhören. Ich will nicht ein Jahr zuviel anhängen.

Wann genau hast du dich wirklich zum Rücktritt entschlossen?

PROST: Langsam ... etwa vor einem Monat.

War das ein spezieller Moment? In der Badewanne oder wo immer?

PROST: Ich weiß nicht genau, weil sich das so langsam zusammenbraut. Nach Donington hab ich sogar schon an Rücktritt gedacht. Du weißt, es geht immer auf und ab, nie in gerader Linie. Aber dann mußt du dich irgendwann entscheiden, und ich dachte: jetzt ist der beste Moment, weil ich nicht wußte, ob ich mir noch ein Jahr antun sollte. Ich war heuer manchmal verletzt, und ich wollte nicht, daß das nochmals passiert. Ich will nicht, daß mein echtes Leben, mein privates und persönliches, davon abhängt, was ich auf der Rennstrecke mach. Schwierig, aber vielleicht verstehst du. Ich hab gedacht: Je mehr das losgeht, um so weniger kann ich den Menschen in die Augen schauen. Weil ich nicht wußte: Was denken sie über mich nach der Mansell-Story vom letzten Jahr, vom Winter, dem ganzen shit? Warum sollte ich mir das alles nochmals antun? Da hatte ich eine gute Möglichkeit, heuer den WM-Titel zu gewinnen, eine phantastische Ambiance im Team, ganz ehrlich – und will mir das nicht wieder zerstören lassen.

Darum also gerade jetzt ...

PROST: Du mußt dich eines Tages entscheiden. Ich bin 38 und hab in meinem Leben noch so viel zu tun. Rennfahren ist nicht alles. Ich hatte eine phantastische Karriere, 13 Jahre Formel 1, davor sieben Jahre Go-Kart und andere Autos. Ich glaub also, es ist Zeit für mich, aufzuhören. Ich hab immer noch Spaß am Rennfahren, Freude an der Formel 1, aber: Ich mußte für mich für 1994 entscheiden, daß ich kein

größeres Risiko mehr eingehen will. Heuer sind sehr viele Dinge passiert, die ich nicht akzeptiere. Manchmal mußt du alles abwiegen, suchst das Gleichgewicht. Und ich glaub, es war die richtige Lösung, weil ich noch etwas anderes tun wollte. Es wäre schwierig gewesen, die Motivation für 1994 zu finden, wenn du weißt, was die Leute reden. Wenn du mit dem Williams gewinnst, ist alles normal, aber wenn du verlierst, hast du absolut keinen Grund für Ausreden oder Entschuldigungen und so. Das ist nicht wirklich der Geist, den ich brauch, um ein Auto für ein Team zu fahren.
Womit genau warst du nicht einverstanden?
PROST: Mit dem Team? Heuer sind eine Menge Dinge passiert, über die ich nicht reden will – das ist alles.
Was wirst du jetzt machen?
PROST: Zuallererst: Die Saison fertig fahren. Weltmeister zu werden. Und danach? Hab ich viel Zeit, drüber nachzudenken. Ich könnte in der Formel 1 bleiben – das ist eine kleine Möglichkeit. Aber wenn, dann nur in einer starken Position, sonst geh ich komplett weg vom GP-Zirkus. Einen 10-oder 20-Prozent-Job würde ich nie akzeptieren. In diesem Fall bleib ich komplett draußen und versuch, etwas anderes zu machen. Als neue Herausforderung, mit neuer Motivation.
Nimmt Senna deinen Platz bei Williams ein, wie alle wissen?
PROST: Ich nehme an, das Team hat ein paar Fahrer kontaktiert, weil ich es Williams schon vor einem Monat gesagt hab. Deren Problem, deren Entscheidung. Frank sagte, er würde seine Fahrer in ein, zwei Wochen verlautbaren. Das muß genügen.
Alain, du bist ganz oben. Wenn du am Gipfel bist, warum aufhören?
PROST: Weil es auch der beste Moment ist, um aufzuhören, wenn du Spitze bist. Ich will kein Extra-Jahr anhängen. Oder, wie wir Franzosen sagen: das eine Jahr zuviel. Du mußt 100prozentig on top sein, auch im Kopf, nicht nur das reine Autofahren – du mußt glücklich sein und Freude daran haben. Ich glaub nicht, daß ich sagen kann: Ich hab den Spaß dran verloren. Ich hab immer noch Freude. Aber ich fürchte: Nicht mehr sehr viel länger. Und darum will ich auf die bestmögliche Art aufhören: Solang ich auf der Strecke Spitze bin – und happy außerhalb. Ich hatte ein sehr, sehr gutes Verhältnis zu Frank Williams und dem ganzen Team, natürlich auch mit Renault, eine phantastische Beziehung zu Damon Hill – also wäre alles perfekt. Nun

könntest du einwenden: Wenn alles so perfekt ist, warum macht er dann nicht weiter? Es ist doch unmöglich für ihn, aufzuhören. Aber ich hab alles auf die Waagschale gelegt. Erinnere dich: Am Ende der Saison ist immer alles okay. Aber während der Saison waren viele Dinge nicht so gut für mich. Ich will keine Polemik entfachen, aber: Manches hat mir sehr wehgetan. Diese Sachen könnten sich jederzeit wiederholen – und das mag ich nicht. Du mußt im Kopf schon sehr stark sein, um alle diese Sachen mitzumachen. Besonders nach 13 Jahren Formel 1, und nach allem, was ich wußte. Ich hatte manchmal Probleme in der Formel 1. Und ich wollte auf eine gute Art und Weise aufhören – darum also.

Ohne Gerücht, ohne Spekulationen, alles klarstellen?

PROST: Genau – darum wollte ich meinen Rücktritt auch so früh wie nur möglich verlautbaren. In Wahrheit: sobald ich Weltmeister bin – am besten bereits in Monza. Dann beschloß ich: Red ein bißl früher, damit ich mich wieder voll auf meine Arbeit konzentrieren kann. Ich will frei sein von dem ganzen Extra-Druck. Es ist besser, wenn jetzt jeder Bescheid weiß. Ich will die letzten Rennen, wenn möglich, gewinnen, aber ich brauch auch den WM-Titel – und muß daher aufpassen. Aber ich glaub, ich hab eine große Chance.

Euer guter Williams-Teamgeist war heuer offensichtlich, und du warst großherzig genug, zu sagen: Du freust dich, daß Damon Hill Rennen gewonnen hat. Was in einem Formel-1-Team eher unüblich ist...

PROST: Stimmt, das passiert nicht sehr oft, daß ein Fahrer happy ist, wenn sein Teamkollege ein Rennen gewinnt. Aber ganz aufrichtig: Bei uns war es so. Sogar in Monza, wo ich wegen meinem Ausfall wütend war, hab ich mich für Damon und das ganze Team gefreut. Weil ich stets Teamgeist hatte – obwohl das die Leute nicht immer merkten. Aber ich hatte immer Mannschaftsgeist. Und das war auch der Grund für manche der Probleme, die ich in der Vergangenheit hatte.

Wo sehen wir dich in Zukunft? Auf dem Rennrad bei der Tour de France? Oder im Fußballdreß von St. Etienne?

PROST: Sicher ist, daß ich ein riesiger Sportfan bin und immer bleiben werde. Ich liebe Sport – und hab jetzt mehr Zeit dafür. Ich hoffe aber, nicht allzuviel, denn das hieße ja: Ich hab keine Beschäftigung. Und ich würde mich nie hinter dem Ofen verkriechen und nichts tun. Ich muß Verantwortung tragen, argend etwas tun. Und ich hab immer viel gemacht, außerhalb oder neben der Formel 1. Weil es gut für deinen Kopf ist, darum war ich auch manchmal so stark, denn wenn ich Probleme in der Formel 1 hatte – tags darauf hab ich an etwas ganz anderes gedacht, was immer gut ist. Und Sport sowieso. Daß ich soviel Golf spiele, soviel Ski fahre, Tennis spiele und jetzt meine Radrennen fahre, hilft mir, im Kopf stark genug zu sein – und da mach ich ganz bestimmt weiter. Weil ich fit sein muß, viel Sport brauche. Ich mach schon etwas, keine Sorge. Möglich, daß ich in der Formel 1 bleib. Aber wenn nicht, dann bin ich komplett außerhalb. Ein Teilzeitjob in der Formel 1 – sicher nicht.

Dein Rücktritt ist ein trauriger Tag für die Formel 1, aber jeder wünscht dir aufrichtig alles Gute, viel Glück.

PROST: Ich weiß nicht, ob es für ein paar Leute traurig ist – aber für mich selber bin ich glücklich. Denn sobald du eine solche Entscheidung getroffen hast, fühlst du dich besser, erleichtert. Einmal mußt du sowieso aufhören. Und wann immer gute Formel-1-Piloten stoppten, war es immer die gleiche Story: Ach, wie traurig. Aber schon im Jahr darauf denkt kein Mensch mehr an den, der da aufgehört hat. Was ich nie vergessen werde: Zwei Tage vor dem Fall der Berliner Mauer hätte noch kein Mensch davon geträumt – aber schon zwei Wochen danach hat kein Mensch mehr darüber geredet! Innerhalb eines Monats war es das größte Ereignis, das du in der ganzen Welt nur haben konntest – aber keiner hat mehr drüber geredet. Weil medial immer neue, aufregende Sachen passieren. Ich mach mir keine Sorgen um die Formel-1-Fans. Die Franzosen werden Alesi haben, Comas, Alliot und neue französische Teams – jeder wird happy sein, glaub ich.

Aber du kannst sicher sein, wenn in Zukunft die Fans zurückblicken, werden sie an dich denken wie an Juan Manuel Fangio, Jim Clark, an Stirling Moss – sicher als einer der größten Fahrer aller Zeiten.

PROST: Das hätte ich gern, sicher, natürlich – aber du weißt ja nie.

Wie möchtest du, daß sich die Leute an dich erinnern?

PROST: Daran mag ich nicht zuviel denken. Ich glaub: ich hab meine Pflicht erfüllt, meine Arbeit getan, so gut ich konnte, mit meinen Qualitäten, meinen Schwächen, meinem ganzen Charakter. Das Problem ist nur: Wenn du jemand bist mit viel Media um dich herum, hast du nie das Image, das du haben willst. Ganz normal. Und darum frag ich keinen. Ich will's auch gar nicht wissen. Es ist vorbei. Ein

neues Leben, also auch eine neue Persönlichkeit, ein anderer Mensch. Ich glaub, die Leute, die mich kennen, die mögen mich. Aber sie glauben immer, ich bin anders, als was sie von mir in der Formel 1 sehen oder hören. Immer fein, wenn die Leute Gutes von mir denken – aber ich bin sicher, daß es nicht mehr als ein Prozent ist – wenn überhaupt.
Viele, nicht nur die Österreicher, werden deine McLaren-Zeit mit Niki Lauda nie vergessen?
PROST: Auch ich werde nie die guten Zeiten vergessen, die ich mit manchen Fahrern, Teams und Teammanagern hatte. Aber du lebst nicht mit Souvenirs, nicht in der Erinnerung, sondern mit der Zukunft. Ich kann damit leben, daß ich sag: Okay, ich hab Motorsport betrieben und alles, was ich heute habe, verdanke ich der Formel 1. Aber was in diesem Fall gut ist: die richtige Einstellung, Mentalität. Ich kann nicht sagen, jeder war wunderbar und wunderschön – das wäre absolut falsch, wirklich. Aber sogar mit meinen Feinden wollte ich immer zusammenarbeiten, zwar nicht unbedingt mit denen, aber ich pfeif drauf, was passiert ist. Du hast immer gute und schlechte Sachen. Ich hatte meine Zeit, meinen Anteil, immer versucht, das Beste draus zu machen. Und wenn manchmal mein Image schlecht war – das hab ich nicht verdient. Aber das ist jetzt geschehen, aus und vorbei, wie ein Autorennen: Manchmal verdienst du nicht, ein Rennen zu gewinnen, manchmal verlierst du es genauso ungerecht wie ich in Monza, vier Runden vor Schluß. Im Leben passiert haargenau das gleiche, no problem.
Kannst du ein paar Worte zu deinen Fans sagen, die dich sicher vermissen werden?
PROST: Ich weiß, ich hab sehr viele Fans in der Schweiz, in Österreich, Deutschland, in vielen Ländern. Gut zu wissen, daß die Menschen an dich denken, dich nicht vergessen. Genau das, was ich mich in zehn Jahren vielleicht selber frage. Wenn ich zum Beispiel heute VILLENEUVE auf den Rennstrecken lese, elf Jahre danach, denk ich mir: Das ist gut. Vielleicht denk ich mir auch in zehn Jahren: Siehst du, die denken immer noch an dich. Aber falls nicht, bin ich auch nicht unglücklich.
Nochmals: Hat die Gefahr, Senna 1994 als Teamkollegen zu haben, deine Entscheidung beeinflußt?
PROST: Nein, denn als ich mich entschloß, war von Senna bei Wil-

liams noch keine Rede. Zumindest hat niemand mit mir darüber gesprochen. Vielleicht wäre das, sobald ich Weltmeister bin, passiert. Ich will über Vertragsangelegenheiten nicht sprechen. Aber, ganz ehrlich: Die Antwort ist NEIN, absolut nein.

Soweit Prost. Hier die Reaktion aller anderen:
Frank Williams, sein letzter Teamchef: „Leider waren wir viel zu kurz beisammen. Die Saison war vorbei wie ein Blitz – weil wir so erfolgreich sind. Alain ist so viel anders als die anderen: großteils unerforscht, ein Gentleman, unkompliziert in der Zusammenarbeit. Als Rennfahrer? Da bin ich erst in den letzten vier, fünf Rennen draufgekommen, daß wir nie sahen, wie gut er wirklich ist. Der Maßstab seines brillanten Talents: je schneller er fuhr, um so präziser war er – und um so weniger hat er sich plagen müssen."
Bernard Dudot, Renault-Motorchef: „Er hat mir vor etwas weniger als einem Monat verraten, daß er aufhören will. Wann und wo genau, möchte ich nicht sagen."
Bernie Ecclestone: „Das ist nur eine Neuauflage – Prost ist ja schon einmal zurückgetreten. Diesmal auf französisch statt englisch – das schlechteste, das er für sein Image noch tun konnte."
Niki Lauda, der in Vertragsangelegenheiten immer besonders geschickt operiert hat: „Ich vermute, daß interne Streitigkeiten im neuen Superteam Prost/Senna schuld waren. Prost hat wohl gesagt: Wenn ihr so mit mir umspringt, hör ich auf. Und er straft Renault und elf, weil sie ihn als Weltmeister nicht für Werbeauftritte benützen können ..."
Ayrton Senna, der große Feind: „Mir war schon vor letztem Jahr klar, daß ich über gewisse Fahrer keine Aussagen mehr mache ... und dabei bleib ich."
Rob Walker, früherer Teamchef von Stirling Moss und Jo Siffert: „Jammerschade! Jetzt werden wir nie herausfinden, wo für Prost wirklich das Limit ist – vielleicht wären wir alle sehr überrascht gewesen!"
Clay Regazzoni, kritischer Beobachter der Szene: „Irgendwas am System stinkt. Nach Mansell jetzt Prost – zum zweitenmal eine Saison ohne den aktuellen Weltmeister. Die gute Seite: Jetzt ist wieder Platz für neue, frische Talente. Aber über die Prost-Motivation war ich mir nie ganz sicher."
Gerhard Berger, sein Nachfolger bei McLaren: „Ich hab großen Re-

spekt vor Prost. Wird Weltmeister, hat das beste Auto der Welt und steigt aus — das kann ich nur bewundern."
Michael Schumacher, vielleicht sein Thronfolger: „Prost hört am Gipfelpunkt seiner Karriere auf — der beste Zeitpunkt. Persönlich tut's mir leid, wir hatten ein paar gute, saubere Kämpfe. Ich hoff nur, ich verlier ihn nicht aus den Augen — aber er wird ja wohl öfter an die Rennen kommen."
Estoril 1984 — das unvergeßliche WM-Finale. Lauda gegen Prost — ohne Schützenhilfe. Wirklich ohne? Zwar wehrte Senna, vorm Start befragt, ob er Niki hilfen würde, entschieden ab: „Ich fahr mein eigenes Rennen, was kümmert mich Lauda oder Prost?", aber Piquet machte mit Niki eine heimliche Verschwörung: „Ich helf dir gegen Prost!" Niki war erleichtert: „Wenigstens ein Freund im Rennen ... aber was passiert? Schon in der ersten Runde dreht sich einer von der Strecke — Piquet, mein einziger Freund." Darum wartete Nelson, mit schlechtem Gewissen, gleich nach der Zielkurve auf Lauda, aufgeregt gestikulierend — und dann erleichtert? Niki war trotzdem Weltmeister!
Pole-position holt Hill, Hakkinen schlägt Senna, Prost hat einen Unfall in Kurve 3, „wo schon so viele Unfälle waren. Ich wunderte mich warum — jetzt weiß ich: sehr rutschig". Ins Hill-Auto umgestiegen, stirbt Prost dreimal beim Wegfahren der Motor ab.
Vorm Rennen lauf ich mit Formel-1-Arzt Prof. Sid Watkins zusammen: „Dein Österreicher hält mich in Atem — heuer hab ich ihn schon viermal rausgeholt: Monza, Hockenheim, zweimal Brasilien ..." Und diesmal fast wieder: ein Horror-Unfall, der alle alarmiert.
Natürlich will Prost gern nach dem Tennismotto „Spiel, Satz und Sieg" Weltmeister werden — aber nachdem er in Monza den ersten Matchball verschlagen hat (Motorschaden), ist er entsprechend vorsichtig: Weile Pole-Mann Damon Hill, am Vorstart stehenbleibt, ist das Williams-Stallduell bereits zu Ende.
Damon vorm Rennen: „Hoffentlich dürfen wir einander wirklich ein Rennen liefern." Und Prost zum Thema Stallorder: „Fragt das Team, nicht mich ..." Damon kämpft sich noch auf Platz 3 vor.
Was für ein aufregender Grand Prix! Mit Jean Alesi führt zum ersten Mal wieder ein Ferrari, Senna hat Motorschaden, der sensationelle Hakkinen kracht in die Mauer. So bleiben Prost und Schumacher allein in der Arena.

Der Deutsche hat mit seinen Technikern die halbe Nacht gebastelt, um dem Benetton die Teufel auszutreiben. „Ich muß mich beim Team ganz, ganz herzlich bedanken."

Daß Estoril durch die Reifenwechsel entschieden wird, war klar. Schumacher: „Wir planen wegen unserer Probleme zwei Boxenstops. Ich wechsel auf Platz 5, weil ich an Prost nicht vorbeikomm, bin plötzlich in Führung – und da weiß ich: Ich versuch, ohne zweiten Boxenstop durchzufahren!"

Schumachers Problem ist nur Lehto, der ihn rundenlang aufhält – und dafür 10 Strafsekunden kassiert. Auch Prost klagt über Überrundungsprobleme, aber die vergißt er bald: „Weil Damon nicht da ist, denk ich gleich nach dem Start nur noch an den WM-Titel – aber in Suzuka und Adelaide kann ich, völlig frei im Kopf, wieder auf Sieg fahren. Und ich möchte eines dieser zwei Rennen unbedingt gewinnen!"

Die Tiroler haben einen dramatischen Nachmittag – Berger einen gefährlichen: „Schon bei der Boxeneinfahrt wäre ich fast gegen die Mauer geflogen." Und nach dem Reifenwechsel? „Links hinten das Auto eingeknickt! Unlenkbar." Um ein Haar wäre Berger von Warwick und Co, die mit 320 km/h daherjagen, torpediert worden – alle Schutzengel waren unterwegs! Viel spukt durch Bergers Kopf: McLaren will ihn zurück, Ferrari redet schon mit Senna ...

Super wieder Wendlinger: 5. Platz, „zum dritten Mal in vier Rennen WM-Punkte". Karli überlebt die Attacken von Blundell, „der mir übers Hinterrad fliegt, weshalb ich in den Notausgang muß. Ich wundere mich: Auto okay, ich kann weiterfahren." Und hinter ihm kollidieren Warwick–Patrese. „Gegen Brundle hab ich mich sehr breit gemacht." Sieben Tausendstel (vorletzte Runde) retten Karli den 5. Platz.

Was für ein Europafinale! Was für ein Sieger, und was für ein Weltmeister. „Bis Mitternacht gearbeitet", verrät Michael, „weil im Training alles schief gelaufen war. Nie im Traum hätte ich an einen Sieg geglaubt." Drei Ausritte im Training, ein Auto, das nie balanciert war, noch im Warm up 2 Sekunden hinten. „Aber dann nehm ich das Ersatzauto – und das Wunder passierte. Ich bin fassungslos, sprachlos vor Glück."

Der programmierte Weltmeister, aber ein Sieger, mit dem keiner gerechnet hat. Prost und Schumacher duschen einander mit Champagner,

feiern das verrückteste Wochenende, das die Formel 1 je erlebt hat. „Aber fragt mich bitte nicht, ob ich mir meinen Rücktritt schon wieder überleg, meine Entscheidung bereu — ob ich nicht ein fünftes Mal Weltmeister werden, meinen Titel verteidigen will ... Sonst fragt ihr mich nach dem fünften Titel: und sechsten willst du keinen? Momente wie dieser sind wunderbar. Aber man darf nicht vergessen, daß es auch viel Schlechtes gibt. Es bleibt beim Rücktritt!“
Beide, Prost und Schumacher, haben vor Emotion und Rührung Tränen in den Augen. Bizarrer Gegensatz zur Tatsache, die Prost und Lauda herausgearbeitet haben. „Verträge gelten in der Formel 1 nichts — Rennfahrer werden gehandelt wie Kühe!“
Schumacher feiert in der Disco „Coconut“ — die jedes Jahr der ganze Formel-1-Zirkus auf den Kopf stellt. Später frag ich Michael: Welcher Sieg war schöner, Spa ’92 oder Estoril ’93?
„Das Portugal-Video hab ich erst einmal gesehen, in halbtrunkenem Zustand, mit 20 Telefonanrufen dazwischen. Ich hatte noch kaum Zeit, das Video wirklich zu studieren oder nachzudenken. Wahrscheinlich ist der letzte Sieg immer der schönste, aber ich hab ja noch nicht so viel gewonnen: Der erste Sieg war etwas ganz Tolles, der zweite toll auf die Art, wie ich ihn erreicht hab.“
Berger feiert auch: seinen zweiten Geburtstag, wieder einmal.

Was niemand weiß: Zwei Wochen vor Estoril hatte Gerhard in Imola um ein Haar einen schweren Unfall — gleiche Kurve wie 1989! „Schuld die aktive Aufhängung. Ich hab einen bösen Crash gerade noch verhindern können. Das aktive System gehört verboten. Nicht erst 1994, sondern ab sofort“, vertraut mir Berger an, weil er Böses fürchtet. „Ich sagte Ferrari schon drei-, viermal: die ist mir nicht geheuer. Wir kriegen den Computer nicht total in den Griff. Sobald wir eingreifen, wird er unberechenbar.“
Abgesehen von der komplizierten Technik, die laut Berger bei vollen Tanks sowieso nie funktioniert: Die raffinierte „aktive Radaufhängung“ ist so programmiert, daß sie den Ferrari nach dem Rennen (zur technischen Überprüfung im Parc fermée) so tief absenkt, daß der Heckflügel genau die maximale Höhe erreicht (90 cm). Während der Fahrt, auf der Strecke, hat das Auto natürlich die Bodenfreiheit, die es braucht.

Estoril, immer eine eher bucklige Strecke, ist 1993 neu asphaltiert, also mit ebener Fahrbahn. Darauf wird der Computer von einem Ferrari-Ingenieur programmiert. Nur vergißt er die zwei, drei Bodenwellen in der Boxengeraden, für die im Training zwar Tempo 50 gilt — Sünder wurden schon bestraft. Aber im Rennen ist sie natürlich auch Teil der Rennstrecke — mit Hunderten schutzlosen Menschen.

Für das, was passiert, find ich am nächsten Tag nur eine Überschrift: Mordanschlag vom Computer — ein Attentat der Technik. Denn am Sonntag — ein falscher, fast tödlicher Befehl. Der Berger-Computer glaubt beim Boxenstop, das Rennen sei zu Ende — und senkt den Ferrari ab. Reifenwechsel, Wiederanfahrt. Berger: „20 Meter später wäre der Lichtschranken gewesen, durch den das Chassis automatisch wieder hochgepumpt wird — aber soweit komm ich nicht mehr." Ein Attentat des Computers! „Es hätte schon in der Box Schreckliches passieren können — bei so vielen Menschen."

Ein Formel-1-Fan schickt mir später sensationelle Video-Aufnahmen, gedreht oberhalb der Ferrari-Box. Sie beweisen — im Gegensatz zur frontalen Live-Kamera bei der Boxenausfahrt — was Berger sagt: „Falsche Signale haben den Ferrari abgesenkt. Ich bin auf zwei, drei Bodenwellen aufgesessen, die Räder waren in der Luft!" Darum schießt der Ferrari Nr. 28, Zentimeter zwischen den mit 300 km/h heranrasenden Autos von Comas, Warwick und Lehto unlenkbar quer über die Fahrbahn — und schlägt wie eine Rakete ein. Berger: „Da bist nur noch hilfloser Beifahrer — das macht mir Angst!"

Und danach, als der Ferrari mit 200 km/h rechtwinklig abbiegt? „Ich hab gar nicht gesehen, daß neben und hinter mir noch Autos waren — weil alles so schnell ging."

Wie ist Ferrari draufgekommen? Sonntag spät abends, als Jean Alesi ins Hotel zurückkommt und Berger alarmiert: „Gerhard — mir ist zweimal fast das gleiche passiert wie dir. Beim ersten Boxenstop konnte ich das Auto gerade noch abfangen. Beim zweiten hab ich aufgepaßt." Daraufhin fährt Berger noch in der Nacht ins Autodrom, studiert die Telemetrie der Ferrari-Ingenieure. „Alle Daten beweisen: stimmt, die Computer-Software hat den Ferrari irrtümlich abgesenkt."

Die Horror-Szene sieht Berger erst in der Nacht — vom Ferrari-Hotel zu seiner Freundin Ana übersiedelt — auf Video. Und erschrickt: „Da bist nur noch Passagier. Wenn du einen Unfall hast, weil du zu schnell bist – selber schuld. Paßt nächstes Mal besser auf. Aber wenn du weißt, du bist schuldlos, Opfer der Technik, fängst an zu grübeln. Weil es jederzeit wieder passieren kann."

Hauptsache darum: Sein mysteriöser Estoril-Unfall, der Millionen TV-Zuseher schockierte, ist geklärt.

„Dirty Harry in Estoril" kommentiert Michael Kuhn. „Wahnsinnsszenen wie diese sieht man sonst nur im Film. Auf der Leinwand aber sind sie lustig, weil man weiß, daß in Wirklichkeit nichts passiert: Wenn ‚Dirty Harry' in San Francisco bei Rot abhebt und ohne Kratzer dem sich überschlagenden Querverkehr entkommt."

Gerhard ist blaß und sehr, sehr nachdenklich, als er Montag früh in mein Hotel frühstücken kommt. Von der „active suspension" hat er endgültig genug: „Rennautos sollten so einfach wie nur möglich sein, damit keine technischen Fehler passieren."

Darum will er Montag bei den Estoril-Testfahrten in einen anderen, unkomplizierten Ferrari steigen – zwar mit Höhenverstellung, aber wieder durch Stoßdämpfer und Federn. „Und aus diesem Auto steig ich nimmer aus!" schwört er.

Gerhard Bergers schwarze Serie schockiert und alarmiert alle Formel-1-Fans. Und viele fragen besorgt: „Denkt er nicht daran, aufzuhören – seit so viele Unfälle wie Warnlichter blinken?" Nein, Gerhard denkt nicht dran: „Weil ich keiner bin, der vor etwas davonrennt. Im Gegenteil: Je schlechter alles ist, um so stärker mein Wille, daß es vorwärts geht. Jetzt erst recht!"

Jackie Stewarts berühmter Spruch fällt ihm ein: „Jeder Unfall ist wie ein Scheck, den du aus deinem Heft reißt – weil du nie weißt, wieviel Schecks noch drin sind ..."

Drei Tage später, bei den Tests in Estoril, der nächste Scheck: „Bei 250 km/h links vorn die Bremsscheibe zerrissen – gottlob in der einzigen Kurve, in der nichts passieren kann. Verbindungsgerade, zwischen Reifenstapeln hindurch. Eine Kurve später – und ich hab die Mauer und die Leitschienen!"

Endlich das Ende der bösen Serie? Berger: „Ich weiß nicht. Aber es ist Feuer am Dach!"

Ganz ehrlich – bis du beunruhigt? „Ja, schon."

Angst war für Berger immer ein Fremdwort. „Wenn du heut weißt,

daß es morgen wieder krachen kann und du dir wehtust – das vergißt du. Weil du immer glaubst und hoffst, daß es das letzte Mal war. Aber ans Aufhören denk ich nie nach Stürzen, nach Niederlagen oder Defekten. Sondern eher, wenn's gut geht. Im Erfolg."
Und wann hast du da ans Karriereende gedacht? „So direkt noch net."
Sogar Keke Rosberg, nie ängstlich gewesen, schüttelt den Kopf: „Jeder einzelne Berger-Unfall 1993 ist schlimmer als alle Unfälle, die ich in 114 GP-Rennen hatte!"

DAS MILLIONENSPIEL: TRANSFERMARKT '94

Das Rennen um die Cockpitplätze / Wie Senna alle austrickst

Wenn die neue „Grand Prix Story '94" auf den Spielplan kommt, stehen genug Darsteller in anderer Kostümierung, in neuen Rollen da, in anderer Kulisse – und die Choreographie wird von Bernie Ecclestone sowieso korrigiert.
Ayrton Senna auf Williams-Renault, davon wußten alle schon immer. Die neue „Entente cordial", McLaren-Peugeot, hat sich längst abgezeichnet. Aber hinter den Kulissen ist der Teufel los: weil Jean Todt liebend gern Senna zu Ferrari gelockt, weil McLaren das Austria-Duo Lauda/Berger am liebsten im Doppelpack zurückgeholt hätte usw.
Jetzt kommt alle Spannung von Benetton und Schumacher, den Prost in höchsten Tönen gelobt hat: „Wir kämpfen nicht gegen Benetton, sondern gegen diesen unglaublichen Schumacher." Und dem sogar Frank Williams konzidiert: „Mit einem Renault-Motor wäre der Deutsche für die WM 1994 eine tödliche Waffe!"
Aber kriegt er die Renault-PS? Motorenchef Bernard Dudot bestätigt seinen Bossen seit August: „Ich wäre in der Lage, ein drittes Team auszurüsten." McLaren hätte den Schattenkampf gegen Benetton verloren. Aber vor dem Japan-Flug legt sich Renault auf zwei Teams fest – worauf Benetton-Rennchef Briatore einen letzten Trick auspackt: Er versucht, Ligier zu kaufen – bleibt aber bei Ford.
„Wir bleiben definitiv bei Ford-Motoren, aber mit Leistungsschub. Meines Wissens ist der neue Motor schon auf dem Prüfstand." Und wie er heißen wird? „A winning engine ..." lächelt Schumacher.

Er hat, ungewollt, Trommelwirbel auf dem Transfermarkt entfacht. „Seit Spa", verrät Willi Weber, „sind alle Topteams an uns herangetreten! Michael ist zwar happy bei Benetton – aber wir müssen uns jetzt mit Briatore zusammensetzen und ernsthaft reden. Es geht normal um Bezahlung, Respekt oder Anerkennung. Wir wollen alle drei!"
Alle haben sich bei „Mister 20 Prozent" gemeldet: „Wir müssen miteinander reden!"
Ferrari? „Mit Niki Lauda sind wir schon länger im Gespräch. Er sagt, für 1994/95 wäre es wahrscheinlich noch zu früh für Schumacher, aber irgendwann müsse er sicher einmal für Ferrari fahren, das gehört bei einem Formel-1-Spitzenmann einfach dazu – und das ist auch unsere Ansicht."
McLaren? „Ron Dennis hat sich nicht direkt gemeldet, der kommt nie selber – aber der Zigarettensponsor hat schon angeklopft."
Williams? „Da ist natürlich auch nicht Frank direkt gekommen – das wird über Renault gespielt! Die Franzosen haben angefragt . . ."
Hand aufs Herz, Michael: Wie ernstzunehmen war die Möglichkeit eines Transfers zu McLaren-Peugeot wirklich? „Ich hab einen Manager, der kümmert sich um solche Dinge und hält mich da ziemlich raus – bis es zu dem Moment kommt, daß ich entscheide. Es hat sicher Gespräche mit Ron Dennis gegeben, nicht unbedingt nur die letzten Wochen, sondern schon vorher – aber nie einen echten Beweggrund, Benetton zu verlassen."
Briatore hat zwar die Gage von einer Million Mark auf eine Million Dollar angehoben, womit aber Willi Weber nicht zufrieden ist: „Wir müssen nach Adelaide ernst weiterverhandeln! Flavio weiß, daß er etwas tun muß, und er wird auch etwas tun. Wenn ich den besten Koch der Welt habe, ihn aber entlohne wie meinen Küchenjungen, dann ist er auch beleidigt – zu Recht."
Dafür muß Ayrton Senna bei Williams-Renault finanziell leise Abstriche machen: 15 Millionen Dollar, immerhin. Aber Senna hat ja auch, sagt er, „zehn Jahre lang auf dieses Auto gewartet: Frank Williams war der erste, der mich 1983 ein Formel-1-Auto testen ließ." Damals probierte der Jungstar, der aus der Formel 3 kam, innerhalb weniger Tage vier GP-Autos: Williams, McLaren, Brabham, Toleman, mit Ford-, BMW- und Hart-Motoren, Sauger und Turbo, mit Goodyear-, Michelin- und Pirelli-Reifen.

„Ich durfte die ganze Palette durchprobieren ... und entschied mich für den Toleman-Hart. 1985 gewann ich mit dem Lotus-Renault meinen ersten Grand Prix." Damals bemäkelte Senna oft die fehlenden PS des Renault, gemessen an Porsche und Honda — und übersah, wie problematisch das Lotus-Chassis schon damals war.
Die Rückkehr zu Renault zog sich. „Wir waren ein paarmal schon ganz knapp dran, erst jetzt haben wir es endlich geschafft. Ein Traum erfüllt sich — für mich beginnt ein neues Leben als Rennfahrer", schwärmt Ayrton, dem Williams natürlich Rosen streut, ohne aber auf seinen Vorgänger zu vergessen: „Alain Prost ist ein Fahrer von immensem Talent, der soviel zum Teamerfolg beigetragen hat — sowohl im Cockpit als auch außerhalb. Sein Rücktritt stürzte uns ins Dilemma", tut Williams auf scheinheilig, weil das Senna-Engagement ja längst fix abgesprochen war. „Ayrton war der einzige passende Ersatzmann. Ich hab ihn immer bewundert, und sein Rekord spricht für sich selbst."
Soweit Williams und Senna, offiziell. Bei der Teampräsentation in Didcot — zu der Senna via Satellitentelefon aus Brasilien live zugeschaltet ist — kann ich mich umhören, wie sich die neue Partnerschaft Senna/Damon Hill wohl entwickelt.
Williams: „Wir haben sicher das stärkste Fahrerteam der Welt. Damon hört nie auf, mich zu überraschen. Ich bin sicher, er ist immer noch auf dem Weg nach oben, wird noch besser — aber auch noch härter arbeiten müssen, um mit Senna mitzukommen. Aber da mich Damon noch in jedem Rennen verblüfft hat, wäre ich auch nicht überrascht, wenn er sogar Senna besiegen kann!"
Starker Tabak — aber Hill fiebert der Herausforderung entgegen: „Senna als Teamkollege ist die stärkste Challenge, die du nur haben kannst — und die hatte nicht einmal Nigel Mansell. Senna ist wahrscheinlich die Nr. 1 der Welt. Was für eine monumentale Aufgabe, gegen ihn zu konkurrieren. Aber ich bin begeistert: Wenn du Formel 1 fährst, ist es wirklich wert, wenn du ganz oben an der Spitze fighten mußt. Senna ist, ganz klar, riesig motiviert und in mancher Beziehung sogar noch stärker als Alain — aber ich seh dieser Herausforderung locker und zuversichtlich entgegen!"
Obwohl Senna schon so viele Teamkollegen total kaputtgemacht hat? Hill: „Ich bin nicht leicht zu demoralisieren, geh nicht in die Knie. Meine Karriere zielt immer noch aufwärts, und ich kann von Senna

viel lernen. Natürlich mußt du gemischte Gefühle haben, wenn du mit Senna fährst. Weil er den Ruf hat, alles zu kriegen, was er nur will, in jedem Team – aber ich halt viel aus!"

Und Hill blickt in den Rückspiegel: „Ich hatte heuer schon ganz tolle Rennduelle mit Prost – unter wechselhaften Bedingungen. Auch Alain ist unglaublich still und ruhig, wenn du ihn erstmals triffst – aber ein feuriger Kämpfer. Ich würde nicht sagen: my friend. Aber wir hatten eine freundschaftliche, professionelle Beziehung."

Soweit Williams und Renault – wie stark aber wird McLaren mit Peugeot? „Renault kann sich nicht leisten, daß es gegen seinen größten Marktrivalen verliert", grübelt Williams. „Aber wenn du in der Formel 1 oben bist, ist der Grat so schmal, die Luft so dünn ... und ein wirklich nur zeitweiliger Platz."

Darum begrüßt Williams das Eintreten von Peugeot: „Es hält Renault in Atem und Spannung, belebt den Konkurrenzkampf und ist gut für Ron Dennis – weil es ihn politisch stärker macht." Eine interessante Bemerkung – für die Zukunft des Formel-1-Business?

Der McLaren-Chef hat auch mit Chrysler-Lamborghini geflirtet, zumal Mika Hakkinen mit dem weißen, sponsorlosen Geisterauto McLaren-Lambo in Silverstone um eine Sekunde schneller fuhr als Senna mit dem McLaren-Ford im GP-Qualifikationstraining! Aber dann schlägt das Pendel zugunsten Peugeots aus: „V-10-Motor im Dezember fertig, im Jänner die ersten Tests im Rennauto. Zwar etwas spät, aber 1994 wird für uns so oder so ein Übergangsjahr." Freilich mit dem Ziel, daß Peugeot „den WM-Titel so rasch wie nur möglich gewinnen will"! Darauf stoßen der neue Peugeot-Rennchef Jean-Pierre Jabouille und McLaren in Jean-Pierres „Café Mexico" in Paris, gleich unterm Eiffelturm, nach der Vertragsunterschrift an.

Noch am Sonntagabend von Estoril hat Ron Dennis seinen früheren Weltmeister gefragt: „Alain, willst du 1994 wieder für mich fahren?" Prost: „Selbst wenn ich wollte – ich kann nicht. Weil ich 1994 noch einen Williams-Renault-Vertrag hab." Der erlischt, wenn der Fahrer aufhört – nur umsteigen darf er nicht, sonst drohen Millionenklagen.

Viele fragen: Wie reich muß ein Sportler sein, daß er ein 200-Millionen-Schilling-Angebot ausschlägt? Prost: „Keine Frage von Geld. Aber ich will nimmer." Außerdem: „Peugeot braucht zwei Jahre, bis man voll konkurrenzfähig ist."

Der McLaren-Peugeot-Vertrag: Vier Jahre, exklusiv, und 100 Stück Gratismotoren pro Jahr.
Die Millionenschecks flogen durchs Fahrerlager: McLaren, bei Prost, Berger und Schumacher abgeblitzt, sucht zu Hakkinen dringend noch einen Piloten – und der Zigarettensponsor läßt die Lunte brennen. Südamerika ist der größte Markt, also ein Brasilianer: Barrichello oder Fittipaldi.
„Fitti" wäre frei. Für Barrichello verlangt Teamchef Eddie Jordan 5,25 Millionen Dollar Ablöse – über 60 Millionen S!
„Nie im Leben", schwört Berger, „fährt McLaren 1994 mit Hakkinen und einem Brasilianer!" Was weiß Gerhard, was keiner weiß? Die Telefondrähte glühen heiß, aber Gerhard entscheidet: „Ich bleib bei Ferrari! Jetzt, wo das Boot endlich zu schwimmen anfängt, wär ich blöd, wegzugehen." Er hat 1993 getestet wie noch nie, ist gut zweimal um den Erdball gefahren, für Ferrari fast gestorben – und jetzt freiwillig aussteigen? „Mach ich nicht!"
Die Formel 1 dreht durch, der ganze Grand-Prix-Zirkus spielt verrückt. Sogar an einem Damenteam mit Giovanna Amati wird „fleißig gearbeitet". Der Prost-Rücktritt und Senna-Transfer zu Williams wirbelt alles durcheinander.
„Nummer 1 auf dem Transfermarkt ist Lehto", trompetet Keke Rosberg.
Seit Marzola weg ist, herrscht Friede, stimmt auch Lehto-Manager Keke Rosberg zu. „Trotzdem: Sauber ist das einzige Team, wo zwischen den zwei Autos keine Kommunikation besteht. Lehto ist der Ausländer geblieben. Und mir ist schon längst klar: Der gehört in ein englisches Team!"
Keke Rosberg, Weltmeister 1982, managt beide Finnen. Manchmal fährt er noch selber Rennen – zum Beispiel mit dem Opel-Calibra bei der DTM.
„Was bist du jetzt eigentlich? Rennfahrer oder Manager?" fragt ihn Ron Dennis. Darauf Keke: „Ich bin in der Früh Manager, ab 14 Uhr dann Rennfahrer."
Und manchmal, an Bord der „Vagabonda", des wunderschönen alten Windjammers, aus Holz gebaut. „Das Segelschiff gehört Keke, leider nicht uns", lächelt seine Verlobte Satu, frühere Wirtschaftsstudentin an der Uni von Helsinki.

Originell seine Armbanduhr: Kreation speziell für ihn. Statt des Zeigers dreht sich pausenlos ein roter Rennwagen im Kreis — schließlich war er ja früher Ferrari-Testpilot und Dallara-Fahrer.

Mit seiner Stupsnase wirkt Lehto, ein lustiger Typ, oft keck, fast frech. Chancen fürs Fußball-WM-Spiel Österreich—Finnland? „Mir scheißegal, ich pfeif auf Fußball, interessiert mich nicht." Prost-Rücktritt? „Ein alter Mann, Zeit, daß er geht . . ."

Peter Sauber wird fünfzig! Und feiert sein halbes Jahrhundert — still und bescheiden wie stets. Darum keine Bilanz seines halben Lebens, sondern ein Blick zurück: Saison im Rückspiegel.

Zufrieden mit der sportlichen Ausbeute, Herr Sauber? Viele behaupten ja, Sie hätten zu stark angefangen.

SAUBER: Es wird viel geredet . . ., aber für mich ist das ganze recht einfach. Wir kamen mit einem Auto, das auf Anhieb recht schnell war — vielleicht für den Rest der Saison ein bißl zu schnell am Anfang. Verschiedene Teams laborieren noch an der aktiven Radaufhängung und bekamen ihre Autos erst im letzten Moment fertig. Die aktive Radaufhängung braucht viel Zeit. Alle Teams, die aktiv fahren, haben im Lauf des Jahres gewisse Fortschritte erzielt. Eineinhalb Sekunden sind nicht übertrieben — nach Aussagen von Williams und Benetton. Ich kann ja keine eigenen Aussagen machen."

Aber dafür über andere Hintergründe?

SAUBER: „Ein Rennwagen besteht zum größten Teil aus Mechanik und Aerodynamik. Mechanisch hatte unser Auto keine Probleme: keine Defekte, da bricht nichts. Unsere Mechaniker gehen am Abend immer als erste heim — und nächsten Tag steht das Auto perfekt da."

Was man vielleicht von den Top-Teams erwartet, aber doch nicht von einem neuen Team?

SAUBER: „Man hat nie das Gefühl: Die sind neu in der Formel 1. Anfangs gab es zwar gewisse Nervosität, aber die hat sich gelegt — das sieht man, oder?"

Bleibt die Aerodynamik?

SAUBER: Eben, eine der schwierigsten Sachen in der Formel 1 — weil hier ganz andere Verhältnisse sind als im Sportwagen. Für die Aerodynamik braucht man Erfahrung. Und ein neues Auto braucht Zeit. Ich glaub, daß wir in gewissen Rennen in schnellen Kurven zuwenig Abtrieb hatten — aber das ist meine persönliche Meinung. Die ganze

Aerodynamik haben wir noch nicht im Griff. Aber das geht auch nicht in so kurzer Zeit: Zu viel ist eine Frage von Glück."
Nicht des Windkanals?
SAUBER: „Wir gehen immer ins Flugzeugwerk Emmen, eine Stunde von Hinwill. 40-Prozent-Modell, rollender Boden. Wir sind 24 Wochen im Jahr im Windkanal."
Viel Aufwand, toller Einsatz, aber es hat sich gelohnt?
SAUBER: „Ich bin glücklich mit der Saison. Sie war nicht so schlecht, jedoch wir konnten nicht so viel zulegen wie andere — da haben sich die Kräfte verschoben. Man vergleicht uns immer mit Ferrari. Da muß ich lachen. Aber im Trainingsduell Wendlinger gegen Berger, so nebenbei, führt lang der Karl — das darf man schon mal sagen."
Footwork will Lehto zum Testen ausborgen — aber Sauber sagt nein: „Wir möchten Lehto gern behalten. Aber es gibt auch wirtschaftlich-nationale Aspekte, die ich berücksichtigen muß": Also einen Deutschen — wegen Mercedes.
In Schumachers Windschatten — ein neuer Deutscher in der Formel 1. Als Michael 1991 in Spa sein Sensationsdebüt hatte, sagte er bereits: „Karlchen (Wendlinger) ist genauso gut — und ich hoff, auch Frentzen kommt bald in die Formel 1." Peter Sauber erinnert sich: „Ich hab seinerzeit die ersten drei der deutschen Formel-3-Meisterschaft ins Mercedes-Team geholt: 1. Wendlinger, 2. ex aequo Schumacher und Frentzen. Bei den ersten Tests war Frentzen der schnellste von allen — aber damals im Kopf nicht so klar . . ."
Frentzen pfiff auf den WM-Lauf in Suzuka — weil er lieber Formel 3000 in England testen wollte. Vorher schon führte er im Formel-Ford-Championat, machte aber den ganzen Sommer bei seiner Mutter Ferien in Spanien. Als er spät nach Hockenheim zurückkam, vergaß er am Start seine Handschuhe, mußte deshalb aus der Box starten — und gewann trotzdem.
Apropos Box: Frentzens frühere Freundin hat den Rennstall gewechselt — seit eineinhalb Jahren sitzt sie in der Box von Schumacher . . .
In Estoril hockt Mercedes-Direktor Gerd Krämer mit zwei Reportern beim Abendessen, als zufällig Prost vorbeirauscht. Nach einer Flasche Rotwein wird die Idee geboren: „Prost Rennleiter bei Sauber!"
Das dazugehörige Foto ist eine Antiquität: Prost beim Shakehand in der Sauber-Fabrik — als er Jochen Neerpasch besuchte. Zur Erinne-

rung: Neerpasch war eine Zeitlang McCormack-Agent — und Prost ist heute noch McCormack-Schützling.

SUZUKA: DIE FORMEL FAUST

Senna im Clinch mit irischem Dickkopf, Dennis als Crash-Pilot

Einer der vielen „Near-miss": Martin Brundle bei Ligier-Testfahrten in Magny-Cours, unmittelbar vorm Abflug nach Japan. Radaufhängungsbruch links vorn am Ende der Zielgeraden — das lose Rad schlägt wie eine Rakete auf der Haupttribüne ein. Wäre das im Grand Prix passiert — eine Katastrophe.

Brundle kommt mit Rippenprellungen und Muskelzerrungen davon und fährt in Suzuka mit bandagierter Brust.

Senna bestürmt McLaren, für Suzuka und Adelaide den 1,5 Sekunden schnelleren Lamborghini-Motor einzubauen — vergeblich. Berger träumt „mit offenen Augen, wie ich den passiven Ferrari zum WM-Finale holen kann, denn der aktive ist unfahrbar".

Prost weiß: „Auf Strecken mit schnellen Kurven und vielen Richtungsänderungen haben wir immer Probleme — besonders, wenn sie bucklig sind." Ein ausgeglichenes Qualifying ist garantiert — das spannendste des Jahres. Vor den meisten Zuschauern. 67.000 — 130.000 — 200.000 am Renntag!

Aber in jedem Formel-1-Team steckt etwas Japanisches.

Yamaha-Rennchef Herbie Blash — der frühere Jochen-Rindt-Mechaniker bei Lotus und Brabham-Rennleiter — ist ein cleverer Kerl. Hat in der Ex-Brabham-Fabrik in Chessington außer 20 Yamaha-Japanern alle alten Brabham-Mechaniker um sich geschart, macht dort Windkanal-Tests für andere Teams, baut Carbonfiberteile, 1992 auch den ganzen Fondmetal-Formel-1, arbeitet für die Motorradindustrie und baut sogar drei revolutionäre Rennräder für den Pariser Salon — „noch wilder als das Olympiasieger-Rad von Lotus"!

Der Yamaha-Motor ist kraftvoller, als viele glauben: In Kyalami und Interlagos noch mit Ventilfedern, jetzt mit Luftfedern: 14.300 U/min und 740 PS.

Das Problem, wissen alle, ist also nicht der Motor, sondern das Chassis. Viele Piloten, die hinter de Cesaris oder Katayama herfahren, staunen

nur so: „Was für eine Beschleunigung – der zieht ja weg wie eine Rakete!" Aber ein kleines Team wie Tyrrell ist mit der komplizierten aktiven Radaufhängung überfordert – und ab Spa ist auch der Konstrukteur Coughlan weg. „Wir brauchen dringend einen Designer!" Wie Tyrrell überleben kann, ist sowieso allen ein Rätsel. „Unser Budget: 12 bis 14 Millionen Dollar."

Und die Manpower? „Ich hör auf, mit meiner Ehefrau zu streiten", lächelt Ukyo Katayama, befragt, was er aus Aberglauben vor jedem Rennen tut.

„Als ich in die Formel 1 kam, mußte ich mit dem Auto echt raufen. Mein großes Problem: die Bremsen." Beim Japan-GP schauen Millionen Fans dem kleinen Katayama auf die Füße: Bordkamera für die Live-Übertragung, genau auf die Pedale gerichtet. „Jetzt sehen alle jede Bewegung von mir – das macht mich nervös."

Es gab schon Schlimmeres: Brabham-Mechaniker vergaßen einmal in Long Beach im Wagen von Carlos Pace einen Schraubenschlüssel, der sich zwischen den Pedalen verklemmte – darum mußte ein Mechaniker beim Boxenstop kopfüber tauchen.

Im Herbst dann: die Rückkehr von Ferraris Technischem Direktor Harvey Postlethwaite zu Tyrrell – seit Suzuka wieder in der Box.

„Das ist für mich, als ginge ich plötzlich wieder aufs College – zurück zur Schulbank, um etwas zu lernen", freut sich Katayama. De Cesaris auch?

Als er jung und ungestüm war, hat er seine besten Chancen mit Top-Teams nicht nützen können. Jetzt hat er die Reife, dafür fehlt's am Auto: „Zwei Probleme: Dem Yamaha-Motor fehlen die PS – und dem Tyrrell die Aerodynamik."

Besonders bitter ist für de Cesaris der Japan-GP: „Ausgerechnet in meinem schlechtesten Rennen des Jahres geht ein neuer Stern auf – Eddie Irvine." Er ahnt die Ablöse.

„In Europa kommen die Fans immer von der Seite um Autogramme. In Japan aber bestürmen dich alle frontal und direkt": Johnny Herbert über die immer stürmischer werdenden Fans in Japan. „Ich hab damit kein Problem. Mich kennt hier kein Hund", seufzt Jean-Marc Gounon, bescheidener Formel-1-Neuling.

Die erste Suzuka-Story schreibt Ron Dennis – ungewollt. Für Berger „sogar die beste Story in zehn Jahren Formel 1. Ich muß heute noch drüber lachen — sogar, wenn ich im Rennauto sitz." Was war los? Der stolze McLaren-Boß startete in Suzuka, außerhalb des offiziellen Trainings, zu ein paar Demonstrationsrunden mit dem teuersten und besten Luxus-Straßensportwagen der Welt, seinem heißgeliebten „McLaren F 1" für eine Million Dollar. Von dem angeblich bereits 70 Exemplare bestellt sind — das perfekte Traumauto.

Dennis schnallt also Berger auf den heißen Sitz links von sich, quasi um zu beweisen: „Wozu brauch ich dich oder einen Senna-Nachfolger? Ich kann den Job auch selber erledigen." Nun mag Dennis ein gerissener Manager sein, aber perfekter Autofahrer ist er keiner: Vor 20 Jahren in London einen Laternenpfahl gerammt — danach viele Gesichtsoperationen. Bei einem Ferrari-Werkbesuch in Fiorano mit einem Testarossa rausgeflogen — damals redete er sich auf die Bremsen aus. Und mit dem McLaren F 1 hat er sich in Silverstone auch schon mehrmals gedreht. Diesmal: noch viel ärger. „Weil Ron unsensibel aufs Gaspedal steigt wie ein Elefant", weiß Berger. Prompt in der ersten Kurve: ein Riesenunfall, mit 120 gegen die Mauer — das Traumauto demoliert. Und die Japaner applaudieren schadenfroh.

„Gerhard, what did I do wrong? Was hab ich bloß falsch gemacht?" jammert Dennis. Berger verbeißt mühsam das Lachen: „Alles." Köstliche Situation, „denn normal bist du der Fahrer, den Ron nach einem Unfall zusammenscheißt. Wirklich gut anzuschauen, wie er sofort nach Worten ringt und Ausreden sucht: Schlaftabletten im Flieger. Jet-Lag, kalte Reifen ..."

Und als der stolze McLaren-Boß, deutlich geknickt, zu Fuß zur Box zurückschleicht: „Seit 12 Jahren schimpf ich mit meinen Fahrern, wenn sie rausfliegen. Heute brauch ich selber alle Ausreden aus dem Piloten-Büchl ..."

Dabei wollte McLaren tausend exklusive Gäste nach Adelaide einfliegen, um ihnen das Wunderauto vorzuführen. Es wird eiligst repariert.

Schumacher ist so verkühlt, „daß ich bei jedem Schritt das Gefühl hab: Da klopft mir ein Hammer auf den Kopf". Aber „überrascht und glücklich, weil es aussieht, als hätte ich zum erstenmal eine echte Chance auf die Pole-position!" Der große Triumphator von Estoril — auch der Held von Japan?

Was Schumacher und Benetton anzetteln, ist eine technische Revolution:

Zum erstenmal läuft in der Formel 1 wettbewerbsmäßig ein Auto mit Vierradlenkung! „Und ganz sicher auch im Rennen." Nicht zuviel Risiko? „Nein, weil das System standfest und defektsicher ist – schon seit den allerersten Testfahrten." Es spricht unheimlich für Benetton, daß man für zwei Rennen die Vierradlenkung konstruiert hat – denn 1994 sind ja elektronische Fahrhilfen verboten.
Michael: „Wie es funktioniert, weiß man ja. Mehr darf ich nicht verraten. Nur soviel: Es macht das Auto schneller, ist für den Fahrer angenehmer, außerdem materialschonend – vor allem für die Reifen."
Im Freitagtraining fährt Schumacher drei Passagen im 6. Gang, jedesmal stößt er am Drehzahllimit an. „Einmal für 2,5, einmal für gut eine Sekunde. Also höher übersetzen." Und er lobt das Team, macht ihm Komplimente für top-geheime Entwicklungen: „Williams war für uns unerreichbar, jetzt nicht mehr. Denn zum erstenmal hab ich die Möglichkeit, nicht nur durch Geschwindigkeit das Auto abzustimmen. Unser Problem war immer: wenn verschiedene Kurven verschiedene Charaktere haben, aber die gleiche Geschwindigkeit. Da konnte ich nichts verändern. Mit dem neuen System kann ich: Weil unser Auto immer genau weiß, an welcher Stelle ich gerade bin."
Der Deutsche hält Trainingsbestzeit, als ihn Prost um zwei Tausendstel niederfightet. Das japanische TV zeigt die sympathische Schumacher-Reaktion live: Er lächelt. „Weil ich es ja erwartet hatte, daß mich ein Williams überholt, wenn nicht beide... Und jetzt fehlen mir bloß 0,002 auf die Pole-position!"
Ferrari fehlt mehr. „Mit unserem Wagen", kalkuliert Gerhard, „gibt's ein Limit von 98 Prozent. Sobald du versuchst, im Qualifying 105 Prozent zu fahren, spielt unser Auto nimmer mit. Sehr, sehr nervös auf der Strecke!" Unfälle sind kein Zufall – diesmal crasht Alesi sogar zweimal. Rote Flagge, Trainingsunterbrechung – als Gerhard gerade in Führung lag!
Berger hat endlich wieder ein sensationelles Abschlußtraining – 20 Minuten lang Pole-position! „Leider 10 Minuten zu früh – oder die falschen 20 Minuten. Ich war sicher, das reicht für die ersten drei. Startplatz 5 enttäuscht mich ein bißl. Aber: Auf einer Rennstrecke von 1,40 weniger als eine halbe Sekunde hinter der Pole-position – so schnell war Ferrari schon lang nimmer." Gerhard versteckt seine Freude nicht: „Ich bin froh, daß ich den Job mit soviel Arbeit akzep-

tiert hab. Aber endlich seh ich die ersten Früchte – nix bleibt ewig unbelohnt. Jetzt freu ich mich noch mehr auf 1994. Ich wär blöd, von Ferrari wegzugehen – jetzt, wo das Schiff endlich schwimmt!"

Ferrari ist wieder da. „Zum erstenmal 1993", gibt Pole-man Prost zu, „hatte ich im Cockpit echte Freude. Das Trainingsduell hat riesig Spaß gemacht! Endlich kämpf ich nicht nur gegen Hill, sondern auch gegen Schumacher, Berger, Senna" – der vom Gas geht, als de Cesaris in der Straßenmitte fährt. „Das kostet mich leider Pole-position; meine einzige 1993 ..."

Jedes Jahr gefällt das Motto der „Japan News": „All the news without fear or favour" – ohne Angst oder Bevorzugung. Schwierig genug in der Formel 1, vor allem in der chaotischen Transferzeit.

Drei neue Gesichter in der Formel 1:

Jean-Marc Gounon (30) ist der Geduldigste. Früher im Mansell-Madgwick-Team in der Formel 3000, als Nigel klagte: „Ich verlier pro Jahr eine siebenstellige Summe" – also mehr als eine Million Pfund. Von March für die WM '93 eingeschrieben, nach dem Rückzug: wieder nichts. Jetzt mit 200.000 Dollar bei Minardi eingekauft, rettet damit die Löhne der Mechaniker – und fährt statt Fittipaldi, dessen 1-Million-Dollar-Mitgift nur für 14 Rennen gereicht hat. Reagierte leider falsch in einer Auslaufrunde, weil er wie Alesi in Monza die Spur wechselte. Lehto ging „knapp vorbei an einem Riesenunfall".

Toshio Suzuki (38) ist der Älteste. Kein blühendes Alter für einen Debütanten, aber immerhin hat auch der große Fangio erst mit 38 in der Formel 1 angefangen. Philippe Alliot weiß: „Um Larrousse zu retten, muß ich für zwei Rennen mein Cockpit opfern."

Eddie Irvine (28), Nordire wie Watson oder Donnelly, ist der Schnellste. Aus Eddie Jordans Talente-Schuppen, Fünfter gleich im ersten Training, kommt wie der Blitz – kennt aber auch Suzuka auswendig. Sein Vater handelt mit Wrackteilen auf einem Autoschrottplatz bei Bangor – Eddie macht anderes kaputt.

Die Formel 1 ist ihm zuviel Theater: „Zu viele Reporter, Fotografen, Autogrammjäger. Ich brauch das alles nicht. In der Formel 3000 ist alles gerade richtig. Außerdem sind die Autos dort leichter zu fahren." Sein erster Formel-1-Test in Estoril „war schrecklich. Da fuhr das Auto mit mir, nicht umgekehrt." Er redet mehr, als er gewonnen hat: Irische Formel Ford, 1987 das „Formel-Ford-Festival" in Brands

Hatch, 1988 Fünfter in der britischen Formel-3-Meisterschaft, gewann den ersten Lauf des Macao-GP; in der Formel 3000 EM-Platz 9 und 3 mit einem Hockenheimsieg, seit 1991 in Japan, in der dortigen Formel-3000-Meisterschaft derzeit Zweiter. Das genügt ihm. „Die Formel-1-Fahrer sind berühmt, aber viele von ihnen fahren für Trinkgelder. Ich dagegen verdien in Japan 800.000 Dollar pro Jahr."
Irvine — das Großmaul der Formel 1? Ein später Muhammad Ali? „Ich weiß, daß ich besser bin als Damon Hill. In England hab ich ihn in der Formel 3 und 3000 immer geschlagen . . ."
Eddie Irvine über seine Sturzhelmfarben Orange und Grün: „Der Grund ist ein bißl politisch. Orange, weil ich Ulsterman bin, Protestant, und die Leute mag. Und grün, damit die IRA nicht auf mich schießt!" Als Irvine noch Formel 3 fuhr, hatte er das Helm-Design seines großen Vorbilds — Ayrton Senna. Jetzt nimmer.
Drivers Briefing. „Bitte paß auf, daß du mir heute nicht wieder entgegenkommst", sagt Warwick lachend zu Berger und denkt an Estoril. Senna beschwört andere Geister, glaubt an späteren Regen und stimmt sein Auto — kleine Kompromisse — für ein feuchtes Rennen ab: „Ich opfere ein paar km/h für mehr Anpreßdruck."
„Die Innenbahn in Suzuka", sagt Senna, „ist immer mein Schicksal." Aber Karambolagen in der ersten Kurve bleiben aus. Senna vor Prost, Hakkinen, Berger — und im Mittelfeld überholt Wendlinger gleich in der ersten Runde vier Autos.
Spannend ist der Dreikampf Berger—Hill—Schumacher. Stahlgewitter um Platz 4. Gerhard muß zugeben: „Ich mach meinen Ferrari — unfahrbar mit vollen Tanks — ein bißl breit." Dahinter stellt Michael fest: „Hill ist nicht ganz so schnell, wie ich vermutet hab — nur auf der Geraden, aber nicht in den Kurven." In der 10. Runde trickst Hill den Deutschen aus, aber Schumacher kontert, „weil ich nicht hinter beiden steckenbleiben will." Weil Hill gerade Berger attackiert, also nicht in den Rückspiegel schaut, glaubt Schumacher: „Jetzt oder nie — die Situation ist gut für mich." Leider nicht: das linke Benetton-Vorderrad kracht gegen das rechte Williams-Hinterrad — Schumacher ist draußen. Tapfer gekämpft, aber unglücklich. Schade, weil man ein paar Runden später weiß: Wechselnde Bedingungen — genau richtig für ihn. „Normal ja. Aber da müßtest du bis ans Ende fahren . . ."
Längst schwarze Wolken am Himmel, und Reifenpoker in den Teams:

Nochmals, wie geplant, Slicks montieren — oder gleich auf Regenreifen warten?
Hill will gambeln und draußen bleiben, hat aber, Gruß von Schumacher, Reifenschaden.
Hakkinen, Berger und vor allem Senna wechseln sehr früh, womit Prost automatisch in Führung geht: 13 Sekunden vor Senna, die Ayrton bis zur 20. Runde fast wieder wettmacht. Zwischen den beiden Erzrivalen wieder einmal Schachspiel ohne Bedenkzeit. Alain weiß: „Ich hab weniger Reifenverschleiß als Senna — wenn er zweimal wechselt, komm ich mit einem Stop durch. Wenn das Wetter hält."
Ayrton dagegen spürt wieder einmal den Regen: „Ich seh die schwarzen Wolken, also forcier ich das Tempo, fahr so schnell ich kann. Für den größtmöglichen Vorsprung — bis wir alle Reifen wechseln müssen."
Das passiert in 20./21. Runde, für alle außer Irvine, der von allen am längsten auf Slicks draußen bleibt: sensationell auf Platz 4. „Er fährt", schreibt ein englischer Reporter später, „wie vielleicht der junge Senna gefahren wäre."
Der jetzt 32jährige Senna holt in den ersten Runden im Regen seinen Riesenvorsprung auf Prost heraus. Weil Alain (sagt er) in der Boxenstraße wegen Hakkinen warten muß, weil sein linkes Vorderrad klemmt. „Aber vor allem, weil ich die Ölflagge viel zu spät seh. Ich rutsch raus und hab Riesenglück, auf die Strecke zurückzukommen ... Aber ich muß zugeben: Als die Strecke halb naß, halb trocken ist, läuft der Williams phantastisch." Da ist Senna freilich längst auf und davon.
Wie in Interlagos und Donington: Der liebe Gott läßt auf Senna regnen — aber er wird als einziger nicht naß.
Langsam kommt die Sonne wieder heraus. Ab der 31. Runde wird auf Slicks zurückgewechselt. Nur Berger kriegt wegen eines Mißverständnisses mit der Box wieder Regenreifen: „Dreimal brüll ich über Boxenfunk: Slicks! Slicks! Slicks! Aber mein Ingenieur läßt wieder Regenreifen montieren. Ich steh im Cockpit vor lauter Zorn."
Alle schütteln die Köpfe, auch der ausgefallene Alesi: Niemand weiß warum. „Sehr komisch, auch für mich", wundert sich Motorchef Lombardi.
Und zwei Runden später (33.) nochmals, als ihn die Ferrari-Box hereinholt — um den Frontflügel zu wechseln. „Zuerst versteh ich nicht,

hab mir aber nachher die Schnauze angesehen: Ein großer Riß im Vorderflügel – wie 1989 in Imola, als er mir davonflog, worauf ich gegen die Mauer donnerte!" Berger – schon wieder haarscharf vorbei an einem schweren Unfall! „Ich bin heilfroh, daß man mich reingeholt hat – ein zweites Imola brauch ich wirklich nimmer."
Später muß Berger wegen Motorschadens aufgeben, und Wendlinger ist nach einem Dreher mit steckendem Gasschieber draußen – das Computer-Kastl der Einspritzung gibt die falschen Signale.
Senna ärgert, wie vor ihm Hill und Irvine, überrundet, mehrmals mit den Rädern zusammenkrachen. „Sie werden sich noch gegenseitig abschießen – und wenn ich Pech hab, reißt mich ihr Unfall mit. Dreimal", sagt er später, „muß ich von der Ideallinie weg, um Irvine auszuweichen."
Am gefährlichsten, als sich der Ire kurz vor Schluß zurückrundet. „Dieser Vollidiot kommt daher wie ein Verrückter... ohne Respekt vor dem, der in Führung liegt."
Irvine später, höhnisch: „Wenn Senna so gut und so schnell ist, wie er sagt – warum überholt er mich dann nicht wieder?"
Senna kocht vor Zorn und beschließt: Mit dem Kerl muß ich reden. Aber der wird nur spotten: „Was Senna sagt, ist für mich Entenpisse."
Das abenteuerlichste Rennen von allen hat Brundle: „Ein Dreher in der Schikane, später überholt mich, als ich glaub, ich hätte Reifenschaden, mein linkes Hinterrad, dreirädrig zurück an die Box, Comeback-Fahrt durchs halbe Feld, schnellste Runde von allen im 50. Umlauf, die mir Prost erst in der letzten Runde wegschnappt, als ich in der Schikane auf Lehto auflauf, der so früh bremst, daß ich ihm hinten raufknalle. Schade – sonst hätte die schnellste Runde mir gehört."
Nicht der einzige Unfall: Lamy crasht bös, weil die aktive Lotus-Aufhängung k.o. geht, Patrese, weil er von einem geborstenen Ölkühler alles Öl aufs rechte Hinterrad kriegt. Und nicht die einzige Karambolage: Irvine schießt kurz vor Schluß im Duell um Platz 6 Warwick in der Schikane ab. „Ich hätte ihn nicht rausboxen müssen. Ich war sowieso viel schneller als er. Aber weil er viel zu früh bremst, hab ich keinen Platz, um auszuweichen."
Was für ein Freudentag für Jordan: Rubens Barrichello Fünfter, mit Auspuffgeräuschen „wie in Donington", die ihn beunruhigen – endlich seine ersten WM-Punkte. Und Irvine Sechster. „Ein großer Tag für

Rubens, fürs ganze Team, und besonders für die Nordiren!" jubelt Eddie Jordan. „Auf diese Punkte warten wir schon lang sehnsüchtig. Ich bin stolz auf alle", freut sich Motorengenie Brian Hart — der schon 1984 bei Toleman die ersten Formel-1-Motoren für Senna gebaut hat.

Jetzt hat Senna seinen 40. Grand Prix gewonnen, McLaren den 103. und damit den Ferrari-Weltrekord egalisiert: „Die Japaner sind, außerhalb Brasiliens, meine größten Fans und haben ein Superrennen verdient." Prost weiß: „Hätte ich mehr attackiert, hätte auch Senna zugelegt." Und Hakkinen strahlt wie ein Kind unterm Christbaum: „Als ich die Info bekom: Platz drei, beschloß ich: Bleib Dritter, riskier ja nichts," Senna gratuliert ihm: „Ein wunderschönes Ende für mich bei McLaren — und ein sehr guter Anfang für dich." Wie Senna den jungen Finnen mit Champagner überschüttet, nachher im TV-Studio und bei allen Interviews demonstrativ beglückwünscht und abtätschelt, aber Prost völlig negiert — unübersehbar.

Keine Abschiedsworte für Prost? Senna, zögernd: „Alles Gute, auch deiner Familie." Prost, leise: „Dir auch — fürs Rennfahren." Und noch immer nicht höchste Zeit zur Versöhnung — vorm Rücktritt? Prost, vorsichtig: „Das ist eine schwierige Situation. Ich weiß nicht, was wir tun sollen. Alles hat sich die letzten sechs Jahre so entwickelt. Wir wissen selber nicht genau, warum."

Ein komischer Seitenblick von Senna, alle lachen, darauf Prost: „So fängt das immer an ... Aber ich mach gern den ersten Schritt, dann ist es leicht, zu lächeln und irgendwas zu sagen. Also: Unser letztes Rennen wird Adelaide. Gut, wenn wir uns versöhnen — gut für den Sport, gut für uns beide."

Senna schaute nicht sehr begeistert: „Vielleicht ... aber warten wir ab bis Australien."

Aber vorher muß er mit Irvine eine Rechnung begleichen. Mit der linken Faust — Senna ist ja Linkshänder.

Irvine trotzt: „Ich hab gehört, was Senna sagte, weiß aber nicht, was sein Problem ist. Hab ich ihn berührt? Gefährdet? Nichts davon." Worauf Senna mit dem Zeigefinger droht, von den McLaren-Boys abgedrängt wird. „Ich seh dich draußen ..."

Formel 1 als Formel Faust: Senna als Mike Tyson, Bernie Ecclestone als Don King?

Sonntag nacht kommt Senna ein zweites Mal in die Jordan-Teamgarage, um Irvine zu belehren. „Fuck off“, reagiert der Nordire. Worauf Senna zuschlägt – und Irvine zwischen Tisch und Sessel zusammenkippt.

„Als ich Sennas Faust aufblitzen sah, dachte ich mir: Eddie, das kann dir eine Menge Geld einbringen, wenn du zu Gericht läufst – Körperverletzung, Schmerzensgeld ...“ Senna bereut nichts!

„Bei einem Crash hätten sie auch mich mitgerissen! Das wollte ich dem Kerl erklären. Aber er hat nicht einmal zugehört – ein Idiot!“

Hast du Irvine auf den Kopf getroffen? „Was für einen Kopf?“ fragt Senna zurück. „Der hat doch keinen. Dafür droht er mir: In Australien werde ich dir auflauern. Wie du mir, so ich dir. Alles kommt zurück – wie ein Bumerang. Damit droht er mir – ich bin fassungslos!“

Aufgebracht fliegt Senna ab, um seine Freundin Adriane zu treffen – auf einer geheimen Südseeinsel. In Japan schimpft ihm Irvine nach: „Wer, glaubt denn Senna, wer er ist? Sicher nicht der Rennstreckenbesitzer. Aber erstens ist ja nichts passiert. Und zweitens pfeif ich auf die Formel 1.“

Formel 1 mit Boxhandschuhen: Suzuka-Sieger gegen den nordirischen Dickschädel. Jetzt droht Irvine: „Ich werde Senna verklagen!“

„Formel Faust“, nicht zum ersten Mal. Als Nelson Piquet, den ersten BMW-Turbosieg vor Augen, 1982 in Hockenheim von Eliseo Salazar abgeschossen wurde, rächte er sich vor den Live-TV-Kameras mit Fußtritten. Niki Lauda damals: „Alle lachen, wenn ein Rennfahrer auf den anderen losgeht – aber keiner denkt daran, wie lebensgefährlich solche Manöver sein können. Und keiner will wegen der Blödheit eines Überrundeten sterben müssen.“

Mansells Boxenüberfall auf Senna nach der Kollision in Spa 1987 ist berühmt – etwas unklarer das Recontre Schumacher–Senna beim Testen in Hockenheim 1992. „Er hat mich nur am Hals gekitzelt ... oder streicheln wollen.“

Erst 13 Tage später, in Adelaide, erklärte Senna, warum er wirklich zugeschlagen hat: „Was keiner von euch gesehen hat, weil es das Fernsehen nicht gezeigt hat: Daß ich wegen Irvine viermal neben der Strecke war, um ihm auszuweichen. Hat mich 20 bis 25 Sekunden gekostet. Aber als ich ihn nachher in der Jordan-Box zur Rede stellen will, red ich gegen eine Mauer. Lauter besoffene Iren!“

Und darum der Faustschlag durch den „Irish Mist?"
„Der", gibt Senna zu, „ist durch nichts zu entschuldigen! Aber alle Welt hat mich schon als Schläger verurteilt — ohne zu wissen, was vorher war. Ihr versteht nicht, Leute."
Am 9. Dezember muß sich Senna vor der FISA in Paris verantworten: einen Tag, bevor sich Prost seinen WM-Pokal abholt.
Dazu Schumacher: „Ich hab mir überlegt: Was hättest du gemacht, wenn dir das in Estoril als Führendem passiert wäre?" Zugeschlagen wohl sicher nicht ... „Man sagte uns: Viermal werden die blauen Überholflaggen gezeigt, bitte, respektier sie!"
Die Story geht um die Welt. Am gleichen Tag sprengt die IRA bei ihrem schwersten Bombenanschlag seit 1987 in Belfast ein Fischgeschäft in die Luft: neun Tote, 57 Verletzte. Genausoviele Opfer in Sarajevo nach 9 Stunden Artilleriebeschuß während des Filmfestivals. Die Welt hat 1993 ganz andere Sorgen. Auch wenn ein bisher völlig unbekannter serbischer Rennfahrer in Monza das große Tourenwagen-Festival gegen Piloten wie Nannini, Larini, Pirro usw. gewonnen hat — Paul Radisich. Er lebt in Neuseeland.
Zwischen Suzuka und Adelaide flattert der Formel-1-Zirkus auseinander. Wendlinger und der Italiener-Clan sind in Bali, wo einmal ein Österreicher, Skilehrer aus Gerlos, beim Fußball-Juxmatch dem Tormann Senna fast die Hand zerschossen hat. Jetzt fliegt Ayrton mit seiner rassigen blonden Freundin Adrianne, die er schon verdächtig lang hat, nach Tahiti. Prost mit dem Golfschläger nach Cairns, Berger nach Sydney zum Zahnarzt und dann zum Ex-Beatle George Harrison nach Hamilton Island; auch Hill ans Great Barrier Reef und Schumacher nach Port Douglas: „1500 Meter schwimmen, dann Kraftkammer und Radfahren. Drei Stunden Training jeden Tag — was mir zuletzt sehr gefehlt hat."
Warwick muß nach Donington zum Tourenwagenrennen: mit Nigel Mansells sensationeller Rückkehr nach England — für ein Rennen eingekauft für 200.000 Pfund.
„Soviel Geld", staunt Chris Amon, der vielleicht schnellste, aber glückloseste Pilot von seinerzeit, „bekam ich nicht einmal für meinen Zwei-Jahres-Vertrag mit Matra. Und ich glaubte, ich wäre königlich bezahlt ..."
Nigels Rückkehr wird ein Horror-Trip: „Mit dem Ford-Mondeo muß

ich alles aus Formel 1 und Indy vergessen, völlig neu Autofahren lernen." Zwei Dreher im Training, dann ein böser Sturzflug gegen die Mauer, 20 Minuten eingeklemmt, auf der Tragbahre ins Streckenspital — wo er über Nacht zur Beobachtung bleiben muß. „Bei Mansell weißt du nie."

ADELAIDE: „SIMPLY THE BEST"

Abschied mit Tränen: Letztes Duell Senna gegen Prost

Spaghetti-Essen in der Ferrari-Box mit Gerhard Berger und einem leibhaftigen „Beatle" — ein exklusives Erlebnis. George Harrison, autoverrückt und schon immer Formel-1-Fan, hatte Berger zu Traumferien auf seine Yacht am Great Barrier Reef eingeladen. „Ihr seid in einem viel härteren Business als ich: Die Beatles und die Rolling Stones konnten einander jede Woche auf Platz eins der Hitparade abwechseln — aber bei euch kann immer nur einer World Champion sein ..."

George redet über die Formel 1 genauso gern wie über John, Paul und Ringo: „Ich hab 1954 meinen ersten Grand Prix miterlebt — vierfacher Mercedes-Sieg. 1979 den berühmten Lotus-Sound aufgenommen. In Jarama Jody Scheckter ein Mikro auf die Brust geschnallt — und den Original-Motorenlärm in meine LP ‚Faster' reingeschnitten." Er kennt sich aus: „Zu Damon Hill war ich immer wie ein Onkel — weil ich seinen Vater Graham so bewunderte. Genauso mit Christian und Emerson Fittipaldi. Aber ich mag sie alle. Alesi, weil er so flamboyant Auto fährt. Berger, weil er so verrückt ist. Und ich bin heilfroh, daß ich nicht den Ärger hab, den Prost und Senna miteinander haben — Alain, glaub ich, ist der Nachgiebigere."

Jackie Stewart gestand mir: „Ich bin der größte Beatles-Fan, spiel das Sergeant-Pepper-Album immer wieder, heute noch." George Harrison lächelt fast gütig: „Na ja, der gute Jackie rennt immer noch der alten Zeit hinterher." George nicht: „Ich hab jetzt genug vom Film-Business, hör auf damit, bevor es mich fertigmacht, mach wieder ein Soloalbum und geh 1994/95 das erste und letztemal auf Welttournee — auch nach Wien!" Wo Paul McCartney kürzlich einen Sensationserfolg hatte,

erzähl ich Harrison. „Stimmt, ich hab die Show in London gesehen – peng!"
Ich kann mir die Frage nicht verkneifen: Wieviel Platten haben die Beatles verkauft? „Angeblich eine Milliarde ... aber davon kriegten wir jeder bloß einen Pfennig. Die blaue und rote CD jetzt: 19 und 18 Millionen."
Bei soviel Nullen, stöhnt Berger, wird mir schwarz vor den Augen: „Ich bin im falschen Business." Darauf Harrison: „Weißt du, wie man in der Formel 1 zu einer Million Dollar kommt? Man fängt bei 20 Millionen an. Aber ich les, du verdienst ja auch nicht so schlecht – als Kamikaze."
Beatles-Revival – Formel 1 live.
Formel-1-Piloten sind heute populär wie Popstars, die es sowieso immer wieder zum Grand-Prix-Zirkus hinzieht – aber welche Musik hören die Rennfahrer am liebsten? Eine Umfrage mit überraschenden Ergebnissen – alphabetisch:
Alliot liebt Opern und klassische Musik, besonders Mozart, Badoer die italienischen Popstars Ramazotti, Battisti, Baglioni und Carboni, Barrichello ganz allgemein Pop und Rock, Berger unverändert die Beatles, von denen er George Harrison längst persönlich kennengelernt hat, Blundell Chris Rea und Madonna, Brundle lauscht am liebsten Dionne Warwick, de Cesaris dagegen Whitney Houston, Comas entspannt sich bei „Martin Garrat of OIO", Fittipaldi „bei allem außer Hard Rock", Hakkinen schwört auf Michael Jackson und Simon LeBon, Herbert auf Steviane Winwood und, unverändert, Queen, Hill hat immer noch die alten Elvis-Presley-Platten, dazu Otis Redding, Katayama hat keine Vorlieben, Lamy mag grundsätzlich Rock, besonders „The Cult", Lehto verträumte Blues, Martini Rod Stewart, Naspetti italienische Disco-Musik, aber auch Queen, Patrese ist nach mehr als 250 GP auch in der Musik philosophisch: „Alles von leichter Musik bis Klassik", und Senna denkt genauso – „Alles, was gut ist – von Pop zu Klassik", Warwick reduziert auf „Soul und Klassik", Wendlinger ist Fan von Joe Cocker, Zanardi von Elton John and den Dire Straits.
Falsche Noten nur, wenn sie sich verschalten ...

Sauber hört am Strand, daß Mercedes seine Sensationspläne – offizieller Einstieg in die Formel 1 – bestätigt. Hat aber kein Hoteltelefon in

der Nähe und muß sehr viele australische Dollarstücke in den Münzautomaten werfen, bis er nach Stuttgart durchkommt und die Bosse am Draht hat: Jürgen Hubbert hat zwei Jahre lang um die Formel 1 gekämpft – und Mercedes-Chef Werner ja gesagt.
25 Prozent Anteile an Ilmor Racing von General Motors gekauft, große Amerika-Pläne, 1995 auch für Indy! „Der Stern ist am Motor drauf – jetzt heißen wir Sauber-Mercedes wie in der Gruppe C", sagt Peter Sauber stolz, „Mercedes ist in der Formel 1!" Jetzt ist noch mehr Schwung und Power dahinter, freut sich Wendlinger, und Schumacher sieht sogar ein fantastisches Signal: „Weil Mercedes schon oft ein Exempel für andere gesetzt hat, die dann nachziehen – wie Audi oder BMW. Super, daß sich Mercedes zur Formel 1 bekennt."
Am 13. Dezember läuft in Barcelona erstmals der neue Sauber-Mercedes – mit dem Stern am Motor. Ich erinnere Peter Sauber: „Sobald der Mercedes-Schriftzug am Auto aufscheint, müßte ja laut Geheimvertrag Schumacher zurückkehren. Er gehört ja immer noch Mercedes und ist an Benetton nur ausgeliehen ..."
„Aber daran denk ich jetzt nicht", lächelt Peter Sauber. „Erst wenn Michael kommt und sagt: Ich will für euch fahren – dann hol ich den Vertrag aus dem Schreibtisch und lese ihn nach. Aber vorläufig ist er ja bei Benetton gut aufgehoben."
Schumacher beginnt in Adelaide als Dritter. „Vorläufig Dritter", korrigiert er, „weil das Handling noch nicht so ist, wie ich gern will. Aber mit unserem neuen System haben wir alle Möglichkeiten. Was mich nur überrascht: der große Rückstand auf Ayrton Senna – 0,7 Sekunden."
Vom Zweiten, Prost, trennen den Deutschen bloß 0,291 Sekunden. Aber Schumacher hat keine Lust, sich das allerletzte Duell Prost–Senna von hinten anzuschauen. „Mir ist lieber, wir machen draus einen Dreikampf!"
Deine Emotionen? frage ich Prost. „Zum Glück noch gar keine – weil ich zuviel Autoprobleme hab. Das hält mich auf Trab, so daß ich gar keine Emotionen spüren kann. Unsere Williams-Überlegenheit ist weg. Wäre schade, könnte ich grade mein letztes Rennen nicht gewinnen", spürt Alain schon im Training.
Wie immer in Adelaide: eine Crash-Orgie mit vielen Sturzflügen und Drehern. Am ärgsten von Berger, Freitag früh: im 4. Gang voll gegen

die Mauer. „Fester Anprall, aber meine Schuld. Zu schnell, das Auto einfach verloren."

„Hat im Fernsehen wild ausgeschaut", sagt ihm Barry Sheene, die früher legendäre Nummer 7 der Motorradszene, jetzt TV-Reporter.

„Hab ich extra für dich getan, Barry", grinst Berger. „Dafür gibst du mir die Telefonnummern von ein paar Australian Girls..."

Genau bei Halbzeit des offiziellen Trainings stolzes Zwischenklassement auf dem Computer: 1. Berger, 2. Wendlinger – damit keiner Austria mit Australia verwechselt. Berger endet als Fünfter, weiß aber, daß ihn Hill (6.) am Samstag überholen, die Strecke aber eher langsamer sein wird – und schlägt Todt einen Trick vor: „Pfeifen wir aufs letzte Qualyfying, stimmen wir lieber das Auto mit vollen Tanks optimal ab."

Der schlaue Rennleiter kapiert sofort: Die Lücke im Reglement. 12 Runden sind das absolute Limit, mehr ist verboten. Darum große Aufregung, als der Ferrari Nr. 28 wie ein Uhrwerk weiterkreist: 13, 14, ja sogar 18 Runden. Nachher muß Berger zur Rennleitung: „Sie sitzen da wie bei Gericht, scheißen mich zusammen, holen mich aber später wieder zurück: Sorry, Gerhard, du hast ein Schlupfloch im Reglement entdeckt. Wird von uns 1994 geändert."

Berger grinst. Natürlich wird ihm die Samstagzeit gestrichen. Aber die ist sowieso schlechter als Freitag – und die gilt.

Genau wie Sennas Bestzeit. Auf verbissener Jagd nach Ayrton dreht sich Hill. „Aber wenn du Senna schlagen willst, mußt du übers Limit – und hoffen, daß du durchkommst." Ayrton ist selig über seine erste und einzige Pole-position 1993: „Solang mußte ich noch nie warten – ich hatte jede Saison mehrere Bestzeiten." Jetzt kämpft er gegen Hill um den Titel Vizeweltmeister: „Aber ob WM-Zweiter oder -Dritter, ist auch schon egal. Wichtig ist nur der Titel, sonst nichts."

Berger hat im Stallduell gegen Alesi auf 7:9 aufgeholt, Wendlinger gegen Lehto auf 8:8 ausgeglichen.

Im Warm up: nur knappe Abstände. Senna vor Schumacher, Prost 6., wie immer an Renntagen etwas blasser als sonst, aber durchaus locker. Die paar Regentropfen trocknen schnell. Und was für ein Rahmenprogramm: Alan Jones crasht im Tourenwagenrennen, das Wayne Gardner gewinnt. Und nach dem Grand Prix singt Tina Turner, die Senna so heiß verehrt.

Adelaide, der Grand Prix der Tränen! Senna weint vor seinem McLaren-Abschiedsrennen, „als mein Chefmechaniker Jo Ramirez dreimal zu meinem Auto kommt und ich merke: Auch er ist ganz gerührt. Du bist doch sonst so ein cooler Hund, Ayrton, schimpf ich mich selber. Wenn du deinem Team zum Abschied einen Sieg schenken willst, hör auf zu heulen! Konzentrier dich endlich – drei Minuten vorm Start!"

Aber zu emotionell war die große McLaren-Abschiedsparty gewesen: *Über tausend Gäste, Live-Musik, ein typisch australisches Barbecue. Trotzdem Wehmut, als die erfolgreichste Formel-1-Partnerschaft – drei WM-Titel, 34 GP-Siege – zerbrach. Dann setzte er sich mit seiner aufregenden blonden Freundin Adrianne an einen Tisch zu Barrichello und Fittipaldi – seinen Erben?*

„Du wirst also vom amerikanischen Cowboy zum englischen Gentleman." Aber Senna, zwischen Marlboro und Rothmans, hat ja seine ersten GP's für John Players gewonnen – und für den Camel-Lotus ging er auch meilenweit. Jetzt rät PR-Lady Agnes Carlier, welche Tricks man beim verhätschelten Superstar Senna auspacken muß:

1. Tu nichts ohne seine Presselady Beatris.

2. Organisier mit brasilianischen Reportern nie ein Abendessen vor 23 Uhr.

3. Plan absolut nichts mit Senna zwischen November und März, weil er da nur am brasilianischen Strand liegt und ihn sogar die FISA nur mit 50.000 Dollar Strafandrohung nach Paris kriegt – falsch, korrigiert Ayrton, 100.000 Dollar.

4. Respektier seinen Wunsch, daß er am Vorabend jedes Rennens zeitig ins Bett muß – ignorier einfach, daß er vorm Brasilien-GP mit seiner 16köpfigen Familie auch erst um Mitternacht abendessen geht.

Ein Senna-Superfilm flimmert über die Leinwand, und sein Teamchef schenkt ihm eine prachtvolle Foto-Collage mit Widmung: „Lieber Ayrton! Das Beste auf der Welt ist auch immer das Teuerste. Manchmal ist es sein Geld wert. Nicht immer, aber meistens. Schöne Ferien von November bis März in Didcot! Unter uns Freunden – Ron Dennis."

Senna lacht und weint zugleich, als er sich von seinem Team verabschiedet: „Ich kann nur sagen: Danke, und alles Gute für die, die bei McLaren bleiben. Gleichzeitig tu ich 1994 alles, um euch zu besiegen!"

Die Story von Sennas letztem McLaren-Sieg ist schnell erzählt. Prost hat seinen „besten Start des ganzen Jahres, Senna aber die bessere Traktionskontrolle". Punkt 1 der Prost-Taktik, Senna in der ersten Kurve niederzufighten, ist nicht aufgegangen — also gilt Plan 2: „Die ersten 15, 20 Runden reifenschonend auf Abwarten fahren. Damit ich mit einem Reifenwechsel weniger als Senna auskomm." Ayrton hat, wie immer, keine genaue Reifenstrategie, sondern entscheidet alles über Funk.

Senna wechselt früh (24. Runde) in 5,32 Sekunden. Worauf Prost automatisch in Führung geht, bis er in der 29. Runde hereinkommt: 7,41 Sekunden. Aus 7 Sekunden Vorsprung werden 7 Sekunden Rückstand. „Die nächsten zwei Runden verlier ich durch Nachzügler fast 10 Sekunden — damit ist alles gelaufen." Hill dreht sich noch beim Versuch, Prost auszubremsen, kann mit Glück weiterfahren — aber zugeschmissen hat ihm Prost die Tür nicht. Platz gemacht aber auch nicht.

Die vielleicht cleverste Strategie von allen hat Schumacher. „Früher Boxenstop, den Unterschied schon wieder wettgemacht. Die anderen müssen noch Reifen wechseln — aber ich kann draußen bleiben. Wenn ich durchfahr, bin ich Zweiter. Von dort kann ich leichter auf Platz 1 vorstoßen als vom 4. Platz — ich hätte gewinnen können!" Leider zerfetzt es ohne jede Vorwarnung wie schon in Monza den Motor: ein riesiges Loch im Unterboden. „Schade — ich hätte gewinnen können!"

Berger hat mit den Bremsen gepokert: „Weil die letzten 15 Adelaide-Runden normal immer ein Bremsproblem sind, entscheid ich mich für andere Bremsen als Alesi: Seine greifen am Anfang gut, sind aber im Finish zu Ende — ich will anfangs bremsenschonend fahren, dafür am Ende da sein."

„So verlier ich 35 Sekunden auf Alesi — die ich aber wieder voll aufhol. Zwei Runden vor Schluß bin ich an Alesi dran, überleg sogar, mich gegen Senna wieder zurückzurunden — eine Runde länger, um Alesi niederzufighten. Ein toller Zweikampf, fast nebeneinander über die Ziellinie — nur um 0,431 sec auseinander. Aber stell dir vor, ich hätte Alesi rausgeschmissen! Beide Ferrari draußen — da hätte ich mich nimmer nach Italien getraut ..."

Alesi/Berger retten Ferrari Platz 4 in der Konstrukteur-WM. Sauber (6.) wird von Lotus nicht überholt. Trotz zwei böser Schrecksekunden:

Lehto schlägt fast einen Salto rückwärts, weil er glaubt: Gaspedal steckengeblieben – später kommt man drauf: ein plötzlicher Gasstoß, weil er über den Bordstein fuhr.
In der gleichen Schikane nach den Boxen (4. Gang) explodiert Wendlinger links vorn plötzlich die Bremsscheibe – 4 Runden vor Schluß. „Ein Materialfehler, weil die anderen drei Bremsscheiben noch 30 Runden gehalten hätten." Plötzlich ein Riesenkracher. „Ich glaub: Reifenplatzer oder Halbwelle gerissen, stell noch das Auto gerade, daß ich über die Randsteine drüberflieg. Die Landung ist hart. Mir tut alles weh – aber eher von der Rennstrapaz."
Wendlinger hat verbissen mit Suzuki und Patrese gefightet. „Aber von der 40. bis 73. Runde dauernd auf Platz sieben, ist fad. Die Runden werden weniger und weniger und vorn fällt keiner aus ..."
Senna gewinnt 9 Sekunden vor Prost. Dritter Hill, dahinter die beiden Ferrari – erstmals 1993 beide in den Punkten. Das beste Mannschaftsergebnis, auch wenn der Alptraum wahrgeworden ist: Das 50. sieglose Rennen für Ferrari ohne Pause, noch dazu den Allzeit-Weltrekord endgültig an McLaren verloren: 104:103 steht's jetzt an Siegen.

Nachher, in der dunklen Garage: Stille, fast Andacht. Senna bleibt minutenlang im Auto sitzen. Sechs McLaren-Jahre fliegen im Zeitraffer vorbei: drei WM-Titel, 35 Siege. „Soviele Erinnerungen ... wenn ich jetzt drüber red, dann bis morgen früh. Am schönsten und besten war Suzuka 1988: Sieg und WM-Titel."
Damals, als er hinter zugezogenen Vorhängen die halbe Nacht das Rennen nochmals ablaufen hat lassen, nur mit Originalgeräuschen, ohne Kommentar, „damit ich jedes Schaltmanöver hör".
Ron Dennis tänzelt zum Auto: *„Its never too late to change your mind* – nie zu spät, deine Meinung zu ändern." Ayrton bestätigt diesen Vorschlag, Dennis zögert: „Vielleicht hab ich das gesagt, vielleicht nicht. Aber Ayrton macht jetzt zwei Jahre Ferien bei Williams in Didcot, dann kommt er, noch gereifter und erfahrener, sowieso zurück zu McLaren. *Never is a big word.*"
Never again, Alain Prost?
Ein paar Meter neben Senna steigt der Franzose aus dem Williams – zum letzten Mal. Mir fällt Rio 1990 ein: wie Alain, ganz allein in der finsteren Ferrari-Box, vor lauter Freude über seinen ersten Ferrari-

Sieg geweint hat. Jetzt hat Prost, von Emotionen geschüttelt, Mühe, seine Gedanken zu ordnen. Williams, sein letztes Team? „Hatte ich cool erwartet, erwies sich aber als viel warmherziger."
Die Siegerehrung ist historisch: Sennas letzter McLaren-Sieg. Prosts letztes Rennen. Und als Dritter auf dem Stockerl: Damon Hill, mit der besten Rennfahrerschule aller Zeiten: bei Williams Testpilot für Mansell, Stallkollege von Prost 1993 und Senna 1994 – allen Weltmeistern.
Senna holt die zwei zu sich auf die oberste Stufe. Millionen sehen das Champagnergespritze zu dritt. Fast andächtig starren alle hinauf: Grand Prix der Tränen.
Prost hat nasse Augen, „als mir klar wird: Das passiert heute alles das letzte Mal – nach 13 Jahren! Ich hätte irrsinnig gern gewonnen. Aber Platz zwei ist auch okay. Ich will, daß meine Fans glücklich sind – und nicht traurig, weil ich aufhör."
Und du? frag ich Alain, als ich ihn vom TV-Studio zur Williams-Box begleite.
„Ich geh als happy man. Aber ich bin sehr, sehr müde. Kannst dir ja vorstellen, wie schwierig es war, soviele Emotionen im Rennauto zu kontrollieren."
Und wann hast du begriffen, daß alles aus und vorbei ist?
„Noch immer nicht so ganz ..."
Seine Freunde von TF 1 schenkten ihm einen riesengroßen, buntbemalten Bumerang – aber nicht als Waffe gegen Senna. Das ist vorbei, auch ohne großes Friedens-Theater. Senna: „Wichtig ist nicht, was man sagt – sowieso längst sinnlos. Wichtig ist nur, was man tut, und ihr habt alles gesehen."
„Denn wenn wir über die Zukunft reden, müßten wir auch besprechen, was war – und das wollen wir nicht. Lieber gute Erinnerungen – denn Senna und ich", sagt Prost, „hatten 1988 bei McLaren auch gute Zeiten miteinander."
Worauf Senna einfällt: „Nach jedem Qualifikationstraining wolltest du immer das technische Briefing so rasch es geht abbrechen – nur damit du Golf spielen gehen kannst... ich aber wollte immer noch endlos mit den Ingenieuren debattieren."
Und Golf spielt Ayrton sowieso nicht.
Für Prost beginnt „ein neues Leben ohne Formel 1. Ob besser oder

schlechter, weiß ich noch nicht." Worauf Senna feixt: „Du wirst sicher noch faul und dick – wie alle Franzosen in Pension ..."

Prost grinst zurück: „Du irrst. Ich hab Sport immer geliebt – und ich treib weiter viel Sport. Geld ist für mich kein Problem. Ich bin ohne Geld in die Formel 1 gekommen, weiß also, wie schwierig es sein kann – und bin froh, daß ich nie mehr solche Probleme kriegen kann."

Der letzte Hit ist die Camel-Abschiedsparty. Berger schneit mit George Harrison herein, ehe der Ex-Beatle nach Hawaii fliegt. Schumacher: zurückhaltend – weil ihm die stürmische Siegerfeier von Estoril einfällt? Oder daß er gleich nach dem Heimflug, Dienstag in Frankfurt, seine Knie arthroskopieren läßt? Ron Dennis tut cool, hat aber die falsche Technik, aus der Flasche zu trinken. Dafür ist Eddie Jordan klatschnaß. Lustig sind Hakkinen, Lehto und Warwick, der größte Entertainer aber ist Damon Hill: Springt auf die Bühne, spielt Gitarre mit der Band und singt sogar.

Trotz seiner drei Siege, einzigartig für einen Rookie in der Formel 1: Erst Sonntag nacht in Adelaide ist er seinem Vater Graham zum erstenmal wirklich ähnlich.

Der Tag danach: Senna mit dunklen Sonnenbrillen, alle angeschlagen – und Prost im Inneren besonders leer? „So", sagt Berger nachdenklich, „geht's jedem von uns, wenn er aufhört." Und er erschrickt, als er draufkommt: Er ist ja nur vier Jahre jünger als Prost.

Berger hat in den letzten Jahren seine Rennen benotet. Heuer ist Karl Wendlinger dran.

KYALAMI: Ich glaub, ein ganz gutes Rennen. Hatte zwar einen Frühstart, 10 Strafsekunden, trotz des Penalty aber immer in den WM-Punkterängen gelegen bis zum Ausfall – NOTE 2.

INTERLAGOS: Leider ein verunglückter Boxenstop im Regen, weil ich wegen Lehto noch eine Runde länger draußen bleiben mußte, dann noch ein Dreher – sagen wir 2–3.

DONINGTON: Im Rennen leider nicht sehr weit gekommen, aber gutes Training (5.), Dritter nach dem Start, meine beste Position heuer überhaupt – dann knallte mir leider Andretti hinten drauf. Aber das ganze Wochenende war vielversprechend. Und das Foto kommt ins Familienalbum – ich zwischen den beiden Williams. Hat's 1993 leider nur einmal gegeben – NOTE 2.

IMOLA: Im Training 5., im Rennen lang hinter Schumacher und Gerhard gefahren, im Regen. Genau zur richtigen Zeit Reifen gewechselt, dann lange Vierter, bis ich ausgeschieden bin — eins meiner allerbesten Rennen heuer — NOTE 1–2.
BARCELONA: Gutes Training (6.), leider verpatzter Start, weil die Ampel von Rot auf Orange umschaltete, an 6. Stelle ausgeschieden. Weil ich am Start zu naiv war und nicht am Gas blieb, obwohl Gelblicht war — nur NOTE 2–3.
MONTE CARLO: Samstag vormittag 10 Minuten Schnellster, was es bei mir auch noch nie gab — auf einer Strecke wie Monaco sicher nicht schlecht, nachmittag 8., aber nur 4 Zehntel von Hill weg. Rennen war nicht gut: Zwei Teamkollegen zusammengestoßen, auch wenn mich dran weniger Schuld trifft — NOTE 2.
MONTREAL: Mein erster WM-Punkt heuer! Im Training 9., relativ deutlich vor Lehto, gutes Rennen, 6. Platz. Aber weil der Boxenstop taktisch nicht ganz richtig war, ein bißl zu spät — NOTE 2.
MAGNY-COURS: Die „Totenkopfstrecke", die keiner mag. Elfter im Training, ab da nie mehr wieder unter den „Top Ten". Rennen normal, Getriebeschaden nach 20 Runden, nichts Außergewöhnliches — also NOTE 3.
SILVERSTONE: Mein schlechtestes Rennen heuer! Im Training nicht zurechtgekommen, keine Abstimmung gefunden, auch lang gebraucht, bis ich in verschiedenen Kurven gut unterwegs war. Im Rennen sinnlos rausgeflogen, nicht viel passiert, außer ein paar Prellungen, alles ganz klar meine Fehler — darum NOTE 4.
HOCKENHEIM: Eins meiner besten Rennen! Leider fast keinem aufgefallen: Im Training chancenlos 14., im Rennen aber von der ersten bis letzten Runde dauernd unter Druck gefahren, zur richtigen Zeit Reifen gewechselt, am Ende noch ein paar mit relativ viel Risiko überholt. Obwohl nur 9., für mich ein gutes Rennen — NOTE 1–2.
BUDAPEST: Schlechtes Training. Zwar Freitag vormittag 6., aber dann ging nichts mehr weiter, Abstimmung im Kreis gedreht, Qualifying nicht optimal. Rennen gut, zweimal Reifen gewechselt, vom 17. Startplatz Sechster — NOTE 2.
SPA: Nicht zufrieden mit mir, im Training überhaupt nicht. Mit der Abstimmung relativ lang herumgemurkst, in manchen Passagen nicht schnell genug, Sonntag relativ bald ausgeschieden — NOTE 3–4.

MONZA: Zufrieden mit mir, auch im Training. Freitag Motorschaden nach zwei Runden, daher zuschauen müssen, nachmittags keine Abstimmung – Samstag relativ schnell, aber keine Motorleistung. Wurde auch am Prüfstand bestätigt: Etwas kaputt im Motor, 30 PS weniger. Dafür ein gutes Rennen mit dem 4. Platz, gute Plazierung, aber auch durch viele Ausfälle zustandegekommen – NOTE 2.
ESTORIL: Mit Imola und Hockenheim eins meiner besten Rennen! Sehr aggressiv gefahren, von Anfang bis Ende unter Druck, immer von irgendwem, aber trotzdem meine Plätze verteidigt. 5. Platz, keine Fehler, ein bißl Glück mit Blundell, aber die Kollision war überhaupt nicht meine Schuld: Ich war vorn, er fuhr mir übers Hinterrad – NOTE 1–2.
SUZUKA: Training nicht gut (16.), Motorschaden als Handicap, aber auch Samstag Probleme, weil der Motor in der Schikane vorm Ziel abstellte – aber wennst gut drauf bist, reicht dir eine Runde, und du knallst die Zeit hin. Das paßte nicht. Im Rennen: Regen, Dreher, ein Defekt – NOTE 3.
ADELAIDE: Ewig lange Siebenter, schuldlos out – NOTE 2.

In Estoril gesteht mir Wendlinger zum erstenmal, daß er von der Saison etwas enttäuscht ist: „15 WM-Punkte hätte ich mir ausgerechnet." Darunter auch ein Stockerlplatz? „Ja. Den hätte ich mir auch in Monza geholt, hätte mir die Box früher die Aufholjagd von Andretti signalisiert – und mich de Cesaris nicht rundenlang blockiert." Oder hätte ihn die Box nicht in Brasilien zu lang draußen im Regen gelassen. Oder hätte ihn Andretti in Donington, Lehto in Monte Carlo nicht abgeschossen.
„Er und sein früherer Renningenieur Marzola versuchten beim Testen ihre kleinen Tricks, um sich Materialvorteile zu verschaffen. Dagegen hab ich angekämpft."
PLUSPUNKTE 1993? „Daß ich im Rennen relativ wenige Eigenfehler machte. Nur in Silverstone, in Brasilien halb-halb – aber wann immer es sonst Ausfälle gab, war ich dran schuldlos. Entweder knallte mir Andretti drauf – oder eben technische Defekte."
MINUSPUNKTE? „Manche Qualifyings. In der Kürze die richtige Abstimmung zu finden – und dann eine Runde hinknallen, wo nicht nur die Zeit stimmt, sondern auch ich merk: Wirklich eine optimale

Runde, jede Kurve für meine Verhältnisse perfekt, ohne Fehler und am Limit. In diesem Bereich muß ich mich sicher noch steigern.“

Schumachers Traum vom Vize-WM-Titel ist seit Suzuka ausgeträumt. „Der 4. Platz ist, was für mich übrigbleibt. Mit dem 2. WM-Rang hab ich nie wirklich gerechnet – war mir alles viel zu theoretisch. Trotzdem: eine gute Saison, auch wenn nicht ganz so gelaufen, wie sie sollte.“
Schumacher, längst in Zivil, machte in der Benetton-Box von Adelaide schon wieder Klimmzüge wie ein Reckturner. „Ich muß 1994 noch besser werden.“ Auf 1993 darf er stolz sein: „Alle Rennen, die ich beendet hab, immer auf dem Podest“: einmal Sieger, fünfmal Zweiter, dreimal Dritter. „Sieben Mal nicht angekommen. Teils wegen technischen Problemen, teils aus eigenem Verschulden – nur war das bei mir auch nicht größer als bei erfahrenen Piloten.“
Seine private Saisonbilanz? „Die größte Freude hatte ich beim Sieg in Estoril: nach großen Trainingsproblemen hab ich im Rennen, ohne große Ausfälle, alle geschlagen – sogar beide Williams!“
Dein schlechtestes Rennen? „Donington Park zu Ostern, im Regen. Hat schlecht begonnen, schlecht aufgehört, ein Desaster.“
Benetton hat – auf Michaels Drängen – den Vertrag geändert: „Go-Kart-Fahren ist mir ab sofort nicht mehr verboten, sondern erlaubt – ich fahr über den Winter vier Rennen in Deutschland, Italien und Frankreich.“ Aber vorher muß der Deutsche zum Arzt: Gleich nach dem WM-Finale in Frankfurt Arthroskopie seiner Knie. Wenn Helden leiden ...

DIE NEUE FORMEL 1

Niki Lauda erklärt das Reglement ’94: Stop dem Techno-Krieg

Schlimm, wie politisch die Formel 1 schon wieder geworden ist. „Der Grand-Prix-Zirkus muß technisch abrüsten, sonst stirbt er!“ hat Niki Lauda ein High-Tech-Verbot gefordert. Nicht, weil Ferrari „eineinhalb Jahre brauchen würde, um die Williams-Renault einzuholen“, sondern „im Interesse des Sports. Ferrari ist auf seiten der kleinen und mittleren Teams, die sich automatisches Getriebe, aktive Fahrwerke, Traktionskontrolle, ABS usw. nicht leisten können".

„Formel Williams" oder „Formel Fad"? Viele gähnen. Das italienische „Autosprint" gräbt die spannendsten Rennfotos der letzten Jahre aus: Als die Formel 1 noch aufregend war ...

Hinter den Kulissen des Formel-1-Zirkus rauchen die Superhirne: Es geht — lang verdrängt, aber jetzt umso dringlicher — ums Festschreiben des neuen Formel-1-Reglements.

Totale Abrüstung oder nicht? frag ich den FISA-Präsidenten Max Mosley im April.

MOSLEY: Ja, Abrüstung schon. Es ist zu weit gegangen. Der Wert des Fahrers geht langsam runter. Aber die Zukunft wird schlimmer. Je früher wir haltmachen, umso besser.

Damit sich alle Formel-1-Fans besser auskennen: Was wird denn 1994 alles verboten?

MOSLEY: Grundsätzlich die Traktionskontrolle, ABS — also alles, was nicht der Fahrer steuert, sondern der Computer macht. Das gilt auch für die automatischen Fahrgestelle — die aktive Radaufhängung. Viele verschiedene Sachen. Man muß in die Zukunft des Automobils schauen: In 20, 30 Jahren fahren wir mit dem Auto von zu Hause ins Büro, ohne daß wir noch irgendwas tun müssen. Das Auto tut alles automatisch. Wenn wir den gleichen Weg mit denn Rennwagen gehen, ist der Fahrer sinnlos geworden — völlig unnötig. Dann stirbt die ganze Sache komplett. Je früher wir also das Reglement ändern, je früher wir mit all dem aufhören — umso besser.

Die Formel 1 darf also kein Computerspiel mehr sein, sondern schreit wieder nach dem Kampf Mann gegen Mann — wie in der Urzeit des Autorennsports?

MOSLEY: Ganz genau. Also, die Autos selbst können und sollen soviel High-Tech haben wie nur möglich. Ich sag sogar: Je mehr Technologie, umso besser. Aber wir brauchen keinen automatischen Fahrer. Sondern Piloten, die die Technologie selber benützen — aber nicht mit Hilfe von Computern.

Der heißeste Braten aus der Gerüchteküche: Angeblich läßt McLaren in Silverstone einen ferngesteuerten Formel-1-Wagen laufen, komplett ohne Fahrer, nur mit Autopiloten und Elektronik — und 200 km/h schnell! Meine Vertrauensleute im Team dementieren. „Aber technisch

machbar wäre es." Und das allein ist schon sensationell.
„Wenn sie die Elektronik verbieten", seufzt Prof. Watkins, der Lebensretter vieler GP-Piloten, „dann hat die Formel 1 bald überhaupt kein Hirn mehr ..."
Niki Lauda erzählte Bernie Ecclestone begeistert vom Salzburgring: „Weg mit High-Tech, Rennfahren pur. Toller Einsatz und mörderische Drifts — die Formel 1 muß sich an der Motorrad-WM ein Beispiel nehmen!"
Ecclestone vergattert in Monaco die Teams zum letzten Meeting zwecks Abrüstung, Verbot der aktiven Radaufhängung und Elektronik. Frank Williams und Ron Dennis drohen bereits mit Gerichtsklagen in der Schweiz, falls die Abrüstung kommt. FISA-Präsident Max Mosley weiß einen faulen Kompromiß: „Alle, die mit aktivem Chassis fahren, kriegen ein Gewichtshandicap ..."
In Kanada erklärt die FISA alle Autos — rückwirkend — für illegal. Droht Siege und Punkte zu anullieren. Das wirkt endlich: Friedensgipfel in Hockenheim.
Was wirklich hat die Formel-1-Teams geeinigt und wieder zusammengebracht, Bernie? „Terrorismus ... Nein, alle haben gespürt, daß der Reglementstreit sonst zur Farce wird." Es geht um die umstrittenen elektronischen und aerodynamischen Hilfsmittel für die Piloten, genannt „Driver aids". Worauf Bernie spottet: „Nein, kein Fahrer hat Aids — soviel ich weiß. Aber die FISA muß die Tankstops etc. noch offiziell absegnen."
Und was ist mit dem Sparprogramm der Teamchefs?
Formel-1-Ranglisten schießen aus dem Boden, die „Top Ten" von Niki Lauda und Clay Regazzoni sorgen für Aufregung. Und jetzt überall heiße Diskussionen, ausgelöst vom englischen Magazin „Business Age" — weil es die Rangliste der 500 reichsten Briten erstellt hat. Unter den „Top 500" wimmelt es nur so von Vollgasprofis. Nr. 1 ist zwar unangefochten der „König von Soho", der Pornographer Paul Raymond, mit 1500 Millionen Pfund Vermögen — wogegen sich auf Platz 11 Paul McCartney, der reichste Musiker (420 Millionen Pfund) und an 57. Stelle die Queen Elizabeth II. (150 Millionen) fast ärmlich ausnehmen. Aber immerhin folgt als
- *Nr. 291 Bernie Ecclestone, der große Formel-1-Zampano, mit 41,75 Millionen Pfund,*

• Nr. 327 Nigel Mansell, Englands reichster Sportler, mit 37,50 Millionen Pfund,
• Nr. 368 Jackie Stewart, der freimütig zugibt, daß er heute viel mehr verdient als früher als aktiver Rennfahrer, mit 32,75 Millionen Pfund,
• Nr. 404 etwas überraschend Tom Walkinshaw, der technische Benetton-Boss von Michael Schumacher, aber früher Architekt der Jaguar-Triumphe, mit 30 Millionen Pfund,
• Nr. 453 Frank Williams, der in schlechten Zeiten sein Business aus einer Telefonzelle betrieb, weil man ihm den „Kuckuck" auf alle Büromöbel pickte, mit 26,5 Millionen Pfund,
• Nr. 470 Ron Dennis, McLaren-Chef, unser alter Freund, der schon einmal ein englisches Titelblatt zierte („Ist dieser Mann Englands bester Manager?") und seinen heutigen Reichtum vor allem seinen über 30 McLaren-Rennautos verdankt, weil jeder Oldtimer mehr als eine Million wert ist, mit 25 Millionen Pfund.
Die Kommentare? Stolz, Hochmut – und ein sarkastischer Bernie. „Ich kenn auch andere Statistiken: Wie ich lese, bin ich manchmal binnen einer Woche um 20 Millionen reicher, dann plötzlich 10 Millionen ärmer. Aber meine Frau Slavica droht mir: Wenn du unter 100 Millionen rutscht, laß ich mich scheiden ..."
Als Bernie seinerzeit die Londoner Villa des Multimillionärs Kashoggi für 4 Millionen Pfund kaufte, stand in englischen Zeitungen: „Mr. Ecclestone paid Cash." Also bar – auf den Tisch.
Und darum lächelt FISA-Präsident Max Mosley über die Geldsummen der „Top 500": „Ich glaub, bei Bernie haben sie Gesamtvermögen mit Jahreseinkommen verwechselt ..."

Totale Umbruchphase in der Formel 1. Zeit fürs große Nachdenken – Aufbruchstimmung. Niki Lauda: „Wegen des neuen Reglements beginnt die Formel 1 für alle neu – also auch für Ferrari. Technischer Rückstand, aktive Radaufhängung usw.: Womit immer argumentiert wurde, das ist nicht mehr gegeben. Jetzt, mit den neuen Autos, wird man sehen, wer besser ist, die besseren Ingenieure hat, schneller reagieren kann. Keine Ausreden mehr. Jetzt muß Ferrari beweisen, wie schnell wir uns umstellen können."
Nur – was ist 1994 wirklich verboten, was erlaubt? Zur Zeit des GP Deutschland hat die FISA sämtliche Autos für illegal erklärt, weil die

aktive Radaufhängung die Aerodynamik beeinflußt. Lauda: „Ab da haben alle weiterentwickelt – zumal ja das World Council diese Entscheidung bestätigt hat."
Was darf sein, was nicht? „Auf- und Abbewegungen des Chassis sind verboten. Aber man kann elektronisch das Rollen des Autos verhindern. Ist das aerodynamischer Einfluß? Ich sag nein, weil du nur die Innenräder mehr belastest. Also müßte man jetzt alle technischen Ideen vom FISA-Ingenieur Charlie Whiting abzeichnen lassen – und dann mit Volldampf drauflosarbeiten. Denn eines darf nicht passieren: Daß man mit neuen Autos zum ersten Grand Prix '94 nach Argentinien kommt und die Funktionäre dort entscheiden: Du darfst so nicht fahren!"
Was also ist zu tun? Lauda: „Zuerst müssen alle Teams das Reglement ganz genau lesen. Zweitens nachfragen, wie gewisse Auflagen genau zu interpretieren sind." Zumal jetzt ein für allemal entschieden wurde, daß die Sportbehörden die alleinige Autorität haben, zu entscheiden, was illegal und was richtig ist – also darf niemand mehr zu einem ordentlichen Gericht laufen.
Lauda: „Daher muß man jetzt gewisse Fragen stellen dürfen, die für alle gleich beantwortet werden müssen – um jede Unsicherheit zu verhindern. Weil alle die gleichen Schwierigkeiten haben."
Der neue Ferrari ist Ende Dezember fertig. Das Fahrerteam bleibt mit Berger/Alesi – trotz aller Turbulenzen: Schumacher von Benetton zu McLaren, dafür Berger von Ferrari zu Benetton: Die Gerüchteküche brodelt.
Dazu Lauda: „Alles nur Spekulation auf Kosten der Piloten." Früher hat er oft auch gesagt: Die Transferzeit – die einzige Zeit, in der sich die Teamchefs besonders wichtig machen können.
Und Lauda? Wartet tagelang auf einen Ferrari-Anruf. Die Vertragsverlängerung zieht sich – weil Jean Todt in Fiorano um mehr Kompetenzen kämpft? Niki bleibt cool, macht keinen Druck.
Er bleibt „Piccolo Commendatore" und gibt schon das Motto aus: „1994 muß die große Ferrari-Renaissance kommen!" Nach bereits 50 sieglosen Rennen kein Wunder. „Ferrari muß endlich wieder gewinnen!"
Lauda ist mit 15 GP-Siegen Ferraris erfolgreichster Fahrer aller Zeiten – eine Niederlagenserie wie jetzt hat er als Aktiver nie erlebt.

„Natürlich können wir nicht gleich vom WM-Titel reden. Aber wieder konkurrenzfähig sein, vorn mitfahren, wo Ferrari hingehört – das muß möglich sein! Die Voraussetzungen sind da, jetzt müssen nur noch alle zusammenarbeiten, und Jean Todt muß alles koordinieren."
Todt, der kleine, schlaue Franzose, oder Lauda, der Rennfahrer mit dem größten Charisma: Wer hat bei Ferrari jetzt wirklich das Sagen?
„Ich kann nur meine Ideen und meine Erfahrung einbringen – wie immer zu 110 Prozent, wie immer als objektiver Ferrari-Berater. Aber ich hab nicht die Verantwortung fürs Team! Sondern Herr Todt, der jedes Detail entscheidet, und der wissen muß, was er umsetzen will und was nicht."
Ferrari, höre ich, will 1994 nur noch geheim testen: Todt verrät nicht mehr, wann und wo, „damit unsere Piloten ohne Druck, in aller Ruhe, arbeiten können".
Aber Niki Lauda wird's hoffentlich erfahren, auch wenn ihn Ferrari in der letzten Grand-Prix-Woche 1993 statt nach Adelaide ins Ferrari-Museum nach New York geschickt hat. Eine Aktion, die vielen „ein bißl komisch vorkommt".
Also frag ich Jean Todt direkt: Was wird 1994?
Todt: „Berger ist nicht nur sehr schnell, sondern jetzt auch neu im Kopf und bleibt natürlich bei uns. Und Niki Lauda wird 1994 oft mit uns sein."
Als „Piccolo Commendatore", Berater, mit welchen Funktionen, welcher Kompetenz?
Todt: „Man braucht immer Hilfe. Und Niki Lauda hat unwahrscheinliche Erfahrung – die braucht man immer."
Wie ist euer Verhältnis zueinander? Freundschaftlich?
Todt: „Wir sind Freunde. Ich hab vor Lauda viel Respekt. Als ich jünger war, war er mein Lieblingsfahrer. Er hat sehr viel für den Motorsport und besonders Ferrari getan. Und so haben wir optimale Kontakte."
Es war ja seine Idee, Sie zu Ferrari zu holen – wissen Sie das?
Todt: „Ja, er gab große Hilfe, aber jetzt muß ich die Hilfe zurückgeben – für Ferrari."
Wer ist der Chef?
Todt: „Ich probiere, der Chef zu sein ..."
Damon Hill bleibt der einzige, der Prost UND Senna als Teamkollege

hat. Die zwei Superstars binnen zwei Jahren — was für eine Rennfahrerschule! „Ich halt alle Augen offen und lern, soviel ich kann — aber du stolperst so leicht. Also aufpassen.“ Mir imponiert Damons Einstellung zu Senna: „Ich seh ihn als Konkurrenten, nicht als Stallgefährten!“

Erinnert mich an Lauda und Reutemann 1978 bei Ferrari. Niki nachher, befragt: „War Carlos für dich ein Freund, ein Teamkollege oder ein Gegner?“ achselzuckend: „Wenn ich ehrlich bin — nichts von alldem ...“

Damon lacht herzlich: „Wann hat das Niki gesagt?“

Stirling Moss und Barry Sheene fuhren immer nur mit ihrer Startnummer 7, berühmt wie die 34 von Kevin Schwantz, die 66 von Michael Jordan oder die 99 von Wayne Gretzky — in der Formel 1 gebührt die Nr. 1 Prost. Doch er fährt sie nie mehr.

Frank Williams lobt und preist Prost hinterher: „Alain ist großteils unerforscht, ein Gentleman, unkompliziert. Leider komm ich jetzt erst drauf: Wir werden nie erfahren, wie gut er als Rennfahrer wirklich war. Je schneller er fuhr, um so präziser.“

Damon Hill wiederholt: „Wenn du Alain Prost kennenlernst, ist er still und ruhig — aber dafür ein um so feurigerer Konkurrent. Ich würde nicht sagen: „my friend“. Aber wir hatten ein freundschaftliches, professionelles Verhältnis.“

Senna zu den Franzosen-Reportern: „Der Größte für mich war Fangio! Der Beste der 80er Jahre: Niki Lauda. Und der Beste der 90er Jahre“ — lange Nachdenkpause — „Prost.“

Eigentlich hat er 1993 unverdient gelitten: Indirekt weggejagt von dem Team, für das er den WM-Titel gewonnen hat. Aber wer Alain kennt, der weiß: Irgendwann rächt er sich bestimmt.

Aber wo? „Ligier-Rennleiter werde ich nicht“, entscheidet er noch im Oktober. Und was will er tun? „Zuerst mein Leben genießen, dann erst nachdenken, was ich in Zukunft tun will.“ Enjoy life, im singenden Englisch der Franzosen. „Jetzt geh ich viel Go-Kart-Fahren mit meinem Sohn Nicolas (12). Und wenn ich wieder Formel 1 mach, dann nur in wichtiger Position, weil ich gern Verantwortung übernimm — sonst nicht.“

Aber: „Ein Lenkrad in der Hand zu halten, ist für mich immer noch das Schönste auf der Welt! Es muß ja nicht immer Formel 1 sein ...“

In TF 1 flimmerte lang der berühmte Badezimmer-Werbespot: Prost kämpft mit der Seife, die immer durch die Badewanne flutscht. Jetzt läuft ein neuer, aktueller Spot: „Monsieur Prost, was machen Sie, wenn Sie nicht mehr Formel 1 fahren?“ Dann, lächelt der abgedankte Formel-1-König sonnig, fahr ich mit meinen Kindern ins Euro-Disneyland in Paris.
Mit Prost als Donald, Bernie Ecclestone als Dagobert, Schumacher–Berger–Wendlinger als Tick, Trick und Track – und Senna als der ganzen Panzerknacker-Bande.

Statistik

AUTOMOBILWELTMEISTER

1950: Dr. Giuseppe Nino Farina (Italien) auf Alfa Romeo
1951: Juan Manuel Fangio (Argentinien) auf Alfa Romeo
1952: Alberto Ascari (Italien) auf Ferrari
1953: Alberto Ascari (Italien) auf Ferrari
1954: Juan Manuel Fangio (Argentinien) auf Maserati und Mercedes
1955: Juan Manuel Fangio (Argentinien) auf Mercedes
1956: Juan Manuel Fangio (Argentinien) auf Ferrari
1957: Juan Manuel Fangio (Argentinien) auf Maserati
1958: Mike Hawthorn (England) auf Ferrari
1959: Jack Brabham (Australien) auf Cooper-Climax
1960: Jack Brabham (Australien) auf Cooper-Climax
1961: Phil Hill (USA) auf Ferrari
1962: Graham Hill (England) auf BRM
1963: Jim Clark (Schottland) auf Lotus-Climax
1964: John Surtees (England) auf Ferrari
1965: Jim Clark (Schottland) auf Lotus-Climax
1966: Jack Brabham (Australien) auf Brabham-Repco
1967: Denis Hulme (Neuseeland) auf Brabham-Repco
1968: Graham Hill (England) auf Lotus-Ford
1969: Jackie Stewart (Schottland) auf Matra-Ford
1970: Jochen Rindt (Österreich) auf Lotus-Ford
1971: Jackie Stewart (Schottland) auf Tyrrell-Ford
1972: Emerson Fittipaldi (Brasilien) auf Lotus-Ford
1973: Jackie Stewart (Schottland) auf Tyrrell-Ford
1974: Emerson Fittipaldi (Brasilien) auf McLaren-Ford
1975: Niki Lauda (Österreich) auf Ferrari
1976: James Hunt (England) auf McLaren-Ford
1977: Niki Lauda (Österreich) auf Ferrari
1978: Mario Andretti (USA) auf Lotus-Ford
1979: Jody Scheckter (Südafrika) auf Ferrari
1980: Alan Jones (Australien) auf Williams-Ford
1981: Nelson Piquet (Brasilien) auf Brabham-Ford
1982: Keke Rosberg (Finnland) auf Williams-Ford
1983: Nelson Piquet (Brasilien) auf Brabham-BMW-Turbo
1984: Niki Lauda (Österreich) auf McLaren-Porsche-Turbo
1985: Alain Prost (Frankreich) auf McLaren-Porsche-Turbo
1986: Alain Prost (Frankreich) auf McLaren-Porsche-Turbo
1987: Nelson Piquet (Brasilien) auf Williams-Honda
1988: Ayrton Senna (Brasilien) auf McLaren-Honda
1989: Alain Prost (Frankreich) auf McLaren-Honda
1990: Ayrton Senna (Brasilien) auf McLaren-Honda
1991: Ayrton Senna (Brasilien) auf McLaren-Honda
1992: Nigel Mansell (England) auf Williams-Renault
1993: Alain Prost (Frankreich) auf Williams-Renault

FAHRERWELTMEISTERSCHAFT 1993

		Südafrika	Brasilien	Donington	San Marino	Spanien	Monaco	Kanada	Frankreich	England	Deutschland	Ungarn	Belgien	Italien	Portugal	Japan	Australien	
1.	Alain Prost (F) Williams-Renault	10	—	4	10	10	3	10	10	10	10	—	4	—	6	6	6	= 99
2.	Ayrton Senna (BRAS) McLaren-Ford	6	10	10	—	6	10	—	3	2	3	—	3	—	—	10	10	= 73
3.	Damon Hill (GB) Williams-Renault	—	6	6	—	—	6	4	6	—	—	10	10	10	4	3	4	= 69
4.	Michael Schumacher (D) Benetton-Ford	—	4	—	6	4	—	6	4	6	6	—	6	—	10	—	—	= 52
5.	Riccardo Patrese (I) Benetton-Ford	—	—	2	—	3	—	—	—	4	2	6	1	2	—	—	—	= 20
6.	Jean Alesi (F) Ferrari	—	—	—	—	—	4	—	—	—	—	—	—	6	3	—	3	= 16
7.	Martin Brundle (GB) Ligier-Renault	—	—	—	4	—	1	2	2	—	—	2	—	—	1	—	1	= 13
8.	Gerhard Berger (A) Ferrari	1	—	—	—	1	—	3	—	—	1	4	—	—	—	—	2	= 12
9.	Johnny Herbert (GB) Lotus-Ford	—	3	3	—	—	—	—	—	3	—	—	2	—	—	—	—	= 11
10.	Mark Blundell (GB) Ligier-Renault	4	2	—	—	—	—	—	—	—	4	—	—	—	—	—	—	= 10
11.	Michael Andretti (USA) McLaren-Ford	—	—	—	—	2	—	—	1	—	—	—	—	4	—	—	—	= 7
	Karl Wendlinger (A) Sauber	—	—	—	—	—	—	1	—	—	—	1	—	3	2	—	—	= 7
13.	Christian Fittipaldi (BRAS) Minardi-Ford	3	—	—	—	—	2	—	—	—	—	—	—	—	—	—	—	= 5
	Jyrki Järvi Lehto (SF) Sauber	2	—	—	3	—	—	—	—	—	—	—	—	—	—	—	—	= 5
15.	Mika Hakkinen (SF) McLaren-Ford	—	—	—	—	—	—	—	—	—	—	—	—	—	—	4	—	= 4
16.	Derek Warwick (GB) Footwork Mugen-Honda	—	—	—	—	—	—	—	—	1	—	3	—	—	—	—	—	= 4
17.	Philippe Alliot (F) Larrousse-Lamborghini	—	—	—	2	—	—	—	—	—	—	—	—	—	—	—	—	= 2
	Rubens Barrichello (BRAS) Jordan-Hart	—	—	—	—	—	—	—	—	—	—	—	—	—	—	2	—	= 2
	Fabrizio Barbazza (I) Minardi-Ford	—	—	1	1	—	—	—	—	—	—	—	—	—	—	—	—	= 2
20.	Alessandro Zanardi (I) Lotus-Ford	—	1	—	—	—	—	—	—	—	—	—	—	—	—	—	—	= 1
	Erik Comas (F) Larrousse-Lamborghini	—	—	—	—	—	—	—	—	—	—	—	—	1	—	—	—	= 1
	Eddie Irvine (IRL) Jordan-Hart	—	—	—	—	—	—	—	—	—	—	—	—	—	—	1	—	= 1

KONSTRUKTEURBEWERB 1993

	Südafrika	Brasilien	Donington	San Marino	Spanien	Monaco	Kanada	Frankreich	England	Deutschland	Ungarn	Belgien	Italien	Portugal	Japan	Australien		
1. Williams-Renault	10	6	10	10	10	9	14	16	10	10	10	14	10	10	9	10	=	168
2. McLaren-Ford	6	10	10	—	8	10	—	4	2	3	—	3	4	—	14	10	=	84
3. Benetton-Ford	—	4	2	6	7	—	6	4	10	8	6	7	2	10	—	—	=	72
4. Ferrari	1	—	—	—	1	4	3	—	—	1	4	—	6	3	—	5	=	28
5. Ligier-Renault	4	2	—	4	—	1	2	2	—	4	2	—	—	1	—	1	=	23
6. Lotus-Ford	—	4	3	—	—	—	—	—	3	—	—	2	—	—	—	—	=	12
Sauber	2	—	—	3	—	—	1	—	—	—	1	—	3	2	—	—	=	12
8. Minardi-Ford	3	—	1	1	—	2	—	—	—	—	—	—	—	—	—	—	=	7
9. Footwork Mugen-Honda	—	—	—	—	—	—	—	—	1	—	3	—	—	—	—	—	=	4
10. Larrousse-Lamborghini	—	—	—	2	—	—	—	—	—	—	—	—	1	—	—	—	=	3
Jordan-Hart	—	—	—	—	—	—	—	—	—	—	—	—	—	—	3	—	=	3

PLACIERUNGEN ALLER 35 PILOTEN 1993

	Südafrika	Brasilien	Donington	San Marino	Spanien	Monaco	Kanada	Frankreich	England	Deutschland	Ungarn	Belgien	Italien	Portugal	Japan	Australien
Prost	①	○	③	①	①	④	①	①	①	①	⑫	③	⓬	②	②	②
Senna	②	①	①	○	②	①	⓲	④	❺	④	○	④	○	○	①	①
Hill	○	②	②	○	○	②	③	②	○	⓯	①	①	①	③	④	③
Schumacher	○	③	○	②	③	○	②	③	②	②	○	②	○	①	○	○
Patrese	○	○	⑤	○	④	○	○	⑩	③	⑤	②	⑥	⑤	⓰	○	⑧
Alesi	○	⑧	○	○	○	③	○	○	⑨	⑦	○	○	②	④	○	④
Brundle	○	○	○	③	○	⑥	⑤	⑤	⓮	⑧	⑤	⑦	○	⑥	❾	⑥
Berger	❻	○	○	○	⑥	⓮	④	⑭	○	⑥	③	❿	○	○	○	⑤
Herbert	○	④	④	❽	○	○	⑩	○	④	⑩	○	⑤	○	○	⑪	○
Blundell	③	⑤	○	○	⑦	○	○	○	⑦	③	⑦	⓫	○	○	⑦	⑨
Andretti	○	○	○	○	⑤	⑧	⑭	⑥	○	○	○	⑧	③	—	—	—
Wendlinger	○	○	○	○	○	⑬	⑥	○	○	⑨	⑥	○	④	⑤	○	⓯
Fittipaldi	④	○	⑦	○	⑧	⑤	⑨	⑧	⑫	⑪	○	○	⑧	⑨	—	—
Lehto	⑤	○	○	❹	○	○	⑦	○	⑧	○	○	⑨	○	⑦	❽	○
Hakkinen	—	—	—	—	—	—	—	—	—	—	—	—	—	○	③	○
Warwick	❼	⑨	○	○	⑬	○	⑯	⑬	⑥	⑰	④	○	○	⓯	⓮	⑩
Alliot	○	⑦	○	⑤	○	⑫	○	⑨	⑪	⑫	⑧	⑫	⑨	⑩	—	—
Barrichello	○	○	❿	○	⑫	⑨	○	⑦	⑩	○	○	○	○	⑬	⑤	⑪
Barbazza	○	○	⑥	⑥	○	⑪	○	○	—	—	—	—	—	—	—	—
Zanardi	○	⑥	⑧	○	⓮	⑦	⑪	○	○	○	○	●	—	—	—	—
Comas	○	⑩	⑨	○	⑨	○	⑧	⓰	○	○	○	○	⑥	⑪	○	⑫
Irvine	—	—	—	—	—	—	—	—	—	—	—	—	—	—	⑥	○
Badoer	○	⑫	■	⑦	○	■	⑮	○	○	○	○	⑬	⑩	⑭	—	—
A. Suzuki	○	○	○	❾	⑩	○	⑬	⑫	○	○	○	○	○	○	○	⑦
Boutsen	—	—	○	○	⑪	○	⑫	⑪	○	⑬	⑨	○	—	—	—	—
Martini	—	—	—	—	—	—	—	—	○	⑭	○	○	⑦	⑧	⑩	○
de Cesaris	○	○	○	○	○	⑩	○	⑮	○	○	⑪	○	⑬	⑫	○	⑬
Katayama	○	○	○	○	○	○	⑰	○	⑬	○	⑩	⑮	⑭	○	○	○
Alboreto	○	⑪	⑪	■	■	○	■	■	■	⑯	○	⑭	○	○	—	—
Lamy	—	—	—	—	—	—	—	—	—	—	—	—	⓫	○	⓭	○
T. Suzuki	—	—	—	—	—	—	—	—	—	—	—	—	—	—	⑫	⑭
Capelli	○	■	—	—	—	—	—	—	—	—	—	—	—	—	—	—
Apicella	—	—	—	—	—	—	—	—	—	—	—	—	○	—	—	—
Naspetti	—	—	—	—	—	—	—	—	—	—	—	—	—	○	—	—
Gounon	—	—	—	—	—	—	—	—	—	—	—	—	—	—	○	○

Erklärung: Zahl ⑭ = Resultat; ○ = ausgefallen, gestürzt, aufgegeben; ⓭ = bei Rennschluß nicht mehr im Rennen, aber gewertet; ■ = nicht qualifiziert; ● = Unfall; — = nicht gefahren.

ALLE TRAININGSERGEBNISSE 1993

	Südafrika	Brasilien	Donington	San Marino	Spanien	Monaco	Kanada	Frankreich	England	Deutschland	Ungarn	Belgien	Italien	Portugal	Japan	Australien
Prost	1	1	1	1	1	1	1	2	1	1	1	1	1	2	1	2
Senna	2	3	4	4	3	3	8	5	4	4	4	5	4	4	2	1
Hill	4	2	2	2	2	4	2	1	2	2	2	2	2	1	6	3
Schumacher	3	4	3	3	4	2	3	7	3	3	3	3	5	6	4	4
Patrese	7	8	10	11	5	6	4	12	5	7	5	8	10	7	10	9
Alesi	5	9	9	9	8	5	6	6	12	10	8	4	3	5	14	7
Brundle	12	16	22	10	18	13	7	3	6	6	13	11	12	11	15	8
Berger	15	13	8	8	11	7	5	14	13	9	6	16	6	8	5	6
Herbert	17	12	11	12	10	14	20	19	7	13	20	10	7	14	19	20
Blundell	8	10	21	7	12	21	10	4	9	5	12	15	14	10	17	14
Andretti	9	5	6	6	7	9	12	16	11	12	11	14	9	—	—	—
Wendlinger	10	8	5	5	6	8	9	11	18	14	17	12	15	13	16	11
Fittipaldi	13	20	16	23	20	17	17	23	19	20	14	22	24	24	—	—
Lehto	6	7	7	16	9	11	11	18	16	18	15	9	13	12	11	12
Hakkinen	—	—	—	—	—	—	—	—	—	—	—	—	—	3	3	5
Warwick	22	18	14	15	16	12	18	15	8	11	9	7	11	9	7	17
Alliot	11	11	15	14	13	15	15	10	24	23	19	18	16	20	—	—
Barrichello	14	14	12	13	17	16	14	8	15	17	16	13	19	15	12	13
Barbazza	24	24	20	25	25	25	23	24	—	—	—	—	—	—	—	—
Zanardi	16	15	13	20	15	20	21	17	14	15	21	U	—	—	—	—
Comas	19	17	17	17	14	10	13	9	17	16	18	19	20	22	21	21
Irvine	—	—	—	—	—	—	—	—	—	—	—	—	—	—	8	19
Badoer	26	21	26	24	22	26	25	22	25	25	26	24	25	26	—	—
A. Suzuki	20	19	23	21	19	18	16	13	10	8	10	6	8	16	9	10
Boutsen	—	—	19	19	21	23	24	20	23	24	24	20	—	—	—	—
Martini	—	—	—	—	—	—	—	—	20	22	7	21	22	19	22	16
de Cesaris	23	23	25	18	24	19	19	25	21	19	22	17	18	17	18	15
Katayama	21	22	18	22	23	22	22	21	22	21	23	23	17	21	13	18
Alboreto	25	25	24	26	26	24	26	26	26	26	25	25	21	25	—	—
Lamy	—	—	—	—	—	—	—	—	—	—	—	—	26	18	20	23
T. Suzuki	—	—	—	—	—	—	—	—	—	—	—	—	—	—	23	24
Capelli	24	26	—	—	—	—	—	—	—	—	—	—	—	—	—	—
Apicella	—	—	—	—	—	—	—	—	—	—	—	—	23	—	—	—
Naspetti	—	—	—	—	—	—	—	—	—	—	—	—	—	23	—	—
Gounon	—	—	—	—	—	—	—	—	—	—	—	—	—	—	24	22

Trainingsduelle 1993: Prost—Hill 14:2, de Cesaris—Katayama 9:7, Schumacher—Patrese 16:0, Senna—Andretti 13:0, Senna—Hakkinen 2:1, Warwick—A. Suzuki 9:7, Herbert—Zanardi 9:2, Herbert—Lamy 4:0, Barrichello—Boutsen 10:0, Barrichello—Capelli 2:0, Barrichello—Irvine 2:0, Alliot—Comas 8:6, Comas—T. Suzuki 2:0, Badoer—Alboreto 8:6, Fittipaldi—Barbazza 8:0, Martini—Fittipaldi 4:2, Martini—Gounon 2:0, Brundle—Blundell 8:8, Alesi—Berger 9:7, Wendlinger—Lehto 8:8.

ANALYSE DER 16 WM-LÄUFE 1993

Rennen	Pole-position (Vorsprung)	Führungskilometer		Sieger (Vorsprung)	Schnellste Runde
Kyalami (Südafrika)	Prost +0,088	Senna Prost	97,9 208,9	Prost +1:19,824	Prost
Interlagos (Brasilien)	Prost +0,993	Prost Hill Senna	125,4 51,9 129,8	Senna +16,625	Schumacher
Donington (England)	Prost +0,304	Senna Prost Senna	136,8 16,1 152,8	Senna +1:23,199	Senna
Imola (San Marino)	Prost +0,098	Hill Prost	57,4 250,0	Prost +32,410	Prost
Barcelona (Spanien)	Prost +0,037	Hill Prost	47,5 256,0	Prost +16,873	Schumacher
Monte Carlo (Monaco)	Prost +0,633	Prost Schumacher Senna	36,6 71,8 151,1	Senna +52,118	Prost
Montreal (Kanada)	Prost +0,504	Hill Prost	22,1 284,6	Prost +14,527	Schumacher
Magny-Cours (Frankreich)	Hill +0,142	Hill Prost	110,5 195,5	Prost +0,342	Schumacher
Silverstone (England)	Prost +0,128	Hill Prost	219,5 88,8	Prost +7,660	Hill
Hockenheim (Deutschland)	Prost +0,157	Hill Prost Hill Prost	47,7 13,6 235,4 10,2	Prost +16,664	Schumacher
Budapest (Ungarn)	Prost +0,204	Hill	305,5	Hill +1:11,915	Prost
Spa (Belgien)	Prost +0,895	Prost Hill	209,2 97,6	Hill +3,668	Prost
Monza (Italien)	Prost +0,312	Prost Hill	282,0 25,4	Hill +40,012	Hill
Estoril (Portugal)	Hill +0,189	Alesi Prost Schumacher	82,7 43,5 182,7	Schumacher +0,982	Hill
Suzuka (Japan)	Prost +0,130	Senna Prost Senna	76,2 41,0 193,6	Senna +11,435	Prost
Adelaide (Australien)	Senna +0,436	Senna Prost Senna	90,7 18,9 189,0	Senna +9,259	Prost

Totale Führungskilometer 1993: Prost 2080,3, Hill 1220,5, Senna 1217,9, Schumacher 254,5, Alesi 82,7.

Lauf 1 – Großer Preis von Südafrika – Kyalami, 14. März 1993

1. Training: (inoffiziell)		2. Training (offiziell)		3. Training (inoffiziell)		4. Training (offiziell)	
1. Senna	1:18,133	1. Prost	1:16,804	1. Senna	1:18,533	1. Prost	1:15,696
2. Prost	1:18,453	2. Senna	1:17,152	2. Andretti	1:18,896	2. Senna	1:15,784
3. Schumacher	1:18,611	3. Schumacher	1:17,507	3. Patrese	1:19,375	3. Schumacher	1:17,261
4. Hill	1:18,932	4. Hill	1:17,732	4. Brundle	1:19,380	4. Hill	1:17,592
5. Andretti	1:19,484	5. Alesi	1:18,775	5. Blundell	1:19,950	5. Alesi	1:18,234
6. Herbert	1:20,235	6. Andretti	1:18,903	6. Fittipaldi	1:19,975	6. Lehto	1:18,664
7. Comas	1:20,655	7. Lehto	1:19,120	7. Comas	1:20,003	7. Patrese	1:18,676
8. Brundle	1:20,665	8. Brundle	1:19,138	8. Capelli	1:20,029	8. Blundell	1:18,687
9. Alliot	1:20,820	9. Patrese	1:19,341	9. Alesi	1:20,083	9. Andretti	1:18,786
10. Wendlinger	1:20,880	10. Alliot	1:19,350	10. Schumacher	1:20,127	10. Wendlinger	1:18,950
11. Patrese	1:21,010	11. Blundell	1:19,688	11. Barrichello	1:20,134	11. Alliot	1:19,034
12. Blundell	1:21,014	12. Fittipaldi	1:19,825	12. Suzuki	1:20,198	12. Fittipaldi	1:19,285
13. Lehto	1:21,294	13. Herbert	1:20,009	13. Zanardi	1:20,279	13. Barrichello	1:19,305
14. Katayama	1:21,417	14. Berger	1:20,066	14. Warwick	1:20,530	14. Berger	1:19,386
15. Alesi	1:21,447	15. Barrichello	1:20,118	15. Berger	1:20,743	15. Zanardi	1:19,396
16. Capelli	1:21,566	16. Zanardi	1:20,150	16. Alliot	1:20,813	16. Brundle	1:19,457
17. Barrichello	1:22,087	17. Wendlinger	1:20,365	17. Prost	1:20,834	17. Herbert	1:19,498
18. Barbazza	1:22,103	18. Katayama	1:20,401	18. Hill	1:20,934	18. Capelli	1:19,759
19. Suzuki	1:22,167	19. de Cesaris	1:20,721	19. Lehto	1:21,168	19. Comas	1:20,081
20. Zanardi	1:22,417	20. Warwick	1:20,821	20. Wendlinger	1:21,296	20. Suzuki	1:20,237
21. de Cesaris	1:22,922	21. Capelli	1:20,841	21. de Cesaris	1:21,638	21. Warwick	1:20,402
22. Warwick	1:24,006	22. Barbazza	1:20,994	22. Herbert	1:22,032	22. Katayama	1:20,479
23. Alboreto	1:24,742	23. Comas	1:21,000	23. Badoer	1:22,058	23. de Cesaris	1:20,660
24. Berger	1:25,305	24. Suzuki	1:21,342	24. Barbazza	1:22,810	24. Barbazza	1:21,195
25. Badoer	1:27,325	25. Alboreto	1:22,843	25. Alboreto	1:22,960	25. Alboreto	1:21,893
26. Fittipaldi	1:34,080	26. Badoer	1:24,737	26. Katayama	1:26,099	Badoer	annulliert

Nicht qualifiziert: Luca Badoer (Lola-Ferrari) 2:24,737.

Startaufstellung:

Alain Prost
Williams-Renault
FW15C-4, 1:15,696

Ayrton Senna
McLaren-Ford MP4/8-3
1:15,784

Michael Schumacher
Benetton-Ford
B192B-08, 1:17,261

Damon Hill
Williams-Renault
FW15C-2, 1:17,592

Jean Alesi
Ferrari F93A-139
1:18,234

J. J. Lehto
Sauber C12-04
1:18,664

Riccardo Patrese
Benetton-Ford
B192B-07, 1:18,676

Mark Blundell
Ligier-Renault JS39-02
1:18,687

Michael Andretti
McLaren-Ford MP4/8-4
1:18,786

Karl Wendlinger
Sauber C12-05
1:18,950

Philippe Alliot
Larrousse-Lamborghini
LH93-05, 1:19,034

Martin Brundle
Ligier-Renault JS39-03
1:19,138

Christian Fittipaldi
Minardi-Lamborghini
M193-02, 1:19,285

Rubens Barrichello
Jordan-Hart 193/002
1:19,305

Gerhard Berger
Ferrari F93A-140
1:19,386

Alessandro Zanardi
Lotus-Ford 107B/2
1:19,396

Johnny Herbert
Lotus-Ford 107B-3
1:19,498

Ivan Capelli
Jordan-Hart 193/003
1:19,759

Erik Comas
Larrousse-Lamborghini
LH93-03, 1:20,081

Aguri Suzuki*)
Footwork-Mugen
FA13B-04, 1:20,237

Ukyo Katayama
Tyrrell-Yamaha 020C-07
1:20,401

Derek Warwick
Footwork-Mugen
FA13B-06, 1:20,402

Andrea de Cesaris
Tyrrell-Yamaha 020C-01
1:20,660

Fabrizio Barbazza
Minardi-Ford M193-01
1:20,994

Michele Alboreto
Lola-Ferrari T0330-01
1:21,893

Luca Badoer
Lola-Ferrari T9330-02
1:24,737

*) Startete aus der letzten Reihe

Höchstgeschwindigkeit (Freitag): Prost 250,58, Hill 248,50, Warwick 247,37, Schumacher 246,52, Barrichello 245,45, Capelli 245,23, Senna 245,12, Lehto 244,73, Alliot 244,51, Andretti 244,23, . . . Wendlinger 243,13, Berger 240,37 km/h. — (Samstag): Prost 253,58, Hill 252,51, Schumacher 248,85, Capelli 247,59, Senna 246,58, Lehto 245,85, Barrichello 245,45, Patrese 245,34, Alliot 245,29, Blundell 245,18, . . . Berger 245,01, Wendlinger 244,07 km/h.

Auf der Ziellinie (Freitag): Prost 233,97, Hill 230,67, Schumacher 227,75, Senna 227,66, Alliot 227,37, Lehto 226,89, Capelli 225,89, Comas 225,85, Fittipaldi 225,71, Warwick 225,61 km/h. — (Samstag): Prost 232,76, Hill 231,11, Fittipaldi 229,30, Schumacher 228,23, Comas 227,90, Senna 227,85, Capelli 227,80, Alliot 226,84, Lehto 226,51, Patrese 226,27, . . . Wendlinger 224,44, Berger 223,51 km/h.

Sonntag-Aufwärmtraining: 1. Prost 1:18,802, 2. Senna 1:19,475, 3. Schumacher 1:19,961, 4. Hill 1:20,592, 5. Andretti 1:20,918, 6. Alesi 1:21,198, 7. Comas 1:21,331, 8. Lehto 1:21,464, 9. Wendlinger 1:21,822, 10. Patrese 1:22,186, . . . 15. Berger 1:22,346.

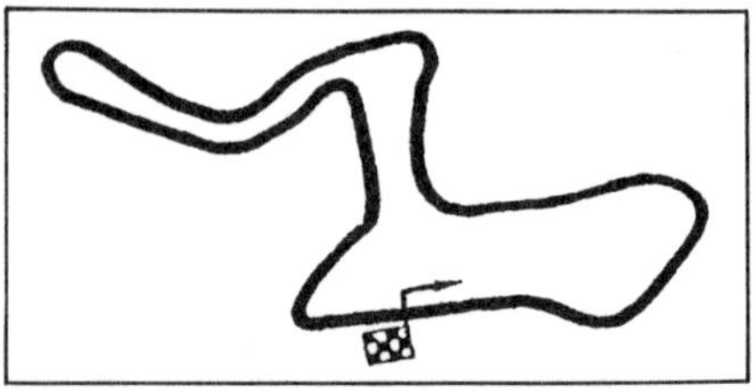

Rekorde: Training: Mansell (Williams-Renault FW 14 B) 1:15,486 = 203,211 km/h (1992); Rennen: Mansell (Williams-Renault FW 14 B) 1:17,578 = 197,731 km/h (1992). — Distanz: Mansell (Williams-Renault FW 14 B) 190,248 km/h (1992).

Wetter am Renntag: heiß, windig, nach dem Start bewölkt, während der letzten Runden Regen; 70.000 Zuschauer.

Distanz: 72 Runden à 4,261 km = 306,792 km.

Boxenstops:

Andretti:	am Start:	Motor abgestorben, Kupplungsprobleme
Comas:	am Start:	Motor abgestorben
Lehto:	6. Runde:	Steuereinheit des Getriebes ausgetauscht, verlor zwei Runden; Platz 4—22
Badoer:	10. Runde:	Getriebeprobleme ab dem Start, verlor drei Gänge; Platz 19—22
Wendlinger:	13. Runde:	10 Strafsekunden wegen Frühstart; Platz 4—8
Badoer:	17. Runde:	Getriebedefekt; Platz 20
Alliot:	20. Runde:	Reifenwechsel; Platz 10—13
Comas:	22. Runde:	Reifenwechsel; Platz 17
Herbert:	23. Runde:	Reifenwechsel in 7 sec, obwohl Hinterradbolzen klemmte; Platz 11—12
Senna:	23. Runde:	Reifenwechsel; Platz 1—2
Schumacher:	24. Runde:	Reifenwechsel; Platz 3
Brundle:	24. Runde:	Reifenwechsel; Platz 6—14
Prost:	25. Runde:	Reifenwechsel; Platz 1
Wendlinger:	25. Runde:	Reifenwechsel; Platz 7
Lehto:	25. Runde:	Reifenwechsel; Platz 17
Berger:	26. Runde:	Reifenwechsel; Platz 8—12
Blundell:	27. Runde:	Reifenwechsel; Platz 5—6
Patrese:	42. Runde:	Reifenwechsel; Platz 3

Ausfälle:

Katayama:	2. Runde:	Getriebe; Platz 23
Capelli:	3. Runde:	schwerer Unfall; Platz 15
Andretti:	5. Runde:	Kollision mit Warwick, Vorderrad abgerissen; Platz 22
Zanardi:	17. Runde:	Kollision mit Hill; Platz 12
Hill:	17. Runde:	von Zanardi, der sich verbremste, abgeschossen; Platz 11
Badoer:	21. Runde:	Getriebe; Platz 20
Suzuki:	22. Runde:	Kollision mit Barbazza; Platz 15
Barbazza:	22. Runde:	Kollision mit Suzuki; Platz 14
Alliot:	28. Runde:	Dreher von der Strecke; Platz 11
Alesi:	30. Runde:	Riemen der Hydraulik-Pumpe gebrochen, aktive Radaufhängung defekt; Platz 4
Barrichello:	32. Runde:	Getriebe; Platz 7
Wendlinger:	34. Runde:	Elektronik, Motor plötzlich abgestorben; Platz 6
Herbert:	39. Runde:	kein Benzindruck; Platz 7
Schumacher:	40. Runde:	Kollision mit Senna; Platz 3
Patrese:	47. Runde:	Dreher von der Strecke; Platz 3
Comas:	52. Runde:	Motorschaden, sehr viel Öl verloren; Platz 10
Alboreto:	56. Runde:	Motor; Platz 8
Brundle:	58. Runde:	auf Comas Öl gegen die Mauer; Platz 6
Berger:	70. Runde:	Motorschaden nach Überhitzung; Platz 5

Stand nach 1 Runde: 1. Senna, 2. Schumacher, 3. Prost, 4. Lehto, 5. Wendlinger, 6. Alesi, 7. Blundell, 8. Brundle, 9. Patrese, 10. Berger.

Stand nach 10 Runden: 1. Senna (42,610 km in 13:41,952 = 186,624 km/h), 2. Schumacher —0,738, 3. Prost —0,848, 4. Wendlinger —19,661, 5. Alesi —26,329, 6. Blundell —27,354, 7. Brundle —28,546, 8. Patrese —29,506, 9. Berger —38,576, 10. Alliot —38,995.

Stand nach 20 Runden: 1. Senna (85,220 km in 27:28,116 = 186,147 km/h), 2. Prost —0,251, 3. Schumacher —0,934, 4. Alesi —28,586, 5. Blundell —29,407, 6. Brundle —30,701, 7. Patrese —32,926, 8. Wendlinger —40,247, 9. Berger —51,227, 10. Barrichello —53,727.

Stand nach 30 Runden: 1. Prost (127,830 km in 41:17,793 = 185,725 km/h), 2. Senna —8,541, 3. Schumacher —8,949, 4. Patrese —30,283, 5. Alesi —40,650, 6. Blundell —45,891, 7. Wendlinger —50,061, 8. Barrichello —59,708, 9. Fittipaldi —1:05,690, 10. Herbert —1:08,956.

Stand nach 40 Runden: 1. Prost (170,440 km in 54:39,305 = 187,108 km/h), 2. Senna —20,708, 3. Patrese —44,069, 4. Blundell —1:04,328, 5. Schumacher —1 Runde, 6. Fittipaldi, 7. Berger, 8. Brundle, 9. Alboreto, 10. Warwick.

Stand nach 50 Runden: 1. Prost (213,050 km in 1.08:03,758 = 187,812 km/h), 2. Senna —34,152, 3. Blundell —1:14,547, 4. Fittipaldi —1 Runde, 5. Berger, 6. Brundle, 7. Warwick —2 Runden, 8. Alboreto, 9. Lehto, 10. Comas —3 Runden.

Stand nach 60 Runden: 1. Prost (255,660 km in 1.21:29,347 = 188,241 km/h), 2. Senna —54,191, 3. Blundell —1 Runde, 4. Fittipaldi, 5. Berger, 6. Warwick —2 Runden, 7. Brundle —3 Runden, 8. Lehto.

Stand nach 70 Runden: 1. Prost (298,270 km in 1.35:22,594 = 187,637 km/h), 2. Senna —57,388, 3. Blundell —1 Runde, 4. Fittipaldi, 5. Berger —2 Runden, 6. Warwick —3 Runden, 7. Lehto.

Ergebnis:

1. Alain Prost (Frankreich), Williams-Renault	1.38:45,082 = 186,403 km/h	
2. Ayrton Senna (Brasilien), McLaren-Ford	1.40:04,906 = 183,925 km/h	1:19,824 zurück
3. Mark Blundell (England), Ligier-Renault	1.39:23,383 = 182,633 km/h	1 Runde zurück
4. Christian Fittipaldi (Brasilien), Minardi-Ford	1.40:08,496 = 181,262 km/h	1 Runde zurück
5. Jyrki Järvi Lehto (Finnland), Sauber	1.40:37,248 = 177,858 km/h	2 Runden zurück
6. Gerhard Berger (Österreich), Ferrari	1.37:01,274 = 181,821 km/h	3 Runden zurück
7. Derek Warwick (England), Footwork-Mugen	1.38:43,185 = 178,693 km/h	3 Runden zurück

Berger bei Schluß nicht mehr im Rennen (Motorschaden), aber gewertet.

Schnellste Runde: Prost (Williams-Renault) 1:19,492 = 192,970 km/h (40. Runde).

Schnellste Runde jedes Fahrers im Rennen: Prost 1:19,492 (40.), Lehto 1:20,113 (52.), Schumacher 1:20,323 (35.), Patrese 1:20,591 (46.), Blundell 1:20,732 (45.), Senna 1:20,755 (38.), Wendlinger 1:20,783 (33.), Comas 1:20,897 (50.), Brundle 1:20,978 (50.), Berger 1:21,118 (55.), Fittipaldi 1:21,790 (34.), Herbert 1:21,936 (35.), Alliot 1:22,108 (22.), Barrichello 1:22,292 (30.), Alesi 1:22,303 (17.), Warwick 1:22,742 (55.), Zanardi 1:23,314 (16.), Alboreto 1:23,496 (40.), Hill 1:23,715 (7.), Andretti 1:23,807 (4.), Suzuki 1:24,474 (18.), Barbazza 1:24,594 (13.), Badoer 1:26,074 (12.), Capelli 1:27,277 (2.), Katayama 1:43,402 (1.).

Entwicklung der schnellsten Runde: Senna 1:26,107 (1.), 1:21,396 (29.); Prost 1:21,192 (3.), 1:21,134 (5.); Senna 1:20,983 (6.); Prost 1:20,959 (6.); Senna 1:20,854 (7.); Prost 1:20,701 (7.), 1:20,054 (27.), 1:19,916 (29.), 1:19,890 (30.), 1:19,729 (35.), 1:19,492 (40.).

WM-Stand: 1. Prost 10, 2. Senna 6, 3. Blundell 4, 4. Fittipaldi 3, 5. Lehto 2, 6. Berger 1.

Konstrukteur-WM: 1. Williams-Renault 10, 2. McLaren-Ford 6, 3. Ligier-Renault 4, 4. Minardi-Ford 3, 5. Sauber 2, 6. Ferrari 1.

Statistik 3

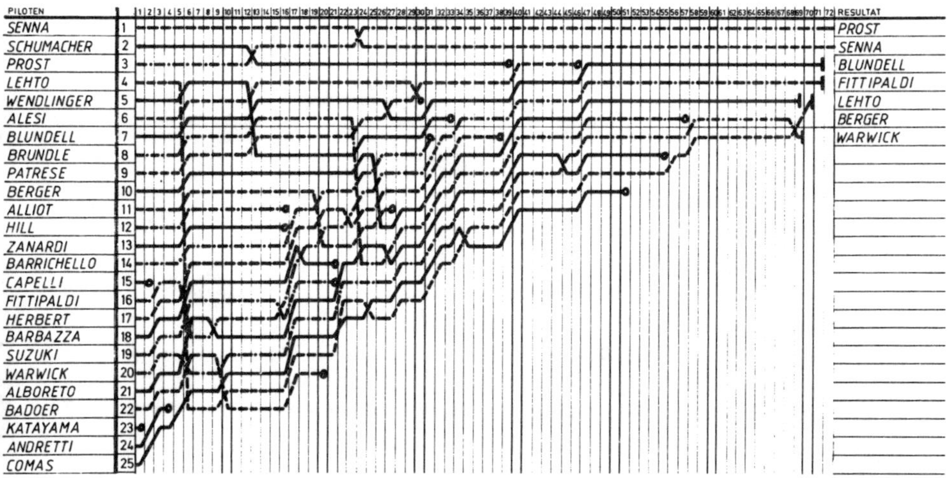

Lauf 2 – Großer Preis von Brasilien – Interlagos, 28. März 1993

	1. Training (inoffiziell)		2. Training (offiziell)		3. Training (inoffiziell)		4. Training (offiziell)	
1.	Prost	1:18,402	Prost	1:16,809	Prost	1:16,841	Prost	1:15,866
2.	Hill	1:18,691	Hill	1:17,856	Hill	1:17,192	Hill	1:16,859
3.	Wendlinger	1:19,833	Senna	1:18,639	Senna	1:18,727	Senna	1:17,697
4.	Comas	1:19,912	Schumacher	1:19,061	Alesi	1:18,961	Schumacher	1:17,821
5.	Senna	1:19,938	Wendlinger	1:19,230	Schumacher	1:19,392	Andretti	1:18,635
6.	Herbert	1:20,087	Alesi	1:19,260	Herbert	1:19,433	Patrese	1:19,049
7.	Schumacher	1:20,167	Berger	1:19,561	Andretti	1:19,509	Lehto	1:19,207
8.	Alliot	1:20,320	Herbert	1:19,830	Wendlinger	1:19,515	Wendlinger	1:19,270
9.	Lehto	1:20,489	Alliot	1:20,057	Patrese	1:19,721	Blundell	1:19,296
10.	Alesi	1:20,731	Comas	1:20,061	Comas	1:19,855	Alliot	1:19,340
11.	Patrese	1:20,758	Andretti	1:20,093	Barrichello	1:19,936	Herbert	1:19,435
12.	Andretti	1:20,764	Blundell	1:20,281	Alliot	1:20,231	Alesi	1:19,549
13.	Brundle	1:21,206	Patrese	1:20,388	Blundell	1:20,316	Barrichello	1:19,593
14.	Berger	1:21,500	Brundle	1:20,390	Berger	1:20,528	Berger	1:19,735
15.	Fittipaldi	1:21,551	Lehto	1:20,571	Suzuki	1:20,585	Zanardi	1:19,804
16.	Warwick	1:21,693	Zanardi	1:20,891	Brundle	1:20,716	Brundle	1:19,835
17.	Katayama	1:21,822	Barrichello	1:20,999	Lehto	1:20,724	Comas	1:19,868
18.	Barbazza	1:21,846	de Cesaris	1:21,224	Zanardi	1:20,757	Warwick	1:20,064
19.	de Cesaris	1:22,187	Warwick	1:21,532	Warwick	1:20,764	Suzuki	1:20,232
20.	Suzuki	1:22,210	Fittipaldi	1:21,547	Fittipaldi	1:20,933	Fittipaldi	1:20,716
21.	Blundell	1:22,315	Alboreto	1:21,752	Badoer	1:21,489	Badoer	1:20,908
22.	Alboreto	1:22,385	Katayama	1:21,923	Katayama	1:21,521	Katayama	1:20,991
23.	Barrichello	1:22,454	Barbazza	1:22,112	Capelli	1:21,909	Barbazza	1:21,228
24.	Zanardi	1:22,688	Suzuki	1:22,297	Barbazza	1:22,108	de Cesaris	1:21,368
25.	Badoer	1:23,222	Badoer	1:22,938	de Cesaris	1:22,220	Alboreto	1:21,488
26.	Capelli	2:20,520	Capelli	1:23,674	Alboreto	1:23,404	Capelli	1:21,789

Nicht qualifiziert: Ivan Capelli (Jordan-Hart) 1:21,789.

Startaufstellung:

Alain Prost
Williams-Renault
FW15C-4, 1:15,866

Damon Hill
Williams-Renault
FW15C-2, 1:16,859

Ayrton Senna
McLaren-Ford MP4/8-3
1:17,697

Michael Schumacher
Benetton-Ford B192B-08
1:17,821

Michael Andretti
McLaren-Ford MP4/8-4
1:18,635

Riccardo Patrese
Benetton,Ford B192B-07
1:19,049

J. J. Lehto
Sauber C12-03
1:19,207

Karl Wendlinger
Sauber C12-05
1:19,230

Jean Alesi
Ferrari F93A-140
1:19,260

Mark Blundell
Ligier-Renault JS39-02
1:19,296

Philippe Alliot
Larrousse-Lamborghini
LH93-05, 1:19,340

Johnny Herbert
Lotus Ford 107B/3
1:19,435

Gerhard Berger
Ferrari F93A-141
1:19,561

Rubens Barrichello
Jordan-Hart 193/002
1:19,593

Alessandro Zanardi
Lotus-Ford 107B/2
1:19,804

Martin Brundle
Ligier-Renault JS39-03
1:19,835

Erik Comas
Larrousse-Lamborghini
LH93-03, 1:19,868

Derek Warwick
Footwork-Mugen
FA13B-06, 1:20,064

Aguri Suzuki
Footwork-Mugen
FA13B-04, 1:20,232

Christian Fittipaldi
Minardi-Ford M193-02
1:20,716

Luca Badoer
Lola-Ferrari T9330-02
1:20,908

Ukyo Katayama
Tyrrell-Yamaha 020C-07
1:20,991

Andrea de Cesaris
Tyrrell-Yamaha 020C-01
1:21,224

Fabrizio Barbazza
Minardi-Ford M193-01
1:21,228

Michele Alboreto
Lola-Ferrari T9330-01
1:21,488

Geschwindigkeiten auf der Ziellinie (Freitag): Hill 303,46, Prost 300,58, Blundell 297,52, Alliot 297,52, Andretti 297,27, Patrese 297, 27, Alesi 296,30, Comas 296,22, Brundle 296,05, Lehto 295,08, Schumacher 295,08, . . . Berger 291,03, Wendlinger 290,32 km/h. — (Samstag): Prost 299,25, Alliot 296,78, Hill 296,30, Brundle 293,40, Blundell 292,68, Senna 292,45, Berger 292,13, Andretti 291,89, Patrese 290,48,Comas 290,32, . . . Schumacher 289,23, Wendlinger 283,91 km/h.

Gegengerade (Freitag): Hill 296,46, Prost 295,89, Blundell 293,48, Alesi 292,52, Alliot 292,45, Brundle 292,29, Andretti 291,89, Berger 291,58, Comas 291,34, Patrese 290,40, Schumacher 289,39, . . . Wendlinger 286,32 km/h. — (Samstag): Prost 298,26, Hill 297,93, Alliot 296,70, Brundle 295,81, Blundell 294,20, Senna 293,80, Patrese 293,48, Barrichello 293,00, Herbert 292,68, Andretti 291,73, Schumacher 291,73, . . . Berger 291,03, Wendlinger 282,94 km/h.

Sonntag-Aufwärmtraining: 1. Prost 1:19,788, 2. Hill 1:21,040, 3. Senna 1:21,518, 4. Wendlinger 1:21,629, 5. Patrese 1:21,761, 6. Schumacher 1:21,781, 7. Lehto 1:22,136, 8. Andretti 1:22,142, 9. Berger 1:22,339, 10. Blundell 1:22,571.

Wetter am Renntag: Heiß, bewölkt, Regen von der 25.—37. Runde, dann auftrocknende Bahn; 80.000 Zuschauer.
Distanz: 71 Runden à 4,325 km = 307,075 km.

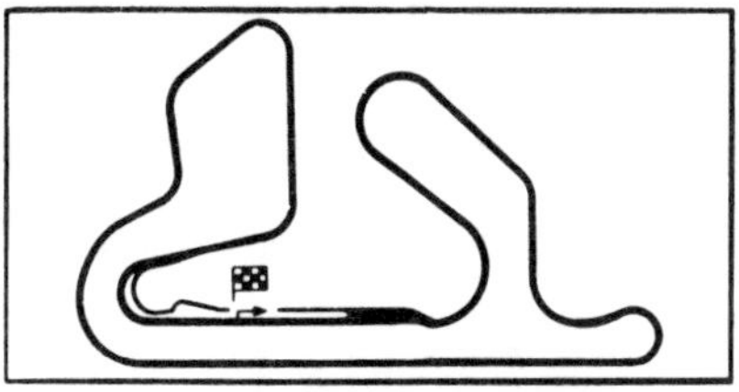

Rekorde: Training: Mansell (Williams-Renault FW 14 B) 1:15,703 = 205,172 km/h (1992); Rennen: Patrese (Williams-Renault FW 14 B) 1:19,490 = 195,874 km/h (1992). — Distanz: Mansell (Williams-Renault FW 14 B) 190,209 km/h (1992).

Boxenstops:

Comas:	13. Runde:	10 Strafsekunden wegen Überholens unter gelber Flagge; Platz 16
Suzuki:	22. Runde:	unmotivierter Reifenwechsel von Slicks auf Slicks; Platz 15—18
Katayama:	23. Runde:	nach Dreher und Reifen-Flatspots wegen zuviel Übersteuern, außerdem Motorabstimmung korrigiert; Platz 18—19
Senna:	25. Runde:	Wechsel auf Regenreifen in 6,91 sec; Platz 4—5
Alliot:	27. Runde:	Wechsel auf Regenreifen; Platz 8—11
Alboreto:	27. Runde:	Wechsel auf Regenreifen; Platz 16—18
Hill:	28. Runde:	Wechsel auf Regenreifen in 8,05 sec; Platz 2—3
Blundell:	28. Runde:	Wechsel auf Regenreifen; Platz 9—10
Badoer:	28. Runde:	Wechsel auf Regenreifen; Platz 14
Alesi:	29. Runde:	Wechsel auf Regenreifen; Platz 6
Lehto:	29. Runde:	Wechsel auf Regenreifen; Platz 4—7
Wendlinger:	30. Runde:	Wechsel auf Regenreifen; Platz 7—12
Warwick:	30. Runde:	Wechsel auf Regenreifen; Platz 10
Schumacher:	30. Runde:	Wechsel auf Regenreifen, Auto fällt vom Wagenheber, Mechaniker müssen es hochheben, Schraube rechts vorn klemmt; Platz 2—3
de Cesaris:	31. Runde:	Wechsel auf Regenreifen; Platz 13
Comas:	31. Runde:	Wechsel auf Regenreifen; Platz 14
Zanardi:	32. Runde:	Wechsel auf Regenreifen; Platz 7
Herbert:	37. Runde:	zu früher Wechsel auf Slicks, Dreher; Platz 5—9
Badoer:	37. Runde:	Wechsel auf Slicks; Platz 11—14
Senna:	40. Runde:	Wechsel auf Slicks in 7,21 sec; Platz 2—3
Schumacher:	40. Runde:	Wechsel auf Slicks, auch Motorabstimmung korrigiert; Platz 3—8
Zanardi:	40. Runde:	Wechsel auf Slicks; Platz 8—9
Comas:	40. Runde:	Wechsel auf Slicks; Platz 13—14
Lehto:	41. Runde:	Wechsel auf Slicks; Platz 6—7
Hill:	41. Runde:	Wechsel auf Slicks in 6,41 sec; Platz 1—2
de Cesaris:	41. Runde:	Wechsel auf Slicks; Platz 12—13
Alboreto:	41. Runde:	Wechsel auf Slicks; Platz 15
Senna:	41. Runde:	10 Strafsekunden wegen Überholens von Comas unter gelber Flagge; Platz 3
Warwick:	41. Runde:	Wechsel auf Slicks; Platz 10—12
Schumacher:	42. Runde:	10 Strafsekunden wegen Überholens von Comas unter gelber Flagge; Platz 9
Blundell:	42. Runde:	Wechsel auf Slicks; Platz 6—7
Badoer:	42. Runde:	Wechsel auf Slicks; Platz 10—14
Alesi:	43. Runde:	Wechsel auf Slicks; Platz 4—6
Alliot:	44. Runde:	völlig verpatzter Wechsel auf Slicks; Platz 4—8
Alesi:	46. Runde:	20 Strafsekunden wegen Überholens von Lehto und Herbert unter gelber Flagge; Platz 5—9
Badoer:	47. Runde:	Reifenwechsel; Platz 14—15
Alesi:	51. Runde:	nochmals 10 Strafsekunden wegen Überholens von Comas vor Grünlicht; Platz 9

Ausfälle:

Berger:	1. Runde:	Kollision mit Andretti in der ersten Kurve, zwischen Andretti und der Mauer eingeklemmt
Andretti:	1. Runde:	Kollision mit Berger, in der Luft mehrmals überschlagen, angeblich von einem Sauber gestoßen
Brundle:	1. Runde:	Unfall, von Barbazza von hinten gerammt
Barbazza:	1. Runde:	Auffahrunfall gegen Brundle
Patrese:	3. Runde:	Ölkühler der aktiven Radaufhängung geborsten, verlor Hydraulik-Flüssigkeit; Platz 7
Barrichello:	14. Runde:	Schaltungsdefekt; Platz 12
Katayama:	27. Runde:	Unfall auf Slicks im Regen auf der Zielgeraden; Platz 19
Suzuki:	28. Runde:	Dreher auf Slicks in der Zielgeraden, gegen die Boxenmauer; Platz 16
Fittipaldi:	29. Runde:	Unfall auf Slicks im Regen, 1. Kurve; Platz 9
Prost:	30. Runde:	über ein Wrackteil gefahren, Slide auf Slicks im Regen, gegen Fittipaldi geprallt; Platz 1
de Cesaris:	50. Runde:	Elektronik; Platz 11
Lehto:	53. Runde:	Motor plötzlich ausgesetzt Stromgebrechen; Platz 4
Wendlinger:	62. Runde:	nach Dreher Motor überhitzt, weil Kühler verschmutzt; Platz 11

Stand nach 1 Runde: 1. Prost, 2. Senna, 3. Hill, 4. Alesi, 5. Schumacher, 6. Lehto, 7. Patrese, 8. Wendlinger, 9. Alliot, 10. Herbert.

Stand nach 10 Runden: 1. Prost (43,250 km in 14:04,814 = 184,301 km/h), 2. Senna —7,705, 3. Hill —7,712, 4. Schumacher —8,739, 5. Alesi —25,230, 6. Lehto —25,559, 7. Wendlinger —26,670, 8. Alliot —33,412, 9. Herbert —34,094, 10. Blundell —34,963.

Stand nach 20 Runden: 1. Prost (86,500 km in 27:58,376 = 185,536 km/h), 2. Hill —8,812, 3. Senna —12,657, 4. Schumacher —12,789, 5. Lehto —40,117, 6. Wendlinger —46,857, 7. Alesi —46,866, 8. Alliot —53,569, 9. Herbert —54,000, 10. Blundell —54,400.

Stand nach 30 Runden: 1. Hill (129,750 km in 44:06,538 = 176,495 km/h), 2. Senna —9,833, 3. Schumacher —15,415, 4. Herbert —1:08,589, 5. Lehto —1:09,776, 6. Alesi —1:12,202, 7. Zanardi —1:16,018, 8. Alliot —1:24,468, 9. Blundell —1:33,613, 10. Prost —1 Runde, 11. Wendlinger.

Stand nach 40 Runden: 1. Hill (173,00 km in 1.07:47,863 = 153,103 km/h), 2. Senna —8,869, 3. Schumacher —15,281, 4. Alesi —18,182, 5. Alliot —25,350, 6. Lehto —26,245, 7. Blundell —28,794, 8. Herbert —37,134, 9. Zanardi —39,302, 10. Warwick —1 Runde, 11. Wendlinger.

Stand nach 50 Runden: 1. Senna (216,250 km in 1.22:29,727 = 157,281 km/h), 2. Hill —2,083, 3. Herbert —21,806, 4. Lehto —43,394, 5. Blundell —46,884, 6. Schumacher —1:04,658, 7. Zanardi —1:04,665, 8. Alliot —1:10,483, 9. Alesi —1 Runde, 10. Warwick, . . . 13. Wendlinger —2 Runden.

Stand nach 60 Runden: 1. Senna (259,500 km in 1.36:00,859 = 162,163 km/h), 2. Hill —8,950, 3. Herbert —47,992, 4. Blundell —58,378, 5. Schumacher —1:02,587, 6. Zanardi —1 Runde, 7. Alliot, 8. Alesi, 9. Warwick —2 Runden, 10. Comas, 11. Wendlinger.

Stand nach 70 Runden: 1. Senna (302,750 km in 1.49:44,068 = 165,536 km/h), 2. Hill —21,586, 3. Schumacher —53,480, 4. Herbert —54,805, 5. Blundell —1:00,909, 6. Zanardi —1 Runde, 7. Alliot, 8. Alesi, 9. Warwick —2 Runden, 10. Comas.

Ergebnis:

1. Ayrton Senna (Brasilien), McLaren-Ford	1.51:15,485 = 165,601 km/h	
2. Damon Hill (England), Williams-Renault	1.51:32,110 = 165,190 km/h	16,625 zurück
3. M. Schumacher (Deutschland), Benetton-Ford	1.52:00,921 = 164,482 km/h	45,436 zurück
4. Johnny Herbert (England), Lotus-Ford	1.52:02,042 = 164,454 km/h	46,557 zurück
5. Mark Blundell (England), Ligier-Renault	1.52:07,612 = 164,318 km/h	52,127 zurück
6. Alessandro Zanardi (Italien), Lotus-Ford	1.51:33,992 = 162,818 km/h	1 Runde zurück
7. P. Alliot (Frankreich), Larrousse-Lamborghini	1.51:54,153 = 162,329 km/h	1 Runde zurück
8. Jean Alesi (Frankreich), Ferrari	1.52:07,152 = 162,015 km/h	1 Runde zurück
9. Derek Warwick (England), Footwork-Mugen-H.	1.51:49,698 = 160,116 km/h	2 Runden zurück
10. Erik Comas (Frankreich), Larrousse-Lamborgh.	1.51:27,213 = 159,937 km/h	2 Runden zurück
11. Michele Alboreto (Italien), Lola-Ferrari	1.51:25,176 = 158,374 km/h	3 Runden zurück
12. Luca Badoer (Italien), Lola-Ferrari	1.51:56,440 = 157,637 km/h	3 Runden zurück

Schnellste Runde: Schumacher (Benetton-Ford) 1:20,024 = 194,567 km/h (61. Runde).

Strafsekunden: Comas 10, Senna 10, Schumacher 10, Alesi 20.

Schnellste Runde jedes Fahrers im Rennen: Schumacher 1:20,024 (61.); Senna 1:20,187 (59.); Hill 1:20,794 (53.); Blundell 1:21,235 (56.); Prost 1:21,780 (24.); Alesi 1:22,019 (58.); Herbert 1:22,503 (63.); Zanardi 1:22,539 (70.); Wendlinger 1:22,859 (61.); Warwick 1:23,071 (60.); Lehto 1:23,755 (52.); Badoer 1:23,774 (60.); Alliot 1:23,835 (62.); Comas 1:23,877 (56.); Fittipaldi 1:24,211 (22.); Alboreto 1:24,329 (64.); Barrichello 1:24,798 (12.); Suzuki 1:25,483 (23.); de Cesaris 1:26,032 (48.); Patrese 1:26,663 (2.); Katayama 1:26,914 (8.).

Entwicklung der schnellsten Runde: Prost 1:37,507 (1.), 1:24,705 (2.), 1:23,575 (3.); Schumacher 1:23,518 (3.); Prost 1:22,787 (4.), 1:22,632 (7.), 1:22,345 (8.), 1:22,163 (23.), 1:21,780 (24.); Senna 1:21,752 (50); Hill 1:21,581 (51.); Senna 1:21,366 (52.); Hill 1:21,171 (52.), 1:20,794 (53.); Schumacher 1:20.642 (54.), 1:20,436 (55.), 1:20,253 (57.), 1:20,201 (58.); Senna 1:20,187 (59.); Schumacher 1:20,024 (61.).

WM-Stand: 1. Senna 16, 2. Prost 10, 3. Hill, Blundell je 6, 5. Schumacher 4, 6. Fittipaldi, Herbert je 3, 8. Lehto 2, 9. Berger, Zanardi je 1.

Konstrukteur-WM: 1. McLaren-Ford, Williams-Renault je 16, 3. Ligier-Renault 6, 4. Benetton-Ford, Lotus-Ford je 4, 6. Minardi-Ford 3, 7. Sauber 2, 8. Ferrari 1.

Statistik 6

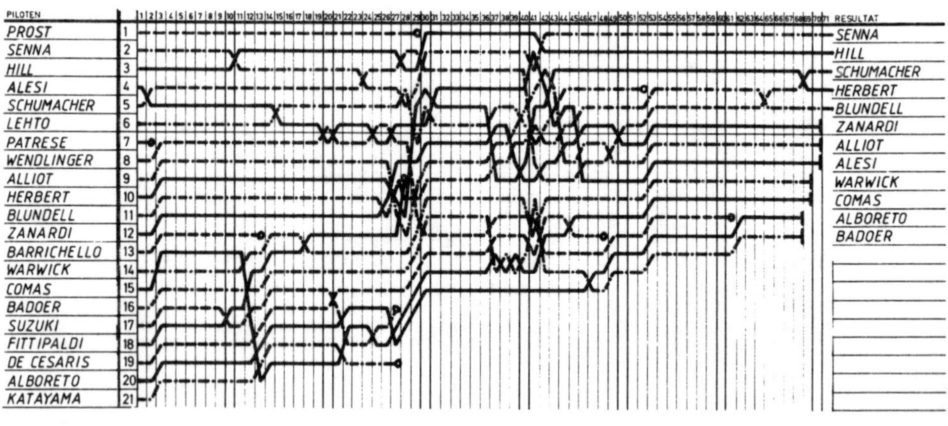

Lauf 3 – Großer Preis von Europa – Donington, 11. April 1993

1. Training (inoffiziell)		2. Training (offiziell)		3. Training (inoffiziell)		4. Training (offiziell)	
1. Senna	1:26,774	1. Senna	1:23,976	1. Prost	1:10,716	1. Prost	1:10,458
2. Schumacher	1:28,329	2. Hill	1:24,014	2. Hill	1:11,175	2. Hill	1:10,762
3. Prost	1:28,556	3. Prost	1:24,467	3. Senna	1:11,552	3. Schumacher	1:12,008
4. Berger	1:28,572	4. Lehto	1:25,469	4. Schumacher	1:12,647	4. Senna	1:12,107
5. Andretti	1:28,829	5. Alesi	1:25,699	5. Lehto	1:12,744	5. Wendlinger	1:12,738
6. Warwick	1:29,213	6. Berger	1:25,971	6. Herbert	1:13,011	6. Andretti	1:12,739
7. Herbert	1:29,294	7. Schumacher	1:26,264	7. Andretti	1:13,094	7. Lehto	1:12,763
8. Lehto	1:29,484	8. Barrichello	1:26,557	8. Alliot	1:13,209	8. Berger	1:12,862
9. Brundle	1:30,085	9. Brundle	1:26,788	9. Warwick	1:13,222	9. Alesi	1:12,980
10. Barrichello	1:30,242	10. Wendlinger	1:26,805	10. Alesi	1:13,486	10. Patrese	1:12,982
11. Patrese	1:30,642	11. Andretti	1:26,859	11. Zanardi	1:13,515	11. Herbert	1:13,328
12. Comas	1:31,467	12. Herbert	1:27,173	12. Patrese	1:13,516	12. Barrichello	1:13,514
13. Barbazza	1:31,544	13. Patrese	1:27,273	13. Berger	1:13,644	13. Zanardi	1:13,560
14. Fittipaldi	1:31,669	14. Barbazza	1:27,275	14. Barrichello	1:13,766	14. Warwick	1:13,664
15. Wendlinger	1:32,786	15. Blundell	1:27,302	15. Fittipaldi	1:13,791	15. Alliot	1:13,665
16. Katayama	1:32,466	16. Fittipaldi	1:28,065	16. Katayama	1:14,010	16. Fittipaldi	1:13,666
17. Badoer	1:32,714	17. Warwick	1:28,096	17. Comas	1:14,066	17. Comas	1:13,970
18. Hill	1:33,466	18. Alliot	1:28,648	18. Blundell	1:14,158	18. Katayama	1:14,121
19. Boutsen	1:33,496	19. Boutsen	1:28,701	19. Barbazza	1:14,204	19. Boutsen	1:14,246
20. Alboreto	1:33,745	20. Zanardi	1:28,782	20. Brundle	1:14,242	20. Barbazza	1:14,274
21. de Cesaris	1:34,044	21. de Cesaris	1:29,177	21. Boutsen	1:15,006	21. Blundell	1:14,301
22. Zanardi	1:34,405	22. Comas	1:29,310	22. Suzuki	1:15,327	22. Brundle	1:14,306
23. Suzuki	1:34,575	23. Katayama	1:29,851	23. de Cesaris	1:15,423	23. Suzuki	1:14,927
24. Alesi	1:34,763	24. Alboreto	1:30,049	24. Badoer	1:15,702	24. Alboreto	1:15,322
25. Alliot	1:40,835	25. Suzuki	1:30,107	25. Alboreto	1:15,832	25. de Cesaris	1:15,417
26. Blundell	1:40,960	26. Badoer	1:31,178	26. Wendlinger	1:16,936	26. Badoer	1:15,641

Nicht qualifiziert: Luca Badoer (Lola-Ferrari) 1:15,641.

Startaufstellung:

Damon Hill Williams-Renault FW15C-2, 1:10,762		Alain Prost Williams-Renault FW15C-4, 1:10,458	
	Ayrton Senna McLaren-Ford MP4/8-3 1:12,107		Michael Schumacher Benetton-Ford B193B-03 1:12,008
Michael Andretti McLaren-Ford MP4/8-5 1:12,739		Karl Wendlinger Sauber C12-05 1:12,738	
	Gerhard Berger Ferrari F93A-141 1:12,862		J. J. Lehto* Sauber C67-05 1:12,763
Riccardo Patrese Benetton-Ford B193B-01 1:12,982		Jean Alesi Ferrari F93A-139 1:12,980	
	Rubens Barrichello Jordan-Hart 193/002 1:13,514		Johnny Herbert Lotus-Ford 107B/3 1:13,328
Derek Warwick Footwork-Mugen FA14-03, 1:13,664		Alessandro Zanardi Lotus-Ford 107B/2 1:13,560	
	Christian Fittipaldi Minardi-Ford M193-02 1:13,666		Philippe Alliot Larrousse-Lamborghini LH93-05, 1:13,665
Ukyo Katayama Tyrrell-Yamaha 020C-07 1:14,121		Erik Comas Larrousse-Lamborghini LH93-03, 1:13,970	
	Fabrizio Barbazza Minardi-Ford M193-03 1:14,274		Thierry Boutsen Jordan-Hart 193/003 1:14,246
Martin Brundle Ligier-Renault JS39-04 1:14,306		Mark Blundell Ligier-Renault JS39-02 1:14,301	
	Michele Alboreto Lola-Ferrari T9330-01 1:15,322		Aguri Suzuki Footwork-Mugen FA14-01, 1:14,927
		Andrea de Cesaris Tyrrell-Yamaha 020C-05 1:15,417	

* startete aus der Boxengasse.
Lehto startete mit dem Ersatzwagen aus der Box, Alboreto als einziger auf Trockenreifen.

Nicht qualifiziert: Luca Badoer (Lola-Ferrari) 1:15,641.

Donnerstag-Testfahrten: 1. Prost 1:13,182; 2. Hill 1:13,263, 3. Berger 1:14,370, 4. Senna 1:14,481, 5. Herbert 1:14,899, 6. Brundle 1:15,318, 7. Alliot 1:15,330, 8. Lehto 1:15,432, 9. Schumacher 1:15,504, 10. Blundell 1:15,845, . . . 17. Wendlinger 1:17,678.

Höchstgeschwindigkeiten auf der Gegengeraden (Freitag, Regen): Prost 277,22, Lehto 275,24, Hill 274,47, Alesi 272,53, Wendlinger 271,70, Brundle 271,29, Boutsen 270,27, Badoer 270,14, Blundell 269,80, Senna 269,39, . . . Berger 268,65, . . . Schumacher 261,87. — Samstag, trocken): Prost 288,73, Hill 287,81, Patrese 284,32, Schumacher 283,34, Alliot 281,94, Brundle 281,79, Wendlinger 281,05, Berger 280,83, Blundell 280,61, Lehto 280,25.

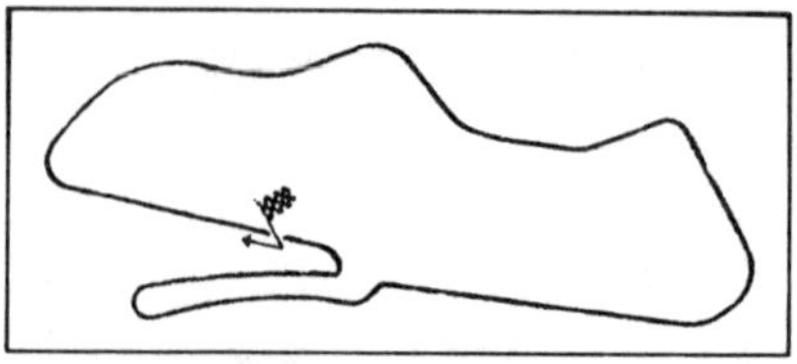

Erstmals gefahren, noch keine Formel-1-Rekorde.

Auf der Ziellinie (Freitag, Regen): Prost 204,08, Hill 201,66, Barbazza 200,64, Senna 199,72, Alesi 199,29, Wendlinger 198,72, Fittipaldi 198,72, Barrichello 198,63, Lehto 198,58, Patrese 197,68, ... Schumacher 195,60, Berger 193,69. — (Samstag, trocken): Prost 221,91, Hill 221,38, Berger 215,70, Schumacher 215,70, Lehto 215,48, Senna 215,26, Wendlinger 215,20, Alliot 215,20, Patrese 215,20, Barrichello 214,81.

Sonntag-Aufwärmtraining: 1. Hill 1:29,208, 2. Lehto 1:30,051, 3. Senna 1:30,206, 4. Andretti 1:30,230, 5. Alliot 1:31,279, 6. Schumacher 1:31,302, 7. Barrichello 1:31,534, 8. Alesi 1:31,797, 9. Herbert 1:32,463, 10. Zanardi 1:32,749, 11. Prost 1:32,960, ... 17. Wendlinger 1:34,493, 18. Berger 1:34,770.

Wetter am Renntag: regnerisch, wechselhafte Bedingungen, Piste meist naß, manchmal auftrocknend; 100.000 Zuschauer.

Distanz: 76 Runden à 4,023 km = 305,748 km.

Boxenstops:

Katayama:	3. Runde:	als Erster von Regenreifen auf Slicks; Platz 16—23
Brundle:	6. Runde:	zu früher Wechsel von Regenreifen auf Slicks in 15 sec.; Platz 15—18
Zanardi:	9. Runde:	von Regenreifen auf Slicks; Platz 13—17
Herbert:	10. Runde:	einziger Wechsel von Regenreifen auf Slicks; Platz 8—11
Comas:	11. Runde:	von Regenreifen auf Slicks; Platz 18—19
Warwick:	14. Runde:	einziger Wechsel von Regenreifen auf Slicks; Platz 12—15
Alliot:	14. Runde:	von Regenreifen auf Slicks; Platz 10—13
Berger:	14. Runde:	von Regenreifen auf Slicks in 16 sec; Platz 7—10
Boutsen:	15. Runde:	von Regenreifen auf Slicks; Platz 11—13
Blundell:	15. Runde:	von Regenreifen auf Slicks; Platz 14—15
Alesi:	16. Runde:	von Regenreifen auf Slicks; Platz 5—7
Fittipaldi:	16. Runde:	von Regenreifen auf Slicks; Platz 11—13
de Cesaris:	16. Runde:	von Regenreifen auf Slicks; Platz 14—18
Schumacher:	17. Runde:	von Regenreifen auf Slicks; Platz 5—6
Hill:	17. Runde:	von Regenreifen auf Slicks in 9,57 sec; Platz 3—4
Suzuki:	17. Runde:	von Regenreifen auf Slicks; Platz 17—18
Senna:	18. Runde:	von Regenreifen auf Slicks in 8,31 sec; Platz 1—2
Patrese:	18. Runde:	von Regenreifen auf Slicks; Platz 7—9
Barrichello:	18. Runde:	von Regenreifen auf Slicks; Platz 3—5
Barbazza:	18. Runde:	von Regenreifen auf Slicks; Platz 9—11
Prost:	19. Runde:	von Regenreifen auf Slicks in 7,32 sec; Platz 1—2
Alboreto:	21. Runde:	von Slicks auf Regenreifen; Platz 18
Prost:	22. Runde:	2. Stop, von Slicks auf Regenreifen in 6,61 sec; Platz 2—5
Hill:	24. Runde:	2. Stop, von Slicks auf Regenreifen in 7,53 sec; Platz 2—5
Patrese:	24. Runde:	2. Stop, von Slicks auf Regenreifen; Platz 7—9
Boutsen:	26. Runde:	2. Stop, von Slicks auf Regenreifen; Platz 10—12
de Cesaris:	28. Runde:	2. Stop, von Slicks auf Regenreifen; Platz 14
Senna:	28. Runde:	2. Stop, von Slicks auf Regenreifen in 6,42 sec; Platz 1
Barrichello:	28. Runde:	2. Stop, von Slicks auf Regenreifen; Platz 4—5
Comas:	28. Runde:	2. Stop, von Slicks auf Regenreifen; Platz 15
Barbazza:	30. Runde:	2. Stop, von Slicks auf Regenreifen; Platz 7—8
Alesi:	30. Runde:	2. Stop, von Slicks auf Regenreifen in 14,02 sec; Platz 2—5
de Cesaris:	31. Runde:	3. Stop, von Regenreifen auf Slicks; Platz 13
Prost:	33. Runde:	3. Stop, von Regenreifen auf Slicks; Platz 2
Hill:	34. Runde:	3. Stop, von Regenreifen auf Slicks; Platz 4
Senna:	34. Runde:	3. Stop, von Regenreifen auf Slicks in 7,12 sec; Platz 1—2
Barrichello:	35. Runde:	3. Stop, von Regenreifen auf Slicks; Platz 3
Boutsen:	35. Runde:	3. Stop, von Regenreifen auf Slicks; Platz 11—12
Alesi:	35. Runde:	3. Stop, nur links hinten; Platz 5—6
Zanardi:	38. Runde:	2. Stop, von Slicks auf Regenreifen; Platz 10—11
Prost:	38. Runde:	4. Stop, von Slicks auf Regenreifen; Platz 1—2
Barrichello:	38. Runde:	4. Stop, von Slicks auf Regenreifen; Platz 3—4
de Cesaris:	39. Runde:	4. Stop, von Slicks auf Regenreifen; Platz 12—13
Hill:	41. Runde:	4. Stop, von Slicks auf Regenreifen in 6,42 sec; Platz 3—4
Fittipaldi:	41. Runde:	2. Stop, von Slicks auf Regenreifen; Platz 9
Zanardi:	46. Runde:	3. Stop, von Regenreifen auf Slicks; Platz 11
Fittipaldi:	48. Runde:	3. Stop, von Regenreifen auf Slicks; Platz 9
Prost:	48. Runde:	5. Stop, von Regenreifen auf Slicks in 7,01 sec, danach Motor abgestorben; Platz 2—4
de Cesaris:	49. Runde:	5. Stop, von Regenreifen auf Slicks; Platz 13—14
Hill:	50. Runde:	5. Stop, von Regenreifen auf Slicks in 4,91 sec; Platz 3—4
Comas:	50. Runde:	3. Stop, von Regenreifen auf Slicks; Platz 12

Patrese:	51. Runde:	3. Stop, von Regenreifen auf Slicks; Platz 6
Prost:	53. Runde:	6. Stop, nur links hinten in 6,81 sec; Platz 3—4
de Cesaris:	55. Runde:	6. Stop, von Slicks auf Regenreifen; Platz 13
Barrichello:	55. Runde:	5. Stop, von Slicks auf Regenreifen; Platz 2—3
Barrichello:	56. Runde:	6. Stop in 8,51 sec; Platz 3—4
Senna:	57. Runde:	4. Stop, aber in der Box durchgestartet, weil die Crew nicht bereit war; Platz 1
Comas:	64. Runde:	4. Stop, von Slicks auf Regenreifen; Platz 11
Fittipaldi:	66. Runde:	4. Stop, von Slicks auf Regenreifen; Platz 9
Hill:	68. Runde:	6. Stop, von Slicks auf Regenreifen in 7,02 sec; Platz 2
Senna:	66. Runde:	5. Stop, von Slicks auf Regenreifen; Platz 1
Patrese:	68. Runde:	4. Stop, von Slicks auf Regenreifen; Platz 6—7
Zanardi:	69. Runde:	4. Stop, von Slicks auf Regenreifen; Platz 9
Prost:	69. Runde:	7. Stop, von Slicks auf Regenreifen in 7,22 sec; Platz 3—4

Ausfälle:

Wendlinger:	1. Runde:	von Andretti abgeschossen
Andretti:	1. Runde:	Kollision mit Wendlinger
Brundle:	8. Runde:	als Erster auf Slicks, Dreher, Motor abgestorben; Platz 18
Katayama:	12. Runde:	Kupplung; Platz 22
Lehto:	14. Runde:	aufgegeben, mußte am Start wegen defektem Zündschalter in den für Wendlinger abgestimmten Ersatzwagen, Auto unfahrbar; Platz 21
Berger:	20. Runde:	alle Hydraulikflüssigkeit des aktiven Radaufhängungssystems ausgeronnen, Auto unfahrbar; Platz 8
Blundell:	21. Runde:	beim Versuch, Fittipaldi zu überholen, von der Strecke; Platz 13
Schumacher:	23. Runde:	auf Slicks im Regen, Hinterräder blockiert, von der Strecke; Platz 5
Alliot:	28. Runde:	Dreher, von der Strecke; Platz 7
Suzuki:	30. Runde:	nach Dreher Kraftüberetragungsgefekt; Platz 13
Alesi:	36. Runde:	gleicher Defekt wie Berger — Hydraulikflüssigkeit ausgeronnen; Platz 5
de Cesaris:	56. Runde:	Dreher, von der Strecke; Platz 13
Boutsen:	62. Runde:	klemmendes Gaspedal, schwer zu fahren, dann Getriebeschaden; Platz 12
Warwick:	67. Runde:	plötzlicher Getriebeschaden; Platz 6
Barrichello:	71. Runde:	Benzindruck, wegen Rückenproblemen im Streckenspital gecheckt; Platz 3

Stand nach 1 Runde: 1. Senna, 2. Prost, 3. Hill, 4. Barrichello, 5. Alesi, 6. Schumacher, 7. Berger, 8. Herbert, 9. Patrese, 10. Zanardi.

Stand nach 10 Runden: 1. Senna (40,230 km in 14:53,513 = 162,088 km/h), 2. Prost —6,133, 3. Hill —7,617, 4. Barrichello —18,370, 5. Alesi —20,092, 6. Schumacher —20,848, 7. Berger —25,045, 8. Herbert —31,278, 9. Patrese —36,704, 10. Barbazza —41,393.

Stand nach 20 Runden: 1. Senna (80,460 km in 29:45,973 = 162,184 km/h), 2. Prost —5,141, 3. Hill —6,913, 4. Alesi —16,445, 5. Barrichello —19,876, 6. Schumacher —20,495, 7. Herbert —43,431, 8. Patrese —55,358, 9. Alliot —56,247, 10. Barbazza —1:02,834.

Stand nach 30 Runden: 1. Senna (120,690 km in 44:25,763 = 162,987 km/h), 2. Prost —14,734, 3. Alesi —19,053, 4. Hill —26,370, 5. Barrichello —30,429, 6. Herbert —1:02,076, 7. Barbazza —1 Runde, 8. Patrese, 9. Fittipaldi, 10. Warwick.

Stand nach 40 Runden: 1. Senna (160,920 km in 59:02,481 = 163,533 km/h), 2. Prost —15,984, 3. Hill —43,376, 4. Barrichello —46,864, 5. Herbert —1:10,364, 6. Patrese —1 Runde, 7. Warwick, 8. Barbazza, 9. Fittipaldi, 10. Boutsen.

Stand nach 50 Runden: 1. Senna (201,150 km in 1.13:03,187 = 165,209 km/h), 2. Barrichello —1:15,697, 3. Hill —1:20,555, 4. Prost —1 Runde, 5. Herbert, 6. Patrese, 7. Barbazza, 8. Warwick, 9. Fittipaldi —2 Runden, 10. Boutsen.

Stand nach 60 Runden: 1. Senna (241,380 km in 1.26:51,674 = 166,735 km/h), 2. Hill —1 Runde, 3. Prost, 4. Barrichello, 5. Herbert, 6. Warwick —2 Runden, 7. Barbazza, 8. Patrese, 9. Fittipaldi, 10. Zanardi —3 Runden.

Stand nach 70 Runden: 1. Senna (281,610 km in 1.41:32,414 = 166,403 km/h), 2. Hill —1:29,639, 3. Prost —1 Runde, 4. Barrichello, 5. Herbert, 6. Patrese —2 Runden, 7. Barbazza, 8. Fittipaldi —3 Runden, 9. Zanardi, 10. Warwick —4 Runden.

Ergebnis:

1. Ayrton Senna (Brasilien), McLaren-Ford	1.50:46,570 = 165,603 km/h	
2. Damon Hill (England), Williams-Renault	1.52:09,769 = 163,556 km/h	1:23,199 zurück
3. Alain Prost (Frankreich), Williams-Renault	1.51:12,877 = 162,780 km/h	1 Runde zurück
4. Johnny Herbert (England), Lotus-Ford	1.52:27,823 = 160,972 km/h	1 Runde zurück
5. Riccardo Patrese (Italien), Benetton-Ford	1.51:31,149 = 160,171 km/h	2 Runden zurück
6. Fabrizio Barbazza (Italien), Minardi-Ford	1.51:43,296 = 159,881 km/h	2 Runden zurück
7. Christian Fittipaldi (Brasilien), Minardi-Ford	1.50:54,354 = 158,880 km/h	3 Runden zurück
8. Alessandro Zanardi (Italien), Lotus-Ford	1.50:50,197 = 156,802 km/h	4 Runden zurück
9. E. Comas (Frankreich), Larrousse-Lamborghini	1.52:13,718 = 154,857 km/h	4 Runden zurück
10. Rubens Barrichello (Brasilien), Jordan-Hart	1.43:23,706 = 163,418 km/h	6 Runden zurück
11. Michele Alboreto (Italien), Lola-Ferrari	1.51:23,259 = 151,692 km/h	6 Runden zurück

Barrichello bei Rennschluß nicht mehr im Rennen, aber gewertet.

Schnellste Runde: Senna (McLaren-Ford) 1:18,029 = 185,608 km/h (57. Runde).

Schnellste Runde jedes Fahrers im Rennen: Senna 1:18,029 (57.); Hill 1:19,379 (55.); Prost 1:19,756 (55.); Zanardi 1:20,801 (51.); Fittipaldi 1:21,022 (52.); Warwick 1:22,061 (54.); Herbert 1:22,150 (55.); Comas 1:22,200 (52.); Patrese 1:22,279 (54.); Barrichello 1:22,307 (55.); Schumacher 1:22,549 (21.); Alesi 1:22,550 (21.); Blundell 1:24,093 (20.); Barbazza 1:24,703 (21.); Alliot 1:25,078 (19.); Boutsen 1:25,532 (19.); Berger 1:26,078 (17.); de Cesaris 1:26,419 (51.); Alboreto 1:28,023 (19.); Suzuki 1:28,929 (20.); Brundle 1:33,123 (5.); Katayama 1:33,528 (5.); Lehto 1:37,749 (2.).

Entwicklung der schnellsten Runde: Senna 1:35,843 (1.); 1:27,882 (2.); 1:27,843 (10.); Prost 1:27,438 (11.); 1:27,366 (12.); 1:26,912 (15.); 1:26,277 (16.); Herbert 1:26,139 (17.); Berger 1:26,077 (17.); Senna 1:25,070 (18.); Hill 1:23,986 (19.); Senna 1:23,138 (21.); Alesi 1:22,550 (21.); Schumacher 1:22,549 (21.); Senna 1:22,545 (36.); Prost 1:21,686 (37.); Senna 1:21,272 (37.); 1:20,413 (54.); Hill 1:19,702 (54.); 1:19,379 (55.); Senna 1:18,029 (57.).

WM-Stand: 1. Senna 26, 2. Prost 14, 3. Hill 12, 4. Blundell, Herbert je 6, 6. Schumacher 4, 7. Fittipaldi 3, 8. Lehto, Patrese je 2, 10. Berger, Barbazza, Zanardi je 1.

Konstrukteur-WM: 1. McLaren-Ford, Williams-Renault je 26, 3. Lotus-Ford 7, 4. Ligier-Renault, Benetton-Ford je 6, 6. Minardi-Ford 4, 7. Sauber 2, 8. Ferrari 1.

Statistik 10

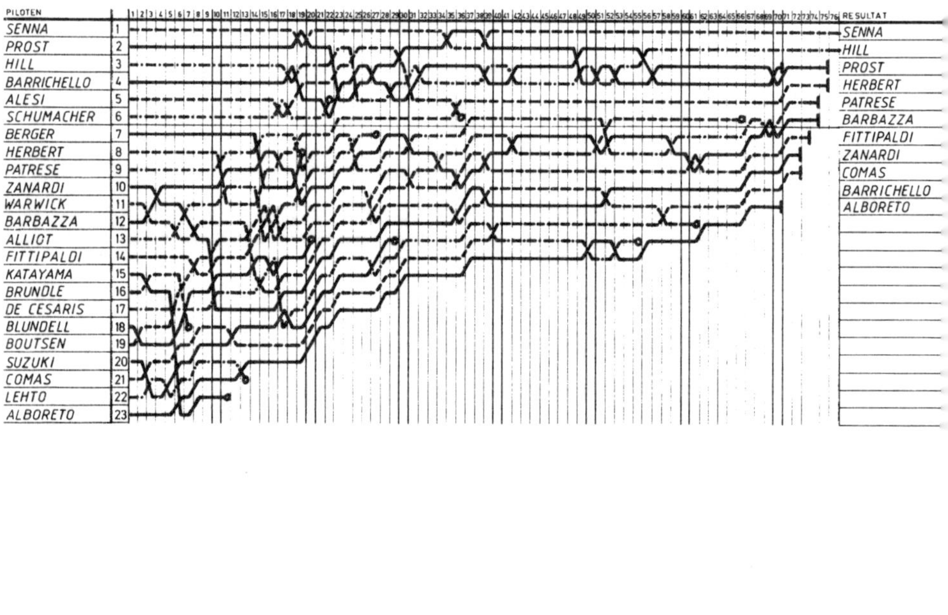

Lauf 4 — Großer Preis von San Marino — Imola, 25. April 1993

1. Training (inoffiziell)		2. Training (offiziell)		3. Training (inoffiziell)		4. Training (offiziell)	
1. Hill	1:23,604	1. Hill	1:22,540	1. Hill	1:22,524	1. Prost	1:22,070
2. Schumacher	1:24,725	2. Prost	1:22,788	2. Prost	1:22,804	2. Hill	1:22,168
3. Senna	1:25,251	3. Schumacher	1:23,988	3. Senna	1:23,250	3. Schumacher	1:23,919
4. Wendlinger	1:25,603	4. Senna	1:24,042	4. Schumacher	1:24,313	4. Senna	1:24,007
5. Berger	1:25,665	5. Berger	1:24,822	5. Wendlinger	1:25,050	5. Wendlinger	1:24,720
6. Blundell	1:25,948	6. Alesi	1:24,906	6. Herbert	1:25,068	6. Andretti	1:24,793
7. Patrese	1:25,981	7. Patrese	1:24,916	7. Andretti	1:25,343	7. Blundell	1:24,804
8. Herbert	1:26,298	8. Blundell	1:25,405	8. Alesi	1:25,401	8. Alesi	1:24,829
9. Alesi	1:26,335	9. Alliot	1:25,482	9. Barrichello	1:25,430	9. Brundle	1:24,893
10. Lehto	1:26,384	10. Herbert	1:25,742	10. Blundell	1:25,442	10. Patrese	1:24,896
11. Warwick	1:26,578	11. Wendlinger	1:25,789	11. Warwick	1:25,608	11. Herbert	1:25,115
12. Alliot	1:26,595	12. Lehto	1:25,941	12. Suzuki	1:25,766	12. Berger	1:25,161
13. Comas	1:26,953	13. Warwick	1:25,971	13. Brundle	1:25,907	13. Barrichello	1:25,169
14. Barbazza	1:27,000	14. Barrichello	1:26,142	14. Lehto	1:26,084	14. Alliot	1:25,629
15. de Cesaris	1:27,074	15. Brundle	1:26,181	15. Zanardi	1:26,278	15. Warwick	1:25,901
16. Suzuki	1:27,203	16. Zanardi	1:26,465	16. Comas	1:26,413	16. Comas	1:26,279
17. Badoer	1:27,204	17. Suzuki	1:26,707	17. de Cesaris	1:26,535	17. Lehto	1:26,358
18. Fittipaldi	1:27,259	18. Boutsen	1:26,810	18. Boutsen	1:26,630	18. de Cesaris	1:26,429
19. Andretti	1:27,283	19. Comas	1:26,947	19. Alliot	1:26,985	19. Boutsen	1:26,436
20. Boutsen	1:27,312	20. de Cesaris	1:27,312	20. Barbazza	1:27,045	20. Suzuki	1:26,657
21. Barrichello	1:27,328	21. Badoer	1:27,371	21. Badoer	1:27,408	21. Katayama	1:26,900
22. Brundle	1:27,339	22. Katayama	1:27,569	22. Berger	1:27,435	22. Fittipaldi	1:27,277
23. Katayama	1:27,418	23. Fittipaldi	1:27,753	23. Alboreto	1:27,570	23. Badoer	1:27,388
24. Zanardi	1:27,442	24. Alboreto	1:27,801	24. Fittipaldi	1:27,846	24. Barbazza	1:27,602
25. Alboreto	1:28,640	25. Barbazza	1:28,032	25. Patrese	1:29,311	25. Alboreto	1:27,771
26. Prost	7:11,005			26. Katayama	1:29,810	26. Zanardi	1:35,748

Startaufstellung:

Alain Prost
Williams-Renault
FW15C-4, 1:22,070

Damon Hill
Williams-Renault
FW15C-2, 1:22,168

Michael Schumacher
Benetton-Ford B193B-03
1:23,919

Ayrton Senna
McLaren-Ford MP4/8-3
1:24,007

Karl Wendlinger
Sauber C12-05
1:24,720

Michael Andretti
McLaren-Ford MP4/8-5
1:24,793

Mark Blundell
Ligier-Renault JS39-02
1:24,804

Gerhard Berger
Ferrari F93A-141
1:24,822

Jean Alesi
Ferrari F93A-142
1:24,893

Martin Brundle
Ligier-Renault JS39-04
1:24,893

Riccardo Patrese
Benetton-Ford B193B-01
1:24,896

Johnny Herbert
Lotus-Ford 107B/3
1:25,115

Rubens Barrichello
Jordan-Hart 193/002
1:25,169

Philippe Alliot
Larrousse-Lamborghini
LH93-05, 1:25,482

Derek Warwick
Footwork-Mugen
FA14-03, 1:25,901

J. J. Lehto
Sauber C12-04
1:25,941

Erik Comas
Larrousse-Lamborghini
LH93-03, 1:26,279

Andrea de Cesaris
Tyrrell-Yamaha 020C-05
1:26,429

Thierry Boutsen
Jordan-Hart 193/003
1:26,436

Alessandro Zanardi
Lotus-Ford 107B/2
1:26,465

Aguri Suzuki
Footwork-Mugen
FA14-01, 1:26,657

Ukyo Katayama
Tyrrell-Yamaha 020C-07
1:26,900

Christian Fittipaldi
Minardi-Ford M193-02
1:27,277

Luca Badoer
Lola-Ferrari T9330-03
1:27,371

Fabrizio Barbazza
Minardi-Ford M193-03
1:27,602

Nicht qualifiziert: Michele Alboreto (Lola-Ferrari) 1:27,771.

15-Minuten-Regentraining: 1. Prost 1:41,068, 2. Hill 1:42,103, 3. Senna 1:42,627, 4. Lehto 1:44,163, 5. Barrichello 1:45,098, 6. Schumacher 1:45,101, 7. Alesi 1:45,284, 8. Andretti 1:45,420, 9. Blundell 1:45,710, 10. Berger 1:46,265, . . . 14. Wendlinger 1:46,988.

Höchstgeschwindigkeiten vor der Tosa-Kurve (Freitag): Hill 327,07, Prost 323,63, Brundle 322,28, Blundell 319,12, Berger 319,12, Warwick 318,46, Zanardi 317,52, Boutsen 317,33, Alesi 317,05, Comas 316,87, . . . Wendlinger 310,83, Schumacher 308,07 km/h. — (Samstag): Prost 327,07, Hill 324,12, Barrichello 321,89, Alesi 319,31, Boutsen 319,31, Berger 319,31, Herbert 319,22, Alliot 317,62, Brundle 317,24, Lehto 316,59, . . . Schumacher 316,12, Wendlinger 308,16 km/h.

Sonntag-Aufwärmtraining: 1. Hill 1:26,176, 2. Prost 1:26,217, 3. Senna 1:26,752, 4. Schumacher 1:27,166, 5. Alesi 1:27,180, 6. Berger 1:27,432, 7. Patrese 1:27,847, 8. Brundle 1:28,022, 9. Warwick 1:28,165, 10. Lehto 1:28,224, . . . 16. Wendlinger 1:28,839.

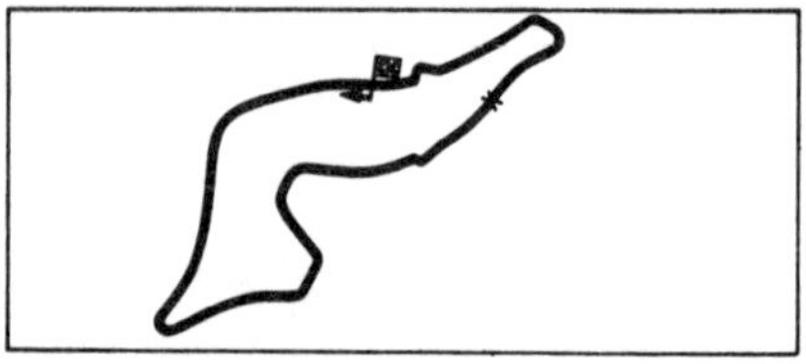

Rekorde: Training: Mansell (Williams-Renault FW 14 B) 1:21,842 = 221,695 km/h (1992); Rennen: Patrese (Williams-Renault FW 14 B) 1:26,100 = 210,732 km/h (1992). — Distanz: Mansell (Williams-Renault FW 14 B) 204,596 km/h (1992).

Wetter am Renntag: Nach sonnigen Trainingstagen und trockenem Warm-up Regen vor dem Rennen, Start auf Regenreifen, später Wechsel auf Slicks, als die Bahn langsam abtrocknete — gegen Ende wieder leichter Regen; 80.000 Zuschauer.

Distanz: 61 Runden à 5,04 km = 307,440 km.

Boxenstops:

Barrichello:	1. Runde:	Reifenschaden links hinten nach Kollision mit Fittipaldi; Platz 22
Fittipaldi:	1. Runde:	Reparaturen nach Kollision mit Barrichello; Platz 21
Warwick:	4. Runde:	in Rivazza von der Piste geraten, Auto vom Schmutz gesäubert; Platz 15—20
Senna:	8. Runde:	Wechsel auf Slicks in 5,75 sec; Platz 2—3
Wendlinger:	8. Runde:	Wechsel auf Slicks; Platz 6—11
Barrichello:	8. Runde:	Wechsel auf Slicks; Platz 21—22
Prost:	9. Runde:	Wechsel auf Slicks; Platz 2—3
Schumacher:	9. Runde:	Wechsel auf Slicks; Platz 4—8
Barbazza:	9. Runde:	Wechsel auf Slicks; Platz 17—18
Warwick:	9. Runde:	Wechsel auf Slicks; Platz 19
Fittipaldi:	9. Runde:	Wechsel auf Slicks; Platz 21
Andretti:	10. Runde:	Wechsel auf Slicks in 7,61 sec; Platz 4—8
Herbert:	10. Runde:	Wechsel auf Slicks; Platz 7—11
Lehto:	10. Runde:	Wechsel auf Slicks; Platz 9
Alliot:	10. Runde:	Wechsel auf Slicks; Platz 12—15
de Cesaris:	10. Runde:	Wechsel auf Slicks; Platz 13—17
Katayama:	10. Runde:	Wechsel auf Slicks; Platz 15—19
Badoer:	10. Runde:	Wechsel auf Slicks; Platz 16—18
Hill:	11. Runde:	Wechsel auf Slicks; Platz 1—3
Alesi:	11. Runde:	Wechsel auf Slicks; Platz 4—7
Brundle:	11. Runde:	Wechsel auf Slicks; Platz 5—8
Zanardi:	11. Runde:	Wechsel auf Slicks; Platz 10—12
Comas:	11. Runde:	Wechsel auf Slicks; Platz 12—15
Suzuki:	11. Runde:	Wechsel auf Slicks; Platz 13—14
Fittipaldi:	31. Runde:	Lenkung; Platz 15
Wendlinger:	47. Runde:	Motorprobleme, Wechsel auf Regenreifen; Platz 4—7
Wendlinger:	48. Runde:	Motorprobleme, Leistung nachgelassen, Ventil gerissen, Stop dauerte 4,30 min; Platz 7—10
Suzuki:	48. Runde:	10 Strafsekunden wegen Blockierens von Wendlinger; Platz 9
Suzuki:	51. Runde:	Bremsen überhitzt, Stop dauerte 7,30 min; Platz 9—10

Ausfälle:

Patrese:	1. Runde:	Dreher, von hinten gestoßen
Blundell:	1. Runde:	in Tamburello von der Strecke
Boutsen:	2. Runde:	hydraulisches System; Platz 23
Berger:	9. Runde:	Getriebeschaden beim Boxenstop; Platz 5
Barrichello:	18. Runde:	Dreher; Platz 20
de Cesaris:	19. Runde:	Getriebe; Platz 17
Comas:	19. Runde:	Öldruck; Platz 14
Hill:	21. Runde:	mit Bremsproblemen von der Piste; Platz 3
Katayama:	23. Runde:	Motor überhitzt; Platz 16
Warwick:	30. Runde:	Dreher; Platz 14
Andretti:	33. Runde:	Dreher wegen blockierten Bremsen; Platz 5
Fittipaldi:	37. Runde:	aufgegeben, weil Auto unfahrbar, ein Zahn der Lenkung verloren, viermal von der Piste; Platz 14
Alesi:	41. Runde:	Kupplung; Platz 4
Senna:	43. Runde:	hydraulisches System der aktiven Radaufhängung; Platz 2
Wendlinger:	49. Runde:	Motorschaden; Platz 4—10
Zanardi:	54. Runde:	Dreher gegen die Leitplanken, Feuer im Heck; Platz 6
Herbert:	58. Runde:	Motor; Platz 5
Lehto:	60. Runde:	alles Öl ausgeronnen; Platz 4

Stand nach 1 Runde: 1. Hill, 2. Senna, 3. Prost, 4. Schumacher, 5. Berger, 6. Wendlinger, 7. Andretti, 8. Alesi, 9. Brundle, 10. Herbert.

Stand nach 10 Runden: 1. Hill (50,400 km in 16:57,682 = 178,288 km/h), 2. Senna —24,306, 3. Prost —25,633, 4. Alesi —40,230, 5. Brundle —44,415, 6. Schumacher —51,094, 7. Wendlinger —51,555, 8. Andretti —51,688, 9. Lehto —1:05,632, 10. Zanardi —1:09,708.

Stand nach 20 Runden: 1. Prost (100,800 km in 32:29,307 = 186,158 km/h), 2. Senna —8,946, 3. Hill —11,914, 4. Schumacher —37,659, 5. Wendlinger —43,626, 6. Andretti —44,307, 7. Alesi —1:03,552, 8. Brundle —1:06,922, 9. Lehto —1:08,464, 10. Herbert —1:09, 899.

Stand nach 30 Runden: 1. Prost (151,200 km in 47:03,584 = 192,776 km/h), 2. Senna —18,048, 3. Schumacher —45,755, 4. Wendlinger —1:08,661, 5. Andretti —1:09,492, 6. Alesi —1:19,527, 7. Brundle —1:26,282, 8. Lehto —1 Runde, 9. Herbert, 10. Zanardi.

Stand nach 40 Runden: 1. Prost (201,600 km in 1.01:45,691 = 195,850 km/h), 2. Senna —24,950, 3. Schumacher —48,770, 4. Alesi —1 Runde, 5. Wendlinger, 6. Brundle, 7. Lehto, 8. Herbert, 9. Zanardi, 10. Alliot —2 Runden.

Stand nach 50 Runden: 1. Prost (252,000 km in 1.16:22,525 = 197,969 km/h), 2. Schumacher —52,663, 3. Brundle —1 Runde, 4. Lehto, 5. Herbert, 6. Zanardi, 7. Alliot —2 Runden, 8. Barbazza, 9. Suzuki.

Stand nach 60 Runden: 1. Prost (302,400 km in 1.31:43,473 = 197,810 km/h), 2. Schumacher —32,911, 3. Brundle —1 Runde, 4. Lehto, 5. Alliot —2 Runden, 6. Barbazza, 7. Herbert —3 Runden, 8. Badoer.

Ergebnis:

1. Alain Prost (Frankreich), Williams-Renault	1.33:20,413 = 197,625 km/h	
2. Michael Schumacher (Deutschland), Benetton-Ford	1.33:52,823 = 296,488 km/h	32,410 zurück
3. Martin Brundle (England), Ligier-Renault	1.33:40,782 = 193,781 km/h	1 Runde zurück
4. Jyrki Järvi Lehto (Finnland), Sauber	1.32:10,325 = 193,568 km/h	2 Runden zurück
5. Ph. Alliot (Frankreich), Larrousse-Lamborghini	1.33:44,613 = 190,324 km/h	2 Runden zurück
6. Fabrizio Barbazza (Italien), Minardi-Ford	1.34:16,691 = 189,244 km/h	2 Runden zurück
7. Luca Badoer (Italien), Lola-Ferrari	1.34:47,616 = 185,025 km/h	3 Runden zurück
8. Johnny Herbert (England), Lotus-Ford	1.29:06,920 = 193,421 km/h	4 Runden zurück
9. Aguri Suzuki (Japan), Footwork Mugen-Honda	1.34:06,955 = 173,505 km/h	7 Runden zurück

Lehto und Herbert bei Rennschluß nicht mehr im Rennen, aber gewertet.

Schnellste Runde: Prost (Williams-Renault) 1:26,128 = 210,663 km/h (42. Runde).

Schnellste Runde jedes Fahrers im Rennen: Prost 1:26,128 (42.), Schumacher 1:26,612 (41.), Senna 1:27,490 (28.), Zanardi 1:27,690 (41.), Alesi 1:28,317 (30.), Herbert 1:28,324 (45.), Brundle 1:28,430 (45.), Hill 1:28,590 (19.), Alliot 1:28,636 (48.), Andretti 1:28,803 (30.), Warwick 1:28,874 (28.), Lehto 1:29,092 (44.), Wendlinger 1:29,304 (30.), Suzuki 1:29,332 (29.), Barbazza 1:29,646 (39.), Fittipaldi 1:30,438 (22.), Comas 1:30,983 (15.), Badoer 1:31,751 (46.), Barrichello 1:32,432 (15.), Katayama 1:33,541 (19.), de Cesaris 1:34,556 (18.), Berger 1:42,881 (8.), Boutsen 12:17,162 (1.).

Entwicklung der schnellsten Runde: Hill 1:47,994 (1.), 1:41,858 (2.), 1:41,566 (3.), 1:41,425 (5.), 1:41,327 (6.), 1:40,667 (7.); Prost 1:40,083 (8.); Hill 1:40,042 (9.); Senna 1:37,182 (10.), 1:34,372 (11.); Prost 1:33,661 (11.); Schumacher 1:32,915 (12.), 1:31,958 (13.); Prost 1:30,427 (14.), 1:29,386 (15.), 1:29,175 (16.); Hill 1:29,095 (17.); Prost 1:28,035 (19.), 1:27,656 (21.), 1:27,486 (22.), 1:27,315 (25.), 1:27,286 (26.), 1:26,819 (27.); Schumacher 1:26,612 (41.); Prost 1:26,128 (42.).

WM-Stand: 1. Senna 26, 2. Prost 24, 3. Hill 12, 4. Schumacher 10, 5. Blundell, Herbert je 6, 7. Lehto 5, 8. Brundle 4, 9. Fittipaldi 3, 10. Alliot, Patrese, Barbazza je 2, 13. Berger, Zanardi je 1.

Konstrukteur-WM: 1. Williams-Renault 36, 2. McLaren-Ford 26, 3. Benetton-Ford 12, 4. Ligier-Renault 10, 5. Lotus-Ford 7, 6. Sauber, Minardi-Ford je 5, 8. Larrousse-Lamborghini 2, 9. Ferrari 1.

Statistik 13

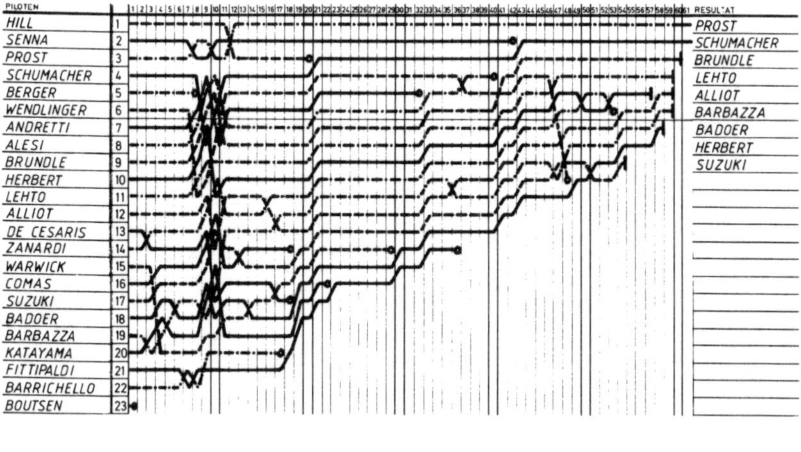

Lauf 5 – Großer Preis von Spanien – Barcelona, 9. Mai 1993

1. Training (inoffiziell)		2. Training (offiziell)		3. Training (inoffiziell)		4. Training (offiziell)	
1. Prost	1:19,182	1. Prost	1:19,599	1. Hill	1:18,551	1. Prost	1:17,809
2. Hill	1:19,445	2. Senna	1:20,221	2. Prost	1:19,699	2. Hill	1:18,346
3. Senna	1:20,540	3. Hill	1:20,400	3. Senna	1:20,078	3. Senna	1:19,722
4. Andretti	1:21,632	4. Schumacher	1:21,148	4. Schumacher	1:20,146	4. Schumacher	1:20,520
5. Patrese	1:22,645	5. Patrese	1:21,880	5. Wendlinger	1:22,363	5. Patrese	1:20,600
6. Schumacher	1:22,759	6. Andretti	1:22,286	6. Suzuki	1:22,763	6. Wendlinger	1:21,203
7. Alesi	1:24,462	7. Lehto	1:22,801	7. Alesi	1:22,874	7. Andretti	1:21,360
8. Suzuki	1:24,556	8. Herbert	1:23,541	8. Blundell	1:22,914	8. Alesi	1:21,767
9. Blundell	1:24,562	9. Zanardi	1:23,579	9. Zanardi	1:23,054	9. Lehto	1:22,047
10. Fittipaldi	1:24,720	10. Alesi	1:23,614	10. Barrichello	1:23,297	10. Herbert	1:22,470
11. Zanardi	1:24,733	11. Wendlinger	1:23,696	11. Herbert	1:23,353	11. Berger	1:22,655
12. Lehto	1:24,737	12. Warwick	1:23,971	12. Lehto	1:23,406	12. Blundell	1:22,708
13. Wendlinger	1:24,987	13. Blundell	1:24,107	13. Berger	1:23,457	13. Alliot	1:22,887
14. Comas	1:25,191	14. Suzuki	1:24,158	14. Comas	1:23,769	14. Comas	1:22,904
15. Warwick	1:25,414	15. Fittipaldi	1:24,304	15. Warwick	1:23,800	15. Zanardi	1:23,026
16. Barrichello	1:25,439	16. Berger	1:24,346	16. Brundle	1:23,830	16. Warwick	1:23,086
17. Herbert	1:25,450	17. Boutsen	1:24,476	17. Boutsen	1:23,972	17. Barrichello	1:23,232
18. Boutsen	1:25,537	18. Barrichello	1:24,708	18. Patrese	1:24,182	18. Brundle	1:23,357
19. Brundle	1:25,646	19. Brundle	1:24,748	19. Alliot	1:24,333	19. Suzuki	1:23,432
20. Badoer	1:26,079	20. Comas	1:24,995	20. de Cesaris	1:24,355	20. Fittipaldi	1:23,449
21. Alliot	1:26,299	21. Katayama	1:25,607	21. Barbazza	1:24,951	21. Boutsen	1:23,464
22. Barbazza	1:26,587	22. Barbazza	1:25,616	22. Katayama	1:25,290	22. Badoer	1:24,268
23. Katayama	1:26,939	23. Alliot	1:26,698	23. Badoer	1:25,766	23. Katayama	1:24,291
24. Alboreto	1:27,175	24. Alboreto	1:26,813	24. Alboreto	1:26,123	24. de Cesaris	1:24,358
25. Berger	1:27,701	25. Badoer	1:26,851	25. Andretti	1:26,823	25. Barbazza	1:24,399
26. de Cesaris	1:53,763	26. de Cesaris	1:27,724	26. Fittipaldi	1:27,335	26. Alboreto	1:25,396

Nicht qualifiziert: Michele Alboreto (Lola-Ferrari) 1:25,396.

Startaufstellung:

Alain Prost
Williams-Renault
FW15C-4, 1:17,309

Damon Hill
Williams-Renault
FW15C-2, 1:18,346

Ayrton Senna
McLaren-Ford MP4/8-6
1:19,722

Michael Schumacher
Benetton-Ford B193B-03
1:20,520

Riccardo Patrese
Benetton-Ford B193B-04
1:20,600

Karl Wendlinger
Sauber C12-05
1:21,203

Michael Andretti
McLaren-Ford MP4/8-7
1:21,360

Jean Alesi
Ferrari F93A-143
1:21,767

J. J. Lehto
Sauber C12-04
1:22,047

Johnny Herbert*
Lotus-Ford 107B/3
1:22,470

Gerhard Berger
Ferrari F93A-141
1:22,655

Mark Blundell
Ligier-Renault JS39-05
1:22,708

Philippe Alliot
Larrousse-Lamborghini
LH93-05, 1:22,887

Erik Comas
Larrousse-Lamborghini
LH93-03, 1:22,904

Alessandro Zanardi
Lotus-Ford 107B/2
1:23,026

Derek Warwick
Footwork-Mugen
FA14-03, 1:23,086

Rubens Barrichello
Jordan-Hart 193/002
1:23,232

Martin Brundle
Ligier-Renault JS39-04
1:23,357

Aguri Suzuki
Footwork-Mugen
FA14-01, 1:23,432

Christian Fittipaldi
Minardi-Ford M193-02
1:23,449

Thierry Boutsen
Jordan-Hart 193/005
1:23,464

Luca Badoer
Lola-Ferrari T9330-03
1:24,268

Ukyo Katayama
Tyrrell-Yamaha 020C-03
1:24,291

Andrea de Cesaris
Tyrrell-Yamaha 020C-07
1:24,358

Fabrizio Barbazza
Minardi-Mord M193-03
1:24,399

* startete aus der Boxengasse.

Höchstgeschwindigkeiten (Freitag): Prost 283,60, Hill 283,08, Senna 278,27, Patrese 277,70, Zanardi 275,29, Andretti 273,69, Blundell 273,62, Alesi 273,35, Warwick 273,21, Wendlinger 272,93, ... Schumacher 272,24, ... Berger 271,42 km/h. — (Samstag): Prost 289,60, Hill 287,98, Patrese 278,63, Blundell 277,77, Schumacher 276,42, Senna 276,21, Berger 274,94, Alesi 274,87, Zanardi 274,32, Lehto 274,18, Wendlinger 274,11 km/h.

Auf der Ziellinie (Freitag): Hill 282,09, Prost 277,69, Schumacher 276,91, Patrese 274,88, Berger 272,74, Senna 272,60, Alesi 271,08, Warwick 271,44, Zanardi 271,37, Blundell 271,03, ... Wendlinger 265,73 km/h. — (Samstag): Prost 288,69, Hill 287,09, Blundell 276,98, Schumacher 275,64, Patrese 275,22, Alesi 275,08, Comas 274,18, Boutsen 274,04, Berger 273,84, Brundle 273,56, ... Wendlinger 272,05 km/h.

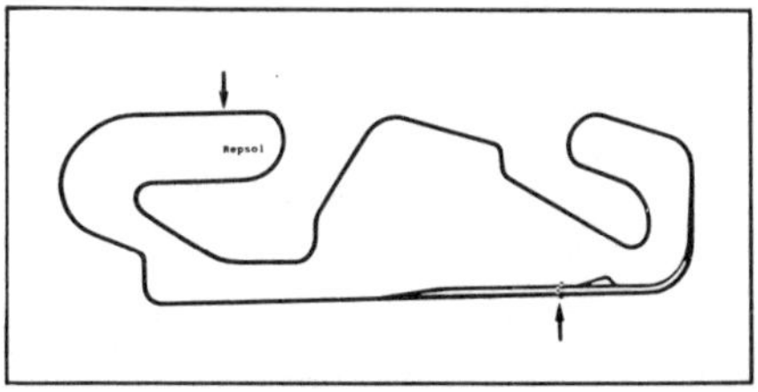

Rekorde: Training: Berger (McLaren-Honda MP 4/7) 1:18,751 = 217,003 km/h (1991); Rennen: Patrese (Williams-Renault FW 14) 1:22,937 = 206,299 km/h (1991). — Distanz: Mansell (Williams-Renault FW 14) 187,586 km/h (1991).

Sonntag-Aufwärmtraining: 1. Prost 1:22,372, 2. Hill 1:22,571, 3. Senna 1:24,066, 4. Schumacher 1:24,229, 5. Patrese 1:24,397, 6. Wendlinger 1:25,132, 7. Lehto 1:25,354, 8. Alliot 1:25,542, 9. Andretti 1:25,694, 10. Zanardi 1:25,840, . . . 13. Berger 1:26,089.

Wetter am Renntag: ganz leichter Regen am Morgen, dann heiß und trocken, sonnig; 40.000 Zuschauer.

Distanz: 65 Runden à 4,747 km = 308,555 km.

Boxenstops:

Katayama:	1. Runde:	Reifenwechsel nach Abkommen von der Strecke; Platz 25
Berger:	32. Runde:	Reifenwechsel in 5,51 sec; Platz 9—15
de Cesaris	36. Runde:	Reifenwechsel; Platz 21
Schumacher:	38. Runde:	Reifenwechsel wegen heftiger Reifenvibrationen und Getriebeproblemen; Platz 4
Warwick:	44. Runde:	Reifenwechsel nach Abkommen von der Strecke in 11,45 sec; Platz 15
Badoer:	46. Runde:	Reifenwechsel, in den Boxen wegen Überhitzung aufgegeben; Platz 16
Barrichello:	52. Runde:	neue Frontpartie, linker Flap des Vorderflügels war abgebrochen; Platz 9—14
Senna:	53. Runde:	Reifenwechsel in 15,01 sec; Probleme links hinten; Platz 2
Andretti:	58. Runde:	Reifenwechsel in 6,21 sec; Platz 5
Suzuki:	59. Runde:	Reifenwechsel; Platz 11

Ausfälle:

Herbert:	2. Runde:	Elektronik, aktives System bekam die falschen Daten; Platz 24
Katayama:	12. Runde:	Unfall, Aufhängungsschaden; Platz 24
Brundle:	12. Runde:	rechts hinten Reifenschaden, Dreher; Platz 17
Alliot:	27. Runde:	Kraftübertragung; Platz 10
Barbazza:	38. Runde:	Kollision mit Badoer, Dreher; Platz 20
Alesi:	41. Runde:	Motor; Platz 7
Hill:	42. Runde:	Motor; Platz 2—3
de Cesaris:	43. Runde:	schwarzgeflaggt, disqualifiziert: stoppte mit Elektrikdefekt auf der Zielgeraden, von den Streckenlotsen in die Box geschoben; Platz 18
Wendlinger:	43. Runde:	kein Benzindruck, Benzinpumpe gebrochen; Platz 7
Badoer:	44. Runde:	Kühlwasser beim Boxenstop überhitzt; Platz 16
Lehto:	54. Runde:	Motor; Platz 6
Zanardi:	60. Runde:	Motor; Platz 6

Stand nach 1 Runde: 1. Hill, 2. Prost, 3. Senna, 4. Schumacher, 5. Patrese, 6. Andretti, 7. Alesi, 8. Lehto, 9. Berger, 10. Alliot.

Stand nach 10 Runden: 1. Hill (47,470 km in 14:27,394 = 197,018 km/h), 2. Prost —0,285, 3. Senna —3,740, 4. Schumacher —7,060, 5. Patrese —15,868, 6. Andretti —19,963, 7. Alesi —29,766, 8. Lehto —31,765, 9. Berger —35,109, 10. Alliot —38,558, . . . 12. Wendlinger —41,973.

Stand nach 20 Runden: 1. Prost (94,940 km in 28:38,191 = 198,921 km/h), 2. Hill —1,820, 3. Senna —11,702, 4. Schumacher —22,408, 5. Patrese —33,758, 6. Andretti —38,157, 7. Alesi —55,518, 8. Lehto —56,911, 9. Berger —1:13,969, 10. Alliot —1:15,961, . . . 12. Wendlinger —1:18,377.

Stand nach 30 Runden: 1. Prost (142,410 km in 42:49,540 = 199,521 km/h), 2. Hill —0,409, 3. Senna —20,548, 4. Schumacher —25,578, 5. Patrese —45,653, 6. Andretti —52,294, 7. Alesi —1:17,203, 8. Lehto —1:18,499, 9. Berger —1 Runde, 10. Comas, 11. Wendlinger.

Stand nach 40 Runden: 1. Prost (189,580 km in 56:48,959 = 200,521 km/h), 2. Hill —0,476, 3. Senna —23,182, 4. Schumacher —1:06,955, 5. Patrese —1:09,585, 6. Andretti —1:13,717, 7. Alesi —1 Runde, 8. Lehto, 9. Wendlinger, 10. Comas, . . . 15. Berger.

Stand nach 50 Runden: 1. Prost (237,350 km in 1.10:55,821 = 200,774 km/h), 2. Senna —19,248, 3. Schumacher —1:02,399, 4. Patrese —1:19,254, 5. Andretti —1 Runde, 6. Lehto, 7. Comas —2 Runden, 8. Zanardi, 9. Barrichello, 10. Blundell, 11. Berger.

Stand nach 60 Runden: 1. Prost (284,820 km in 1.25:09,036 = 200,694 km/h), 2. Senna —31,840, 3. Schumacher —35,249, 4. Patrese —1:24,096, 5. Andretti —1 Runde, 6. Zanardi —2 Runden, 7. Blundell, 8. Berger, 9. Fittipaldi, 10. Comas.

Ergebnis:

1. Alain Prost (Frankreich), Williams-Renault	1.32:27,685 = 200,227 km/h	
2. Ayrton Senna (Brasilien), McLaren-Ford	1.32:44,558 = 199,620 km/h	16,873 zurück
3. M. Schumacher (Deutschland), Benetton-Ford	1.32:54,810 = 199,253 km/h	27,125 zurück
4. Riccardo Patrese (Italien), Benetton-Ford	1.32:31,091 = 197,026 km/h	1 Runde zurück
5. Michael Andretti (USA), McLaren-Ford	1.33:05,449 = 195,814 km/h	1 Runde zurück
6. Gerhard Berger (Österreich), Ferrari	1.32:50,205 = 193,282 km/h	2 Runden zurück
7. Mark Blundell (England), Ligier-Renault	1.32:58,870 = 192,982 km/h	2 Runden zurück
8. Christian Fittipaldi (Brasilien), Minardi-Ford	1.33:09,907 = 192,601 km/h	2 Runden zurück
9. Erik Comas (Frankreich), Larrousse-Lamborgh.	1.33:23,955 = 192,118 km/h	2 Runden zurück
10. Aguri Suzuki (Japan), Footwork Mugen-Honda	1.33:56,172 = 191,020 km/h	2 Runden zurück
11. Thierry Boutsen (Beligien), Jordan-Hart	1.32:38,296 = 190,621 km/h	3 Runden zurück
12. Rubens Barrichello (Brasilien), Jordan-Hart	1.32:40,929 = 190,531 km/h	3 Runden zurück
13. Derek Warwick (England), Footwork Mugen-H.	1.32:41,239 = 190,521 km/h	3 Runden zurück
14. Alessandro Zanardi (Italien), Lotus-Ford	1.28:32,519 = 193,007 km/h	5 Runden zurück

Zanardi bei Rennschluß nicht mehr im Rennen, aber gewertet.

Schnellste Runde: Schumacher (Benetton-Ford) 1:20,989 = 211,006 km/h (61. Runde).

Schnellste Runde jedes Fahrers: Schumacher 1:20,989 (61.), Senna 1:21,717 (61.), Hill 1:22,840 (40.), Prost 1:22,923 (38.), Andretti 1:23,791 (59.), Barrichello 1:24,085 (54.), Patrese 1:24,785 (33.), Wendlinger 1:24,933 (36.), Berger 1:25,065 (51.), Zanardi 1:25,246 (59.), Blundell 1:25,543 (58.), Alesi 1:25,729 (39.), Warwick 1:25,795 (59.), Fittipaldi 1:25,816 (55.), Lehto 1:25,824 (47.), Boutsen 1:25,824 (48.), Comas 1:26,381 (49.), Suzuki 1:27,006 (57.), de Cesaris 1:27,268 (42.), Alliot 1:27,453 (23.), Barbazza 1:27,899 (33.), Badoer 1:28,633 (41.), Katayama 1:29,569 (11.), Brundle 1:29,805 (7.), Herbert 1:38,480 (2.).

Entwicklung der schnellsten Runde: Hill 1:32,037 (1.), 1:27,587(2.); Prost 1:27,496 (2.); Hill 1:26,247 (4.), 1:25,719 (5.); Prost 1:25,650 (6.); Hill 1:25,624 (7.); Prost 1:25,477 (7.), 1:25,421 (8.); Hill 1:25,216 (9.); Prost 1:25,047 (10.), 1:24,974 (11.); Hill 1:24,716 (13.); Prost 1:24,243 (18.); Hill 1:24,140 (20.); Prost 1:23,989 (27.), 1:23,457 (28.); Hill 1:22,983 (29.), 1:22,971 (37.); Prost 1:22,923 (38.); Hill 1:22,862 (39.), 1:22,840 (40.); Schumacher 1:22,839 (48.), 1:22,760 (50.), 1:22,504 (53.), 1:22,204 (54.); Senna 1:22,053 (56.); Schumacher 1:21,463 (57.), 1:21,244 (59.), 1:20,989 (61.).

WM-Klassement: 1. Prost 34, 2. Senna 32, 3. Schumacher 14, 4. Hill 12, 5. Blundell, Herbert je 6, 7. Lehto, Patrese je 5, 9. Brundle 4, 10. Fittipaldi 3, 11. Alliot, Andretti, Berger, Barbazza je 1.

Konstrukteur-WM: 1. Williams-Renault 46, 2. McLaren-Ford 34, 3. Benetton-Ford 19, 4. Ligier-Renault 10, 5. Lotus-Ford 7, 6. Sauber, Minardi-Ford je 5, 8. Larrousse-Lamborghini, Ferrari je 2.

Statistik 16

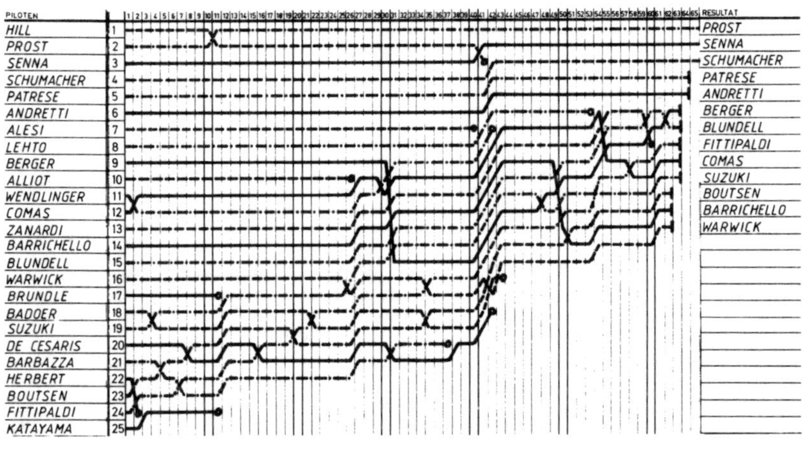

Lauf 6 – Großer Preis von Monaco – Monte Carlo, 23. Mai 1993

1. Training (inoffiziell)		2. Training (offiziell)		3. Training (inoffiziell)		4. Training (offiziell)	
1. Senna	1:25,205	1. Hill	1:38,963	1. Prost	1:21,731	1. Prost	1:20,557
2. Prost	1:25,359	2. Prost	1:39,649	2. Berger	1:22,092	2. Schumacher	1:21,190
3. Berger	1:25,999	3. Schumacher	1:40,780	3. Senna	1:22,187	3. Senna	1:21,552
4. Brundle	1:26,708	4. Berger	1:40,853	4. Patrese	1:22,209	4. Hill	1:21,825
5. Patrese	1:26,737	5. Senna	1:42,127	5. Wendlinger	1:22,258	5. Alesi	1:21,948
6. Lehto	1:27,470	6. Patrese	1:42,136	6. Schumacher	1:22,537	6. Patrese	1:22,117
7. Blundell	1:27,661	7. Alesi	1:42,160	7. Alesi	1:23,261	7. Berger	1:22,394
8. Comas	1:27,825	8. Alliot	1:43,031	8. Hill	1:23,951	8. Wendlinger	1:22,477
9. Hill	1:28,013	9. Blundell	1:43,449	9. Lehto	1:24,006	9. Andretti	1:22,994
10. Schumacher	1:28,064	10. Fittipaldi	1:43,829	10. Warwick	1:24,106	10. Comas	1:23,246
11. Wendlinger	1:28,087	11. Herbert	1:43,898	11. Andretti	1:24,511	11. Lehto	1:23,715
12. Alesi	1:28,189	12. de Cesaris	1:44,193	12. Brundle	1:24,573	12. Warwick	1:23,749
13. Alliot	1:28,430	13. Barrichello	1:44,310	13. Suzuki	1:24,619	13. Brundle	1:23,786
14. Herbert	1:28,648	14. Comas	1:44,483	14. Comas	1:24,805	14. Herbert	1:23,812
15. Warwick	1:28,782	15. Barbazza	1:44,524	15. Blundell	1:24,923	15. Alliot	1:23,907
16. Suzuki	1:29,565	16. Warwick	1:44,884	16. Barrichello	1:25,005	16. Barrichello	1:24,086
17. Zanardi	1:30,208	17. Wendlinger	1:45,439	17. Fittipaldi	1:25,371	17. Fittipaldi	1:24,298
18. Andretti	1:30,913	18. Boutsen	1:45,512	18. Barbazza	1:25,499	18. Suzuki	1:24,524
19. Barbazza	1:31,844	19. Andretti	1:45,993	19. de Cesaris	1:25,609	19. de Cesaris	1:24,544
20. Fittipaldi	1:31,918	20. Brundle	1:46,446	20. Herbert	1:25,732	20. Zanardi	1:24,888
21. Alboreto	1:33,093	21. Badoer	1:46,745	21. Zanardi	1:25,990	21. Blundell	1:24,972
22. Barrichello	1:33,303	22. Zanardi	1:46,935	22. Katayama	1:26,475	22. Katayama	1:25,236
23. de Cesaris	1:33,676	23. Alboreto	1:47,082	23. Boutsen	1:26,985	23. Boutsen	1:25,267
24. Badoer	1:33,785	24. Lehto	1:48,526	24. Alliot	1:27,503	24. Alboreto	1:26,444
25. Boutsen	1:42,576	25. Katayama	1:49,210	25. Alboreto	1:27,518	25. Barbazza	1:26,582
26. Katayama	1:52,917	26. Suzuki	10:06,384	26. Badoer	1:30,421	26. Badoer	1:29,613

Startaufstellung:

Alain Prost
Williams-Renault
FW15C-4, 1:20,557

Michael Schumacher
Benetton-Ford B193B-03
1:21,190

Ayrton Senna
McLaren-Ford MP4/8-6
1:21,552

Damon Hill
Williams-Renault
FW15C-2, 1:21,825

Jean Alesi
Ferrari F93A-143
1:21,948

Riccardo Patrese
Benetton-Ford B193B-04
1:22,117

Gerhard Berger
Ferrari F93A-141
1:22,394

Karl Wendlinger
Sauber C12-05
1:22,477

Michael Andretti
McLaren-Ford MP4/8-7
1:22,994

Erik Comas
Larrousse-Lamborghini
LH93-03, 1:23,246

J. J. Lehto
Sauber C12-03
1:23,715

Derek Warwick
Footwork-Mugen
FA14-03, 1:23,749

Martin Brundle
Ligier-Renault JS39-04
1:23,786

Johnny Herbert
Lotus-Ford 107B/3
1:23,812

Philippe Alliot
Larrousse-Lamborghini
LH93-05, 1:23,907

Rubens Barrichello
Jordan-Hart 193/002
1:24,086

Christian Fittipaldi
Minardi-Ford M193-02
1:24,298

Aguri Suzuki
Footwork-Mugen
FA14-04, 1:24,524

Andrea de Cesaris
Tyrrell-Yamaha 020C-07
1:24,544

Alessandro Zanardi
Lotus-Ford 107B/2
1:24,888

Mark Blundell
Ligier-Renault JS39-05
1:24,972

Ukyo Katayama
Tyrrell-Yamaha 020C-03
1:25,236

Thierry Boutsen
Jordan-Hart 193-005
1:25,267

Michele Alboreto
Lola-Ferrari T9330-01
1:26,444

Fabrizio Barbazza
Minardi-Ford M193-03
1:26,582

***) Startete aus der Boxengasse.**

Nicht qualifiziert: Luca Badoer (Lola-Ferrari) 1:29,613.

Geschwindigkeiten nach der Loews-Haarnadel (Donnerstag): Schumacher 109,79, Patrese 109,13, Senna 108,92, Prost 106,88, Berger 104,73, de Cesaris 104,18, Hill 103,62, Blundell 103,57, Fittipaldi 101,88, Herbert 101,80, . . . Wendlinger 96,32 km/h. — (Samstag): Patrese 144,91, Schumacher 142,80, Alesi 141,65, Prost 139,59, Blundell 138,72, Senna 138,28, Zanardi 137,72, Brundle 137,29, Hill 136,90, Berger 136,51, . . . Wendlinger 134,33 km/h.

Höchstgeschwindigkeiten vor der Hafenschikane (Donnerstag): Hill 258,13, Senna 257,60, Alliot 257,08, Schumacher 256,75, Warwick 254,35, Patrese 253,90, Prost 252,13, Blundell 251,87, Berger 250,75, Alesi 246,33, . . . Wendlinger 244,60 km/h. — (Samstag): Hill 278,30, Prost 277,23, Alesi 273,17, Wendlinger 273,10, Berger 273,10, Lehto 272,43, Schumacher 270,68, Brundle 270,17, Blundell 269,30, Senna 268,16 km/h.

Auf der Ziellinie (Donnerstag): Prost 245,47, Alesi 243,30, Hill 242,70, Berger 239,04, Wendlinger 237,83, Alliot 235,59, Schumacher 235,39, Senna 235,13, Warwick 234,82, Boutsen 234,67 km/h. — (Samstag): Prost 254,39, Hill 254,15, Berger 253,67, Alesi 252,84, Blundell 250,66, Wendlinger 250,60, Brundle 250,49, Comas 249,44, Lehto 248,87, Alliot 247,78 km/h.

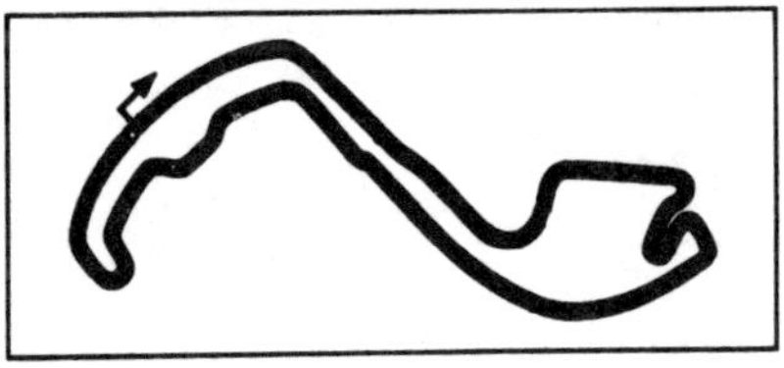

Rekorde: Training: Mansell (Williams-Renault FW 14 B) 1:19.495 = 150.711 km/h (1992); Rennen: Mansell (Williams-Renault FW 14 B) 1:21,598 = 146,827 km/h (1992). — Distanz: Senna (McLaren-Honda MP 4/7 A) 140,329 km/h (1992).

Sonntagmorgen-Aufwärmtraining: 1. Prost 1:24,025, 2. Schumacher 1:24,220, 3. Senna 1:24,283, 4. Hill 1:24,542, 5. Berger 1:25,337, 6. Alesi 1:25,756, 7. Wendlinger 1:25,944, 8. Warwick 1:26,403, 9. Patrese 1:26,558, 10. Andretti 1:27,069.

Wetter am Renntag: schön und warm; 130.000 Zuschauer.

Distanz: 78 Runden à 3,328 km = 259,584 km.

Boxenstops:

Andretti:	1. Runde:	steckte im 3. Gang, Auffahrunfall gegen Barbazza, Schnauze gewechselt; Platz 25
de Cesaris:	10. Runde:	Mauer touchiert, Reifen- und Aufhängungsschaden links hinten; Platz 19—23
Prost:	12. Runde:	10-Sekunden-Strafe wegen Frühstarts, verlor aber über eine Minute, weil der Motor wegen Kupplungsdefekts zweimal abstarb; Platz 1—22
Wendlinger:	32. Runde:	nach Kollision mit Lehto in der Loews-Haarnadel Motorprobleme; Platz 7—20
Berger:	39. Runde:	Reifenwechsel; Platz 4
Alliot:	39. Runde:	Reifenwechsel; Platz 15—18
Warwick:	39. Runde:	Reifenwechsel; Platz 9—16
Patrese:	40. Runde:	Reifenwechsel, weil Auto unstabil, Motor abgewürgt; Platz 5—8
Warwick:	45. Runde:	Reifenwechsel, Stop dauerte 3 Minuten
Senna:	51. Runde:	später Reifenwechsel; Platz 1
Brundle:	52. Runde:	nach Kollision mit Comas Reifenwechsel in 19 sec; Platz 8—11
Barrichello:	65. Runde:	Reifenwechsel; Platz 8—10

Ausfälle:

Blundell:	3. Runde:	in St. Devote von hinten gerammt, später Radaufhängungsbruch links hinten; Platz 24
Boutsen:	13. Runde:	Hinterradaufhängung beim Anstieg zum Casino gebrochen; Platz 18
Lehto:	24. Runde:	Kollision mit Wendlinger in der Loews-Haarnadel; Platz 8
Alboreto:	29. Runde:	Getriebe; Platz 22
Katayama:	31. Runde:	Motor; Platz 21
Schumacher:	31. Runde:	Ölleck in der Hydraulik; Platz 1
Warwick:	43. Runde:	aufgegeben, weil Gaspedal über Bodenwellen bei Vollgas steckenblieb; Platz 17
Suzuki:	46. Runde:	Unfall; Platz 13
Comas:	51. Runde:	Kollision mit Brundle in der Mirabeau-Kurve; Platz 7
Patrese:	54. Runde:	Motorschaden; Platz 6
Herbert:	61. Runde:	Getriebe; Platz 9
Berger:	71. Runde:	Kollision mit Hill in Loews-Haarnadel; Platz 3

Stand nach 1 Runde: 1. Prost, 2. Schumacher, 3. Senna, 4. Hill, 5. Alesi, 6. Berger, 7. Patrese, 8. Wendlinger, 9. Lehto, 10. Comas.

Stand nach 20 Runden: 1. Schumacher (66.560 km in 28:35,077 = 139,712 km/h), 2. Senna —19,158, 3. Hill —27,045, 4. Alesi —28,775, 5. Berger —30,052, 6. Patrese —40,763, 7. Wendlinger —50,974, 8. Lehto —53,038, 9. Comas —1:08,516, 10. Warwick 1:09,207.

Stand nach 30 Runden: 1. Schumacher (99,840 km in 42:51,285 = 139,784 km/h), 2. Senna —15,009, 3. Hill —32,146, 4. Alesi —39,879, 5. Berger —40,340, 6. Patrese —52,694, 7. Wendlinger —1 Runde, 8. Comas, 9. Warwick, 10. Brundle.

Ergebnis:

1.	Ayrton Senna (Brasilien), McLaren-Ford	1.52:10,947 = 138,837 km/h	
2.	Damon Hill (England), Williams-Renault	1.53:03,065 = 137,770 km/h	52,118 zurück
3.	Jean Alesi (Frankreich), Ferrari	1.53:14,309 = 137,542 km/h	1:03,362 zurück
4.	Alain Prost (Frankreich), Williams-Renault	1.52:13,611 = 137,003 km/h	1 Runde zurück
5.	Christian Fittipaldi (Brasilien), Minardi-Ford	1.52:30,354 = 134,888 km/h	1 Runde zurück
6.	Martin Brundle (England), Ligier-Renault	1.52:30,597 = 134,883 km/h	2 Runden zurück
7.	Alessandro Zanardi (Italien), Lotus-Ford	1.52:58,781 = 134,322 km/h	2 Runden zurück
8.	Michael Andretti (USA), McLaren-Ford	1.53:20,207 = 133,899 km/h	2 Runden zurück
9.	Rubens Barrichello (Brasilien), Jordan-Hart	1.53:31,374 = 133,679 km/h	2 Runden zurück
10.	Andrea de Cesaris (Italien), Tyrrell-Yamaha	1.53:32,150 = 133,664 km/h	2 Runden zurück
11.	Fabrizio Barbazza (Italien), Minardi-Ford	1.53:19,061 = 132,159 km/h	3 Runden zurück
12.	Ph. Alliot (Frankreich), Larrousse-Lamborghini	1.53:20,076 = 132,140 km/h	3 Runden zurück
13.	Karl Wendlinger (Österreich), Sauber	1.52:27,445 = 131,395 km/h	4 Runden zurück
14.	Gerhard Berger (Österreich), Ferrari	1.41:02,673 = 138,331 km/h	8 Runden zurück

Berger bei Schluß nicht mehr im Rennen, aber gewertet.

Schnellste Runde: Prost (Williams-Renault) 1:23,604 = 143,304 km/h (52. Runde).

Schnellste Runde jedes Fahrers im Rennen: Prost 1:23,604 (52.), Berger 1:23,660 (60.), Senna 1:23,737 (59.), Schumacher 1:24,177 (18.), Hill 1:24,590 (52.), Wendlinger 1:24,947 (43.), Brundle 1:25,006 (69.), Alesi 1:25,007 (52.), Andretti 1:25,102 (55.), Patrese 1:25,724 (25.), Zanardi 1:26,317 (38.), Fittipaldi 1:26,500 (59.), Lehto 1:26,559 (15.), Barrichello 1:26,711 (75.), Comas 1:26,960 (17.), Alliot 1:27,068 (67.), de Cesaris 1:27,222 (65.), Warwick 1:27,283 (19.), Suzuki 1:27,388 (35.), Herbert 1:27,480 (21.), Barbazza 1:28,235 (63.), Blundell 1:28,653 (3.), Boutsen 1:29,117 (12.), Katayama 1:29,315 (21.), Alboreto 1:29,377 (11.).

WM-Stand: 1. Senna 42, 2. Prost 37, 3. Hill 18, 4. Schumacher 14, 5. Blundell, Herbert je 6, 7. Lehto, Patrese, Brundle, Fittipaldi je 5, 11. Alesi 4, 12. Berger, Alliot, Barbazza, Andretti je 2, 16. Zanardi 1.

Konstrukteur-WM: 1. Williams-Renault 55, 2. McLaren-Ford 44, 3. Benetton-Ford 19, 4. Ligier-Renault 11, 5. Lotus-Ford, Minardi-Ford je 7, 7. Ferrari 6, 8. Sauber 5, 9. Larrousse-Lamborghini 2.

Statistik 19

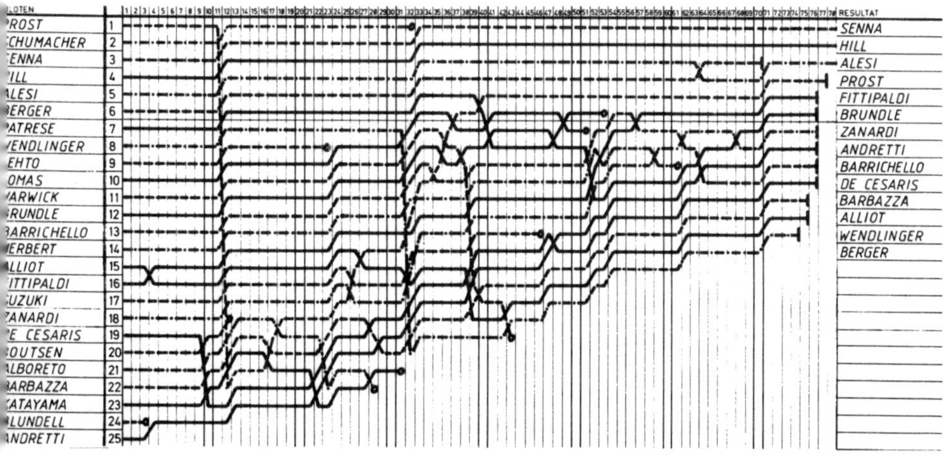

Lauf 7 – Großer Preis von Kanada – Montreal, 13. Juni 1993

1. Training (inoffiziell)		2. Training (offiziell)		3. Training (inoffiziell)		4. Training (offiziell)	
1. Prost	1:19,747	1. Prost	1:18,987	1. Prost	1:19,376	1. Prost	1:19,135
2. Hill	1:20,349	2. Hill	1:19,491	2. Hill	1:20,133	2. Hill	1:20,145
3. Alesi	1:21,809	3. Schumacher	1:20,808	3. Schumacher	1:21,175	3. Schumacher	1:20,945
4. Schumacher	1:21,862	4. Patrese	1:20,948	4. Berger	1:21,312	4. Berger	1:21,513
5. Patrese	1:22,018	5. Berger	1:21,278	5. Patrese	1:21,450	5. Alesi	1:21,660
6. Senna	1:22,221	6. Alesi	1:21,414	6. Wendlinger	1:21,605	6. Wendlinger	1:21,813
7. Wendlinger	1:22,744	7. Brundle	1:21,603	7. Andretti	1:21,659	7. Senna	1:21,891
8. Brundle	1:22,861	8. Senna	1:21,706	8. Senna	1:22,020	8. Brundle	1:22,026
9. Fittipaldi	1:23,372	9. Wendlinger	1:21,936	9. Brundle	1:22,080	9. Andretti	1:22,229
10. Andretti	1:23,555	10. Blundell	1:22,097	10. Comas	1:22,170	10. Lehto	1:22,428
11. Alliot	1:23,675	11. Lehto	1:22,198	11. Barrichello	1:22,298	11. Barrichello	1:22,509
12. Berger	1:23,863	12. Comas	1:22,263	12. Blundell	1:22,345	12. Blundell	1:22,622
13. de Cesaris	1:23,974	13. Andretti	1:22,751	13. Herbert	1:22,580	13. Alliot	1:22,819
14. Comas	1:24,083	14. Suzuki	1:22,891	14. Fittipaldi	1:22,700	14. Comas	1:22,977
15. Herbert	1:24,127	15. Alliot	1:22,983	15. Suzuki	1:22,854	15. Suzuki	1:22,999
16. Lehto	1:24,162	16. Barrichello	1:23,152	16. Warwick	1:23,048	16. Fittipaldi	1:23,119
17. Katayama	1:24,193	17. Zanardi	1:23,240	17. Zanardi	1:23,101	17. Warwick	1:23,185
18. Zanardi	1:24,372	18. de Cesaris	1:23,268	18. Alliot	1:23,162	18. de Cesaris	1:23,185
19. Barbazza	1:24,648	19. Herbert	1:23,341	19. Lehto	1:23,318	19. Herbert	1:23,223
20. Alboreto	1:24,726	20. Warwick	1:23,518	20. Boutsen	1:23,459	20. Patrese	1:23,268
21. Blundell	1:24,739	21. Barbazza	1:23,946	21. de Cesaris	1:24,105	21. Katayama	1:23,824
22. Suzuki	1:24,767	22. Alboreto	1:24,382	22. Katayama	1:24,152	22. Boutsen	1:23,960
23. Warwick	1:25,027	23. Katayama	1:24,391	23. Barbazza	1:24,803	23. Badoer	1:24,357
24. Barrichello	1:25,039	24. Fittipaldi	1:24,559	24. Alboreto	1:24,918	24. Barbazza	1:24,375
25. Boutsen	1:25,500	25. Boutsen	1:24,632	25. Badoer	1:25,307	25. Alboreto	1:24,391
26. Badoer	1:25,785	26. Badoer	1:25,212			26. Zanardi	1:25,027

Nicht qualifiziert: Michele Alboreto (Lola-Ferrari) 1:24,382.

Startaufstellung:

Alain Prost
Williams-Renault
FW15C-4, 1:18,987

Damon Hill
Williams-Renault
FW15C-2, 1:19,491

Michael Schumacher
Benetton-Ford B193B-05
1:20,808

Riccardo Patrese
Benetton-Ford B193B-04
1:20,948

Gerhard Berger
Ferrari F93A-141
1:21,278

Jean Alesi
Ferrari F93A-143
1:21,414

Martin Brundle
Ligier-Renault JS39-04
1:21,603

Ayrton Senna
McLaren-Ford MP4/8-6
1:21,706

Karl Wendlinger
Sauber C12-05
1:21,813

Mark Blundell
Ligier-Renault JS39-05
1:22,097

J. J. Lehto
Sauber C12-03
1:22,198

Michael Andretti*)
McLaren-Ford MP4/8-7
1:22,229

Erik Comas
Larrousse-Lamborghini
LH93-03, 1:22,263

Rubens Barrichello
Jordan-Hart 193/002
1:22,509

Philippe Alliot
Larrousse-Lamborghini
LH93-05, 1:22,819

Aguri Suzuki
Footwork-Mugen
FA14-03, 1:23,185

Christian Fittipaldi
Minardi-Ford M193-02
1:23,119

Derek Warwick
Footwork-Mugen
FA14-03, 1:23,185

Andrea de Cesaris
Tyrrell-Yamaha 020C-07
1:23,185

Johnny Herbert
Lotus-Ford 107B/3
1:23,223

Alessandro Zanardi
Lotus-Ford 107B/1
1:23,240

Ukyo Katayama
Tyrrell-Yamaha 020C-03
1:23,824

Fabrizio Barbazza
Minardi-Ford M193-03
1:23,946

Thierry Boutsen
Jordan-Hart 193/005
1:23,960

Luca Badoer
Lola-Ferrari T9330-03
1:24,357

Höchstgeschwindigkeit (Freitag): Hill 312,95, Prost 310,92, Andretti 303,43, Berger 302,61, Brundle 302,34, Comas 302,07, Katayama 302,07, Patrese 301,53, Schumacher 301,44, Alese, Blundell je 300,72, . . . Wendlinger 298,31 km/h. — (Samstag): Prost 306,85, Hill 302,07, Schumacher 301,53, Brundle 301,35, Berger 300,45, Lehto 300,36, Blundell 299,82, Badoer 299,73, Comas 299,02, Barrichello 296,47, . . . Wendlinger 291,16 km/h.

Auf der Ziellinie (Freitag): Prost 286,09, Hill 283,83, Brundle 282,35, Patrese 280,80, Schumacher 279,64, Andretti 279,35, Blundell 278,91, Senna 278,55, Berger 278,48, Comas 278,34, . . . Wendlinger 275,21 km/h. — (Samstag): Prost 281,90, Schumacher 279,20, Lehto 278,55, Brundle 277,98, Blundell 277,84, Hill 277,62, Berger 275,78, Comas 275,71, Patrese 274,44, Senna 272,91, . . . Wendlinger 270,38 km/h.

Sonntag-Aufwärmtraining: 1. Prost 1:23,200, 2. Schumacher 1:23,454, 3. Hill 1:23,485, 4. Alesi 1:23,705, 5. Senna 1:24,170, 6. Wendlinger 1:24,252, 7. Lehto 1:24,448, 8. Patrese 1:24,596, 9. Brundle 1:24,919, 10. Barrichello 1:25,062, . . . 14. Berger 1:25,587.

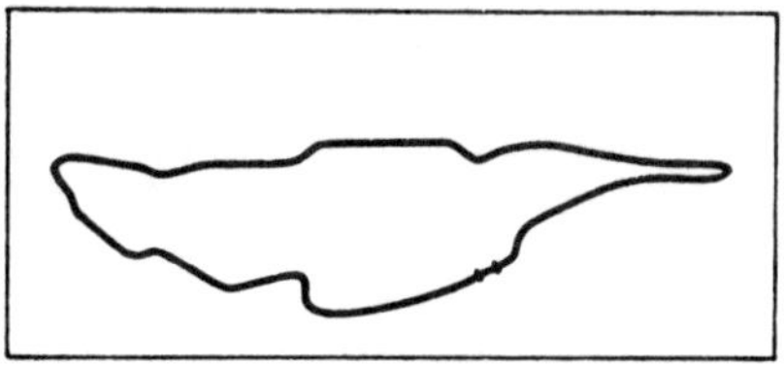

Rekorde: Training: Senna (McLaren-Honda MP 4/7 A) 1:19,775 = 199,912 km/h (1992); Rennen: Berger: (McLaren-Honda MP 4/7 A) 1:22,325 = 193,720 km/h (1992). — Distanz: Berger (McLarn-Honda MP 4/7 A) 187,100 km/h (1992).

Wetter am Renntag: sonnig, heiß; 70.000 Zuschauer.
Distanz: 69 Runden à 4,430 km = 305,67 km.

Boxenstops:

Andretti:		mußte mit drei Runden Verspätung aus der Boxenstraße starten — leere Battereie
Warwick:	1. Runde:	Reifenwechsel nach Kollision; Platz 24
Katayama:	2. Runde:	neuer Vorderflügel nach Startkollision; Platz 23—24
Badoer:	9. Runde:	Reifenwechsel; Platz 20—22
Suzuki:	24. Runde:	Reifenwechsel; Platz 14—17
de Cesaris:	24. Runde:	Reifenwechsel; Platz 24
Warwick:	26. Runde:	Reifenwechsel; Platz 18—19
Herbert:	27. Runde:	Reifenwechsel; Platz 12
Suzuki:	28. Runde:	Reifenwechsel; Platz 16
Schumacher:	29. Runde:	Reifenwechsel; Platz 4
Katayama:	29. Runde:	Reifenwechsel, später aktives System abgeschaltet; Platz 21
Hill:	30. Runde:	Reifenwechsel, dauerte wegen eines Mißverständnisses mit der Boxencrew lang; Platz 2—4
Bereger:	30. Runde:	Reifenwechsel; Platz 5—9
Zanardi:	30. Runde:	Reifenwechsel; Platz 14—15
Senna:	31. Runde:	Reifenwechsel; Platz 2
Brundle:	31. Runde:	Reifenwechsel; Platz 6—9
Boutsen:	31. Runde:	Reifenwechsel; Platz 14—15
de Cesaris:	31. Runde:	Reifenwechsel, später aktives System abgeschaltet, defekte Aufhängung; Platz 17
Andretti:	31. Runde:	Reifenwechsel; Platz 20
Patrese:	32. Runde:	Reifenwechsel nach Dreher, neue Wagenschnauze, Krämpfe im Bein; Platz 5—7
Lehto:	33. Runde:	Reifenwechsel; Platz 6—9
Prost:	34. Runde:	Reifenwechsel; Platz 1
Wendlinger:	37. Runde:	etwas zu später Reifenwechsel; Platz 5—9
Patrese:	44. Runde:	Krämpfe im Bein; Platz 5—12

Ausfälle:

Alliot:	9. Runde:	Getriebe; Platz 14
Barrichello:	11. Runde:	Elektrik, Motor abgestorben; Platz 12
Blundell:	14. Runde:	Unfall; Platz 10
Alesi:	24. Runde:	Wassertemperatur gestiegen, Motorschaden; Platz 5
Barbazza:	33. Runde:	Getriebe; Platz 12
de Cesaris:	48. Runde:	Dreher wegen Aufhängungsproblem; Platz 16
Patrese:	53. Runde:	wegen Krämpfen aufgegeben nach Dreher und Boxenstop; Platz 12
Senna:	63. Runde:	Lichtmaschine; Platz 2

Stand nach 1 Runde: 1. Hill, 2. Prost, 3. Berger, 4. Senna, 5. Alesi, 6. Patrese, 7. Schumacher, 8. Brundle, 9. Wendlinger, 10. Blundell.

Stand nach 10 Runden: 1. Prost (44,300 km in 14:21,139 = 185,197 km/h), 2. Hill —2,556, 3. Senna —3,800, 4. Schumacher —11,369, 5. Berger —16,478, 6. Alesi —17,752, 7. Patrese —18,201, 8. Brundle —18,991, 9. Wendlinger —20,890, 10. Blundell —22,273.

Stand nach 20 Runden: 1. Prost (88,600 km in 28:22,812 = 187,314 km/h), 2. Hill —8,317, 3. Senna —9,576, 4. Schumacher —15,724, 5. Alesi —33,777, 6. Berger —36,879, 7. Patrese —37,290, 8. Brundle —38,052, 9. Wendlinger —39,382, 10. Lehto —44,058.

Stand nach 30 Runden: 1. Prost (132,900 km in 42:23,588 = 188,096 km/h), 2. Senna —14,543, 3. Schumacher —33,806, 4. Hill —36,795, 5. Patrese —52,642, 6. Brundle —53,441, 7. Wendlinger —55,091, 8. Lehto —55,669, 9. Berger —1:06,957, 10. Comas —1:16,138.

Stand nach 40 Runden: 1. Prost (177,200 km in 56:37,175 = 187,780 km/h), 2. Senna —9,221, 3. Schumacher —14,048, 4. Hill —21,554, 5. Patrese —1:04,133, 6. Berger —1:05,728, 7. Brundle —1:06,635, 8. Lehto —1:08,495, 9. Wendlinger —1:14,527, 10. Comas —1:19,950.

Stand nach 50 Runden: 1. Prost (221,500 km in 1.10:24,523 = 188,755 km/h), 2. Senna —12,002, 3. Schumacher —14,661, 4. Hill —24,054, 5. Berger —1:19,361, 6. Brundle —1:21,616, 7. Wendlinger —1 Runde, 8. Lehto, 9. Comas, 10. Fittipaldi.

Stand nach 60 Runden: 1. Prost (265,800 km in 1.24:08,354 = 189,543 km/h), 2. Senna —14,197, 3. Schumacher —15,122, 4. Hill —37,493, 5. Berger —1Runde, 6. Brundle, 7. Wendlinger, 8. Lehto, 9. Comas, 10 Fittipaldi.

Ergebnis:

1. Alain Prost (Frankreich), Williams-Renault	1.36:41,822 = 189,667 km/h	
2. M. Schumacher (Deutschland), Benetton-Ford	1.36:56,349 = 189,193 km/h	14,527 zurück
3. Damon Hill (England), Williams-Renault	1.37:34,507 = 187,960 km/h	52,685 zurück
4. Gerhard Berger (Österreich), Ferrari	1.36:47,277 = 186,742 km/h	1 Runde zurück
5. Martin Brundle (England), Ligier-Renault	1.36:50,860 = 186,627 km/h	1 Runde zurück
6. Karl Wendlinger (Österreich), Sauber	1.37:40,007 = 185,062 km/h	1 Runde zurück
7. Jyrki Järvi Lehto (Finnland), Sauber	1.37:47,988 = 184,810 km/h	1 Runde zurück
8. Erik Comas (Frankreich), Larrousse-Lamborgh.	1.37:56,567 = 184,540 km/h	1 Runde zurück
9. Christian Fittipaldi (Brasilien), Minardi-Ford	1.36:42,085 = 184,161 km/h	2 Runden zurück
10. Johnny Herbert (England), Lotus-Ford	1.36:58,235 = 183,650 km/h	2 Runden zurück
11. Alessandro Zanardi (Italien), Lotus-Ford	1.37:41,435 = 182,296 km/h	2 Runden zurück
12. Thierry Boutsen (Belgien), Jordan-Hart	1.37:41,735 = 182,287 km/h	2 Runden zurück
13. Aguri Suzuki (Japan), Footwork-Mugen	1.37:19,132 = 180,261 km/h	3 Runden zurück
14. Michael Andretti (USA), McLaren-Ford	1.37:42,480 = 179,543 km/h	3 Runden zurück
15. Luca Badoer (Italien), Lola-Ferrari	1.37:00,107 = 187,110 km/h	4 Runden zurück
16. Derek Warwick (England), Footwork-Mugen	1.37:00,405 = 178,101 km/h	4 Runden zurück
17. Ukyo Katayama (Japan), Tyrrell-Yamaha	1.37:41,211 = 174,140 km/h	5 Runden zurück
18. Ayrton Senna (Brasilien), McLaren-Ford	1.27:07,209 = 189,159 km/h	7 Runden zurück

Senna bei Schluß nicht mehr im Rennen, aber gewertet.

Schnellste Runde: Schumacher (Benetton-Ford) 1:21,500 = 195,681 km/h (57. Runde).

Schnellste Runde jedes Fahrers im Rennen: Schumacher 1:21,500 (57.), Prost 1:21,613 (61.), Senna 1:22,015 (57.), Hill 1:22,101 (54.), Berger 1:22,776 (57.), Brundle 1:22,842 (59.), Andretti 1:22,957 (49.), Wendlinger 1:23,377 (53.), Lehto 1:23,447 (41.), Patrese 1:23,778 (48.), Herbert 1:23,359 (54.), Fittipaldi 1:24,674 (43.), Alesi 1:24,745 (21.), Comas 1:24,791 (58.), Boutsen 1:24,874 (54.), Zanardi 1:25,038 (57.), Suzuki 1:25,614 (53.), de Cesaris 1:25,763 (44.), Barbazza 1:25,832 (23.), Katayama 1:25,833 (62.), Blundell 1:26,236 (13.), Badoer 1:26,440 (47.), Barrichello 1:26,579 (9.), Warwick 1:26,657 (54.), Alliot 1:26,825 (8.).

Entwicklung der schnellsten Runde: Hill 1:31,923 (1.), 1:26,072 (2.); Prost 1:25,655 (2.), 1:25,344 (3.); Hill 1:25,316 (4.), 1:25,210 (5.); Prost 1:25,090 (5.), 1:24,606 (7.), 1:24,419 (13.), 1:24,079 (14.), 1:23,974 (15.), 1:23,905 (16.), 1:23,850 (17.), 1:23,704 (18.), 1:23,563 (20.), 1:23,390 (24.), 1:23,045 (29.); Senna 1:23,009 (36.); Prost 1:22,980 (37.); Schumacher 1:22,933 (37.); Senna 1:22,803 (38.); Schumacher 1:22,800 (38.); Senna 1:22,789 (39.); Schumacher 1:22,520 (39.); Prost 1:22,287 (41.), 1:22,192 (46.), 1:21,744 (50.), 1:21,718 (51.); Schumacher 1:21,682 (56.), 1:21,500 (57.).

WM-Stand: 1. Prost 47, 2. Senna 42, 3. Hill 22, 4. Schumacher 20, 5. Brundle 7, 6. Blundell, Herbert je 6, 8. Lehto, Fittipaldi, Patrese, Berger je 5, 12. Alesi 4, 13. Alliot, Andretti, Barbazza je 2, 16. Wendlinger, Zanardi je 1.

Konstrukteur-WM: 1. Williams-Renault 69, 2. McLaren-Ford 44, 3. Benetton-Ford 25, 4. Ligier-Renault 13, 5. Ferrari 9, 6. Lotus-Ford, Minardi-Ford je 7, 8. Sauber 6, 9. Larrousse-Lamborghini 2.

Statistik 22

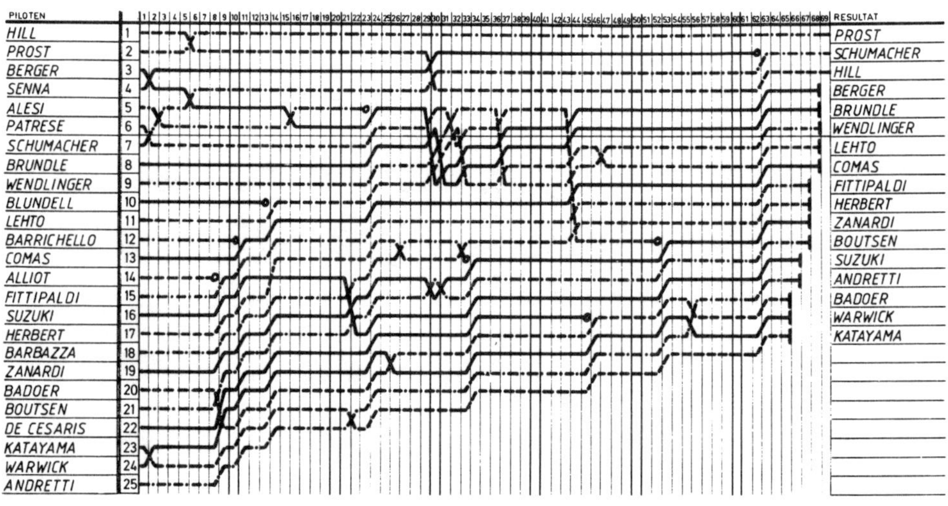

Lauf 8 – Großer Preis von Frankreich – Magny-Cours, 4. Juli 1993

1. Training (inoffiziell)		2. Training (offiziell)		3. Training (inoffiziell)		4. Training (offiziell)	
1. Hill	1:16,266	1. Hill	1:15,051	1. Prost	1:14,758	1. Hill	1:14,382
2. Senna	1:16,351	2. Prost	1:15,725	2. Hill	1:14,979	2. Prost	1:14,524
3. Blundell	1:16,903	3. Schumacher	1:16,720	3. Blundell	1:16,102	3. Brundle	1:16,169
4. Brundle	1:17,608	4. Senna	1:16,782	4. Schumacher	1:16,567	4. Blundell	1:16,203
5. Schumacher	1:17,823	5. Alesi	1:16,825	5. Brundle	1:16,634	5. Senna	1:16,264
6. Wendlinger	1:17,839	6. Blundell	1:16,834	6. Barrichello	1:16,948	6. Alesi	1:16,662
7. Comas	1:17,915	7. Brundle	1:16,847	7. Senna	1:17,113	7. Schumacher	1:16,745
8. Boutsen	1:18,013	8. Barrichello	1:17,347	8. Alesi	1:17,582	8. Barrichello	1:17,168
9. Alesi	1:18,019	9. Suzuki	1:17,441	9. Alliot	1:17,717	9. Comas	1:17,170
10. Patrese	1:18,046	10. Wendlinger	1:17,650	10. Andretti	1:17,934	10. Alliot	1:17,190
11. Alliot	1:18,143	11. Patrese	1:17,675	11. Comas	1:17,946	11. Wendlinger	1:17,315
12. Barrichello	1:18,225	12. Herbert	1:17,862	12. Wendlinger	1:18,103	12. Patrese	1:17,362
13. Suzuki	1:18,365	13. Comas	1:18,180	13. Warwick	1:18,187	13. Berger	1:17,456
14. Lehto	1:18,808	14. Alliot	1:18,230	14. Patrese	1:18,392	14. Suzuki	1:17,518
15. Herbert	1:18,893	15. Zanardi	1:18,331	15. Berger	1:18,408	15. Warwick	1:17,598
16. Berger	1:19,318	16. Andretti	1:18,585	16. Zanardi	1:18,459	16. Andretti	1:17,659
17. Barbazza	1:19,487	17. Boutsen	1:18,685	17. Barbazza	1:18,525	17. Zanardi	1:17,706
18. Andretti	1:19,514	18. Berger	1:18,741	18. Fittipaldi	1:18,632	18. Lehto	1:17,812
19. Fittipaldi	1:19,569	19. Warwick	1:19,180	19. Katayama	1:18,646	19. Boutsen	1:17,997
20. Zanardi	1:19,945	20. Lehto	1:19,252	20. Boutsen	1:18,793	20. Herbert	1:18,104
21. de Cesaris	1:20,223	21. Fittipaldi	1:19,968	21. Lehto	1:18,820	21. Katayama	1:19,143
22. Alboreto	1:21,098	22. Katayama	1:20,553	22. Badoer	1:19,284	22. Badoer	1:19,493
23. Badoer	1:21,404	23. de Cesaris	1:21,024	23. Alboreto	1:20,137	23. Fittipaldi	1:19,519
24. Katayama	1:21,508	24. Barbazza	1:21,113	24. Suzuki	1:20,693	24. Barbazza	1:19,691
25. Prost	1:28,672	25. Badoer	1:21,931	25. Herbert	1:20,831	25. de Cesaris	1:19,856
26. Warwick	5:03,394	26. Alboreto	1:22,106	26. de Cesaris	1:27,976	26. Alboreto	1:20,130

Nicht qualifiziert: Michele Alboreto (Lola-Ferrari) 1:20,130.

Startaufstellung:

Alain Prost
Williams-Renault
FW15C-5, 1:14,524

Damon Hill
Williams-Renault
FW15C-2, 1:14,382

Mark Blundell
Ligier-Renault JS39-05
1:16,203

Martin Brundle
Ligier-Renault JS39-04
1:16,169

Jean Alesi
Ferrari F93A-143
1:16,662

Ayrton Senna
McLaren-Ford MP4/8-6
1:16,264

Rubens Barrichello
Jordan-Hart 193/002
1:17,168

Michael Schumacher
Benetton-Ford B193B-05
1:16,720

Philippe Alliot
Larrousse-Lamborghini
LH93-05, 1:17,190

Erik Comas
Larrousse-Lamborghini
LH93-03, 1:17,170

Riccardo Patrese
Benetton-Ford B193B-01
1:17,362

Karl Wendlinger
Sauber C12-07
1:17,315

Gerhard Berger
Ferrari F93A-144
1:17,456

Aguri Suzuki
Footwork-Mugen
FA14-04, 1:17,441

Michael Andretti
McLaren-Ford MP4/8-7
1:17,659

Derek Warwick
Footwork-Mugen
FA14-05, 1:17,598

J. J. Lehto
Sauber C12-06
1:17,812

Alessandro Zanardi
Lotus-Ford 107B/2
1:17,706

Thierry Boutsen
Jordan-Hart 193-005
1:17,997

Johnny Herbert
Lotus-Ford 107B/3
1:17,862

Luca Badoer
Lola-Ferrari T9330-03
1:19,493

Ukyo Katayama
Tyrrell-Yamaha 020C-03
1:19,143

Fabrizio Barbazza
Minardi-Ford M193-03
1:19,691

Christian Fittipaldi
Minardi-Ford M193-02
1:19,519

Andrea de Cesaris
Tyrrell-Yamaha 020C-07
1:19,856

Höchstgeschwindigkeiten (Freitag): Hill 301,83, Prost 300,23, Schumacher 297,10, Blundell 295,88, Patrese 295,23, Brundle 294,99, Herbert 293,07, Zanardi 191,49, Barrichello 291,18, Alliot 291,10, . . . Berger 289,00, Wendlinger 285,94 km/h. — (Samstag): Prost 304,03, Hill 303,09, Brundle 300,40, Patrese 300,15, Blundell 299,57, Schumacher 297,84, Barrichello 296,20, Boutsen 194,11, Herbert 292,20, Suzuki 291,89, . . . Berger 290,63, Wendlinger 286,47 km/h.

Auf der Ziellinie (Freitag): Hill 143,42, Prost 140,62, Alesi 137,25, Barrichello 136,97, Lehto 136,88, Schumacher 136,36, Blundell 136,33, Comas 136,02, Herbert 135,66, Fittipaldi 135,23, Wendlinger 134,46, Berger 134,10 km/h. — (Samstag): Prost 144,66, Hill 143,98, Barbazza 140,38, Alesi 139,70, Blundell 138,32, Schumacher 137,69, Barrichello 137,51, Lehto 137,42, Berger 137,00, Alliot 136,99, Wendlinger 136,95 km/h.

Aufwärmtraining: 1. Prost 1:19,147, 2. Hill 1:19,171, 3. Senna 1:19,819, 4. Alesi 1:20,020, 5. Schumacher 1:20,187, 6. Wendlinger 1:20,257, 7. Brundle 1:20,886, 8. Suzuki 1:20,890, 9. Blundell 1:20,002, 10. Comas 1:21,108, . . . 17. Berger 1:21,667.

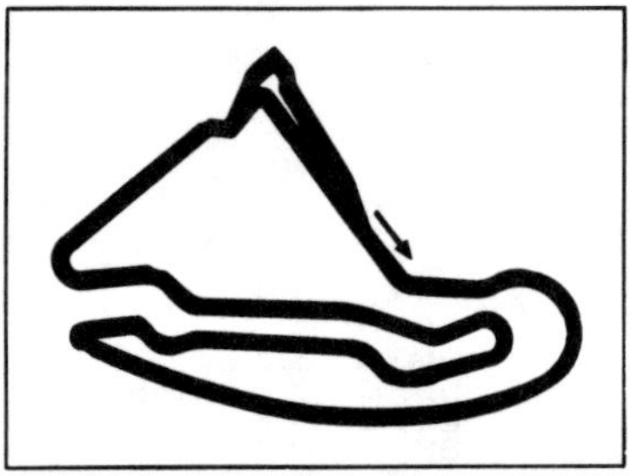

Rekorde: Training: Mansell (Williams-Renault FW 14 B) 1:13,864 = 207,137 km/h (1992); Rennen: Mansell (Williams-Renault FW 14 B) 1:17,070 = 198,521 km/h (1992). — Distanz: Mansell (Williams-Renault FW 14) 188,271 km/h (1991).

Wetter am Renntag: schön und heiß wie an allen Trainingstagen; 70.000 Zuschauer.

Distanz: 72 Runden à 4,250 km = 306,000 km.

Boxenstops:

Berger:	19. Runde:	Reifenwechsel; Platz 16—19
Boutsen:	20. Runde:	Reifenwechsel in 6,81 sec; Platz 20
Comas:	22. Runde:	Reifenwechsel; Platz 8—12
Wendlinger:	22. Runde:	Reifenwechsel; Platz 9—13
Warwick:	22. Runde:	Reifenwechsel; Platz 16—17
Patrese:	24. Runde:	Reifenwechsel in 6,15 sec; Platz 8—12
Brundle:	25. Runde:	Reifenwechsel; Platz 3—5
Alesi:	25. Runde:	Reifenwechsel; Platz 8—10
Alliot:	25. Runde:	Reifenwechsel; Platz 12—13
Wendlinger:	25. Runde:	Reifenwechsel, Stop dauerte 4 min; Platz 18—19
Senna:	26. Runde:	Reifenwechsel in 5,72 sec; Platz 3—4
Schumacher:	26. Runde:	Reifenwechsel; Platz 4—5
Barrichello:	26. Runde:	Reifenwechsel; Platz 6
Suzuki:	26. Runde:	Reifenwechsel; Platz 7—17
Andretti:	26. Runde:	Reifenwechsel; Platz 8—10
Hill:	27. Runde:	Reifenwechsel in 7,47 sec; Platz 1—2
Badoer:	27. Runde:	Reifenwechsel in 10,01 sec; Platz 12—17
de Cesaris:	28. Runde:	Reifenwechsel; Platz 18
Prost:	29. Runde:	Reifenwechsel in 6,94 sec; Platz 1
Berger:	41. Runde:	zweiter Reifenwechsel; Platz 12—16
Schumacher:	45. Runde:	Reifenwechsel; Platz 5
Brundle:	47. Runde:	Reifenwechsel in 5,22 sec; Platz 3—4
Patrese:	49. Runde:	Reifenwechsel in 6,31 sec; Platz 10
Andretti:	51. Runde:	Reifenwechsel; Platz 8
Berger:	60. Runde:	dritter Reifenwechsel; Platz 16
Patrese:	60. Runde:	Schnauze getauscht nach Kollision mit Fittipaldi; Platz 10—11

Ausfälle:

Zanardi:	4. Runde:	aktive Radaufhängung defekt; Platz 18—25
Katayama:	10. Runde:	Motor; Platz 14
Barbazza:	17. Runde:	von der Piste; Platz 22
Herbert:	17. Runde:	Unfall, von der Strecke; Platz 17
Blundell:	21. Runde:	Dreher; Platz 4
Lehto:	23. Runde:	Getriebe; Platz 12
Wendlinger:	26. Runde:	Getriebe; Platz 19
Badoer:	29. Runde:	Aufhängung; Platz 17
Alesi:	48. Runde:	Motor; Platz 11

Stand nach 1 Runde: 1. Hill, 2. Prost, 3. Brundle, 4. Blundell, 5. Senna, 6. Schumacher, 7. Alesi, 8. Barrichello, 9. Comas, 10. Wendlinger, . . . 15. Berger.

Stand nach 10 Runden: 1. Hill (42,500 km in 13:57,502 = 187,156 km/h), 2. Prost —0,665, 3. Brundle —14,360, 4. Blundell —19,460, 5. Senna —20,289, 6. Schumacher —20,960, 7. Barrichello —28,083, 8. Alesi —35,080, 9. Comas —35,752, 10. Wendlinger —36,876, . . . 16. Berger —50,265.

Stand nach 20 Runden: 1. Hill (85,000 km in 27:23,744 = 186,160 km/h), 2. Prost —0,577, 3. Brundle —20,890, 4. Blundell —27,996, 5. Senna —29,316, 6. Schumacher —30,221, 7. Barrichello —42,067, 8. Alesi —1:00,606, 9. Comas —1:01,185, 10. Wendlinger —1:02,123, . . . 19. Berger —1 Runde.

Stand nach 30 Runden: 1. Prost (127,500 km in 41:21,460 = 184,972 km/h), 2. Hill —0,526, 3. Brundle —33,707, 4. Senna —35,183, 5. Schumacher —38,051, 6. Barrichello —1:02,887, 7. Comas —1:18,012, 8. Alesi —1 Runde, 9. Andretti, 10. Fittipaldi, . . . 12. Berger.

Stand nach 40 Runden: 1. Prost (170,000 km in 54:51,795 = 185,917 km/h), 2. Hill —0,595, 3. Brundle —44,599, 4. Senna —45,624, 5. Schumacher —47,558, 6. Barrichello —1 Runde, 7. Comas, 8. Andretti, 9. Alesi, 10. Fittipaldi, . . . 12. Berger.

Stand nach 50 Runden: 1. Prost (212,500 km in 1.08:27,614 = 186,240 km/h), 2. Hill —0,563, 3. Senna —44,739, 4. Schumacher —52,996, 5. Brundle —57,153, 6. Barrichello —1 Runde, 7. Comas, 8. Andretti, 9. Fittipaldi, 10. Patrese, . . . 15. Berger —2 Runden.

Stand nach 60 Runden: 1. Prost (255,000 km in 1.22:02,811 = 186,479 km/h), 2. Hill —0,701, 3. Senna —40,978, 4. Schumacher —41,626, 5. Brundle —47,290, 6. Barrichello —1 Runde, 7. Comas, 8. Andretti, 9. Fittipaldi, 10. Patrese, . . . 15. Berger —2 Runden.

Stand nach 70 Runden: 1. Prost (297,500 km in 1.35:48,858 = 186,298 km/h), 2. Hill —1,001, 3. Schumacher —22,865, 4. Senna —33,484, 5. Brundle —35,380, 6. Barrichello —1 Runde, 7. Andretti, 8. Fittipaldi, 9. Alliot —2 Runden, 10. Patrese, . . . 14. Berger.

Ergebnis:

1. Alain Prost (Frankreich), Williams-Renault	1.38:35,241 = 186,231 km/h	
2. Damon Hill (England), Williams-Renault	1.38:35,583 = 186,220 km/h	0,342 zurück
3. M. Schumacher (Deutschland), Benetton-Ford	1.38:56,450 = 185,565 km/h	21,203 zurück
4. Ayrton Senna (Brasilien), McLaren-Ford	1.39:07,646 = 185,216 km/h	32,405 zurück
5. Martin Brundle (England), Ligier-Renault	1.39:09,036 = 185,173 km/h	33,795 zurück
6. Michael Andretti (USA), McLaren-Ford	1.39:07,992 = 182,633 km/h	1 Runde zurück
7. Rubens Barrichello (Brasilien), Jordan-Hart	1.39:11,495 = 182,526 km/h	1 Runde zurück
8. Christian Fittipaldi (Brasilien), Minardi-Ford	1.39:44,534 = 181,518 km/h	1 Runde zurück
9. Ph. Alliot (Frankreich), Larrousse-Lamborghini	1.38:48,610 = 180,649 km/h	2 Runden zurück
10. Riccardo Patrese (Italien), Benetton-Ford	1.38:49,242 = 180,630 km/h	2 Runden zurück
11. Thierry Boutsen (Belgien), Jordan-Hart	1.39:06,464 = 180,107 km/h	2 Runden zurück
12. Aguri Suzuki (Japan), Footwork Mugen-Honda	1.39:07,006 = 180,091 km/h	2 Runden zurück
13. Derek Warwick (England), Footwork Mugen-H.	1.39:19,436 = 179,715 km/h	2 Runden zurück
14. Gerhard Berger (Österreich), Ferrari	1.39:20,034 = 179,670 km/h	2 Runden zurück
15. Andrea de Cesaris (Italien), Tyrrell-Yamaha	1.38,54,652 = 175,309 km/h	4 Runden zurück
16. Erik Comas (Frankreich), Larrousse-Lamborgh.	1.32:34,895 = 181,786 km/h	6 Runden zurück

Comas bei Rennschluß nicht mehr im Rennen, aber gewertet.

Schnellste Runde: Schumacher (Benetton-Ford) 1:19,256 = 193,045 km/h (47. Runde).

Schnellste Runde jedes Fahrers im Rennen: Schumacher 1:19,256 (47.), Brundle 1:19,919 (49.), Senna 1:20,521 (58.), Prost 1:20,530 (41.), Hill 1:20,542 (35.), Patrese 1:20,626 (52.), Andretti 1:20,631 (61.), Alliot 1:21,737 (64.), Berger 1:21,898 (69.), Comas 1:22,024 (61.), Barrichello 1:22,105 (52.), Suzuki 1:22,420 (67.), Fittipaldi 1:22,446 (44.), Boutsen 1:22,738 (59.), Warwick 1:22,867 (58.), Alesi 1:22,917 (35.), Blundell 1:22,939 (6.), de Cesaris 1:24,065 (59.), Wendlinger 1:24,376 (3.), Lehto 1:24,735 (7.), Herbert 1:25,136 (4.), Badoer 1:25,196 (4.), Barbazza 1:25,286 (9.), Katayama 1:25,933 (4.), Zanardi 1:26,538 (2.).

Entwicklung der schnellsten Runde: Hill 1:23,210 (1.), 1:20,681 (2.); Prost 1:20,533 (35.), 1:20,530 (41.); Schumacher 1:19,256 (47.).

WM-Stand: 1. Prost 57, 2. Senna 45, 3. Hill 28, 4. Schumacher 24, 5. Brundle 9, 6. Herbert, Blundell je 6, 8. Fittipaldi, Patrese, Berger, Lehto je 5, 12. Alesi 4, 13. Andretti 3, 14. Barbazza, Alliot je 2, 16. Wendlinger, Zanardi je 1.

Konstrukteur-WM: 1. Williams-Renault 85, 2. McLaren-Ford 48, 3. Benetton-Ford 29, 4. Ligier-Renault 15, 5. Ferrari 9, 6. Minardi-Ford, Lotus-Ford je 7, 8. Sauber 6, 9. Larrousse-Lamborghini 1.

Statistik 25

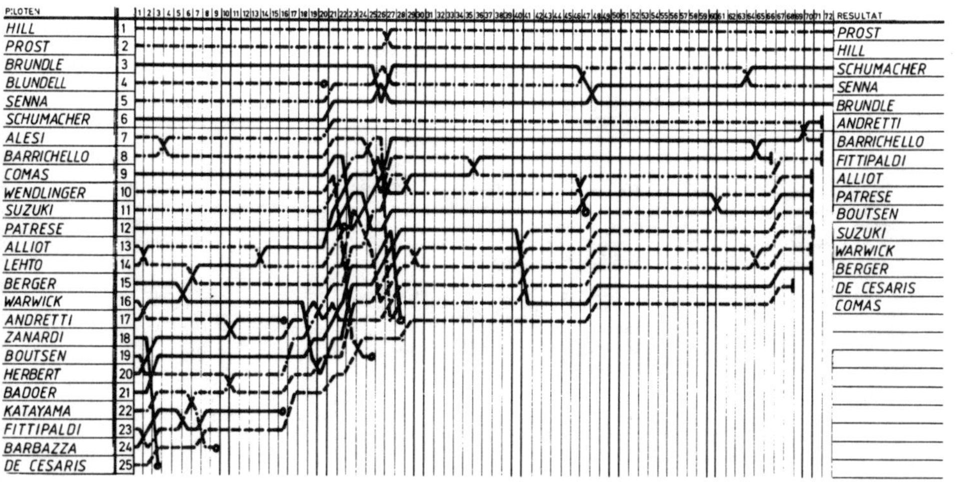

Lauf 9 – Großer Preis von England – Silverstone, 11. Juli 1993

1. Training (inoffiziell)		2. Training (offiziell)		3. Training (inoffiziell)		4. Training (offiziell)	
1. Hill	1:53,438	1. Prost	1:34,483	1. Hill	1:20,434	1. Prost	1:19,006
2. Senna	1:54,981	2. Hill	1:36,297	2. Prost	1:20,436	2. Hill	1:19,134
3. Alesi	1:56,214	3. Senna	1:37,050	3. Schumacher	1:21,513	3. Schumacher	1:20,401
4. Badoer	1:58,537	4. Schumacher	1:37,264	4. Patrese	1:22,428	4. Senna	1:21,986
5. Alboreto	2:01,647	5. Alesi	1:37,899	5. Herbert	1:22,734	5. Patrese	1:22,364
6. Alliot	2:05,671	6. Berger	1:37,976	6. Suzuki	1:23,372	6. Brundle	1:22,421
7. Katayama	2:09,455	7. Andretti	1:38,283	7. Blundell	1:23,413	7. Herbert	1:22,487
8. Brundle	2:13,550	8. Patrese	1:38,371	8. Andretti	1:23,426	8. Warwick	1:22,834
9. de Cesaris	2:14,708	9, Brundle	1:38,384	9. Zanardi	1:23,453	9. Blundell	1:22,885
10. Comas	2:15,760	10. Warwick	1:39,433	10. Senna	1:23,573	10. Suzuki	1:23,077
11. Martini	2:17,312	11. Lehto	1:39,821	11. Brundle	1:23,588	11. Andretti	1:23,114
12. Blundell	2:23,630	12. Suzuki	1:40,537	12. Barrichello	1:23,617	12. Alesi	1:23,203
13. Herbert	2:47,005	13. de Cesaris	1:40,624	13. Lehto	1:23,810	13. Berger	1:23,257
14. Wendlinger	3:19,601	14. Martini	1:40,851	14. Alesi	1:23,845	14. Zanardi	1:23,533
15. Lehto	3:36,612	15. Barrichello	1:40,869	15. Warwick	1:23,941	15. Barrichello	1:23,635
16. Zanardi	3:52,091	16. Herbert	1:41,037	16. Wendlinger	1:24,321	16. Lehto	1:24,071
17. Berger	7:31,385	17. Fittipaldi	1:41,726	17. Berger	1:24,336	17. Comas	1:24,139
18. Suzuki	8:36,262	18. Badoer	1:41,838	18. Comas	1:24,393	18. Wendlinger	1:24,525
19. Fittipaldi	10:58,684	19. Zanardi	1:41,908	19. de Cesaris	1:25,121	19. Fittipaldi	1:24,664
20. Andretti	11:19,855	20. Comas	1:41,926	20. Katayama	1:25,379	20. Martini	1:24,718
21. Warwick	13:05,786	21. Wendlinger	1:41,940	21. Boutsen	1:25,491	21. de Cesaris	1:25,254
22. Prost	23:06,568	22. Alliot	1:41,985	22. Alliot	1:25,592	22. Katayama	1:25,343
23. Boutsen	27:40,089	23. Alboreto	1:42,844	23. Martini	1:25,950	23. Boutsen	1:25,363
24. Barrich.	31:28,598	24. Boutsen	1:42,957	24. Fittipaldi	1:26,151	24. Alliot	1:25,397
		25. Katayama	1:43,173	25. Badoer	1:26,278	25. Badoer	1:26,239
		26. Blundell	9:32,793	26. Alboreto	1:27,193	26. Alboreto	1:26,520

Nicht qualifiziert: Michele Alboreto (Lola-Ferrari) 1:26,520.

Startaufstellung:

Alain Prost
Williams-Renault
FW15C-4, 1:19,006

Damon Hill
Williams-Renault
FW15C-2, 1:19,134

Michael Schumacher
Benetton-Ford B193B-05
1:20,401

Ayrton Senna
McLaren-Ford MP4/8-6
1:21,986

Riccardo Patrese
Benetton-Ford B193B-02
1:22,364

Martin Brundle
Ligier-Renault JS39-04
1:22,421

Johnny Herbert
Lotus-Ford 107B/3
1:22,487

Derek Warwick
Footwork-Mugen
FA14-05, 1:22,834

Mark Blundell
Ligier-Renault JS39-05
1:22,885

Aguri Suzuki
Footwork-Mugen
FA14-04, 1:23,077

Michael Andretti
McLaren-Ford MP4/8-7
1:23,114

Jean Alesi
Ferrari F93A-143
1:23,203

Gerhard Berger
Ferrari F93A-142
1:23,257

Alessandro Zanardi
Lotus-Ford 107B/2
1:23,533

Rubens Barrichello
Jordan-Hart 193/002
1:23,635

J. J. Lehto
Sauber C12-06
1:24,071

Erik Comas
Larrousse-Lamborghini
LH93-03, 1:24,139

Karl Wendlinger
Sauber C12-07
1:24,525

Christian Fittipaldi
Minardi-Ford M193-02
1:24,664

Pierluigi Martini
Minardi-Ford M193-03
1:24,718

Andrea de Cesaris
Tyrrell-Yamaha 021-01
1:25,254

Ukyo Katayama
Tyrrel-Yamaha 021-02
1:25,343

Thierry Boutsen
Jordan-Hart 193-005
1:26,239

Philippe Alliot
Larrousse-Lamborghini
LH93-05, 1:25,397

Luca Badoer
Lola-Ferrari T9330-03
1:26,239

Höchstgeschwindigkeiten auf der Hangar-Geraden (Freitag): Hill 290,03, Prost 285,73, Barrichello 284,91, Lehto 282,89, Zanardi 282,89, Alliot 282,59, Brundle 280,98, Wendlinger 279,89, Senna 279,89, Patrese 278,16, . . . Schumacher 275,74, Berger 275,60 km/h. — (Samstag): Hill 306,57, Prost 303,96, Warwick 300,60, Brundle 299,60, Blundell 298,52, Schumacher 297,62, Patrese 295,83, Suzuki 295,75, Berger 294,22, Comas 294,06, . . . Wendlinger 290,58 km/h.

Geschwindigkeiten auf der Ziellinie (Freitag): Prost 267,76, Hill 266,58, Schumacher 260,74, Patrese 260,44, Lehto 260,34, Barrichello 258,82, Brundle 258,62, Alesi 258,32, Wendlinger 258,22, Andretti 257,42, Berger 257,22 km/h. — (Samstag): Prost 281,32, Hill 279,78, Schumacher 278,03, Patrese 277,80, Blundell 276,19, Berger 275,50, Brundle 275,05, Suzuki 273,25, Katayama 273,25, Lehto 272,91, . . . Wendlinger 289,60 km/h.

Sonntagmorgen-Aufwärmtraining: 1. Prost 1:24,430, 2. Hill 1:24,626, 3. Schumacher 1:26,108, 4. Comas 1:27,170, 5. Warwick 1:27,233, 6. Patrese 1:27,360, 7. Herbert 1:27,508, 8. Berger 1:27,602, 9. Suzuki 1:27,670, 10. Andretti 1:27,701, 11. Wendlinger 1:27,721.

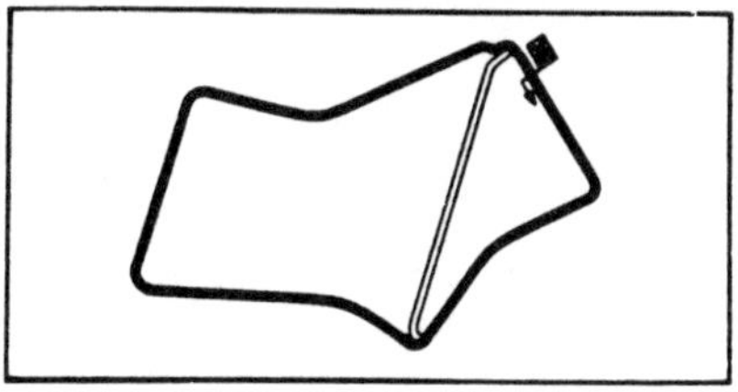

Rekorde: Training: Mansell (Williams-Renault FW 14 B) 1:18,965 = 238,252 km/h (1992); Rennen: Mansell (Williams-Renault FW 14 B) 1:22,539 = 227,936 km/h (1992). — Distanz: Mansell (Williams-Renault FW 14 B) 215,828 km/h (1992).

Wetter am Renntag: windig und bewölkt; knapp über 100.000 Zuschauer an allen drei Tagen, Sonntag nur 70.000.

Distanz: 59 Runden à 5,226 km = 308,334 km.

Boxenstops:

Berger:	9. Runde:	Reifenwechsel, weil Ersatzauto unfahrbar; Platz 12—19
Katayama:	20. Runde:	Reifenwechsel, Motoreinstellung korrigiert; Platz 20—21
Barrichello:	21. Runde:	Reifenwechsel in 6,3 sec; Platz 11—13
Alesi:	22. Runde:	Reifenwechsel, Problem Hinterreifen; Platz 12—18
Lehto:	22. Runde:	Reifenwechsel; Platz 11—14
Zanardi:	23. Runde:	Reifenwechsel in 9,21 sec; Platz 12—17
de Cesaris:	23. Runde:	Reifenwechsel; Platz 20
Brundle:	24. Runde:	Reifenwechsel in 6,75 sec; Platz 5—6
Boutsen:	24. Runde:	Reifenwechsel; Platz 16—18
Senna:	25. Runde:	Reifenwechsel in 5,11 sec; Platz 4—6
Warwick:	25. Runde:	Reifenwechsel; Platz 8—9
Badoer:	25. Runde:	Reifenwechsel; Platz 22
Schumacher:	26. Runde:	Reifenwechsel in 5,55 sec; Platz 3
Patrese:	28. Runde:	Reifenwechsel; Platz 4—6
Herbert:	28. Runde:	Reifenwechsel; Platz 5—7
Prost:	29. Runde:	Reifenwechsel bei 10 Sekunden Rückstand auf Hill in 8,02 sec; Platz 2
Hill:	30. Runde:	Reifenwechsel bei 21 Sekunden Vorsprung auf Prost in 7,61 sec; Platz 1
Martini:	30. Runde:	Reifenwechsel; Platz 15—17
de Cesaris:	30. Runde:	Reifenwechsel; Platz 19—20
de Cesaris:	31. Runde:	Aufhängung verbogen bei Kollision mit Badoer; Platz 20
de Cesaris:	33. Runde:	Aufhängungsteile ausgetauscht, Stop dauerte 6 min; Platz 19

Ausfälle:

Comas:	am Start:	Antriebswelle gebrochen
Andretti:	1. Runde:	in der ersten Kurve nach außen abgedrängt, Unfall
Suzuki:	9. Runde:	Unfall; Platz 15
Berger:	11. Runde:	nach Defekt der aktiven Radaufhängung aufgegeben, Auto unfahrbar; Platz 22
Wendlinger:	25. Runde:	Unfall in Stowe-Kurve nach Hangar-Geraden beim Herunterschalten, Heck brach im 4. Gang aus; Platz 10
Martini:	32. Runde:	zu schwere Lenkung, vor Erschöpfung nach achtmonatiger Rennpause aufgegeben; Platz 17
Badoer:	33. Runde:	nach Kollision mit de Cesaris Motorschaden auf der Zielgeraden, seitlich geparkt, darauf Einsatz des Pace-Cars; Platz 17
Boutsen:	42. Runde:	Radlagerschaden rechts hinten; Platz 16
Zanardi:	42. Runde:	Unfall, weil aktive Radaufhängung defekt; Platz 15
Hill:	42. Runde:	Motorschaden; Platz 1
Brundle:	54. Runde:	Getriebeschaden, alle Gänge defekt; Platz 4
Fittipaldi:	56. Runde:	Getriebeschaden; Platz 9
Senna:	59. Runde:	Sprit ausgegangen, Computer zeigte falsch an; Platz 3

Stand nach 1 Runde: 1. Hill, 2. Senna, 3. Prost, 4. Schumacher, 5. Brundle, 6. Patrese, 7. Herbert, 8. Alesi, 9. Blundell, 10. Berger, . . . 13. Wendlinger.

Stand nach 10 Runden: 1. Hill (52,260 km in 14:30,999 = 216,000 km/h), 2. Prost —7,807, 3. Schumacher —14,965, 4. Senna —16,638, 5. Brundle —18,394, 6. Patrese —21,496, 7. Herbert —23,265, 8. Warwick —39,969, 9. Blundell —41,403, 10. Alesi —42,829, . . . 13. Wendlinger —51,397.

Stand nach 20 Runden: 1. Hill (104,520 km in 28:48,629 = 217,671 km/h), 2. Prost —6,804, 3. Schumacher —18,810, 4. Senna —31,949, 5. Brundle —37,251, 6. Patrese —40,592, 7. Herbert —43,765, 8. Warwick —1:00,638, 9. Blundell —1:01,658, 10. Alesi —1:15,605, . . . 13. Wendlinger —1:17,778.

Stand nach 30 Runden: 1. Hill (156,780 km in 43:08,854 = 218,015 km/h), 2. Prost —21,675, 3. Schumacher —41,113, 4. Senna —59,490, 5. Brundle —1:11,869, 6. Patrese —1:17,463, 7. Herbert —1:20,358, 8. Blundell —1 Runde, 9. Warwick, 10. Lehto.

Stand nach 40 Runden: 1. Hill (209,040 km in 59:00,230 = 212,569 km/h), 2. Prost —0,793, 3. Schumacher —6,568, 4. Senna —14,686, 5. Brundle —15,180, 6. Patrese —16,278, 7. Herbert —17,338, 8. Blundelel —1 Runde, 9. Warwick, 10. Lehto.

Stand nach 50 Runden: 1.Prost 1.13:03,030 = 214,619 km/h), 2. Schumacher —4,180, 3. Senna —35,575, 4. Brundle —51,869, 5. Patrese —52,535, 6. Herbert —52,977, 7. Warwick —1 Runde, 8. Blundell, 9. Lehto, 10. Fittipaldi.

Ergebnis:

1.	Alain Prost (Frankreich), Williams-Renault	1.25:38,189 = 216,030 km/h	
2.	M. Schumacher (Deutschland), Benetton-Ford	1.25:45,849 = 215,708 km/h	7,660 zurück
3.	Riccardo Patrese (Italien), Benetton-Ford	1.26:55,671 = 212,821 km/h	1:17,482 zurück
4.	Johhny Herbert (England), Lotus-Ford	1.26:56,596 = 212,783 km/h	1:18,407 zurück
5.	Ayrton Senna (Brasilien), McLaren-Ford	1.25:12,418 = 213,439 km/h	1 Runde zurück
6.	Derek Warwick (England), Footwork-Mugen-H.	1.26:26,627 = 210,385 km/h	1 Runde zurück
7.	Mark Blundell (England), Ligier-Renault	1.26:29,346 = 210,275 km/h	1 Runde zurück
8.	Jyrki Järvi Lehto (Finnland), Sauber	1.26:30,400 = 210,232 km/h	1 Runde zurück
9.	Jean Alesi (Frankreich), Ferrari	1.26:54,135 = 209,275 km/h	1 Runde zurück
10.	Rubens Barrichello (Brasilien), Jordan-Hart	1.26:54,796 = 209,249 km/h	1 Runde zurück
11.	Ph. Alliot (Frankreich), Larrousse-Lamborghini	1.26:16,976 = 207,143 km/h	2 Runden zurück
12.	Christian Fittipaldi (Brasilien), Minardi-Ford	1.24:06,581 = 208,767 km/h	3 Runden zurück
13.	Ukyo Katayama (Japan), Tyrrell-Yamaha	1.27:07,243 = 197,953 km/h	4 Runden zurück
14.	Martin Brundle (England), Ligier-Renault	1.18:18,904 = 212,203 km/h	6 Runden zurück

Senna, Fittipaldi, Brundle bei Rennschluß nicht mehr im Rennen, aber gewertet. — Aufgrund der zu geringen zurückgelegten Distanz nicht gewertet: de Cesaris (43 Runden).

Schnellste Runde: Hill (Williams-Renault) 1:22,515 = 228,002 km/h (41. Runde).

Schnellste Runde jedes Fahrers im Rennen: Hill 1:22,515 (41.), Prost 1:22,534 (52.), Schumacher 1:22,873 (51.), Blundell 1:24,655 (51.), Senna 1:24,886 (46.), Patrese 1:25,172 (48.), Brundle 1:25,208 (35.), Warwick 1:25,222 (57.), Herbert 1:25,455 (32.), Lehto 1:25,547 (54.), Alesi 1:25,733 (57.), Barrichello 1:25,848 (56.), Fittipaldi 1:26,428 (55.), Zanardi 1:26,695 (32.), Wendlinger 1:27,836 (18.), Boutsen 1:27,885 (30.), Alliot 1:28,106 (34.), de Cesaris 1:28,320 (42.), Martini 1:28,494 (27.), Badoer 1:29,474 (29.), Suzuki 1:29,968 (8.), Berger 1:30,293 (8.), Katayama 1:30,819 (23.).

Entwicklung der schnellsten Runde: Hill 1:32,944 (1.), 1:27,613 (2.), 1:27,472 (3.), 1:26,700 (4.), 1:26,468 (5.), 1:26,083 (6.), 1:26,023 (8.), 1:25,609 (9.); Prost 1:25,481 (10.), 1:25,375 (12.), 1:25,182 (13.), 1:25,180 (17.), 1:25,043 (18.), 1:24,621 (22.), 1:24,497 (24.); Hill 1:24,430 (26.); Prost 1:24,320 (26.), 1:23,889 (31.), 1:23,341 (34.); Hill 1:22,515 (41.).

WM-Stand: 1. Prost 67, 2. Senna 47, 3. Schumacher 30, 4. Hill 28, 5. Patrese, Brundle, Herbert je 9, 8. Blundell 6, 9. Lehto, Fittipaldi, Berger je 5, 12. Alesi 4, 13. Andretti 3, 14. Alliot, Barbazza je 2, 16. Wendlinger, Zanardi, Warwick je 1.

Konstrukteur-WM: 1. Williams-Renault 95, 2. McLaren-Ford 50, 3. Benetton-Ford 39, 4. Ligier-Renault 15, 5. Lotus-Ford 10, 6. Ferrari 9, 7. Minardi-Ford 7, 8. Sauber 6, 9. Larrousse-Lamborghini 2, 10. Footwork Mugen-Honda 1.

Statistik 28

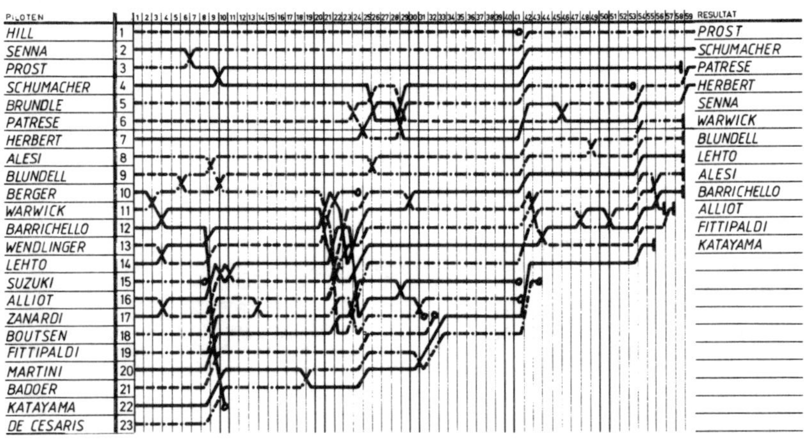

Lauf 10 – Großer Preis von Deutschland – Hockenheim, 25. Juli 1993

1. Training (inoffiziell)		2. Training (offiziell)		3. Training (inoffiziell)		4. Training (offiziell)	
1. Prost	1:39,581	1. Prost	1:39,046	1. Prost	1:38,817	1. Prost	1:38,748
2. Hill	1:40,171	2. Schumacher	1:39,640	2. Hill	1:39,247	2. Hill	1:38,905
3. Blundell	1:40,226	3. Hill	1:40,211	3. Schumacher	1:39,567	3. Schumacher	1:39,580
4. Schumacher	1:40,756	4. Blundell	1:40,279	4. Senna	1:39,714	4. Senna	1:39,616
5. Brundle	1:41,109	5. Senna	1:40,642	5. Suzuki	1:41,058	5. Blundell	1:40,135
6. Patrese	1:41,315	6. Brundle	1:40,916	6. Blundell	1:41,110	6. Brundle	1:40,855
7. Berger	1:41,501	7. Patrese	1:41,101	7. Brundle	1:41,165	7. Suzuki	1:41,220
8. Comas	1:41,554	8. Suzuki	1:41,138	8. Berger	1:41,364	8. Berger	1:41,242
9. Alesi	1:41,641	9. Berger	1:41,290	9. Patrese	1:41,435	9. Patrese	1:41,292
10. Martini	1:41,677	10. Alesi	1:41,304	10. Warwick	1:42,158	10. Warwick	1:41,449
11. Herbert	1:41,974	11. Andretti	1:41,531	11. Barrichello	1:42,171	11. Wendlinger	1:41,642
12. Wendlinger	1:42,075	12. Herbert	1:41,564	12. Alliot	1:42,270	12. Alesi	1:41,726
13. Barrichello	1:42,204	13. Zanardi	1:41,858	13. Alesi	1:42,288	13. Comas	1:41,945
14. Andretti	1:42,440	14. Wendlinger	1:41,922	14. Comas	1:42,592	14. Barrichello	1:42,025
15. Suzuki	1:42,520	15. Comas	1:42,086	15. Lehto	1:42,598	15. Lehto	1:42,032
16. Senna	1:42,777	16. Barrichello	1:42,152	16. Boutsen	1:42,664	16. de Cesaris	1:42,203
17. Katayama	1:43,023	17. Fittipaldi	1:42,658	17. Wendlinger	1:42,842	17. Andretti	1:42,468
18. Fittipaldi	1:43,082	18. Martini	1:42,787	18. Martini	1:43,073	18. Katayama	1:42,682
19. Zanardi	1:43,170	19. Lehto	1:42,845	19. de Cesaris	1:43,089	19. Alliot	1:42,910
20. Alliot	1:43,255	20. Alliot	1:42,912	20. Fittipaldi	1:43,156	20. Herbert	1:42,970
21. de Cesaris	1:43,747	21. Warwick	1:42,977	21. Herbert	1:43,609	21. Boutsen	1:43,007
22. Warwick	1:43,843	22. Badoer	1:43,345	22. Andretti	1:43,619	22. Martini	1:43,353
23. Boutsen	1:44,434	23. de Cesaris	1:43,471	23. Zanardi	1:43,640	23. Zanardi	1:43,561
24. Badoer	1:44,456	24. Boutsen	1:43,476	24. Badoer	1:44,201	24. Fittipaldi	1:44,058
25. Alboreto	1:46,170	25. Alboreto	1:44,198	25. Alboreto	1:44,338	25. Alboreto	1:44,166
26. Lehto	1:48,837	26. Katayama	1:46,709	26. Katayama	1:44,388	26. Badoer	1:44,641

Startaufstellung:

Alain Prost
Williams-Renault
FW15C-5, 1:38,748

Damon Hill
Williams-Renault
FW15C-2, 1:38,905

Michael Schumacher
Benetton-Ford
B192B-01, 1:39,580

Ayrton Senna
McLaren-Ford MP4/8-6
1:39,616

Mark Blundell
Ligier-Renault JS39-02
1:40,135

Martin Brundle
Ligier-Renault JS39-04
1:40,855

Riccardo Patrese
Benetton-Ford
B193B-02, 1:41,101

Aguri Suzuki
Footwork-Mugen
FA14-04, 1:41,138

Gerhard Berger
Ferrari F93-142
1:41,242

Jean Alesi
Ferrari F93A-143
1:41,304

Derek Warwick
Footwork-Mugen
FA14-01, 1:41,449

Michael Andretti
McLaren-Ford MP4/8-7
1:41,531

Johnny Herbert
Lotus-Ford 107B/3
1:41,564

Karl Wendlinger
Sauber C12-07
1:41,642

Alessandro Zanardi
Lotus-Ford 107B/2
1:41,858

Erik Comas
Larrousse-Lamborghini
1:41,945

Rubens Barrichello
Jordan-Hart 193/002
1:42,025

J. J. Lehto
Sauber C12-06
1:42,032

Andrea de Cesaris
Tyrrell-Yamaha 021-01
1:42,203

Christian Fittipaldi
Minardi-Ford M193-02
1:42,658

Ukyo Katayama
Tyrrell-Yamaha 021-02
1:42,682

Pierluigi Martini
Minardi-Ford M193-03
1:42,786

Philippe Alliot
Larrousse-Lamborghini
LH93-05, 1:42,910

Thierry Boutsen
Jordan-Hart 193/005
1:43,007

Luca Badoer
Lola-Ferrari T9330-03
1:43,345

Michele Alboreto
Lola-Ferrari T9330-01
1:44,165

Höchstgeschwindigkeit vor der 1. Schikane (Freitag): Hill 340,69, Brundle 339,73, Blundell 338,56, Comas 336,97, Warwick 336,24, Schumacher 335,72, Alesi 335,20, Suzuki 334,99, Andretti 334,88, Herbert 334,06, . . . Berger 332,31, Wendlinger 328,37 – (Samstag): Prost 342,42, Hill 340,69, Brundle 339,20, Blundell 336,97, Warwick 336,97, Patrese 335,40, Alboreto 335,30, Herbert 335,20, Comas 335,09, Barrichello 334,88, . . . Schumacher 332,51, Wendlinger 332,31, Berger 331,09.

Vor der 3. Schikane (Freitag): Hill 332,32, Blundell 331,52, Alesi 331,02, Prost 330,92, Brundle 328,33, Comas 327,94, Berger 327,06, Senna 326,37, Patrese 326,50, Warwick 325,40, . . . Schumacher 325,21, Wendlinger 319,60 – (Samstag): Prost 333,03, Brundle 331,82, Hill 330,72, Alesi 328,93, Warwick 327,94, Senna 327,65, Blundell 325,89, Berger 325,50, Andretti 325,50, Zanardi 325,11, Schumacher 324,63, . . . Wendlinger 321,10.

Auf der Ziellinie (Freitag): Hill 275,35, Prost 274,53, Barrichello 273,60, Patrese 273,71, Blundell 273,61, Schumacher 273,43, Brundle 272,89, Andretti 271,54, Comas 271,18, Warwick 271,18, . . . Berger 270,12, Wendlinger 264,57 – (Samstag): Hill 275,72, Prost 275,53, Schumacher 271,90, Suzuki 271,01, Patrese 270,92, Blundell 270,83, Brundle 270,21, Senna 270,21, Warwick 269,85, Andretti 268,80, Berger 268,53, . . . Wendlinger 263,64.

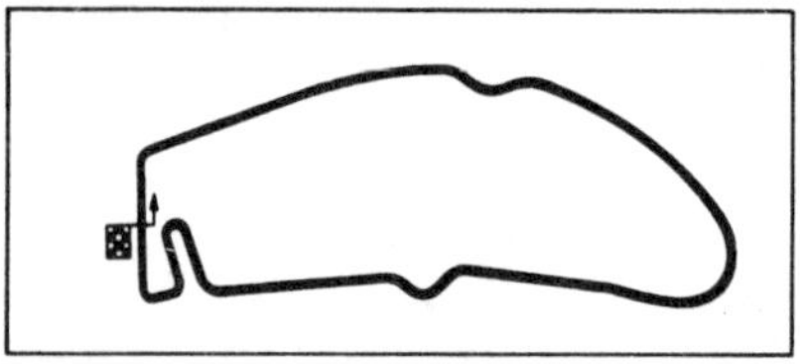

Rekorde: Training: Mansell (Williams-Renault FW 14) 1:37,087 = 252,219 km/h (1991); Rennen: Patrese (Williams-Renault FW 14 B) 1:41,591 = 241,498 km/h (1992). — Distanz: Mansell (Williams-Renault FW 14 B) 234,798 km/h (1992).

Sonntag-Aufwärmtraining (Regen): 1. Prost 1:57,524, 2. Senna 1:58,997, 3. Brundle 1:59,500, 4. Schumacher 1:59,951, 5. Hill 2:00,031, 6. Andretti 2:00,499, 7. Alesi 2:00,795, 8. Berger 2:00,946, 9. Wendlinger 2:01,099, 10. de Cesaris 2:01,177.

Wetter am Renntag: Regen am Morgen und beim Warm-up, Rennen auf trockener Strecke; Motodrom mit 148.000 Zuschauern, schon Wochen vorher ausverkauft, über 200.000 an allen drei Tagen.

Distanz: 45 Runden à 6,815 km = 306,675 km.

Boxenstops:

Warwick:	6. Runde:	Dreher und Kollision mit Suzuki, Frontspoiler gebrochen; Platz 10—21
Suzuki:	9. Runde:	10-Sekunden-Strafe wegen Abschneiders in der 2. Schikane; Platz 15—17
Prost:	10. Runde:	10-Sekunden-Strafe wegen Abschneiders in der Schikane, er war aber nur Brundle ausgewichen; Platz 1—3—6
Brundle:	11. Runde:	10-Sekunden-Strafe wegen Abschneiders in der Schikane, er hatte sich aber ungewollt zweimal gedreht; Platz 4—5—13
Alesi:	13. Runde:	loser Karosserieteil; Platz 6—18
Schumacher:	16. Runde:	programmierter Reifenwechsel in 6,11 sec; Platz 2—4
Lehto:	16. Runde:	Reifenwechsel; Platz 14—18
Zanardi:	17. Runde:	Reifenwechsel; Platz 12—17
Wendlinger:	17. Runde:	Reifenwechsel; Platz 8—12
Patrese:	19. Runde:	Reifenwechsel in 5,85 sec, danach Dreher; Platz 5—6
Brundle:	19. Runde:	Reifenwechsel; Platz 10—19
Barrichello:	19. Runde:	Reifenwechsel; Platz 11—16
Senna:	20. Runde:	Reifenwechsel in 4,81 sec; Platz 7—9
Blundell:	21. Runde:	Reifenwechsel; Platz 4—5
Katayama:	23. Runde:	Reifenwechsel; Platz 15—17
Schumacher:	32. Runde:	programmierter zweiter Reifenwechsel in 5,71 sec; Platz 3
Senna:	41. Runde:	zweiter Reifenwechsel, glaubte irrtümlich an Reifendefekt, es war jedoch der Wind; Platz 5

Ausfälle:

Comas:	1. Runde:	Getriebeschaden vor der 2. Schikane; Platz 17
de Cesaris:	2. Runde:	Getriebeschaden; Platz 25
Badoer:	5. Runde:	hinterer Querlenker gebrochen nach vier Trainingsunfällen; Platz 24
Andretti:	5. Runde:	Lenkungsdefekt nach Kollision mit Berger in der 2. Schikane; Platz 9
Suzuki:	10. Runde:	bei Wiederanfahren nach 10-Sekunden-Penalty Getriebe gebrochen; Platz 17
Zanardi:	20. Runde:	über die Kerben, Dreher; Platz 16
Lehto:	23. Runde:	Gaspedal in der 2. Schikane bei Vollgas steckengeblieben, Unfall; Platz 13
Katayama:	29. Runde:	auf Öl in der Opelkurve ausgerutscht, Dreher, Halbachse gebrochen; Platz 18
Barrichello:	34. Runde:	Radlagerschaden rechts hinten; Platz 12
Hill:	44. Runde:	Reifenplatzer links hinten nach der Ostkurve; Platz 1

Stand nach 1 Runde: 1. Hill, 2. Schumacher, 3. Prost, 4. Brundle, 5. Blundell, 6. Patrese, 7. Berger, 8. Alesi, 9. Andretti, 10. Wendlinger.

Stand nach 10 Runden: 1. Hill (68,150 km in 17:44,353 = 230,506 km/h), 2. Schumacher —2,366, 3. Prost —2,374, 4. Brundle —12,568, 5. Blundell —13,187, 6. Patrese —15,215, 7. Alesi —19,488, 8. Berger —22,880, 9. Wendlinger —25,202, 10. Senna —25,725.

Stand nach 20 Runden: 1. Hill (136,300 km in 35:08,445 = 232,721 km/h), 2. Prost —20,265, 3. Schumacher —23,846, 4. Blundell —30,744, 5. Berger —46,302, 6. Patrese —49,995, 7. Senna —50,004, 8. Herbert —54,701, 9. Fittipaldi —56,595, 10. Wendlinger —1:10,887.

Stand nach 30 Runden: 1. Hill (204,450 km in 52:26,197 = 233,940 km/h), 2. Prost —20,035, 3. Schumacher —23,355, 4. Blundell — 1:09,544, 5. Senna —1:11,248, 6. Patrese —1:16,005, 7. Berger —1:18,578, 8. Herbert —1:27,583, 9. Fittipaldi —1:30,768, 10. Alesi —1:34,639, 11. Wendlinger —1:35,274.

Stand nach 40 Runden: 1. Hill (272,600 km in 1.09:42,365 = 234,642 km/h), 2. Prost —12,329, 3. Schumacher —29:637, 4. Blundell —1:11,472, 5. Senna —1:12,946, 6. Patrese 1:33,428, 7. Berger — 1:42,625, 8. Alesi —1 Runde, 9. Herbert, 10. Wendlinger.

Ergebnis:

1.	Alain Prost (Frankreich), Williams-Renault	1.18:40,885 = 233,861 km/h	
2.	M. Schumacher (Deutschland), Benetton-Ford	1.18:57,549 = 233,038 km/h	16,664 zurück
3.	Mark Blundell (England), Ligier-Renault	1.19:40,234 = 230,957 km/h	59,349 zurück
4.	Ayrton Senna (Brasilien), McLaren-Ford	1.19:49,114 = 230,529 km/h	1:08,229 zurück
5.	Riccardo Patrese (Italien), Benetton-Ford	1.20:12,401 = 229,414 km/h	1:31,516 zurück
6.	Gerhard Berger (Österreich), Ferrari	1.20:15,639 = 229,259 km/h	1:34,754 zurück
7.	Jean Alesi (Frankreich), Ferrari	1.20:16,726 = 229,208 km/h	1:35,841 zurück
8.	Martin Brundle (England), Ligier-Renault	1.18:41,394 = 228,639 km/h	1 Runde zurück
9.	Karl Wendlinger (Österreich), Sauber-Ilmor	1.18:46,918 = 228,372 km/h	1 Runde zurück
10.	Johnny Herbert (England), Lotus-Ford	1.18:53,424 = 228,058 km/h	1 Runde zurück
11.	Christian Fittipaldi (Brasilien), Minardi-Ford	1.19:04,599 = 227,521 km/h	1 Runde zurück
12.	P. Alliot (Frankreich), Larrousse-Lamborghini	1.19:31,100 = 226,257 km/h	1 Runde zurück
13.	Thierry Boutsen (Belgien), Jordan-Hart	1.20:08,025 = 224,520 km/h	1 Runde zurück
14.	Pierluigi Martini (Italien), Minardi-Ford	1.20:15,983 = 224,149 km/h	1 Runde zurück
15.	Damon Hill (England), Williams-Renault*)	1.14:56,176 = 234,635 km/h	2 Runden zurück
16.	Michele Alboreto (Italien), Lola-Ferrari	1.19:32,350 = 221,057 km/h	2 Runden zurück
17.	D. Warwick (England), Footwork Mugen-Honda	1.18:45,647 = 218,050 km/h	3 Runden zurück

*) Hill bei Rennschluß nicht mehr im Rennen (Reifenplatzer), aber gewertet.

Schnellste Runde: Schumacher (Benetton-Ford) 1:41,859 = 240,862 km/h (40. Runde).

Schnellste Runde jedes Fahrers im Rennen: Schumacher 1:41,859 (40.); Senna 1:42,162 (45.); Prost 1:42,213 (33.); Brundle 1:42,331 (36.); Hill 1:42,574 (39.); Blundell 1:43,319 (36.); Alesi 1:44,222 (40.); Patrese 1:44,575 (32.); Barrichello 1:45,009 (32).); Wendlinger 1:45,128 (38.); Berger 1:45,489 (33.); Alliot 1:45,638 (42.); Herbert 1:45,767 (41.); Lehto 1:46,085 (22.); Zanardi 1:46,100 (19.); Katayama 1:46,186 (26.); Fittipaldi 1:46,323 (29.); Suzuki 1:47,183 (8.); Warwick 1:47,284 (33.); Martini 1:47,341 (35.); Boutsen 1:47,469 (19.); Andretti 1:47,505 (3.); Alboreto 1:48,875 (40.); Badoer 1:51,879 (3); de Cesaris 2:38,437 (1.).

Entwicklung der schnellsten Runde: Hill 1:49,507 (1.); 1:45,893 (2.); Prost 1:45,243 (3.); Hill 1:45,236 (6.); Prost 1:45,079 (7.); Hill 1:45,064 (10.); 1:44,936 (11.); 1:44,766 (12.); Prost 1:44,676 (12.); Hill 1:43,984 (13.); 1:43,946 (19.); Prost 1:43,553 (19.); Schumacher 1:43,416 (19.); 1:43,311 (20.); Hill 1:43,271 (22.); Schumacher 1:43,031 (26.); Hill 1:42,944 (27.); Prost 1:42,871 (28.); 1:42,509 (31.); 1:42,313 (33.); Schumacher 1:41,884 (38.); 1:41,859 (40.).

WM-Stand: 1. Prost 77, 2. Senna 50, 3. Schumacher 36, 4. Hill 28, 5. Patrese 11, 6. Blundell 10, 7. Brundle, Herbert je 9, 9. Berger 6, 10. Lehto, Fittipaldi je 5, 12. Alesi 4, 13. Andretti 3, 14. Alliot, Barbazza je 2, 16. Wendlinger, Zanardi, Warwick je 1.

Konstrukteur-WM: 1. Williams-Renault 105, 2. McLaren-Ford 53, 3. Benetton-Ford 47, 4. Ligier-Renault 19, 5. Ferrari, Lotus-Ford je 10, 7. Minardi-Ford 7, 8. Sauber-Ilmor 6, 9. Larrousse-Lamborghini 2, 10. Footwork Mugen-Honda 1.

Statistik 31

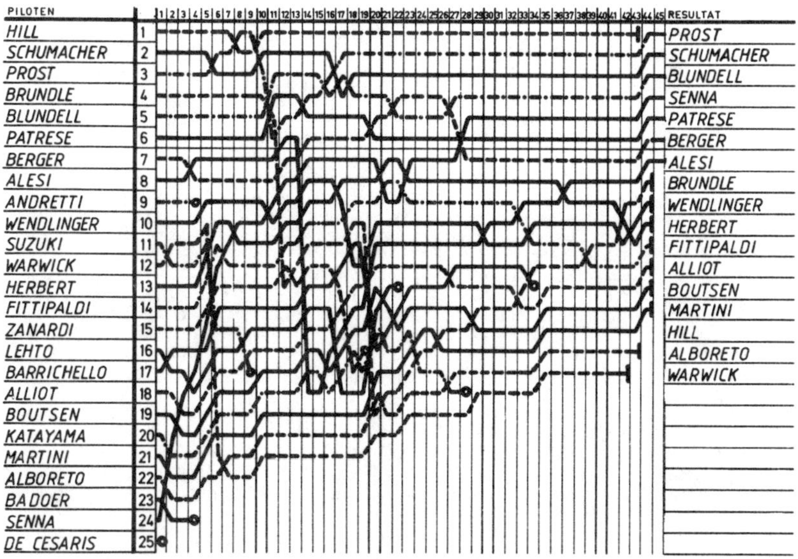

Lauf 11 – Großer Preis von Ungarn – Budapest, 15. August 1993

1. Training (inoffiziell)		2. Training (offiziell)		3. Training (inoffiziell)		4. Training (offiziell)	
1. Prost	1:16,204	1. Prost	1:15,488	1. Prost	1:15,959	1. Prost	1:14,631
2. Schumacher	1:17,260	2. Schumacher	1:16,003	2. Hill	1:16,058	2. Hill	1:14,835
3. Patrese	1:17,667	3. Hill	1:16,135	3. Schumacher	1:16,210	3. Schumacher	1:15,228
4. Hill	1:17,687	4. Patrese	1:17,755	4. Senna	1:16,714	4. Senna	1:16,451
5. Senna	1:18,203	5. Senna	1:18,260	5. Patrese	1:16,909	5. Patrese	1:16,561
6. Wendlinger	1:19,054	6. Martini	1:19,129	6. Berger	1:16,949	6. Berger	1:16,939
7. Blundell	1:19,313	7. Brundle	1:19,277	7. Warwick	1:18,218	7. Martini	1:17,366
8. Suzuki	1:19,501	8. Berger	1:19,379	8. Barrichello	1:18,442	8. Alesi	1:17,480
9. Martini	1:19,956	9. Alesi	1:19,438	9. Brundle	1:18,451	9. Warwick	1:17,682
10. Berger	1:19,985	10. Suzuki	1:19,533	10. Fittipaldi	1:18,493	10. Suzuki	1:17,693
11. Brundle	1:20,208	11. Zanardi	1:19,673	11. Andretti	1:18,602	11. Andretti	1:18,107
12. Andretti	1:20,249	12. Andretti	1:20,088	12. Blundell	1:18,617	12. Blundell	1:18,388
13. Fittipaldi	1:20,409	13. Herbert	1:20,527	13. Martini	1:18,678	13. Brundle	1:18,392
14. Barrichello	1:20,910	14. Wendlinger	1:20,590	14. Suzuki	1:18,711	14. Fittipaldi	1:18,446
15. Alesi	1:20,995	15. Barrichello	1:20,658	15. Herbert	1:18,766	15. Lehto	1:18,638
16. Warwick	1:21,260	16. Blundell	1:20,770	16. Lehto	1:19,099	16. Barrichello	1:18,721
17. Zanardi	1:21,366	17. Warwick	1:20,780	17. Wendlinger	1:19,631	17. Wendlinger	1:18,840
18. Lehto	1:21,422	18. Fittipaldi	1:20,953	18. de Cesaris	1:19,741	18. Comas	1:19,305
19. Boutsen	1:21,890	19. Alliot	1:20,959	19. Katayama	1:19,762	19. Alliot	1:19,320
20. Alliot	1:22,017	20. Comas	1:21,049	20. Comas	1:20,059	20. Herbert	1:19,444
21. Comas	1:22,294	21. Boutsen	1:21,484	21. Alliot	1:20,921	21. Zanardi	1:19,485
22. Alboreto	1:22,355	22. de Cesaris	1:22,489	22. Boutsen	1:20,960	22. de Cesaris	1:19,560
23. Katayama	1:22,563	23. Katayama	1:22,668	23. Alboreto	1:21,746	23. Katayama	1:20,270
24. de Cesaris	1:22,795	24. Badoer	1:23,543	24. Badoer	1:21,779	24. Boutsen	1:20,482
25. Herbert	1:25,389	25. Alboreto	1:23,560	25. Alesi	1:22,976	25. Alboreto	1:21,502
26. Badoer	1:26,601	26. Lehto	1:24,596	26. Zanardi	1:27,857	26. Badoer	1:22,655

Startaufstellung:

Alain Prost*)
Williams-Renault
FW15C-5, 1:14,631

Damon Hill
Williams-Renault
FW15C-2, 1:14,835

Michael Schumacher
Benetton-Ford
B193B-05, 1:15,228

Ayrton Senna
McLaren-Ford MP4/8-8
1:16,451

Riccardo Patrese
Benetton-Ford
B193B-02, 1:16,561

Gerhard Berger
Ferrari F93A-144
1:16,939

Pierluigi Martini
Minardi-Ford M193-03
1:17,366

Jean Alesi
Ferrari F93A-143
1:17,480

Derek Warwick
Footwork-Mugen
FA14-05, 1:17,682

Aguri Suzuki
Footwork-Mugen
FA14-04, 1:17,693

Michael Andretti
McLaren-Ford MP4/8-7
1:18,107

Mark Blundell
Ligier-Renault JS39-02
1:18,388

Martin Brundle
Ligier-Renault JS39-04
1:18,392

Christian Fittipaldi
Minardi-Ford M193-02
1:18,446

J. J. Lehto
Sauber C12-06
1:18,638

Rubens Barrichello
Jordan-Hart 193/002
1:18,721

Karl Wendlinger
Sauber C12-07
1:18,840

Erik Comas
Larrousse-Lamborghini
LH93-03, 1:19,305

Philippe Alliot
Larrousse-Lamborghini
LH93-05, 1:19,320

Johnny Herbert
Lotus-Ford 107B/3
1:19,444

Alessandro Zanardi
Lotus-Ford 107B/2
1:19,485

Andrea de Cesaris
Tyrrell-Yamaha 021-01
1:19,560

Ukyo Katayama
Tyrrell-Yamaha 021-02
1:20,270

Thierry Boutsen
Jordan-Hart 193/005
1:20,482

Michele Alboreto
Lola-Ferrari T9330-01
1:21,502

Luca Badoer
Lola-Ferrari T9330-03
1:22,655

Geschwindigkeiten auf der Ziellinie (Freitag): Prost 252,06, Alesi 250,25, Hill 250,20, Blundell 248,87, Berger 248,53, Schumacher 246,16, Wendlinger 245,94, Brundle 245,83, Warwick 245,66, Alliot 245,55. — (Samstag): Prost 254,78, Hill 254,31, Alesi 253,47, Blundell 253,06, Berger 251,47, Brundle 250,31, Comas 248,25, Suzuki 248,25, Warwick 247,85, Schumacher 247,17, . . . Wendlinger 246,89.

Erster Beschleunigungspunkt (Freitag): Hill 213,61, Prost 213,57, Schumacher 210,36, Blundell 209,26, Alesi 208,94, Berger 208,62, Patrese 208,09, Brundle 207,45, Senna 205,99, Andretti 205,95, . . . Wendlinger 201,83. — (Samstag): Hill 215,18, Prost 215,14, Berger 211,56, Blundell 211,06, Alesi 210,90, Schumacher 209,42, Senna 208,21, Suzuki 208,09, Warwick 208,09, Brundle 207,77, . . . Wendlinger 204,51.

Zweiter Beschleunigungspunkt (Freitag): Prost 237,45, Hill 232,40, Schumacher 230,46, Senna 228,67, Patrese 228,49, Suzuki 227,31, Alesi 226,96, Berger 225,06, Brundle 224,37, Barrichello 223,07, . . . Wendlinger 217,10. — (Samstag): Prost 239,32, Hill 236,94, Schumacher 234,12, Patrese 233,81, Suzuki 233,32, Warwick 231,85, Fittipaldi 229,68, Martini 228,61, Senna 228,49, Berger 228,31, . . . Wendlinger 221,73.

Sonntag-Aufwärmtraining: 1. Prost 1:18,709, 2. Schumacher 1:19,217, 3. Hill 1:20,097, 4. Senna 1:20,208, 5. Alesi 1:20,237, 6. Patrese 1:20,836, 7. Wendlinger 1:20,923, 8. Suzuki 1:21,037, 9. Brundle 1:21,649, 10. Barrichello 1:21,694, . . . 16. Berger 1:22,383.

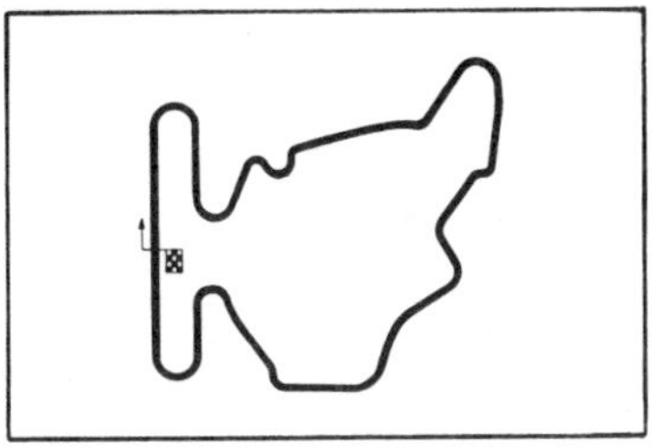

Rekorde: Training: Patrese (Williams-Renault FW 14 B) 1:15,476 = 189,263 km/h (1992); Rennen: Mansell (Williams-Renault FW 14 B) 1:18,308 = 182,418 km/h (1992). — Distanz: Senna (McLaren-Honda MP 4/7 A) 172,424 km/h (1992).

Wetter am Renntag: sonnig und sehr heiß wie im Training, 38 Grad; mehr Zuschauer als 1992 — 100.000.

Distanz: 77 Runden à 3,968 km = 305,536 km.

Boxenstops:

Prost:		Wegen Getriebeproblemen am Start zur Aufwärmrunde am Ende des Feldes gestartet
de Cesaris:		Wegen Getriebeproblemen mit zwei Runden Rückstand gestartet
Katayama:	13. Runde:	Reifenwechsel; Platz 20—22
Alboreto:	16. Runde:	Reifenwechsel; Platz 23
Zanardi:	18. Runde:	Reifenwechsel in 7,35 sec; Platz 18—19
Alesi:	19. Runde:	Reifenwechsel in 5,31 sec; Platz 6—12
Berger:	20. Runde:	Reifenwechsel in 5,31 sec; Platz 2—5—12
de Cesaris:	20. Runde:	Reifenwechsel; Platz 22
Prost:	21. Runde:	11-Minuten-Stop, Heckflügelbefestigung war 2 Runden vorher gebrochen; Platz 4—22
Zanardi:	23. Runde:	Reifenwechsel; Platz 12
Herbert:	23. Runde:	Reifenwechsel; Platz 13
Blundell:	23. Runde:	Reifenwechsel; Platz 14
Boutsen:	23. Runde:	Reifenwechsel; Platz 17
Hill:	25. Runde:	Reifenwechsel in 6,73 sec; Platz 1
Schumacher:	25. Runde:	Reifenwechsel in 6,05 sec; Platz 2—3
Comas:	25. Runde:	verpatzter Reifenwechsel; Platz 11—15
Wendlinger:	26. Runde:	Reifenwechsel; Platz 8—10
Suzuki:	26. Runde:	Reifenwechsel; Platz 9—12
Zanardi:	26. Runde:	Reifenwechsel; Platz 13—15
Badoer:	27. Runde:	Reifenwechsel; Platz 16
Alliot:	28. Runde:	Reifenwechsel; Platz 7—11
Patrese:	29. Runde:	Reifenwechsel in 6,92 sec; Platz 2
Martini:	29. Runde:	Reifenwechsel in 10,47 sec; Platz 4—6
Warwick:	31. Runde:	Reifenwechsel in 7,31 sec; Platz 3—4
Brundle:	31. Runde:	Reifenwechsel; Platz 4—5
Katayama:	31. Runde:	Reifenwechsel in 14,04 sec; Platz 13—15
de Cesaris:	45. Runde:	Reifenwechsel; Platz 14
Katayama:	46. Runde:	Reifenwechsel; Platz 12
Hill:	47. Runde:	Reifenwechsel in 7,52 sec; Platz 1
Blundell:	47. Runde:	Reifenwechsel; Platz 8—10
Wendlinger:	48. Runde:	Reifenwechsel in 8,29 sec; Platz 7—9
Boutsen:	49. Runde:	Reifenwechsel; Platz 11
Comas:	50. Runde:	Reifenwechsel; Platz 8—10
Patrese:	52. Runde:	Reifenwechsel in 6,13 sec; Platz 2
Berger:	53. Runde:	Reifenwechsel; Platz 3—6
Alliot:	54. Runde:	Reifenwechsel; Platz 8—10
Prost:	58. Runde:	Reifenwechsel mit 7 Runden Rückstand in 7,32 sec; Platz 14
Martini:	58. Runde:	Reifenwechsel in 6,42 sec; Platz 6
Brundle:	62. Runde:	Reifenwechsel in 8,12 sec; Platz 5

Ausfälle:

Barrichello:	1. Runde:	Unfall, Kollision mit Suzuki, Vorderrad abgerissen
Andretti:	15. Runde:	elektronisches Gaspedal, verlor Verbindung zum Ventil; Platz 6
Senna:	18. Runde:	elektronisches Gaspedal, Platz 2
Lehto:	19. Runde:	Motor verlor Leistung; Platz 13
Alesi:	23. Runde:	Unfall, Kollision mit Fittipaldi; Platz 10
Fittipaldi:	23. Runde:	Aufhängungsbruch nach Kollision mit Alesi; Platz 9
Schumacher:	27. Runde:	nach drei Drehern Steine und Schmutz im Cockpit, daher Motorschaden; Platz 3
Badoer:	23. Runde:	Unfall; Platz 16
Herbert:	27. Runde:	Elektronikbox plötzlich lose, zwischen Arm und Lenkrad verklemmt, daher Unfall; Platz 9
Alboreto:	40. Runde:	Motor überhitzt; Platz 15
Suzuki:	42. Runde:	Unfall; Platz 8
Zanardi:	46. Runde:	Getriebe im 6. Gang auf der Geraden explodiert; Platz 11
Comas:	55. Runde:	Motorschaden; Platz 9
Martini:	60. Runde:	Unfall; Platz 6

Stand nach 1 Runde: 1. Hill, 2. Senna, 3. Berger, 4. Patrese, 5. Schumacher, 6. Alesi, 7. Andretti, 8. Warwick, 9. Martini, 10. Brundle, 11. Wendlinger.

Stand nach 10 Runden: 1. Hill (39,680 km in 13:53,526 = 171,378 km/h), 2. Senna —9,471, 3. Berger —24,761, 4. Patrese —25,010, 5. Alesi —25,614, 6. Andretti —26,359, 7. Schumacher —26,654, 8. Warwick —31,584, 9. Martini —32,108, 10. Brundle —32,819, 11. Wendlinger —37,449.

Stand nach 20 Runden: 1. Hill (79,360 km in 27:50,867 = 170,987 km/h), 2. Schumacher —38,606, 3. Patrese —44,401, 4. Prost —51,020, 5. Warwick —56,784, 6. Martini —57,149, 7. Brundle —57,603, 8. Wendlinger —59,585, 9. Suzuki —1:00,116, 10. Fittipaldi —1:00,718, . . . 12. Berger —1:04,035.

Stand nach 30 Runden: 1. Hill (119,040 km in 41:58,029 = 170,190 km/h), 2. Patrese —53,445, 3. Warwick —1:10,748, 4. Brundle —1:12,631, 5. Berger —1:14,602, 6. Martini —1 Runde, 7. Herbert, 8. Wendlinger, 9. Blundell, 10. Suzuki.

Stand nach 40 Runden: 1. Hill (158,720 km in 55:42,132 = 170,966 km/h), 2. Patrese —55,552, 3. Berger —1 Runde, 4. Warwick, 5. Brundle, 6. Martini, 7. Wendlinger, 8. Suzuki, 9. Blundell, 10. Alliot.

Stand nach 50 Runden: 1. Hill (198,400 km in 1.09:51,247 = 170,412 km/h), 2. Patrese —38,431, 3. Berger —1 Runde, 4. Warwick, 5. Brundle, 6. Martini, 7. Alliot, 8. Comas, 9. Wendlinger, 10. Blundell.

Stand nach 60 Runden: 1. Hill (238,080 km in 1.23:36,792 = 170,844 km/h), 2. Patrese —1:20,935, 3. Warwick —1 Runde, 4. Berger, 5. Brundle, 6. Martini, 7. Wendlinger, 8. Blundell, 9. Alliot —2 Runden, 10. Boutsen.

Stand nach 70 Runden: 1. Hill (277,760 km in 1.37:41,367 = 170,598 km/h), 2. Patrese —1:17,949, 3. Berger —1 Runde, 4. Warwick, 5. Brundle, 6. Wendlinger, 7. Blundell, 8. Alliot —2 Runden, 9. Boutsen, 10. Katayama —4 Runden.

Ergebnis:

1. Damon Hill (England), Williams-Renault	1.47:39,098 = 170,292 km/h	
2. Riccardo Patrese (Italien), Benetton-Ford	1.48:51,013 = 168,416 km/h	1:11,915 zurück
3. Gerhard Berger (Österreich), Ferrari	1.48:57,140 = 168,259 km/h	1:18,042 zurück
4. Derek Warwick (England), Mugen-Honda	1.48:06,929 = 167,359 km/h	1 Runde zurück
5. Martin Brundle (England), Ligier-Renault	1.48:11,539 = 167,240 km/h	1 Runde zurück
6. Karl Wendlinger (Österreich), Sauber	1.48:36,547 = 166,598 km/h	1 Runde zurück
7. Mark Blundell (England), Ligier-Renault	1.48:37,287 = 166,579 km/h	1 Runde zurück
8. Ph. Alliot (Frankreich), Larrousse-Lamborghini	1.47:50,184 = 165,584 km/h	2 Runden zurück
9. Thierry Boutsen (Belgien), Jordan-Hart	1.48:33,013 = 164,495 km/h	2 Runden zurück
10. Ukio Katayama (Japan), Tyrrell-Yamaha	1.48:31,628 = 160,143 km/h	4 Runden zurück
11. Andrea de Cesaris (Italien), Tyrrell-Yamaha	1.48:56,394 = 157,351 km/h	5 Runden zurück
12. Alain Prost (Frankreich), Williams-Renault	1.48:20,228 = 153,831 km/h	7 Runden zurück

Schnellste Runde: Prost (Williams-Renault) 1:19,633 = 179,383 km/h (52. Runde).

Schnellste Runde jedes Fahrers im Rennen: Prost 1:19,633 (52.); Hill 1:20,441 (54.); Brundle 1:20,702 (69.); Berger 1:20,917 (71.); Patrese 1:21,101 (32.); Martini 1:21,939 (59.); Schumacher 1:22,031 (20.); Blundell 1:22,275 (50.); Comas 1:22,628 (51.); Wendlinger 1:22,745 (59.); Boutsen 1:22,754 (53.); Alliot 1:22,757 (57.); Senna 1:22,838 (3.); Warwick 1:23,202 (42.); de Cesaris 1:23,478 (49.); Suzuki 1:23,749 (33.); Katayama 1:23,764 (50.); Herbert 1:23,800 (34.); Zanardi 1:23,876 (22.); Alesi 1:24,020 (3.); Badoer 1:24,568 (29.); Andretti 1:24,667 (9.); Fittipaldi 1:24,850 (14.); Lehto 1:25,444 (6.); Alboreto 1:27,289 (21.).

Entwicklung der schnellsten Runde: Hill 1:29,239 (1.); 1:23,383 (2.); 1:22,946 (3.); Senna 1:22,838 (3.); Hill 1:22,452 (4.); 1:22,096 (5.); 1:22,088 (7.); Schumacher 1:22,031 (20.); Hill 1:21,166 (28.); Patrese 1:21,101 (32.); Hill 1:21,084 (52.); 1:20,441 (54.); Prost 1:19,633 (52.).

WM-Stand: 1. Prost 77, 2. Senna 50, 3. Hill 38, 4. Schumacher 36, 5. Patrese 17, 6. Brundle 11, 7. Blundell, Berger je 10, 9. Herbert 9, 10. Fittipaldi, Lehto je 5, 12. Alesi, Warwick je 4, 14. Andretti 3, 15. Alliot, Barbazza, Wendlinger je 2, 18. Zanardi 1.

Konstrukteur-WM: 1. Williams-Renault 115, 2. McLaren-Ford, Benetton-Ford je 53, 4. Ligier-Renault 21, 5. Ferrari 14, 6. Lotus-Ford 10, 7. Minardi-Ford, Sauber je 7, 9. Footwork Mugen-Honda 4, 10. Larrousse-Lamborghini 2.

Statistik 34

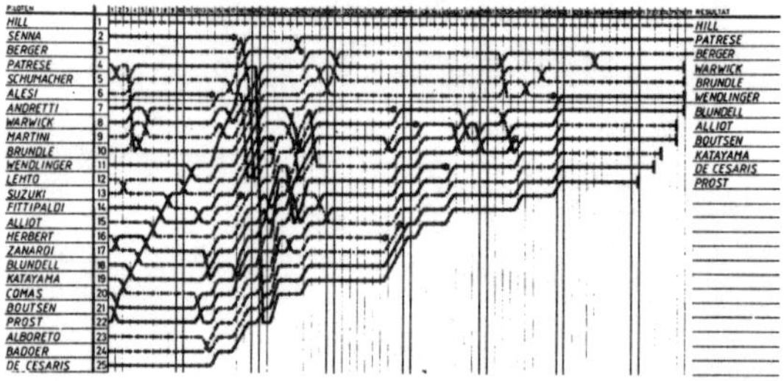

Lauf 12 – Großer Preis von Belgien – Spa, 29. August 1993

1. Training (inoffiziell)		2. Training (offiziell)		3. Training (inoffiziell)		4. Training (offiziell)	
1. Prost	1:49,504	1. Hill	1:48,716	1. Prost	1:49,460	1. Prost	1:47,571
2. Hill	1:51,802	2. Prost	1:48,794	2. Schumacher	1:50,144	2. Hill	1:48,466
3. Senna	1:52,748	3. Schumacher	1:50,305	3. Suzuki	1:50,683	3. Schumacher	1:49,075
4. Schumacher	1:52,931	4. Senna	1:51,385	4. Hill	1:50,818	4. Alesi	1:49,825
5. Suzuki	1:53,644	5. Suzuki	1:51,904	5. Senna	1:51,194	5. Senna	1:49,934
6. Alesi	1:53,758	6. Patrese	1:51,925	6. Wendlinger	1:51,710	6. Suzuki	1:50,329
7. Warwick	1:54,692	7. Alesi	1:52,159	7. Warwick	1:51,914	7. Warwick	1:50,628
8. Blundell	1:54,754	8. Lehto	1:52,210	8. Alesi	1:51,960	8. Patrese	1:51,017
9. Barrichello	1:54,896	9. Herbert	1:52,369	9. Blundell	1:51,984	9. Lehto	1:51,048
10. Berger	1:54,976	10. Berger	1:52,689	10. Lehto	1:52,014	10. Herbert	1:51,139
11. Brundle	1:54,980	11. Warwick	1:52,730	11. de Cesaris	1:52,016	11. Brundle	1:51,350
12. Andretti	1:55,056	12. Blundell	1:53,030	12. Patrese	1:52,332	12. Wendlinger	1:51,440
13. Patrese	1:55,257	13. Wendlinger	1:53,139	13. Brundle	1:52,370	13. Barrichello	1:51,711
14. de Cesaris	1:55,334	14. Barrichello	1:53,235	14. Herbert	1:52,458	14. Andretti	1:51,833
15. Herbert	1:55,437	15. Brundle	1:53,323	15. Berger	1:53,130	15. Blundell	1:51,916
16. Lehto	1:55,539	16. Andretti	1:53,554	17. Andretti	1:53,695	16. Berger	1:52,080
17. Wendlinger	1:55,584	17. de Cesaris	1:53,559	17. Comas	1:54,004	17. de Cesaris	1:52,647
18. Martini	1:56,004	18. Martini	1:54,968	18. Martini	1:54,050	18. Alliot	1:52,907
19. Alliot	1:56,963	19. Katayama	1:55,271	19. Alliot	1:54,087	19. Comas	1:53,186
20. Boutsen	1:57,381	20. Boutsen	1:55,382	20. Barrichello	1:54,862	20. Boutsen	1:53,465
21. Katayama	1:57,726	21. Comas	1:56,072	21. Fittipaldi	1:55,036	21. Martini	1:53,526
22. Comas	1:57,859	22. Alliot	1:56,822	22. Boutsen	1:55,153	22. Fittipaldi	1:53,942
23. Fittipaldi	1:57,979	23. Fittipaldi	1:56,947	23. Katayama	1:55,209	23. Katayama	1:54,551
24. Badoer	1:58,272	24. Badoer	1:57,599	24. Badoer	1:55,872	24. Badoer	1:54,978
25. Alboreto	1:58,577	25. Alboreto	1:57,852	25. Alboreto	1:57,100	25. Alboreto	1:55,965
26. Zanardi	2:05,188						

Startaufstellung:

Alain Prost
Williams-Renault
FW15C-5, 1:47,571

Damon Hill
Williams-Renault
FW15C-2, 1:48,466

Michael Schumacher
Benetton-Ford
B193B-05, 1:49,075

Jean Alesi
Ferrari F93A-143
1:49,825

Ayrton Senna
McLaren-Ford MP4/8-6
1:49,934

Aguri Suzuki
Footwork-Mugen
FA14-04, 1:50,329

Derek Warwick
Footwork-Mugen
FA14-05, 1:50,628

Riccardo Patrese
Benetton-Ford
B193B-02, 1:51,017

J. J. Lehto
Sauber C12-03
1:51,048

Johnny Herbert
Lotus-Ford 107B/3
1:51,139

Martin Brundle
Ligier-Renault JS39-03
1:51,350

Karl Wendlinger
Sauber C12-07
1:51,440

Rubens Barrichello
Jordan-Hart 193/002
1:51,711

Michael Andretti
McLaren-Ford MP4/8-7
1:51,833

Mark Blundell
Ligier-Renault JS39-02
1:51,916

Gerhard Berger
Ferrari F93A-144
1:52,080

Andrea de Cesaris
Tyrrell-Yamaha 021-01
1:52,647

Philippe Alliot
Larrousse-Lamborghini
LH93-05, 1:52,907

Erik Comas
Larrousse-Lamborghini
LH93-03, 1:53,186

Thierry Boutsen
Jordan-Hart 193/005
1:53,465

Pierluigi Martini
Minardi-Ford M193-03
1:53,526

Christian Fittipaldi
Minardi-Ford M193-02
1:53,942

Ukyo Katayama
Tyrrell-Yamaha 021-02
1:54,551

Luca Badoer
Lola-Ferrari T9330-03
1:54,978

Michele Alboreto
Lola-Ferrari T9330-01
1:55,965

Alessandro Zanardi nach Trainingsunfall nicht am Start.

Höchstgeschwindigkeiten (Freitag): Hill 318,20, Prost 316,61, Berger 316,42, Alesi 314,86, Patrese 313,76, Schumacher 312,94, Warwick 311,85, Suzuki 311,58, Senna 310,42, Lehto 309,35, ... Wendlinger 308,91 km/h. — (Samstag): Hill 319,89, Prost 317,35, Alliot 316,24, Schumacher 315,59, Patrese 314,76, Comas 314,31, Brundle 313,39, Senna 313,12, Andretti 312,94, Blundell 312,85, ... Berger 312,49, Wendlinger 307,50 km/h.

Beschleunigung (Freitag): Hill 231,85, Prost 229,17, Schumacher 225,38, Patrese 224,36, Suzuki 223,67, Lehto 223,10, Blundell 222,53, Herbert 222,10, Warwick 222,04, Alesi 221,97, ... Wendlinger 220,49, Berger 220,18 km/h. — (Samstag): Prost 230,77, Hill 227,13, Schumacher 226,54, Patrese 225,45, Alesi 224,87, Suzuki 224,62, Lehto 223,92, Blundell 223,60, Warwick 223,60, Senna 222,47, Wendlinger 221,41, ... Berger 221,11 km/h.

Auf der Ziellinie (Freitag): Prost 269,17, Suzuki 268,16, Hill 267,49, Schumacher 267,09, Senna 266,96, Alesi 266,10, Wendlinger 265,70, Berger 265,64, Lehto 265,57, Patrese 253,62 km/h. — (Samstag): Prost 273,83, Hill 270,52, Berger 269,77, Alesi 269,44, Senna 269,23, Andretti 268,77, Suzuki 267,56, Schumacher 267,49, Comas 267,22, Blundell 266,49, ... Wendlinger 264,40 km/h.

Sonntagmorgen-Aufwärmtraining: 1. Hill 1:53,194, 2. Schumacher 1:53,557, 3. Prost 1:54,574, 4. Senna 1:54,802, 5. Brundle 1:55,404, 6. Lehto 1:55,550, 7. Herbert 1:56,315, 8. Andretti 1:56,525, 9. Wendlinger 1:56,668, 10. Suzuki 1:56,713, ... 14. Berger 1:57,118.

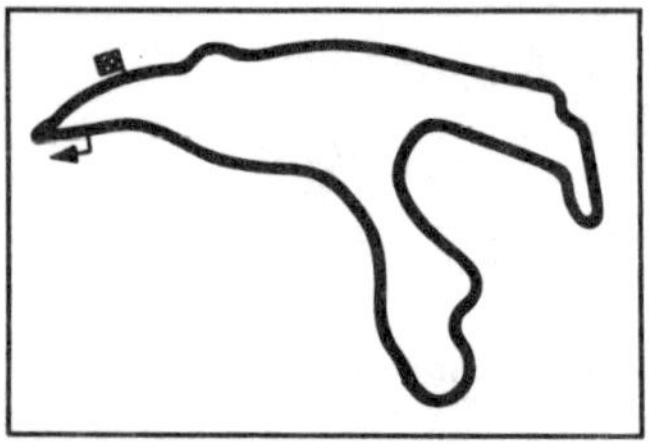

Rekorde: Training: Senna (McLaren-Honda MP 4/6) 1:47,811 = 231,739 km/h (1991); Rennen: Schumacher (Benetton-Ford B 192) 1:53,791=220,636 km/h (1992). — Distanz: Senna (McLaren-Honda MP 4/5) 211,729 km/h (1990).

Wetter am Renntag: warm und windig, wie im Training; 70.000 Zuschauer am Renntag.
Distanz: 44 Runden à 6,974 km = 306,856 km.

Boxenstops:

Wendlinger:	9. Runde:	Windschutzscheibe gebrochen, nachdem er Brundle am Start auswich und anderes Auto berührte, Stop dauerte über 2 Minuten; Platz 10—14—23
Hill:	12. Runde:	Reifenwechsel; Platz 2—3
Schumacher:	12. Runde:	Reifenwechsel; Platz 4
Katayama:	12. Runde:	Reifenwechsel; Platz 19—21
Prost:	13. Runde:	Reifenwechsel; Platz 1
Senna:	13. Runde:	Reifenwechsel; Platz 2—4
Lehto:	14. Runde:	Reifenwechsel; Platz 7—9
Brundle:	14. Runde:	Reifenwechsel; Platz 10—12
Warwick:	15. Runde:	Reifenwechsel; Platz 7—10
Andretti:	15. Runde:	Reifenwechsel, Motor abgestorben; Platz 8—13
Blundell:	15. Runde:	Reifenwechsel; Platz 9—14
Herbert:	16. Runde:	Reifenwechsel; Platz 5
de Cesaris:	16. Runde:	Reifenwechsel; Platz 11—14
Badoer:	16. Runde:	Reifenwechsel; Platz 16—17
Patrese:	17. Runde:	Reifenwechsel, Dreher in der Kurve nach der Box; Platz 6—9
Alliot:	17. Runde:	Reifenwechsel; Platz 13—14
Alboreto:	18. Runde:	Reifenwechsel; Platz 18
Berger:	21. Runde:	verpatzter Reifenwechsel, Probleme links hinten; Platz 6—8—12
Wendlinger:	20. Runde:	Reifenwechsel; Platz 19
Comas:	25. Runde:	Reifenwechsel; Platz 15—16
Katayama:	27. Runde:	Reifenwechsel, Loch im Auspuff; Platz 16—17
Schumacher:	27. Runde:	zweiter Reifenwechsel; Platz 3
Hill:	29. Runde:	zweiter Reifenwechsel; Platz 2
Andreti:	29. Runde:	zweiter Reifenwechsel; Platz 9—10
Prost:	30. Runde:	zweiter Reifenwechsel, in der Box von Hill überholt; Platz 1—2
Blundell:	30. Runde:	zweiter Reifenwechsel; Platz 11

Ausfälle:

Boutsen:	1. Runde:	Getriebe explodiert bei Auffahrt zu Eau Rouge
Alesi:	5. Runde:	Hinterradaufhängung; Platz 4—6
Barrichello:	11. Runde:	Radlagerschaden links hinten; Platz 11
Suzuki:	15. Runde:	Hydraulik; Platz 6
Martini:	16. Runde:	Getriebe, Dreher; Platz 15
Fittipaldi:	16. Runde:	Radaufhängung gebrochen, verlor Vorderrad in der Zielkurve, Unfall; Platz 14
de Cesaris:	25. Runde:	Motor; Platz 13
Wendlinger:	28. Runde:	Motor, Öldruck; Platz 17
Warwick:	29. Runde:	aktive Radaufhängung — Sensor; Platz 13
Comas:	38. Runde:	Benzinpumpe; Platz 14
Berger:	44. Runde:	Kollision mit Blundell; Platz 10
Blundell:	44. Runde:	Kollision mit Berger; Platz 11

Stand nach 1 Runde: 1. Prost, 2. Senna, 3. Hill, 4. Alesi, 5. Suzuki, 6. Warwick, 7. Lehto, 8. Herbert, 9. Schumacher, 10. Brundle, 11. Wendlinger, . . . 23. Berger.

Stand nach 10 Runden: 1. Prost (69,740 km in 19:23,865 = 215,716 km/h), 2. Hill —5,924, 3. Senna —14,833, 4. Schumacher —15,500, 5. Suzuki —38:115, 6. Herbert —40,895, 7. Lehto —48,689, 8. Warwick —49,887, 9. Brundle —50,651, 10. Patrese —50,979, . . . 15. Berger 1:02,779, 23. Wendlinger —1 Runde.

Stand nach 20 Runden: 1.Prost (139,480 km in 38:57,164 = 214,845 km/h), 2. Hill —2,018, 3. Schumacher —7,099, 4. Senna —22,736, 5. Herbert —1:00,702, 6. Berger —1:31,970, 7. Lehto —1:32,661, 8. Patrese —1:34,563, 9. Brundle —1:35,145, 10. Warwick —1:35,622, . . . 19. Wendlinger —1 Runde.

Stand nach 30 Runden: 1. Prost (209,220 km in 58:07,629 = 215,961 km/h), 2. Hill —13,471, 3. Schumacher —16,235, 4. Senna —32,756, 5. Herbert —1:17,093, 6. Patrese —1:49,836, 7. Brundle —2:05,187, 8. Lehto —1 Runde, 9. Andretti, 10. Berger, . . . 18. Wendlinger —3 Runden.

Stand nach 40 Runden: 1. Hill (278,960 km in 1.17:02,153 = 217,270 km/h), 2. Schumacher —5,020, 3. Prost —8,229, 4. Senna —57,124, 5. Herbert —1:42,100, 6. Patrese —1 Runde, 7. Brundle, 8. Berger, 9. Lehto, 10. Andretti.

Ergebnis:

1. Damon Hill (England), Williams-Renault	1.24:32,124 = 217,795 km/h		
2. M. Schumacher (Deutschland), Benetton-Ford	1.24:35,792 = 217,637 km/h	3,668	zurück
3. Alain Prost (Frankreich), Williams-Renault	1.24:47,112 = 217,153 km/h	14,988	zurück
4. Ayrton Senna (Brasilien), McLaren-Ford	1.26:11,887 = 213,594 km/h	1:39,763	zurück
5. Johnny Herbert (England), Lotus-Ford	1.24:36,991 = 212,641 km/h	1 Runde	zurück
6. Riccardo Patrese (Italien), Benetton-Ford	1.25:17,954 = 210,939 km/h	1 Runde	zurück
7. Martin Brundle (England), Ligier-Renault	1.25:34,981 = 210,239 km/h	1 Runde	zurück
8. Michael Andretti (USA), McLaren-Ford	1.25:37,366 = 210,142 km/h	1 Runde	zurück
9. Jyrki Järvi Lehto (Finnland), Sauber	1.25:42,473 = 209,933 km/h	1 Runde	zurück
10. Gerhard Berger (Österreich), Ferrari	1.23:49,226 = 209,668 km/h	2 Runden	zurück
11. Mark Blundell (England), Ligier-Renault	1.23:49,531 = 209,655 km/h	2 Runden	zurück
12. Ph. Alliot (Frankreich), Larrousse-Lamborghini	1.25:03,931 = 206,599 km/h	2 Runden	zurück
13. Luca Badoer (Italien), Lola-Ferrari	1.26:09,616 = 203,974 km/h	2 Runden	zurück
14. Michele Alboreto (Italien), Lola-Ferrari	1.25:42,008 = 200,187 km/h	3 Runden	zurück
15. Ukio Katayama (Japan), Tyrrell-Yamaha	1.24:51,269 = 197,251 km/h	4 Runden	zurück

Berger und Blundell bei Rennschluß nicht mehr im Rennen (Kollision), aber gewertet.

Schnellste Runde: Prost (Williams-Renault) 1:51,095 = 225,990 km/h (41. Runde).

Schnellste Runde jedes Fahrers im Rennen: Prost 1:51,095 (41.), Hill 1:51,212 (40.), Schumacher 1:51,242 (38.), Blundell 1:54,059 (34.), Senna 1:54,185 (34.), Andretti 1:54,614 (33.), Berger 1:55,240 (38.), Herbert 1:55,334 (37.), Lehto 1:55,475 (33.), Brundle 1:55,478 (40.), Patrese 1:55,681 (34.), Wendlinger 1,56,632 (27.), Comas 1:57,134 (34.), Alliot 1:57,390 (34.), Warwick 1:58,396 (19.), Suzuki 1:58,780 (13.), de Cesaris 1:58,866 (24.), Badoer 1:59,228 (35.), Alesi 1:59,283 (3.), Barrichello 1:59,554 (7.), Martini 2:00,006 (10.), Katayama 2:00,111 (36.), Fittipaldi 2:00,292 (14.), Alboreto 2:00,927 (31.).

Entwicklung der schnellsten Runde: Prost 2:00,030 (1.), 1:56,638 (2.); Hill 1:56,390 (2.), 1:56,259 (3.); Prost 1:56,046 (4.), 1:55,766 (5.), 1:55,574 (6.), 1:55,434 (7.); Hill 1:54,293 (14.); Schumacher 1:54,196 (15.); Prost 1:54,131 (19.); Hill 1:53,687 (19.); Schumacher 1:53,674 (22.); Prost 1:52,927 (26.); Schumacher 1:52,317 (30.), 1:52,306 (33.), 1:52,090 (34.), 1:51,848 (35.); Prost 1:51,839 (36.); Hill 1:51,478 (37.), 1:51,349 (38.); Schumacher 1:51,242 (38.); Hill 1:51,212 (40.); Prost 1:51,095 (41.).

WM-Stand: 1. Prost 81, 2. Senna 53, 3. Hill 48, 4. Schumacher 42, 5. Patrese 18, 6. Brundle, Herbert je 11, 8. Blundell, Berger je 10, 10. Lehto, Fittipaldi je 5, 12. Alesi, Warwick je 4, 14. Andretti 3, 15. Alliot, Barbazza, Wendlinger je 2, 18. Zanardi 1.

Konstrukteur-WM: 1. Williams-Renault 129, 2. Benetton-Ford 60, 3. McLaren-Ford 56, 4. Ligier-Renault 21, 5. Ferrari 14, 6. Lotus-Ford 12, 7. Sauber, Minardi-Ford je 7, 9. Footwork Mugen-Honda 4, 10. Larrousse-Lamborghini 2.

Statistik 38

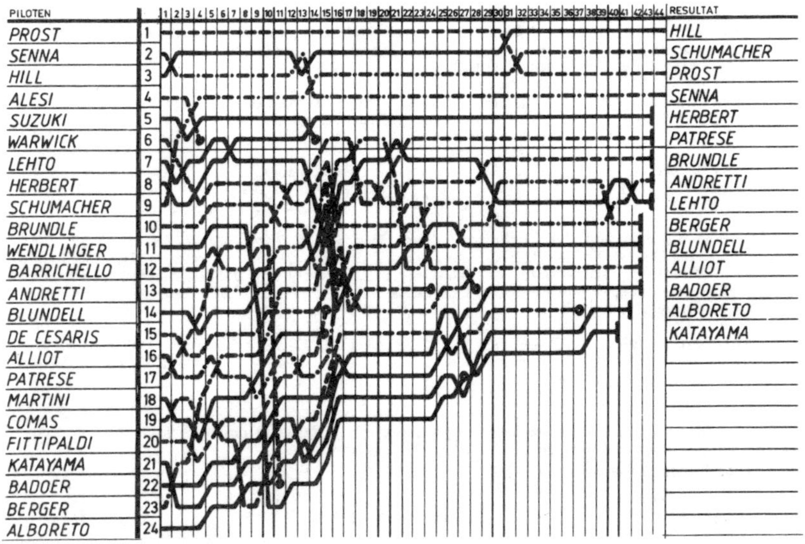

Lauf 13 – Großer Preis von Italien – Monza, 13. September 1993

1. Training (inoffiziell)		2. Training (offiziell)		3. Training (inoffiziell)		4. Training (offiziell)	
1. Hill	1:25,714	1. Prost	1:22,163	1. Hill	1:24,959	1. Prost	1:21,179
2. Schumacher	1:26,229	2. Hill	1:22,283	2. Alesi	1:25,117	2. Hill	1:21,491
3. Alesi	1:26,473	3. Alesi	1:22,625	3. Prost	1:25,400	3. Alesi	1:21,986
4. Senna	1:26,790	4. Senna	1:23,310	4. Berger	1:26,237	4. Senna	1:22,633
5. Berger	1:26,961	5. Berger	1:23,750	5. Schumacher	1:26,359	5. Schumacher	1:22,910
6. Prost	1:27,341	6. Schumacher	1:23,888	6. Brundle	1:26,952	6. Berger	1:23,150
7. Brundle	1:27,749	7. Lehto	1:24,298	7. Lehto	1:27,471	7. Herbert	1:23,769
8. Lehto	1:27,891	8. Brundle	1:24,608	8. Patrese	1:27,712	8. Suzuki	1:23,856
9. Suzuki	1:27,921	9. Warwick	1:24,673	9. Blundell	1:27,736	9. Andretti	1:23,899
10. Blundell	1:28,258	10. Wendlinger	1:25,016	10. Wendlinger	1:27,822	10. Patrese	1:23,918
11. de Cesaris	1:28,517	11. Blundell	1:25,238	11. Comas	1:27,914	11. Warwick	1:24,048
12. Comas	1:28,609	12. Andretti	1:25,348	12. Alboreto	1:28,263	12. Brundle	1:24,137
13. Patrese	1:28,816	13. Herbert	1:25,463	13. Barrichello	1:28,271	13. Blundell	1:24,344
14. Andretti	1:28,884	14. de Cesaris	1:25,482	14. Warwick	1:28,310	14. Lehto	1:24,419
15. Lamy	1:29,040	15. Alliot	1:25,529	15. de Cesaris	1:28,313	15. Wendlinger	1:24,473
16. Warwick	1:29,173	16. Martini	1:25,903	16. Alliot	1:28,524	16. Alliot	1:24,807
17. Herbert	1:29,185	17. Badoer	1:26,049	17. Senna	1:28,550	17. Katayama	1:24,886
18. Martini	1:29,200	18. Patrese	1:26,082	18. Apicella	1:28,789	18. de Cesaris	1:24,916
19. Apicella	1:29,437	19. Suzuki	1:26,127	19. Fittipaldi	1:29,164	19. Barrichello	1:25,144
20. Fittipaldi	1:29,792	20. Fittipaldi	1:26,135	20. Suzuki	1:29,332	20. Comas	1:25,257
21. Alboreto	1:30,014	21. Alboreto	1:26,287	21. Badoer	1:29,734	21. Alboreto	1:25,368
22. Katayama	1:30,452	22. Katayama	1:26,300	22. Katayama	1:29,904	22. Martini	1:25,478
23. Barrichello	1:31,140	23. Comas	1:26,323	23. Martini	1:30,076	23. Apicella	1:25,672
24. Alliot	1:31,235	24. Lamy	1:26,380	24. Lamy	1:30,149	24. Fittipaldi	1:25,699
25. Wendlinger	1:34,277	25. Barrichello	1:26,664	25. Herbert	1:30,363	25. Badoer	1:25,957
26. Badoer	1:35,199	26. Apicella	1:51,300	26. Andretti	1:39,944	26. Lamy	1:26,324

Startaufstellung:

Alain Prost
Williams-Renault
FW15C-5, 1:21,179

Damon Hill
Williams-Renault
FW15C-2, 1:21,491

Jean Alesi
Ferrari F93A-143
1:21,986

Ayrton Senna
McLaren-Ford MP4/8-6
1:22,633

Michael Schumacher
Benetton-Ford B193B-05
1:22,910

Gerhard Berger
Ferrari F93A-139
1:23,150

Johnny Herbert
Lotus-Ford 107B/6
1:23,769

Aguri Suzuki
Footwork-Mugen
FA14-04, 1:23,856

Michael Andretti
McLaren-Ford MP4/8-7
1:23,899

Riccardo Patrese
Benetton-Ford B193B-02
1:23,918

Derek Warwick
Footwork-Mugen
FA14-05, 1:24,048

Martin Brundle
Ligier-Renault JS39-04
1:24,137

J. J. Lehto*)
Sauber C12-08
1:24,298

Mark Blundell
Ligier-Renault JS39-05
1:24,344

Karl Wendlinger
Sauber C12-07
1:24,473

Philippe Alliot
Larrousse-Lamborghini
LH93-05, 1:24,807

Ukyo Katayama
Tyrrell-Yamaha 021-02
1:24,886

Andrea de Cesaris
Tyrrell-Yamaha 021-01
1:24,916

Rubens Barrichello
Jordan-Hart 193/001
1:25,144

Erik Comas
Larrousse-Lamborghini
LH93-03, 1:25,257

Michele Alboreto
Lola-Ferrari T9330-01
1:25,368

Pierluigi Martini
Minardi-Ford M193-03
1:25,478

Marco Apicella
Jordan-Hart 193/005
1:25,672

Christian Fittipaldi
Minardi-Ford M193-02
1:25,699

Luca Badoer
Lola-Ferrari T9330-03
1:25,957

Pedro Lamy
Lotus-Ford 107B/1
1:26,324

Höchstgeschwindigkeiten auf der Ziellinie (Freitag): Hill 329,38, Prost 327,02, Lehto 326,52, Alesi 326,02, Warwick 324,13, Patrese 322,74, Senna 322,01, Berger 321,85, Schumacher 321,44, Alboreto 320,72, . . . Wendlinger 316,84 km/h. — (Samstag): Prost 329,21, Hill 326,52, Patrese 325,69, Alesi 325,61, Schumacher 324,37, Warwick 324,21, Brundle 323,15, Suzuki 322,58, Andretti 321,20, Lehto 321,122, . . . Berger 318,57 km/h.

Sonntag-Aufwärmtraining: 1. Prost 1:24,363, 2. Alesi 1:25,030, 3. Schumacher 1:25,038, 4. Hill 1:25,322, 5. Senna 1:26,633, 6. Berger 1:26,668, 7. Andretti 1:26,744, 8. Lehto 1:26,776, 9. Suzuki 1:26,867, 10. Wendlinger 1:27,361.

Wetter am Renntag: Nach feuchtem Vormittagstraining (nach Regen in der Nacht) am Freitag, Samstag und Sonntag schön und sommerlich warm; 80.000 Zuschauer.

Distanz: 53 Runden à 5,8 km = 307,4 km.

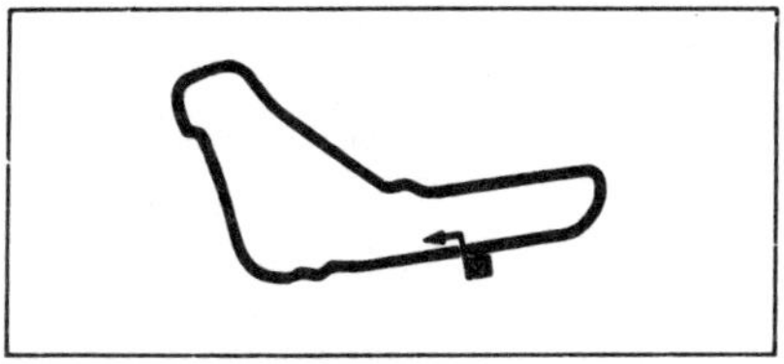

Rekorde: Training: Senna (McLaren-Honda MP 4/6 1:21,114 = 257,415 km/h (1991); Rennen: Senna (McLaren-Honda MP 4/6) 1:26,061 = 242,619 km/h (1991). — Distanz: Senna (McLaren-Honda MP 4/5 B) 236,569 km/h (1990).

Boxenstops:

Alliot:	1. Runde:	neue Schnauze nach Karambolage in der 1. Schikane; Platz 19
Andretti:	2. Runde:	von der Strecke gerutscht, Kühler von Steinen und Schmutz geseäubert, stand fast 1 Minute; Platz 8—21
de Cesaris	7. Runde:	Defekt der hinteren Radaufhängung, stand 2,30 min; Platz 13—21
Wendlinger:	17. Runde:	früher Reifenwechsel; Platz 6—7
Alliot:	18. Runde:	Reifenwechsel; Platz 16
Blundell:	19. Runde:	Reifenwechsel; Platz 6—7
Alesi:	21. Runde:	Reifenwechsel in 5 sec; Platz 3
Andretti:	21. Runde:	Reifenwechsel; Platz 12—14
Patrese:	25. Runde:	Reifenwechsel in 5,91 sec; Platz 4
Prost:	26. Runde:	Reifenwechsel in 8,72 sec; Platz 1
Katayama:	26. Runde:	schleichender Plattfuß links hinten; Platz 7—12
Hill:	27. Runde:	Reifenwechsel in 8,52 sec; Platz 2
Patrese:	40. Runde:	zweiter Reifenwechsel in 5,41 sec, glaubte irrtümlich an Reifenschaden, aber Probleme mit dem aktiven System — Frontpartie auf einer Seite aufgeschlagen; Platz 4—6
Katayama:	41. Runde:	langer Boxenstop wegen Aufhängungsschaden, stand 7 Minuten; Platz 12—14

Ausfälle:

Lehto:	1. Runde:	Dreher; Platz 13
Warwick:	1. Runde:	Kollision mit Suzuki; Platz 10
Suzuki:	1. Runde:	Kollision mit Warwick; Platz 11
Barrichello:	1. Runde:	Unfall; Platz 20
Apicella:	1. Runde:	Unfall; Platz 24
Senna:	9. Runde:	Auffahrunfall gegen Brundle; Platz 8
Brundle:	9. Runde:	Kollision mit Senna; Platz 7
Herbert:	15. Runde:	Unfall; Platz 6
Berger:	16. Runde:	defekte Radaufhängung, Potentiometer; Platz 5
Blundell:	21. Runde:	Unfall ausgangs Parabolica; Platz 7
Schumacher:	22. Runde:	Motorschaden; Platz 2
Alboreto:	24. Runde:	Motorschaden; Platz 8
Prost:	49. Runde:	Motorschaden; Platz 1
Lamy:	50. Runde:	Motorschaden; Platz 9

Stand nach 1 Runde: 1. Prost, 2. Alesi, 3. **Schumacher,** 4. **Berger,** 5. **Herbert,** 6. **Brundle,** 7. Patrese, 8. **Andretti,** 9. **Hill,** 10. **Senna,** 11. **Wendlinger.**

Stand nach 10 Runden: 1. Prost (58,000 km in 14:37,163 = 238,040 km/h), 2. Schumacher —4,200, 3. Hill —13,837, 4. Alesi —15,771, 5. Berger —21,069, 6. Herbert —24,177, 7. Patrese —29,227, 8. Wendlinger —39,240, 9. Blundell —40,297, 10. Katayama —51,386.

Stand nach 20 Runden: 1. Prost (116,000 km in 29:00,878 = 239,879 km/h), 2. Schumacher —5,645, 3. Hill —13,968, 4. Alesi —30,303, 5. Patrese —49,119, 6. Blundell —1 Runde, 7. Wendlinger, 8. Martini, 9. Katayama, 10. Alboreto.

Stand nach 30 Runden: 1. Prost (174,000 km in 43:42,503 = 238,656 km/h), 2. Hill —18,478, 3. Alesi —35,010, 4. Patrese —1:10,184, 5. Wendlinger —1 Runde, 6. Martini, 7. Andretti, 8. Comas, 9. Lamy, 10. Badoer.

Stand nach 40 Runden: 1. Prost (232,000 km in 58:00,674 = 239,954 km/h), 2. Hill —0,161, 3. Alesi —42,424, 4. Patrese —1 Runde, 5. Wendlinger, 6. Andretti, 7. Martini, 8. Comas, 9. Lamy, 10. Badoer.

Stand nach 50 Runden: 1. Hill (290,000 km in 1.12:37,676 = 239,577 km/h), 2. Alesi —41,197, 3. Andretti —1 Runde, 4. Wendlinger, 5. Patrese, 6. Comas, 7. Prost —2 Runden, 8. Martini, 9. Lamy, 10. Fittipaldi.

Ergebnis:

1. Damon Hill (England), Williams-Renault	1.17:07,509 = 239,144 km/h	
2. Jean Alesi (Frankreich), Ferrari	1.17:47,521 = 237,094 km/h	40,012 zurück
3. Michael Andretti (USA), McLaren-Ford	1.17:49,086 = 232,542 km/h	1 Runde zurück
4. Karl Wendlinger (Österreich), Sauber	1.18:06,860 = 231,660 km/h	1 Runde zurück
5. Riccardo Patrese (Italien), Benetton-Ford	1.18:26,211 = 230,808 km/h	1 Runde zurück
6. Erik Comas (Frankreich), Larrousse-Lamborgh.	1.17:12,553 = 229,869 km/h	2 Runden zurück
7. Pierluigi Martini (Italien), Minardi-Ford	1.17:20,179 = 229,491 km/h	2 Runden zurück
8. Christian Fittipaldi (Brasilien), Minardi-Ford	1.17:21,348 = 229,433 km/h	2 Runden zurück
9. P. Alliot (Frankreich), Larrousse-Lamborghini	1.18:15,031 = 226,810 km/h	2 Runden zurück
10. Luca Badoer (Italien), Lola-Ferrari	1.18:19,463 = 226,596 km/h	2 Runden zurück
11. Pedro Lamy (Portugal), Lotus-Ford	1.14:26,584 = 229,061 km/h	4 Runden zurück
12. Alain Prost (Frankreich), Williams-Renault	1.09:29,896 = 240,351 km/h	5 Runden zurück
13. Andrea de Cesaris (Italien), Tyrrell-Yamaha	1.14:05,368 = 220,760 km/h	6 Runden zurück
14. Ukio Katayama (Japan), Tyrrell-Yamaha	1.18:01,577 = 209,622 km/h	6 Runden zurück

Lamy, Prost, de Cesaris bei Rennschluß nicht mehr im Rennen, aber gewertet.

Schnellste Runde: Hill (Williams-Renault) 1:23,575 = 249,835 km/h (45. Runde).

Schnellste Runde jedes Fahrers im Rennen: Hill 1:23,575 (45.), Prost 1:24,407 (39.), Alesi 1:25,140 (47.), Schumacher 1:25,969 (21.), Andretti 1:26,380 (46.), Patrese 1:27,309 (31.), Wendlinger 1:27,458 (39.), Alliot 1:27,534 (43.), Senna 1:27,939 (5.), Fittipaldi 1:28,062 (46.), Berger 1:28,139 (9.), Comas 1:28,192 (39.), Herbert 1:28,512 (8.), Brundle 1:28,559 (7.), de Cesaris 1:28,620 (34.), Blundell 1:28,889 (12.), Martini 1:28,907 (43.), Lamy 1:29,209 (32.), Badoer 1:29,426 (34.), Katayama 1:29,502 (46.), Alboreto 1:30,168 (18.).

Entwicklung der schnellsten Runde: Prost 1:33,356 (1.), 1:28,508 (2.); Schumacher 1:28,383 (2.); Prost 1:27,459 (4.), 1:27,406 (5.); Schumacher 1:27,043 (5.); Prost 1:26,720 (6.), 1:26,499 (7.); Hill 1:26,397 (7.); Prost 1:26,150 (8.), 1:25,965 (9.), 1:25,724 (11.), 1:25,551 (12.), 1:25,379 (21.), 1:25,175 (22.); Hill 1:25,128 (31.), 1:24,698 (34.), 1:24,399 (35.), 1:24,394 (38.), 1:24,192 (39.), 1:23,802 (41.), 1:23,694 (42.), 1:23,575 (45.).

WM-Stand: 1. Prost 81, 2. Hill 58, 3. Senna 53, 4. Schumacher 42, 5. Patrese 20, 6. Brundle, Herbert je 11, 8. Alesi, Blundell, Berger je 10, 11. Andretti 7, 12. Lehto, Fittipaldi, Wendlinger je 5, 15. Warwick 4, 16. Alliot, Barbazza je 2, 18. Zanardi, Comas je 1.

Konstrukteur-WM: 1. Williams-Renault 139, 2. Benetton-Ford 62, 3. McLaren-Ford 60, 4. Ligier-Renault 21, 5. Ferrari 20, 6. Lotus-Ford 12, 7. Sauber 10, 8. Minardi-Ford 7, 9. Footwork Mugen-Honda 4, 10. Larrousse-Lamborghini 3.

Statistik 41

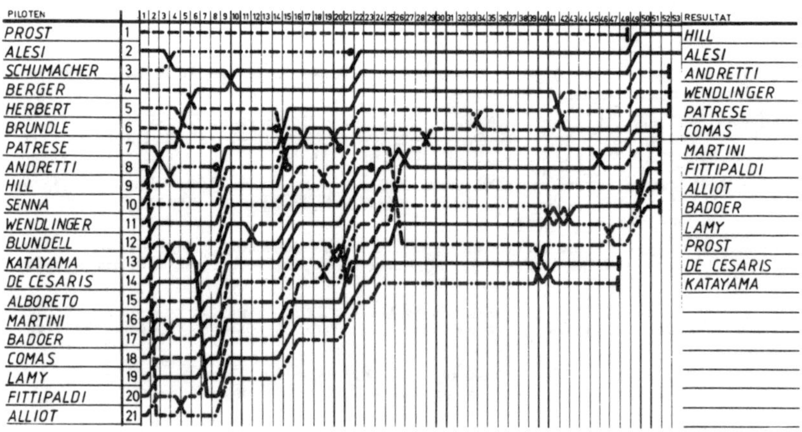

Lauf 14 – Großer Preis von Portugal – Estoril, 26. September 1993

1. Training (inoffiziell)		2. Training (offiziell)		3. Training (inoffiziell)		4. Training (offiziell)	
1. Prost	1:13,040	1. Prost	1:11,683	1. Prost	1:12,445	1. Hill	1:11,494
2. Hakkinen	1:13,857	2. Hill	1:12,290	2. Senna	1:13,434	2. Hakkinen	1:12,443
3. Senna	1:13,868	3. Senna	1:12,954	3. Hill	1:13,465	3. Senna	1:12,491
4. Hill	1:14,175	4. Hakkinen	1:12,956	4. Hakkinen	1:13,817	4. Prost	1:12,762
5. Schumacher	1:14,741	5. Schumacher	1:13,403	5. Alesi	1:14,448	5. Alesi	1:13,101
6. Patrese	1:15,154	6. Alesi	1:13,682	6. Schumacher	1:14,542	6. Patrese	1:13,863
7. Blundell	1:15,289	7. Berger	1:14,159	7. Patrese	1:14,755	7. Berger	1:13,933
8. Berger	1:15,427	8. Patrese	1:14,206	8. Warwick	1:14,788	8. Schumacher	1:14,135
9. Warwick	1:15,836	9. Blundell	1:14,591	9. Berger	1:14,885	9. Warwick	1:14,388
10. Brundle	1:15,980	10. Brundle	1:14,779	10. Brundle	1:15,263	10. Blundell	1:14,577
11. Barrichello	1:16,092	11. Lehto	1:14,978	11. Wendlinger	1:15,435	11. Brundle	1:14,708
12. Lehto	1:16,292	12. Wendlinger	1:15,016	12. Barrichello	1:15,461	12. Lehto	1:14,833
13. Martini	1:16,294	13. Warwick	1:15,200	13. Lehto	1:15,487	13. Wendlinger	1:15,070
14. Wendlinger	1:16,513	14. Barrichello	1:15,479	14. Suzuki	1:15,691	14. Herbert	1:15,183
15. de Cesaris	1:16,977	15. Herbert	1:15,831	15. Blundell	1:15,695	15. Barrichello	1:15,433
16. Alesi	1:17,088	16. Martini	1:15,942	16. Herbert	1:15,771	16. Suzuki	1:15,491
17. Katayama	1:17,223	17. Suzuki	1:15,968	17. de Cesaris	1:15,841	17. de Cesaris	1:15,904
18. Herbert	1:17,261	18. de Cesaris	1:16,072	18. Katayama	1:16,320	18. Lamy	1:15,920
19. Fittipaldi	1:17,440	19. Comas	1:16,417	19. Lamy	1:16,413	19. Alliot	1:16,144
20. Comas	1:17,467	20. Fittipaldi	1:16,651	20. Martini	1:17,126	20. Katayama	1:16,186
21. Naspetti	1:17,720	21. Katayama	1:16,655	21. Naspetti	1:17,321	21. Martini	1:16,323
22. Suzuki	1:17,814	22. Alliot	1:16,777	22. Alboreto	1:17,504	22. Naspetti	1:16,566
23. Lamy	1:17,871	23. Lamy	1:17,198	23. Fittipaldi	1:17,525	23. Fittipaldi	1:16,864
24. Alliot	1:17,894	24. Alboreto	1:17,778	24. Alliot	1:17,956	24. Comas	1:16,998
25. Alboreto	1:18,596	25. Naspetti	1:17,845	25. Badoer	1:18,029	25. Alboreto	1:17,118
26. Badoer	1:19,051	26. Badoer	1:19,064	26. Comas	14:32,667	26. Badoer	1:17,739

Startaufstellung:

Damon Hill*) Williams-Renault FW15C-1, 1:11,494		Alain Prost Williams-Renault FW15C-5, 1:11,683	
	Mika Hakkinen McLaren-Ford MP4/8-7 1:12,443		Ayrton Senna McLaren-Ford MP4/8-8 1:12,491
Jean Alesi Ferrari F93A-143 1:13,101		Michael Schumacher Benetton-Ford B193B-01, 1:13,403	
	Riccardo Patrese Benetton-Ford B193B-02, 1:13,863		Gerhard Berger Ferrari F93A-139 1:13,933
Derek Warwick Footwork-Mugen FA14-05, 1:14,388		Mark Blundell Ligier-Renault JS39-05 1:14,577	
	Martin Brundle Ligier-Renault JS39-04 1:14,708		J. J. Lehto Sauber C12-08 1:14,833
Karl Wendlinger Sauber C12-07 1:15,016		Johnny Herbert Lotus-Ford 107B/6 1:15,183	
	Rubens Barrichello Jordan-Hart 193/001 1:15,491		Aguri Suzuki Footwork-Mugen FA14-04, 1:15,491
Andrea de Cesaris Tyrrell-Yamaha 021-01 1:15,904		Pedro Lamy Lotus-Ford 107B/1 1:15,920	
	Pierluigi Martini Minardi-Ford M193-04 1:15,942		Philippe Alliot Larrousse-Lamborghini LH93-05, 1:16,144
Ukyo Katayama Tyrrell-Yamaha 021-02 1:16,186		Erik Comas Larrousse-Lamborghini LH93/03, 1:16,417	
	Emanuele Naspetti Jordan-Hart 193/005 1:16,566		Christian Fittipaldi Minardi-Ford M193-01 1:16,651
Michele Alboreto Lola-Ferrari T9330-01 1:17,118		Luca Badoer Lola-Ferrari T9330-03 1:17,739	

*) Startete aus der letzten Reihe.

Geschwindigkeiten auf der Ziellinie (Freitag): Prost 309,19, Berger 305,86, Hill 301,42, Blundell 300,42, Warwick 299,92, Lehto 299,25, Schumacher 298,59, Brundle 298,34, Barrichello 298,10, Suzuki 298,01, . . . Wendlinger 295,81 km/h. — (Samstag): Prost 315,42, Hill 315,42, Berger 313,95, Blundell 312,05, Warwick 311,42, Schumacher 310,43, Patrese 310,26, Hakkinen 309,46, Katayama 309,19, Senna 308,66, . . . Wendlinger 306,04 km/h.

Gegengerade (Freitag): Prost 300,58, Hill 300,08, Berger 299,17, Alesi 296,62, Warwick 296,54, Suzuki 295,81, Senna 295,57, Lehto 295,49, Brundle 295,16, Schumacher 294,92, . . . Wendlinger 292,76 km/h. — (Samstag): Prost 297,27, Hill 291,11, Patrese 289,39, Senna 288,62, Berger 287,69, Katayama 287,23, Alesi 287,16, Warwick 287,01, Hakkinen 286,93, Suzuki 285,64, . . . Schumacher 284,44, Wendlinger 283,69 km/h.

Bremszone vor der Zielkurve (Freitag): Wendlinger 182,42, Alesi 181,22, Senna 180,86, Schumacher 178,84, Prost 172,21, de Cesaris 169,77, Hakkinen 169,41, Naspetti 169,09, Blundell 167,91, Lehto 166,98, . . . Berger 163,79 km/h. — (Samstag): Alesi 183,53, Wendlinger 182,42, Senna 176,04, Lehto 175,74, Prost 174,38, Alliot 172,66, de Cesaris 171,02, Brundle 170,29, Comas 169,33, Martini 168,93, . . . Berger 166,98, Schumacher 165,14 km/h.

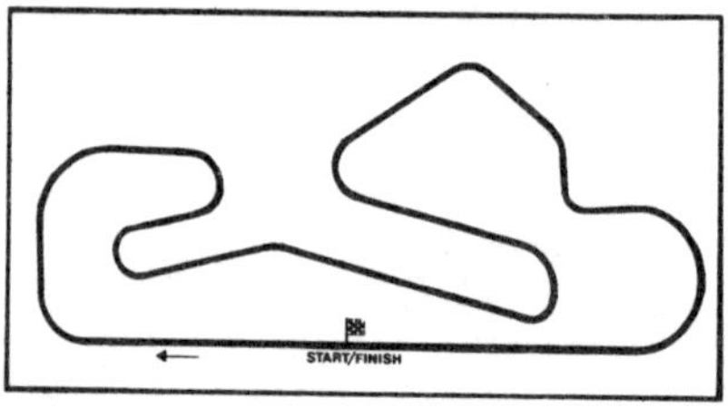

Rekorde: Training: Patrese (Williams-Renault FW) 14 1:13,001 = 214,518 km/h (1991); Rennen: Senna (McLaren-Honda MP 4/7 A) 1:16,272 = 205,318 km/h (1992). — Distanz: Mansell (Williams-Renault FW 14 B) 195,521 km/h (1992).

Sonntag-Aufwärmtraining: 1. Hill 1:15,773, 2. Prost 1:16,014, 3. Senna 1:16,493, 4. Lehto 1:16,760, 5. Hakkinen 1:16,769, 6. Berger 1:16,792, 7. Wendlinger 1:16,988, 8. Suzuki 1:17,474, 9. Blundell 1:17,585, 10. Patrese 1:17,682, . . . 12. Schumacher 1:17,750.

Wetter am Renntag: warm, sehr windig, 25 Grad; 80.000 Zuschauer.

Distanz: 71 Runden à 4,350 km = 308,850 km.

Boxenstops:

Brundle:	14. Runde:	Reifenwechsel; Platz 13—20
Alesi:	20. Runde:	Reifenwechsel in 4,85 sec; Platz 1—5
Hakkinen:	20. Runde:	Reifenwechsel; Platz 3—6
Schumacher:	21. Runde:	Reifenwechsel; Platz 2—3
Lehto:	21. Runde:	Reifenwechsel; Platz 11—14
Blundell:	22. Runde:	Reifenwechsel; Platz 6—12
Patrese:	25. Runde:	Reifenwechsel; Platz 8—12
Warwick:	25. Runde:	Reifenwechsel; Platz 10—13
Barrichello:	25. Runde:	Reifenwechsel; Platz 11—14
de Cesaris:	25. Runde:	Reifenwechsel; Platz 15—17
Comas:	25. Runde:	Reifenwechsel; Platz 21—22
Suzuki:	26. Runde:	Reifenwechsel; Platz 19—20
Wendlinger:	27. Runde:	Reifenwechsel; Platz 7—12
Herbert:	28. Runde:	Reifenwechsel in 5,95 sec; Platz 9—11
Prost:	29. Runde:	Reifenwechsel in 6,62 sec; Platz 1—2
Alliot:	29. Runde:	Reifenwechsel; Platz 17—19
Badoer:	29. Runde:	Reifenwechsel; Platz 20—22
Hill:	30. Runde:	Reifenwechsel; Platz 2—5
Lamy:	31. Runde:	Reifenwechsel; Platz 10—13
Alboreto:	32. Runde:	Reifenwechsel; Platz 20—21
Berger:	35. Runde:	Reifenwechsel in 6,44 sec; Platz 5—7
Barrichello:	36. Runde:	Reifenschaden links hinten, auf Wrackteilen von Hakkinen, mußte eine ganze Runde langsam fahren; Platz 14—20
Brundle:	38. Runde:	2. Reifenwechsel in 7,32 sec; Platz 6—10
Blundell:	40. Runde:	2. Reifenwechsel; Platz 5—6
de Cesaris:	41. Runde:	2. Reifenwechsel in 15 sec; Platz 14—17
Alesi:	45. Runde:	2. Reifenwechsel; Platz 3—4
Lehto:	53. Runde:	2. Reifenwechsel; Platz 9—11

Ausfälle:

Naspetti:	9. Runde:	Motorfeuer; Platz 24
Katayama:	13. Runde:	Dreher; Platz 22
Senna:	20. Runde:	Motor; Platz 2
Suzuki:	28. Runde:	Getriebeschaden; Platz 22
Hakkinen:	33. Runde:	Unfall; Platz 4
Berger:	36. Runde:	Unfall bei der Boxenausfahrt; Platz 7
Alboreto:	39. Runde:	Getriebe, 3. Gang; Platz 19
Blundell:	52. Runde:	Kollision mit Wendlinger; Platz 6
Herbert:	61. Runde:	Dreher, Unfall; Platz 9
Lamy:	62. Runde:	Unfall; Platz 11
Warwick:	64. Runde:	Unfall mit Patrese; Platz 6
Patrese:	64. Runde:	Unfall mit Warwick, blockierte Bremsen; Platz 7

Stand nach 1 Runde: 1. Alesi, 2. Senna, 3. Hakkinen, 4. Prost, 5. Schumacher, 6. Berger, 7. Blundell, 8. Patrese, 9. Brundle, 10. Wendlinger.

Stand nach 10 Runden: 1. Alesi (43,500 km in 13:21,244 = 195,446 km/h), 2. Senna —0,732, 3. Hakkinen —1,393, 4. Prost —1,929, 5. Schumacher —2,547, 6. Berger —12,272, 7. Blundell —12,612, 8. Patrese —13,581, 9. Brundle —14,268, 10. Hill —15,528, 11. Wendlinger —18,483.

Stand nach 20 Runden: 1. Prost (87,000 km in 26:33,627 = 196,533 km/h), 2. Schumacher —0,550, 3. Alesi —4,572, 4. Hakkinen —6,394, 5. Hill —12,296, 6. Blundell —16,271, 7. Berger —24,406, 8. Patrese —24,699, 9. Wendlinger —26,685, 10. Warwick —30,561.

Stand nach 30 Runden: 1. Schumacher (130,500 km in 39:54,975 = 196,161 km/h), 2. Prost —3,793, 3. Alesi —5,802, 4. Hakkinen —6,161, 5. Hill —7,215, 6. Berger —23,647, 7. Blundell —30,931, 8. Brundle —38,038, 9. Patrese —38,281, 10. Lamy —44,192, 11. Wendlinger —44,712.

Stand nach 40 Runden: 1. Schumacher (174,000 km in 52:53,062 = 197,412 km/h), 2. Prost —7,448, 3. Alesi —16,538, 4. Hill —30,422, 5. Blundell —45,995, 6. Wendlinger —56,151, 7. Warwick —1:08,876, 8. Lehto —1:09,338, 9. Patrese —1:09,604, 10. Brundle —1:10,218.

Stand nach 50 Runden: 1. Schumacher (217,500 km in 1.05:53,967 = 198,029 km/h), 2. Prost —0,519, 3. Hill —15,174, 4. Alesi —39,637, 5. Wendlinger —56,581, 6. Blundell —56,956, 7. Warwick —1:17,692, 8. Lehto —1 Runde, 9. Patrese, 10. Brundle.

Stand nach 60 Runden: 1. Schumacher (261,000 km in 1.18:42,260 = 198,973 km/h), 2. Prost —0,538, 3. Hill —13,039, 4. Alesi —45,254, 5. Wendlinger —1 Runde, 6. Warwick, 7. Patrese, 8. Brundle, 9. Herbert, 10. Lehto.

Ergebnis:

1.	M. Schumacher (Deutschland), Benetton-Ford	1.32:46,309 = 199,748 km/h	
2.	Alain Prost (Frankreich), Williams-Renault	1.32:47,291 = 199,713 km/h	0,982 zurück
3.	Damon Hill (England), Williams-Renault	1.32:54,515 = 199,454 km/h	8,206 zurück
4.	Jean Alesi (Frankreich), Ferrari	1.33:53,914 = 197,351 km/h	1:07,605 zurück
5.	Karl Wendlinger (Österreich), Sauber	1.33:31,475 = 195,350 km/h	1 Runde zurück
6.	Martin Brundle (England), Ligier-Renault	1.33:31,790 = 195,339 km/h	1 Runde zurück
7.	Jyrki Järvi Lehto (Finnland), Sauber	1.32:49,017 = 194,027 km/h	2 Runden zurück
8.	Pierluigi Martini (Italien), Minardi-Ford	1.32:58,249 = 193,706 km/h	2 Runden zurück
9.	Christian Fittipaldi (Brasilien), Minardi-Ford	1.33:14,360 = 193,148 km/h	2 Runden zurück
10.	Ph. Alliot (Frankreich), Larrousse-Lamborghini	1.33:48,804 = 191,966 km/h	2 Runden zurück
11.	Erik Comas (Frankreich), Larrousse-Lamborgh.	1.32:54,178 = 191,038 km/h	3 Runden zurück
12.	Andrea de Cesaris (Italien), Tyrrell-Yamaha	1.33:01,497 = 190,788 km/h	3 Runden zurück
13.	Rubens Barrichello (Brasilien), Jordan-Hart	1.33:12,974 = 190,396 km/h	3 Runden zurück
14.	Luca Badoer (Italien), Lola-Ferrari	1.34:12,212 = 188,401 km/h	3 Runden zurück
15.	Derek Warwick (England), Footwork Mugen-H.	1.24:20,013 = 194,976 km/h	8 Runden zurück
16.	Riccardo Patrese (Italien), Benetton-Ford	1.24:20,464 = 121,142 km/h	8 Runden zurück

Warwick und Patrese bei Rennschluß nicht mehr im Rennen (Kollision), aber gewertet.

Schnellste Runde: Hill (Williams-Renault) 1:14,859 = 209,193 km/h (68. Runde).

Schnellste Runde jedes Fahrers im Rennen: Hill 1:14,859 (68.), Prost 1:15,780 (45.), Schumacher 1:16,201 (56.), Blundell 1:16,793 (47.), Alesi 1:16,806 (51.), Barrichello 1:17,114 (39.), Patrese 1:17,340 (32.), Brundle 1:17,638 (40.), Wendlinger 1:17,694 (40.), Lamy 1:17,758 (59.), Hakkinen 1:17,992 (31.), Lehto 1:18,069 (47.), Warwick 1:18,134 (60.), de Cesaris 1:18,290 (53.), Senna 1:18,365 (17.), Fittipaldi 1:18,581 (68.), Alliot 1:18,769 (42.), Martini 1:18,806 (53.), Herbert 1:18,961 (31.), Comas 1:19,014 (43.), Berger 1:19,568 (31.), Badoer 1:19,602 (49.), Suzuki 1:20,446 (22.), Alboreto 1:21,270 (38.), Katayama 1:21,563 (5.), Naspetti 1:22,756 (4.).

Entwicklung der schnellsten Runde: Alesi 1:25,424 (1.), 1:20,571 (2.); Senna 1:20,235 (2.); Prost 1:20,084 (2.); Alesi 1:19,926 (3.); Prost 1:19,707 (3.); Alesi 1:19,447 (4.); Senna 1:19,427 (4.); Alesi 1:19,311 (5.); Senna 1:19,085 (5.); Hakkinen 1:19,021 (5.); Hill 1:18,851 (7.); Alesi 1:18,787 (11.), 1:18,736 (12.); Senna 1:18,570 (12.), 1:18,518 (13.); Alesi 1:18,516 (15.); Hill 1:18,204 (15.); 1:17,931 (16.); Prost 1:17,778 (21.), 1:17,507 (22.); Schumacher 1:16,910 (23.); Prost 1:16,522 (36.), 1:16,386 (42.); Hill 1:16,215 (42.); Prost 1:15,780 (45.); Hill 1:15,516 (50.), 1:15,475 (53.), 1:15,021 (65.), 1:14,859 (68.).

WM-Stand: 1. Prost 87, 2. Hill 62, 3. Senna 53, 4. Schumacher 52, 5. Patrese 20, 6. Alesi 13, 7. Brundle 12, 8. Herbert 11, 9. Blundell, Berger je 10, 11. Andretti, Wendlinger je 7, 13. Lehto, Fittipaldi je 5, 15. Warwick 4, 16. Alliot, Barbazza je 2, 18. Zanardi, Comas je 1.

Konstrukteur-WM: 1. Williams-Renault 149, 2. Benetton-Ford 72, 3. McLaren-Ford 60, 4. Ferrari 23, 5. Ligier-Renault 22, 6. Lotus-Ford, Sauber je 12, 8. Minardi-Ford 7, 9. Footwork Mugen-Honda 4, 10. Larrousse-Lamborghini 3.

Statistik 44

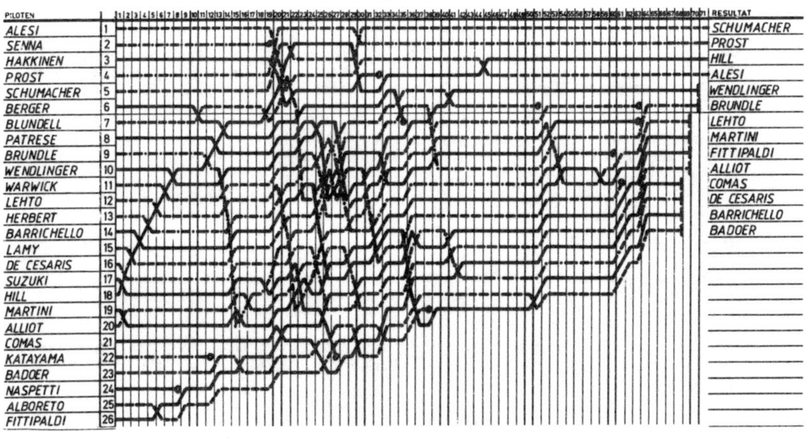

Lauf 15 – Großer Preis von Japan – Suzuka, 24. Oktober 1993

1. Training (inoffiziell)		2. Training (offiziell)		3. Training (inoffiziell)		4. Training (offiziell)	
1. Hill	1:39,737	1. Prost	1:38,587	1. Prost	1:37,984	1. Prost	1:37,154
2. Hakkinen	1:40,003	2. Schumacher	1:38,589	2. Hill	1:38,497	2. Senna	1:37,284
3. Alesi	1:40,728	3. Hakkinen	1:38,813	3. Senna	1:38,788	3. Hakkinen	1:37,326
4. Schumacher	1:41,013	4. Senna	1:38,942	4. Berger	1:38,917	4. Schumacher	1:37,530
5. Irvine	1:41,917	5. Hill	1:38,979	5. Irvine	1:39,561	5. Berger	1:37,622
6. Berger	1:41,931	6. Berger	1:39,024	6. Schumacher	1:39,674	6. Hill	1:38,352
7. Warwick	1:42,006	7. Alesi	1:39,535	7. Hakkinen	1:40,069	7. Warwick	1:38,780
8. Herbert	1:42,193	8. Lehto	1:40,346	8. Warwick	1:40,163	8. Irvine	1:38,966
9. Brundle	1:42,341	9. Patrese	1:40,748	9. Barrichello	1:40,203	9. A. Suzuki	1:39,278
10. Lehto	1:42,416	10. Katayama	1:40,963	10. Alesi	1:40,253	10. Patrese	1:39,291
11. A. Suzuki	1:42,473	11. Irvine	1:41,018	11. Katayama	1:40,282	11. Lehto	1:39,391
12. Barrichello	1:42,789	12. Warwick	1:41,086	12. Wendlinger	1:40,382	12. Barrichello	1:39,426
13. Senna	1:42,858	13. Blundell	1:41,278	13. Lehto	1:40,744	13. Katayama	1:39,511
14. Blundell	1:42,914	14. Wendlinger	1:41,367	14. Blundell	1:40,982	14. Brundle	1:39,951
15. de Cesaris	1:43,804	15. A. Suzuki	1:41,380	15. Patrese	1:41,721	15. Wendlinger	1:40,153
16. Patrese	1:44,339	16. de Cesaris	1:41,480	16. Herbert	1:42,011	16. Blundell	1:40,696
17. Katayama	1:44,922	17. Herbert	1:41,488	17. Lamy	1:42,022	17. de Cesaris	1:40,696
18. Martini	1:45,212	18. Brundle	1:41,543	18. Martini	1:42,555	18. Lamy	1:41,600
19. Lamy	1:46,366	19. Barrichello	1:41,624	19. de Cesaris	1:42,778	19. Comas	1:41,769
20. Comas	1:47,514	20. Martini	1:42,388	20. T. Suzuki	1:43,264	20. Martini	1:41,989
21. T. Suzuki	1:47,598	21. Lamy	1:43,165	21. Comas	1:43,818	21. T. Suzuki	1:42,175
22. Gounon	1:49,085	22. Comas	1:43,483	22. A. Suzuki	1:43,881	22. Gounon	1:43,812
23. Wendlinger	1:50,079	23. T. Suzuki	1:44,562	23. Gougon	1:45,652	23. Alesi	2:44,132
24. Prost	2:17,882	24. Gounon	1:46,782	24. Brundle	1:49,258	24. Herbert	3:41,040

Startaufstellung:

Alain Prost
Williams-Renault
FW15C-5, 1:37,154

Ayrton Senna
McLaren-Ford MP4/8-8
1:37,284

Mika Hakkinen
McLaren-Ford MP4/8-1
1:37,326

Michael Schumacher
Benetton-Ford B193B-05
1:37,530

Gerhard Berger
Ferrari F93A-144
1:37,622

Damon Hill
Williams-Renault
FW125C-7, 21:38,352

Derek Warwick
Footwork-Mugen
FA14-01, 1:38,780

Eddie Irvine
Jordan-Hart 193/005
1:38,966

Aguri Suzuki
Footwork-Mugen
FA14-04, 1:39,278

Riccardo Patrese
Benetton-Ford B1293B-02
1:39,291

J. J. Lehto
Sauber C12-08
1:39,391

Rubens Barrichello
Jordan-Hart 193/001
1:39,426

Ukyo Katayama
Tyrrell-Yamaha 021-02
1:39,511

Jean Alesi
Ferrari F93A-142
1:39,535

Martin Brundle
Ligier-Renault JS39-04
1:39,951

Karl Wendlinger
Sauber C12-07
1:40,153

Mark Blundell
Ligier-Renault JS39-02
1:40,696

Andrea de Cesaris
Tyrrell-Yamaha 021-01
1:40,696

Johnny Herbert
Lotus-Ford 107B/1
1:41,488

Pedro Lamy
Lotus-Ford 107B/6
1:41,600

Erik Comas
Larrousse-Lamborghini
LH93-07, 1:41,769

Pierluigi Martini
Minardi-Ford M193-04
1:41,989

Toshio Suzuki
Larrousse-Lamborghini
LH93-04, 1:42,175

Jean-Marc Gounon
Minardi-Ford M193-01
1:43,812

Höchstgeschwindigkeiten (Freitag): Prost 311,06, Hill 307,69, Alesi 306,47, Barrichello 305,17, Lehto 305,00, Comas 304,83, Berger 304,74, Brundle 303,37, Warwick 303,37, Wendlinger 302,52, ... Schumacher 298,34 km/h. — (Samstag): Berger 310,88, Alesi 309,37, Prost 309,37, Comas 308,92, Hill 308,57, Katayama 307,60, Warwick 307,17, Brundle 306,56, Wendlinger 306,21, Lehto 305,95, ... Schumacher 302,18 km/h.

Auf der Ziellinie (Freitag): Prost 283,15, Alesi 281,32, Hill 281,26, Berger 280,60, Brundle 279,51, Lehto 279,40, Warwick 278,91, Katayama 278,48, Blundell 277,86, Comas 277,83, ... Wendlinger 277,19, Schumacher 276,70 km/h. — (Samstag): Prost 285,46, Berger 285,07, Alesi 283,94, A. Suzuki 282,82, Warwick 282,48, Katayama 281,98, Comas 281,43, Hill 281,37, Brundle 280,55, Lehto 280,16, ... Wendlinger 279,45, Schumacher 278,48 km/h.

Bremszone (Freitag): Prost 218,06, Hill 217,45, Schumacher 217,27, Warwick 216,06, Alesi 215,97, Berger 215,63, Patrese 215,11, Hakkinen 213,92, A. Suzuki 213,79, Barrichello 213,50, ... Wendlinger 210,58 km/h. — (Samstag): Prost 220,02, Berger 218,81, Alesi 218,46, Hill 218,24, Patrese 217,93, Schumacher 217,80, Warwick 217,62, Hakkinen 217,27, A. Suzuki 216,36, Senna 215,50, ... Wendlinger 211,04 km/h.

Sonntag-Aufwärmtraining: 1. Prost 1:42,995, 2. A. Suzuki 1:43,287, 3. Schumacher 1:43,561, 4. Senna 1:43,694, 5. Hill 1:43,791, 6. Hakkinen 1:43,891, 7. Wendlinger 1:44,415, 8. Alesi 1:44,429, 9. Brundle 1:44,711, 10. Berger 1:44,802.

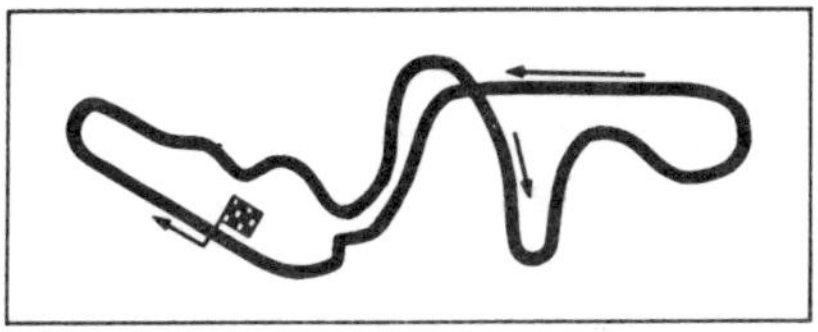

Rekorde: Training: Berger (McLaren-Honda MP 4/6) 1:34,700 = 222,919 km/h (1990); Rennen: Mansell (Williams-Renault FW 14 B) 1:40,646 = 209,749 km/h (1992). — Distanz: Berger (McLaren-Honda MP 4/6) 202,298 km/h (1991).

Wetter am Renntag: wechselhaft, windig, Regen während des Rennens; 67.000 Zuschauer am Freitag, 130.000 am Samstag, 200.000 am Sonntag.

Distanz: 53 Runden à 5,864 km = 310,792 km.

Boxenstops:

Gounon:	1. Runde:	10 Minuten Reparatur nach Startkollision; Platz 23
Wendlinger:	10. Runde:	früher Reifenwechsel, Slicks auf Slicks; Platz 12—14
Lehto:	11. Runde:	Reifenwechsel, Slicks auf Slicks; Platz 10—15
Hakkinen:	11. Runde:	Reifenwechsel, Slicks auf Slicks; Platz 3
Berger:	12. Runde:	Reifenwechsel, Slicks auf Slicks in 5,41 sec; Platz 4—5
Senna:	13. Runde:	Reifenwechsel, Slicks auf Slicks in 5,13 sec; Platz 1—2
Comas:	13. Runde:	Reifenwechsel, Slicks auf Slicks; Platz 19—20
A. Suzuki	14. Runde:	Reifenwechsel in 6,82 sec; Platz 5—12
Gounon:	15. Runde:	Reifenwechsel, Slicks auf Slicks; Platz 21
Herbert:	16. Runde:	Reifenwechsel, Slicks auf Slicks; Platz 11—16
Hill:	19. Runde:	Reifenschaden, Wechsel von Slicks auf Slicks in 6,04 sec; Platz 4—5
Warwick:	20. Runde:	Wechsel auf Regenreifen; Platz 6—9
Patrese:	20. Runde:	Wechsel auf Regenreifen in 10 sec; Platz 7—11
Berger:	20. Runde:	Wechsel auf Regenreifen; Platz 8—9
Katayama:	20. Runde:	Wechsel auf Regenreifen; Platz 10—14
Brundle:	20. Runde:	Wechsel auf Regenreifen; Platz 12
Wendlinger:	20. Runde:	Wechsel auf Regenreifen; Platz 13
Herbert:	20. Runde:	Wechsel auf Regenreifen; Platz 15
Martini:	20. Runde:	Wechsel auf Regenreifen; Platz 17
Lamy:	20. Runde:	Wechsel auf Regenreifen; Platz 18—19
Prost:	21. Runde:	Wechsel auf Regenreifen; Platz 1—2
Senna:	21. Runde:	Wechsel auf Regenreifen in 5,51 sec; Platz 1
Hakkinen:	21. Runde:	Wechsel auf Regenreifen in 5,99 sec; Platz 3
Hill:	21. Runde:	Wechsel auf Regenreifen in 11,71 sec; Platz 5—7
Blundell:	21. Runde:	Wechsel auf Regenreifen; Platz 15—16
Barrichello:	21. Runde:	Wechsel auf Regenreifen; Platz 6—9
A. Suzuki:	21. Runde:	Wechsel auf Regenreifen; Platz 7—14
Lehto:	21. Runde:	Wechsel auf Regenreifen; Platz 8—12
T. Suzuki:	21. Runde:	Wechsel auf Regenreifen; Platz 18—19
Irvine:	22. Runde:	Wechsel auf Regenreifen; Platz 4—9
Berger:	31. Runde:	Reifenwechsel in 5,62 sec, wegen Mißverständnisses mit seinem Ingenieur irrtümlich wieder auf Regenreifen; Platz 8—9
Herbert:	32. Runde:	Reifenwechsel zurück auf Slicks; Platz 12—14
Berger:	33. Runde:	von der Box über Funk hereingeholt, weil Mechaniker Riß im Frontflügel gesehen hatte, Schnauzenwechsel und gleichzeitig Reifenwechsel zurück auf Slicks; Platz 9—12
Hill:	33. Runde:	Reifenwechsel zurück auf Slicks; Platz 4—6
Blundell:	33. Runde:	Reifenwechsel zurück auf Slicks; Platz 12—13
T. Suzuki:	33. Runde:	Reifenwechsel zurück auf Slicks; Platz 16
Brundle:	34. Runde:	verlor in der Schikane linkes Hinterrad, glaubte irrtümlich an Reifenschaden, kam dreirädrig an die Box zum Reifenwechsel; Platz 11—13
Lamy:	35. Runde:	Reifenwechsel zurück auf Slicks; Platz 15
Lehto:	34. Runde:	Reifenwechsel zurück auf Slicks; Platz 9—10
Martini:	36. Runde:	Reifenwechsel zurück auf Slicks; Platz 9—12
Warwick:	37. Runde:	Reifenwechsel zurück auf Slicks; Platz 4—7
Barrichello:	38. Runde:	Reifenwechsel zurück auf Slicks; Platz 4—6
Irvine:	39. Runde:	Reifenwechsel zurück auf Slicks; Platz 5—7
Prost:	40. Runde:	Reifenwechsel in 6,81 sec zurück auf Slicks; Platz 2
Hakkinen:	40. Runde:	Reifenwechsel in 5,71 sec zurück auf Slicks; Platz 3
Senna:	41. Runde:	Reifenwechsel in 6,61 sec zurück auf Slicks; Platz 1
Herbert:	41. Runde:	Reifenwechsel, weil auf Bergers Öl ausgerutscht, Flat-Spot auf den Reifen; Platz 13—14

Ausfälle:

de Cesaris:	1. Runde:	Kollision mit Martini in der 2. Kurve, Heckflügel links hinten gebrochen
Alesi:	8. Runde:	Elektronische Motorkontrolle; Platz 13
Schumacher:	11. Runde:	Kollision mit Hill im Dreikampf mit Berger; Platz 6
Comas:	18. Runde:	Motor; Platz 20
Wendlinger:	26. Runde:	steckender Gasschieber — Einspritzungs-Computer gab die falschen Signale; Platz 15
Gounon:	27. Runde:	nach langem Boxenstop (6 Runden) aufgegeben, um den Motor zu schonen; Platz 19
Katayama:	27. Runde:	rauchenden Motor abgestellt; Platz 14
A. Suzuki:	29. Runde:	Dreher; Platz 12
Berger:	41. Runde:	Motorschaden; Platz 10
Patrese:	46. Runde:	Unfall, weil Ölkühler geborsten und Öl aufs rechte Hinterrad; Platz 9
Warwick:	49. Runde:	von Irvine abgeschossen; Platz 6
Lamy:	50. Runde:	Unfall, weil aktive Radaufhängung defekt, Auto aufgeschlagen; Platz 11
Lehto:	52. Runde:	Kollision mit Brundle in der Schikane; Platz 7
Brundle:	52. Runde:	Kollision mit Lehto in der Schikane; Platz 8

Stand nach 1 Runde: 1. Senna, 2. Prost, 3. Hakkinen, 4. Berger, 5. Irvine, 6. Schumacher, 7. Hill, 8. A. Suzuki, 9. Warwick, 10. Patrese, 11. Lehto, 12. Wendlinger.

Stand nach 10 Runden: 1. Senna (58,640 km in 17:33,537 = 200,376 km/h), 2. Prost —1,393, 3. Hakkinen —12,411, 4. Berger —28,009, 5. Hill —28,319, 6. Schumacher —28,732, 7. A. Suzuki —31,087, 8. Irvine, 9. Warwick, 10. Patrese, . . . 14. Wendlinger.

Stand nach 20 Runden: 1. Prost (117,280 km in 35:15,591 = 199,570 km/h), 2. Senna —1,867, 3. Hakkinen —18,242, 4. Irvine —1:19,399, 5. Hill —1:22,013, 6. Warwick —1:25,192, 7. Barrichello —1:26,235, 8. Patrese —1:27,039, 9. Berger —1:28,949, 10. A. Suzuki —1:29,638, . . . 13. Wendlinger —1:41,347.

Stand nach 30 Runden: 1. Senna (175,920 km in 56:16,544 = 187,562 km/h), 2. Prost —31,551, 3. Hakkinen —41,571, 4. Hill —1:41,033, 5. Warwick —1:54,643, 6. Barrichello —1:55,604, 7. Brundle —1:58,487, 8. Berger —1:59,186, 9. Irvine —2:02,325, 10. Patrese —1 Runde.

Stand nach 40 Runden: 1. Senna (234,560 km in 1.16:33,192 = 183,841 km/h), 2. Prost —20,952, 3. Hakkinen —53,867, 4. Hill —1:56,291, 5. Irvine —1 Runde, 6. Barrichello, 7. Warwick, 8. Lehto, 9. Patrese, 10. Berger.

Stand nach 50 Runden: 1. Senna (293,200 km in 1.34:58,968 = 185,212 km/h), 2. Prost —29,949, 3. Hakkinen —42,243, 4. Hill —1:33,441, 5. Barrichello —1:40,880, 6. Irvine —1 Runde, 7. Lehto, 8. Blundell, 9. Brundle, 10. Warwick —2 Runden (ausgeschieden).

Ergebnis:

1. Ayrton Senna (Brasilien), McLaren-Ford	1.40:27,912 = 185,612 km/h	
2. Alain Prost (Frankreich), Williams-Renault	1.40:39,347 = 185,260 km/h	11,435 zurück
3. Mika Hakkinen (Finnland), McLaren-Ford	1.40:54,041 = 184,811 km/h	26,129 zurück
4. Damon Hill (England), Williams-Renault	1.41:51,450 = 183,075 km/h	1:23,538 zurück
5. Rubens Barrichello (Brasilien), Jordan-Hart	1.42:03,013 = 182,729 km/h	1:35,101 zurück
6. Eddie Irvine (Irland), Jordan-Hart	1.42:14,333 = 182,392 km/h	1:46,421 zurück
7. Mark Blundell (England), Ligier-Renault	1.41:20,496 = 180,535 km/h	1 Runde zurück
8. Jyrki Järvi Lehto (Finnland), Sauber	1.41:22,189 = 180,484 km/h	1 Runde zurück
9. Martin Brundle (England), Ligier-Renault	1.39:28,398 = 180,389 km/h	2 Runden zurück
10. Pierluigi Martini (Italien), Minardi-Ford	1.40:29,902 = 178,549 km/h	2 Runden zurück
11. Toshio Suzuki (Japan), Larrousse-Lamborgh.	1.41:34,229 = 176,664 km/h	2 Runden zurück
12. Pedro Lamy (Portugal), Lotus-Ford	1.37:05,358 = 177,570 km/h	4 Runden zurück
13. Derek Warwick (England), Footwork-Mugen	1.33:15,321 = 181,098 km/h	5 Runden zurück

Lehto, Brundle, Lamy, Warwick bei Schluß nicht mehr im Rennen, aber gewertet.

Schnellste Runde: Prost (Williams-Renault) 1:41,176 = 208,650 km/h (53. Runde).

Schnellste Runde jedes Fahrers im Rennen: Prost 1:41,176 (53.), Brundle 1:42,119 (49.), Hakkinen 1:43,158 (13.), Senna 1:43,217 (15.), Blundell 1:43,610 (50.), Herbert 1:44,144 (51.), Irvine 1:44,293 (46.), Hill 1:44,507 (51.), Warwick 1:44,761 (46.), Lehto 1:44,802 (50.), Lamy 1:45,389 (49.), Barrichello 1:45,578 (49.), Berger 1:45,648 (15.), Schumacher 1:45,988 (3.), Wendlinger 1:46,408 (16.), A. Suzuki 1:46,819 (17.), T. Suzuki 1:46,819 (49.), Patrese 1:47,373 (5.), Martini 1:47,533 (50.), Katayama 1:47,816 (15.), Alesi 1:47,823 (5.), Gounon 1:48,940 (11.), Comas 1:50,230 (4.).

Entwicklung der schnellsten Runde: Senna 1:49,344 (1.), 1:45,535 (2.), 1:45,437 (3.); Prost 1:44,956 (3.); Senna 1:44,756 (4.); Prost 1:44,449 (4.), 1:44,159 (8.); Hakkinen 1:43,158 (13.); Brundle 1:42,119 (49.); Prost 1:41,176 (53.).

WM-Stand: 1. Prost 93, 2. Hill 65, 3. Senna 63, 4. Schumacher 52, 5. Patrese 20, 6. Alesi 13, 7. Brundle 12, 8. Herbert 11, 9. Blundell, Berger je 10, 11. Andretti, Wendlinger je 7, 13. Fittipaldi, Lehto je 5, Hakkinen, Warwick je 4, 17. Alliot, Barrichello, Barbazza je 2, 20. Zanardi, Comas, Irvine je 1.

Konstrukteur-WM: 1. Williams-Renault 158, 2. McLaren-Ford 74, 3. Benetton-Ford 72, 4. Ferrari 23, 5. Ligier-Renault 22, 6. Lotus-Ford, Sauber je 12, 8. Minardi-Ford 7, 9. Footwork Mugen-Honda 4, 10. Larrousse-Lamborghini, Jordan-Hart je 3.

Rundentabelle Japan

Statistik 48

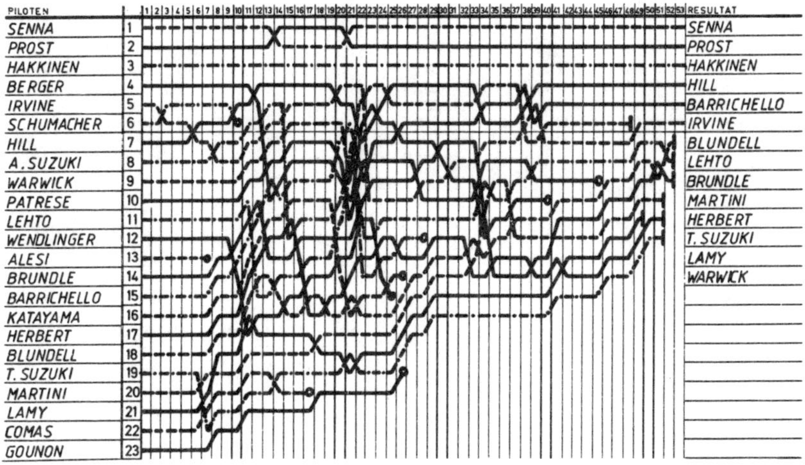

Lauf 16 – Großer Preis von Australien – Adelaide, 7. November 1993

1. Training (inoffiziell)

1.	Prost	1:13,643
2.	Senna	1:14,015
3.	Schumacher	1:14,417
4.	Hakkinen	1:14,490
5.	Alesi	1:14,537
6.	Berger	1:14,575
7.	Hill	1:14,781
8.	A. Suzuki	1:15,621
9.	Brundle	1:16,019
10.	Patrese	1:16,117
11.	Wendlinger	1:16,181
12.	Irvine	1:16,699
13.	Blundell	1:16,905
14.	Lehto	1:16,989
15.	Herbert	1:17,047
16.	Barrichello	1:17,049
17.	Katayama	1:17,179
18.	Martini	1:17,533
19.	Gounon	1:18,648
20.	Comas	1:19,487
21.	de Cesaris	1:20,554
22.	T. Suzuki	1:21,146
23.	Lamy	1:21,408
	Warwick	—

2. Training (offiziell)

1.	Senna	1:13,371
2.	Prost	1:13,807
3.	Schumacher	1:14,098
4.	Hakkinen	1:14,106
5.	Berger	1:14,194
6.	Hill	1:14,721
7.	Alesi	1:15,332
8.	Brundle	1:16,022
9.	Patrese	1:16,077
10.	A. Suzuki	1:16,079
11.	Wendlinger	1:16,106
12.	Lehto	1:16,286
13.	Barrichello	1:16,459
14.	Blundell	1:16,862
15.	Martini	1:16,905
16.	Katayama	1:17,018
17.	de Cesaris	1:17,350
18.	Herbert	1:17,612
19.	Comas	1:17,750
20.	Gounon	1:17,754
21.	Lamy	1:19,628
22.	Irvine	1:19,733
23.	T. Suzuki	1:21,793
	Warwick	—

3. Training (inoffiziell)

1.	Prost	1:13,854
2.	Hill	1:14,078
3.	Senna	1:14,116
4.	Schumacher	1:14,207
5.	Patrese	1:14,720
6.	Hakkinen	1:15,217
7.	A. Suzuki	1:15,395
8.	Berger	1:15,894
9.	Barrichello	1:15,976
10.	Wendlinger	1:16,039
11.	Warwick	1:16,108
12.	Blundell	1:16,136
13.	Lehto	1:16,198
14.	Brundle	1:16,301
15.	Irvine	1:16,319
16.	de Cesaris	1:16,563
17.	Herbert	1:16,760
18.	Martini	1:16,772
19.	Katayama	1:17,180
20.	Gounon	1:17,225
21.	Lamy	1:18,408
22.	Alesi	1:18,453
23.	Comas	1:19,129
24.	T. Suzuki	1:24,191

4. Training (offiziell)

1.	Hill	1:13,826
2.	Schumacher	1:14,494
3.	Prost	1:14,595
4.	Hakkinen	1:14,596
5.	Senna	1:14,779
6.	Alesi	1:15,619
7.	Blundell	1:16,469
8.	A. Suzuki	1:16,567
9.	Brundle	1:16,710
10.	Barrichello	1:16,723
11.	de Cesaris	1:16,892
12.	Warwick	1:16,919
13.	Lehto	1:17,118
14.	Wendlinger	1:17,132
15.	Irvine	1:17,341
16.	Herbert	1:17,450
17.	Comas	1:17,815
18.	Martini	1:17,816
19.	Gounon	1:18,035
20.	Katayama	1:18,406
21.	Lamy	1:19,369
22.	Patrese	1:21,076
23.	T. Suzuki	1:23,167
	Berger	annulliert

Startaufstellung:

Ayrton Senna
McLaren-Ford MP4/8-8
1:13,371

Alain Prost
Williams-Renault
FW15C-3, 1:13,807

Damon Hill
Williams-Renault
FW15C-7, 1:13,826

Michael Schumacher
Benetton-Ford B193B-05
1:14,098

Mika Hakkinen
McLaren-Ford MP4/8-5
1:14,106

Gerhard Berger
Ferrari F93A-142
1:14,194

Jean Alesi
Ferrari F93A-143
1:15,332

Martin Brundle
Ligier-Renault JS39-04
1:16,022

Riccardo Patrese
Benetton-Ford B193B-06
1:16,077

Aguri Suzuki
Footwork-Mugen
FA14-04, 1:16,079

Karl Wendlinger
Sauber C12-07
1:16,106

J. J. Lehto
Sauber C12-08
1:16,286

Rubens Barrichello
Jordan-Hart 193/001
1:16,459

Mark Blundell
Ligier-Renault JS39-02
1:16,469

Andrea de Cesaris
Tyrrell-Yamaha 021-03
1:16,892

Pierluigi Martini
Minardi-Ford M193-04
1:16,905

Derek Warwick
Footwork-Mugen
FA14-01, 1:16,919

Ukyo Katayama
Tyrrell-Yamaha 021-02
1:17,018

Eddie Irvine
Jordan-Hart 193/005
1:17,341

Johnny Herbert
Lotus-Ford 107B/6
1:17,450

Erik Comas
Larrousse-Lamborghini
LH93-05, 1:17,750

Jean-Marc Gounon
Minardi-Ford M193-01
1:17,754

Pedro Lamy
Lotus-Ford 107B/1
1:19,369

Toshio Suzuki
Larrousse-Lamborghini
LH93-03, 1:21,793

Start zweimal abgebrochen. Katayama und Irvine (Motoren abgestorben) mußten aus der letzten Reihe starten.

Höchstgeschwindigkeiten (Freitag): Hill 297,03, Brundle 296,62, Berger 296,38, Barrichello 294,28, Lehto 293,64, Prost 293,64, Alesi 293,16, Wendlinger 292,13, Blundell 290,09, Comas 289,31, ... Schumacher 288,00 km/h. — (Samstag): Brundle 298,18, Hill 296,78, Lehto 294,44, Prost 293,72, Barrichello 293,48, A. Suzuki 289,93, Wendlinger 289,62, Blundell 288,77, Warwick 288,62, Schumacher 288,38 km/h.

Geschwindigkeiten auf der Ziellinie (Freitag): Hill 248,14, Berger 246,97, Prost 246,34, Alesi 244,25, Barrichello 242,91, A. Suzuki 242,86, Brundle 241,79, Wendlinger 241,13, Lehto 240,83, Senna 240,83, ... Schumacher 237,79 km/h. — (Samstag): Prost 246,08, Hill 244,98, Brundle 242,91, Lehto 242,25, Warwick 241,59, A. Suzuki 241,28, Alesi 241,23, Senna 240,83, Barrichello 239,92, Irvine 239,58, ... Wendlinger 238,14, Schumacher 237,70 km/h.

Sonntag-Aufwärmtraining: 1. Senna 1:16,642, 2. Schumacher 1:16,675, 3. Berger 1:17,009, 4. Patrese 1:17,142, 5. Hill 1:17,160, 6. Alesi 1:17,197, 7. Prost 1:17,304, 8. A. Suzuki 1:17,420, 9. Hakkinen 1:17,653, 10. Warwick 1:18,187, ... 16. Wendlinger 1:19,192.

Wetter am Renntag: bewölkt, warm; 100.000 Zuschauer, fast 300.000 an allen Tagen.

Distanz: 79 Runden à 3,78 km = 298,620 km (wegen zwei abgebrochenen Starts von 81 auf 79 Runden verkürzt).

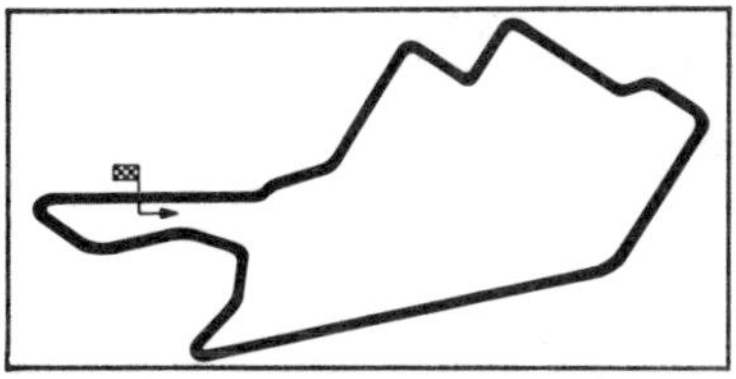

Rekorde: Training: Mansell (Williams-Renault FW 14 B) 1:13,732 = 184,560 km/h (1992); Rennen: Schumacher (Benetton-Ford B 192) 1:16,078 = 178,869 km/h (1992). — Distanz: Berger (McLaren-Honda MP 4/7 A) 171,829 km/h (1992).

Boxenstops:

Schumacher:	15. Runde:	Reifenwechsel in 4,81 sec; Platz 4
Brundle:	22. Runde:	Reifenwechsel; Platz 7—11
Hill:	22. Runde:	Reifenwechsel in 6,41 sec; Platz 3—4
Berger:	22. Runde:	Reifenwechsel in 5,83 sec; Platz 6—7
Patrese:	23. Runde:	Reifenwechsel; Platz 10—12
Blundell:	23. Runde:	Reifenwechsel; Platz 12—14
Senna:	24. Runde:	Reifenwechsel in 5,32 sec; Platz 1—2
Lehto:	25. Runde:	Reifenwechsel; Platz 9—11
Barrichello:	25. Runde:	Reifenwechsel; Platz 14
Hakkinen:	26. Runde:	Reifenwechsel in 5,81 sec; Platz 3—4
Alesi:	26. Runde:	Reifenwechsel; Platz 5
de Cesaris:	26. Runde:	Reifenwechsel; Platz 15—16
Wendlinger:	27. Runde:	Reifenwechsel; Platz 8—9
Warwick:	27. Runde:	Reifenwechsel; Platz 10—13
Prost:	29. Runde:	Reifenwechsel in 7,41 sec; Platz 1—2
Comas:	32. Runde:	Reifenwechsel; Platz 15
A. Suzuki:	36. Runde:	Reifenwechsel; Platz 5—6
T. Suzuki:	38. Runde:	Reifenwechsel; Platz 16
Hill:	44. Runde:	2. Reifenwechsel in 6,31 sec; Platz 3
Brundle:	48. Runde:	2. Reifenwechsel; Platz 6
Prost:	48. Runde:	2. Reifenwechsel in 6,92 sec; Platz 2
Patrese:	50. Runde:	2. Reifenwechsel in 5,12 sec; Platz 10
Berger:	51. Runde:	2. Reifenwechsel in 7,52 sec; Platz 5
Barrichello:	51. Runde:	2. Reifenwechsel; Platz 13
Blundell:	51. Runde:	Reifenwechsel; Platz 11—12
Lehto:	55. Runde:	2. Reifenwechsel; Platz 9—10
Senna:	56. Runde:	2. Reifenwechsel in 5,02 sec; Platz 1

Ausfälle:

Lamy:	1. Runde:	Unfall, von Katayama gerammt
Martini:	6. Runde:	Kraftübertragung; Platz 15
Herbert:	10. Runde:	Antriebswelle der Hydraulikpumpe gerissen; Platz 14
Irvine:	11. Runde:	Unfall, gegen die Mauer; Platz 18
Katayama:	12. Runde:	Unfall, Lenkarm nach Kollision mit Lamy verbogen, später gebrochen; Platz 18
Schumacher:	20. Runde:	Motorschaden; Platz 4
Hakkinen:	29. Runde:	Bremsflüssigkeit verloren; Platz 4
Gounon:	35. Runde:	Dreher; Platz 16
Lehto:	57. Runde:	Unfall, Gaspedal steckte bei Vollgas, fast überschlagen; Platz 10
Wendlinger:	74. Runde:	Bremsscheibe links vorn explodiert; Platz 7
Patrese:	78. Runde:	kein Benzindruck; Platz 8

Stand nach 1 Runde: 1. Senna, 2. Prost, 3. Hill, 4. Schumacher, 5. Berger, 6. Brundle, 7. Hakkinen, 8. Alesi, 9. A. Suzuki, 10. Wendlinger.

Stand nach 10 Runden: 1. Senna (37,800 km in 13:12,384 = 171,735 km/h), 2. Prost —3,197, 3. Hill —6,380, 4. Schumacher —7,381, 5. Berger —20,362, 6. Hakkinen —21,841, 7. Alesi —23,372, 8. Brundle —29,080, 9. A. Suzuki —30,161, 10. Wendlinger —31,968.

Stand nach 20 Runden: 1. Senna (75,600 km in 26:21,140 = 172,129 km/h), 2. Prost —3,906, 3. Hill —7,815, 4. Hakkinen —27,438, 5. Alesi —34,835, 6. Berger —36,835, 7. Brundle —42,428, 8. A. Suzuki —43,562, 9. Wendlinger —51,334, 10. Lehto —52,324.

Stand nach 30 Runden: 1. Senna (113,400 km in 39:43,265 = 171,294 km/h), 2. Prost —14,768, 3. Hill —19,770, 4. Alesi —39,426, 5. A. Suzuki —47,945, 6. Berger —51,858, 7. Brundle —57,661, 8. Wendlinger —1:09,227, 9. Lehto —1:10,205, 10. Patrese 1:14,070.

Stand nach 40 Runden: 1. Senna (151,200 km in 52:52,680 = 171,565 km/h), 2. Prost —8,806, 3. Hill —10,406, 4. Alesi —36,218, 5. Berger —52,208, 6. Brundle —1:00,026, 7. A. Suzuki —1 Runde, 8. Wendlinger, 9. Lehto, 10. Patrese.

Stand nach 50 Runden: 1. Senna (189,00 km in 1.05:47,826 = 172,348 km/h), 2. Prost —32,689, 3. Hill —33,985, 4. Alesi —48,425, 5. Berger —1:05,869, 6. Brundle —1 Runde, 7. Wendlinger, 8. A. Suzuki, 9. Lehto, 10. Patrese.

Stand nach 60 Runden: 1. Senna (226,800 km in 1.18:55,067 = 172,433 km/h), 2. Prost —20,621, 3. Hill —21,460, 4. Alesi —53,464, 5. Berger —1:16,467, 6. Brundle —1 Runde, 7. Wendlinger, 8. A. Suzuki, 9. Patrese, 10. Warwick.

Stand nach 70 Runden: 1. Senna (264,600 km in 1.31:46,392 = 172,992 km/h), 2. Prost —15,775, 3. Hill —35,427, 4. Alesi —1:09,191, 5. Berger —1 Runde, 6. Brundle, 7. Wendlinger, 8. A. Suzuki, 9. Patrese, 10. Warwick —2 Runden.

Ergebnis:

1. Ayrton Senna (Brasilien), McLaren-Ford	1.43,27,476 = 173,183 km/h	
2. Alain Prost (Frankreich), Williams-Renault	1.43:36,735 = 172,925 km/h	9,259 zurück
3. Damon Hill (England), Williams-Renault	1.44:01,378 = 172,243 km/h	33,902 zurück
4. Jean Alesi (Frankreich), Ferrari	1.43:28,021 = 170,976 km/h	1 Runde zurück
5. Gerhard Berger (Österreich), Ferrari	1.43:28,452 = 170,964 km/h	1 Runde zurück
6. Martin Brundle (England), Ligier-Renault	1.44:23,745 = 169,455 km/h	1 Runde zurück
7. Aguri Suzuki (Japan), Footwork-Mugen	1.44:37,099 = 169,095 km/h	1 Runde zurück
8. Riccardo Patrese (Italien), Benetton-Ford	1.43:16,832 = 169,089 km/h	2 Runden zurück
9. Mark Blundell (England), Ligier-Renault	1.44:07,011 = 167,731 km/h	2 Runden zurück
10. Derek Warwick (England), Footwork-Mugen	1.44:33,979 = 167,010 km/h	2 Runden zurück
11. Rubens Barrichello (Brasilien), Jordan-Hart	1.44:18,820 = 165,240 km/h	3 Runden zurück
12. Erik Comas (Frankreich), Larrousse-Lamborgh.	1.44:19,537 = 165,221 km/h	3 Runden zurück
13. Andrea de Cesaris (Italien), Tyrrell-Yamaha	1.44:35,406 = 162,635 km/h	4 Runden zurück
14. Toshio Suzuki (Japan), Larrousse-Lamborghini	1.44:35,357 = 160,212 km/h	5 Runden zurück
15. Karl Wendlinger (Österreich), Sauber	1.37:54,093 = 169,113 km/h	6 Runden zurück

Patrese und Wendlinger bei Schluß nicht mehr im Rennen, aber gewertet

Schnellste Runde: Hill (Williams-Renault) 1:15,381 = 180,523 km/h (64. Runde).

Schnellste Runde jedes Fahrers im Rennen: Hill 1:15,381 (64.), Prost 1:15,434 (66.), Senna 1:16,128 (70.), Berger 1:16,686 (74.), Schumacher 1:17,069 (17.), Patrese 1:17,478 (67.), Brundle 1:17,565 (63.), Alesi 1:17,786 (40.), Wendlinger 1:18,101 (50.), Blundell 1:18,314 (53.), A. Suzuki 1:18,316 (49.), Lehto 1:18,430 (49.), Barrichello 1:18,558 (53.), Warwick 1:18,905 (55.), Hakkinen 1:18,960 (17.), Comas 1:19,152 (76.), Herbert 1:20,502 (8.), de Cesaris 1:20,625 (36.), Martini 1:21,175 (5.), Gounon 1:21,678 (34.), Irvine 1:21,742 (9.), Katayama 1:22,143 (5.), T. Suzuki 1:22,328 (52.).

Entwicklung der schnellsten Runde: Senna 1:25,241 (1.), 1:20,144 (2.), 1:19,142 (3.), 1:18,487 (4.); Schumacher 1:18,466 (5.); Senna 1:18,321 (6.), 1:18,301 (7.), 1:18,047 (8.); Prost 1:17,990 (8.); Senna 1:17,958 (9.); Schumacher 1:17,069 (17.); Senna 1:17,041 (45.); Hill 1:16,818 (49.), 1:16,595 (50.); Prost 1:16,126 (51.); Hill 1:16,115 (51.), 1:16,078 (52.); Prost 1:15,966 (63.); Hill 1:15,914 (63.); Prost 1:15,454 (64.); Hill 1:15,381 (64.).

Statistik 51

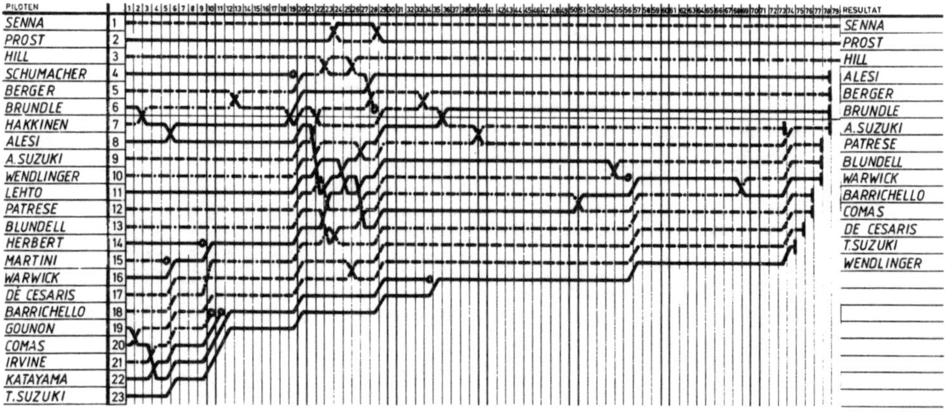

GRAND-PRIX-SIEGER 1950–1993

51 Große Preise:	Alain Prost (Frankreich)
41 Große Preise:	Ayrton Senna (Brasilien)
30 Große Preise:	Nigel Mansell (England)
27 Große Preise:	Jackie Stewart (England)
25 Große Preise:	Jim Clark (Schottland) Niki Lauda (Österreich)
24 Große Preise:	Juan Manuel Fangio (Argentinien)
23 Große Preise:	Nelson Piquet (Brasilien)
16 Große Preise:	Stirling Moss (England)
14 Große Preise:	Jack Brabham (Australien) Graham Hill (England) Emerson Fittipaldi (Brasilien)
13 Große Preise:	Alberto Ascari (Italien)
12 Große Preise:	Mario Andretti (USA) Alan Jones (Australien) Carlos Reutemann (Argentinien)
10 Große Preise:	James Hunt (England) Ronnie Peterson (Schweden) Jody Scheckter (Südafrika)
8 Große Preise:	Jacky Ickx (Belgien) Denis Hulme (Neuseeland) Gerhard Berger (Österreich)
7 Große Preise:	René Arnoux (Frankreich)
6 Große Preise:	Tony Brooks (England) John Surtees (England) Jochen Rindt (Österreich) Gilles Villeneuve (Kanada) Jacques Laffite (Frankreich)
5 Große Preise:	Dr. Giuseppe Nino Farina (Italien) Clay Regazzoni (Schweiz) John Watson (Irland) Keke Rosberg (Finnland) Michele Alboreto (Italien) Riccardo Patrese (Italien)
4 Große Preise:	Bruce McLaren (Neuseeland) Dan Gurney (USA)
3 Große Preise:	Mike Hawthorn (England) Peter Collins (England) Phil Hill (USA) Didier Pironi (Frankreich) Thierry Boutsen (Belgien) Damon Hill (England)
2 Große Preise:	Froilan Gonzales (Argentinien) Maurice Trintignant (Frankreich) Wolfgang Graf Berghe von Trips (Deutschland) Pedro Rodrigues (Mexiko) Jo Siffert (Schweiz) Peter Revson (USA) Patrick Depailler (Frankreich) Jean-Pierre Jabouille (Frankreich) Patrick Tambay (Frankreich) Elio de Angelis (Italien) Michael Schumacher (Deutschland
1 Großer Preis:	Luigi Fagioli (Italien) Piero Taruffi (Italien) Luigi Musso (Italien) Joakim Bonnier (Schweden) Innes Ireland (Schottland) Giancarlo Baghetti (Italien) Lorenzo Bandini (Italien) Richie Ginther (USA) Ludovico Scarfiotti (Italien) Peter Gethin (England) Francois Cevert (Frankreich) Jean-Pierre Beltoise (Frankreich) Carlos Pace (Brasilien) Jochen Mass (Deutschland) Vittorio Brambilla (Italien) Gunnar Nilsson (Schweden) Alessandro Nannini (Italien)

SIEGERMARKEN DER WM-LÄUFE 1950–1993
(exklusive Indianapolis, das zeitweilig zur Fahrer-WM zählte)

McLaren	104
Ferrari	103
Lotus	79
Williams	71
Brabham	35
Tyrrell	23
BRM	17
Cooper	16
Renault	15
Alfa Romeo	10
Maserati	9
Matra	9
Mercedes	9
Vanwall	9
Ligier	8
Benetton	7
March	3
Wolf	3
Honda	2
Eagle	1
Hesketh	1
Penske	1
Porsche	1
Shadow	1

FERRARI: 50 RENNEN OHNE SIEG

1990	Jerez	1. Prost, 2. Mansell
	Suzuka	Prost x, Mansell x
	Adelaide	2. Mansell, 3. Prost
1991	Phönix	2. Prost, 12. Alesi
	Interlagos	4. Prost, 6. Alesi
	Imola	Prost x, Alesi x
	Monte Carlo	3. Alesi, 5. Prost
	Montreal	Prost x, Alesi x
	Mexico City	Prost x, Alesi x
	Magny-Cours	2. Prost, 4. Alesi
	Silverstone	3. Prost, Alesi x
	Hockenheim	3. Alesi, Prost x
	Budapest	5. Alesi, Prost x
	Spa	Prost x, Alesi x
	Monza	3. Prost, Alesi x
	Estoril	3. Alesi, Prost x
	Barcelona	2. Prost, 4. Alesi
	Suzuka	4. Prost, Alesi x
	Adelaide	6. Morbidelli, Alesi x
1992	Kyalami	Alesi x, Capelli x
	Mexico City	Alesi x, Capelli x
	Interlagos	4. Alesi, 5. Capelli
	Barcelona	3. Alesi, Capelli x
	Imola	Alesi x, Capelli x
	Monte Carlo	Alesi x, Capelli x
	Montreal	3. Alesi, Capelli x
	Magny-Cours	Alesi x, Capelli x
	Silverstone	9. Capelli, Alesi x
	Hockenheim	5. Alesi, Capelli x
	Budapest	6. Capelli, Alesi x
	Spa	Alesi x, Capelli x
	Monza	Alesi x, Capelli x
	Estoril	Alesi x, Capelli x
	Suzuka	5. Alesi, 12. Larini
	Adelaide	4. Alesi, 11. Larini
1993	Kyalami	6. Berger, Alesi x
	Interlagos	8. Alesi, Berger x
	Donington	Berger x, Alesi x
	Imola	Berger x, Alesi x
	Barcelona	6. Berger, Alesi x
	Monte Carlo	3. Alesi, Berger x
	Montreal	4. Berger, Alesi x
	Magny-Cours	14. Berger, Alesi x
	Silverstone	9. Alesi, Berger x
	Hockenheim	6. Berger, 7. Alesi
	Budapest	3. Berger, Alesi x
	Spa	10. Berger, Alesi x
	Monza	2. Alesi, Berger x
	Estoril	2. Alesi, Berger x
	Suzuka	Berger x, Alesi x
	Adelaide	4. Alesi, 5. Berger

x = ausgeschieden

ALAIN PROST: 51 GRAND-PRIX-SIEGE

		Vorsprung	Zweiter
1981: Renault RE 30 Turbo			
5. 7.	Dijon	2,49	Watson (McLaren-Ford)
30. 8.	Zandvoort	8,24	Piquet (Brabham-Ford)
13. 9.	Monza	23,00	Jones (Williams-Ford)
1982: Renault RE 30 Turbo			
23. 1.	Kyalami	14,946	Reutemann (Williams-Ford)
21. 3.	Rio	3,00	Watson (McLaren-Ford)
1983: Renault RE 40 Turbo			
17. 4.	Le Castellet	29,720	Piquet (Brabham-BMW Turbo)
22. 5.	Spa	23,182	Tambay (Ferrari-Turbo)
16. 7.	Silverstone	19,161	Piquet (Brabham-BMW Turbo)
14. 8.	Zeltweg	6,835	Arnoux (Renault-Turbo)
1984: McLaren MP 4/2-TAG Porsche-Turbo			
25. 3.	Rio	40,514	Rosberg (Williams-Honda-Turbo)
6. 5.	Imola	13,416	Arnoux (Ferrari-Turbo)
3. 6.	Monte Carlo	7,446	Senna (Toleman-Hart Turbo)
5. 8.	Hockenheim	3,149	Lauda (McLaren-Porsche Turbo)
7. 10.	Nürburgring	23,911	Alboreto (Ferrari-Turbo)
21. 10.	Estoril	13,425	Lauda (McLaren-Porsche Turbo)
1985: McLaren MP 4/2B-TAG Porsche-Turbo			
7. 4.	Rio	3,259	Alboreto (Ferrari-Turbo)
19. 5.	Monte Carlo	7,541	Alboreto (Ferrari-Turbo)
21. 7.	Silverstone	1 Runde	Alboreto (Ferrari-Turbo)
18. 8.	Zeltweg	30,002	Senna (Lotus-Renault Turbo)
8. 9.	Monza	51,635	Piquet (Brabham-BMW Turbo)
1986: McLaren MP 4/2C-TAG Porsche-Turbo			
27. 4.	Imola	7,645	Piquet (Williams-Honda Turbo)
11. 5.	Monte Carlo	25,022	Rosberg (McLaren-Porsche Turbo)
17. 8.	Zeltweg	1 Runde	Alboreto (Ferrari-Turbo)
26. 10.	Adelaide	4,205	Piquet (Williams-Honda Turbo)
1987: McLaren MP 4/3-TAG Porsche-Turbo			
12. 4.	Rio	40,547	Piquet (Williams-Honda Turbo)
17. 5.	Spa	24,704	Johansson (McLaren-Porsche Turbo)
20. 9.	Estoril	20,493	Berger (Ferrari-Turbo)

		Vorsprung	Zweiter
1988: McLaren MP 4/4 Honda-Turbo			
3. 4.	Rio	9,973	Berger (Ferrari-Turbo)
15. 5.	Monte Carlo	20,453	Berger (Ferrari-Turbo)
29. 5.	Mexico City	7,104	Senna (McLaren-Honda Turbo)
3. 7.	Le Castellet	31,752	Senna (McLaren-Honda Turbo)
25. 9.	Estoril	9,553	Capelli (March-Judd)
2. 10.	Jerez	26,232	Mansell (Williams-Judd)
13. 11.	Adelaide	36,787	Senna (McLaren-Honda Turbo)
1989: McLaren MP 4/5 Honda			
4. 6.	Phönix	39,696	Patrese (Williams-Renault)
9. 7.	Le Castellet	44,017	Mansell (Ferrari)
16. 7.	Silverstone	19,369	Mansell (Ferrari)
11. 9.	Monza	7,326	Berger (Ferrari)
1990: Ferrari F1/90			
25. 3.	Interlagos	13,564	Berger (McLaren-Honda)
24. 6.	Mexico City	25,351	Mansell (Ferrari)
8. 7.	Le Castellet	8,626	Capelli (March-Judd)
15. 7.	Silverstone	39,092	Boutsen (Williams-Renault)
30. 9.	Jerez	22,064	Mansell (Ferrari)
1993: Williams FW 15C-Renault			
1. 3.	Kyalami	1:19,824	Senna (McLaren-Ford)
3. 5.	Barcelona	16,873	Senna (McLaren-Ford)
17. 5.	Imola	32,410	Schumacher (Benetton-Ford)
14. 6.	Montreal	14,527	Schumacher (Benetton-Ford)
4. 7.	Magny-Cours	0,342	Hill (Williams-Renault)
11. 7.	Silverstone	7,660	Schumacher (Benetton-Ford)
25. 7.	Hockenheim	16,664	Schumacher (Benetton-Ford)

„Die Dokumentation eines Lebens für den Fußball. Prüller hat monatelang Tonbandmaterial und sehr persönliche Aufzeichnungen gesammelt. Er wollte das Buch gemeinsam mit Ernst Happel schreiben – es sollte anders kommen."

(„Kurier", Wien)

„Es gibt kaum einen Mann der Branche, der so schnell schalten kann wie ORF-Radiosportchef Heinz Prüller. Aber nicht nur die Aktualität hat ihn veranlaßt, ein Happel-Buch zu schreiben, vielmehr bildeten seine enge Verbundenheit mit und seine große Bewunderung für den Fußballer, Trainer und Menschen die Triebfeder des Autors, dem verstorbenen Teamchef ein Denkmal zu setzen. Aus Stunden von Interviews und privaten Gesprächen hat Prüller ein Porträt Ernst Happels zusammengetragen, wie man es bisher noch nicht gekannt hat."

(„Die Presse", Wien)

„Ein Dankeschön an einen Megatrainer. „Trauert nicht, daß er gestorben ist, freut euch, daß er gelebt hat", stand auf einer Grabschleife. Respekt und Hochachtung strahlt auch aus jeder Seite dieses Buches, das den Lebenslauf des großen Fußballtrainers in Erinnerungen, Anekdoten und Interviews schildert. Wer es braucht: Jeder, der hinter dem Fußballgeschäft auch den Menschen kennenlernen will. Urteil: Locker von einem Insider geschrieben."

(„Sport-Bild")

„Jedes Fußballspiel hat zwei Hälften – fast logisch, daß auch ein Buch über den erfolgreichsten Fußballtrainer aller Zeiten sich an dieses Modell hält: Nach dem Bestseller „Danke, Ernst" ist nun das zweite Buch Heinz Prüllers über das Fußballgenie Ernst Happel herausgekommen – nach der sehr persönlichen Biographie die Fachlektüre. „Das große Happel-Fußballbuch" verrät alles über die Strategie des „Zauberers", sein Training, seine Taktik, seine Tricks. Und die Anmerkungen des verstorbenen Teamtrainers zum Weltfußball in Vergangenheit, Gegenwart und Zukunft, noch nie gesehene persönlich gezeichnete taktische Skizzen, die besten Privatfotos, die komplette Happel-Statistik – kurz: Das Buch, das jeder Fußballfan sich gewünscht hat. Und das fast hoffen läßt, daß der „zweiten Halbzeit" noch eine Verlängerung folgt..."

(„Kronen-Zeitung")

„Das Happel-Buch ist eine Pflichtlektüre!"

ÖFB-Teamchef Herbert Prohaska